# 블러프

불확실성 속에서 한 수 앞을 내다보는 힘

마리아 코니코바 지음

김태훈 옮김

# 블러프

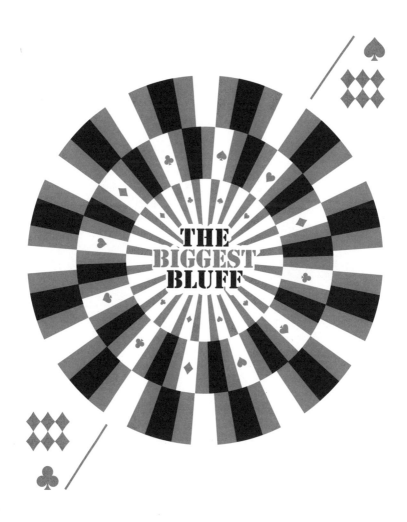

THE
BIGGEST
BLUFF

한국경제신문

월터 미셸Walter Mischel을 추모하며.

약속했던 박사 논문은 아직 발표하지 못했지만

적어도 이 책은 썼어요.

우리가 통제할 수 있는 것과 없는 것을 아는

명료한 이성을 늘 지니길 바라며.

그리고 어떤 일이 있어도 항상 곁에 있었던 가족에게

이 책을 바칩니다.

Пусть все будут здоровы (모두 건강하기를).

삶의 유일한 교훈은 그렇다고 인정하면
제정신을 유지할 수 없을 만큼 우연이 많다는 것이다.

**파우스토 마이스트랄 · 토머스 핀천, 《브이》**


행운을 빕니다.
앞으로 여러분이 살아갈 인생은 준비된 사람이든 그렇지 않든
쉽지 않을 것이기에 행운이 필요할 겁니다.
그래도 여러분은 잘 헤쳐나가리라 믿습니다.

**요세프 브로드스키**


하지만 가끔은 이상한 일이 일어나 가끔은 꿈이 이뤄지고
삶의 패턴이 완전히 달라지며 가끔은 달이 푸른색으로 변하네.

**W. H. 오든, 〈폴 버니언Paul Bunyan〉**

## CONTENTS

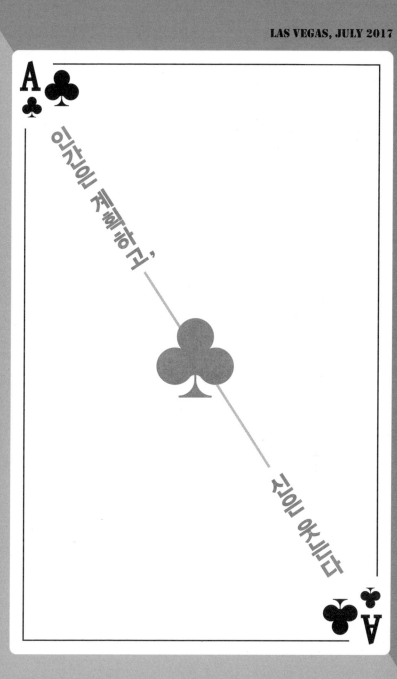

인간은 계획하고, 신은 웃는다

라스베이거스, 2017년 7월

대회장은 사람들로 가득하다. 고개 숙인 머리들, 고심하는 얼굴들. 대부분이 선글라스, 후디, 커다란 헤드폰을 쓰고 있다. 녹색 포커 테이블과 사람의 몸을 분간하기 어려울 정도로 수천 개의 몸이 어지럽게 놓인 의자에 앉아 있다. 오렌지색과 겨자색 패턴으로 된 의자는 애매한 정사각형 프레임에 황금색 다리를 하고 있어 마치 1970년대의 다이닝 룸 카탈로그에서 튀어나온 듯하다.

임시 지지대에 매달린 눈부신 네온 조명은 대회장에 축제 분위기가 나도록 다소 애쓴 느낌이 든다. 모든 것이 약간 낡았고 고루하며 조금씩 닳아 있다. 이 자리의 본래 목적을 알려주는 유일한 힌트는 천장에 매달려 있는 여러 색깔의 번호다. 오렌지색 그룹, 노란색 그룹, 흰색 그룹이 있다. 각 플래카드에는 번호가 적혀 있고 그 아래에 포커 칩 하나가 그려져 있다. 퀴퀴한 카지노 냄새가 대회장을 채운다. 오래된 카펫, 파우더, 달콤하면서도 약간 역겨운 향수, 식어버린 튀김과 김빠진 맥주, 아침부터 같은 공간을 공유한 수천 개의 지친 몸들이 풍기는 짙은 금속성 악취.

이런 감각적 공격을 당하면 처음에는 왜 이상하다는 느낌이 드는지 정확하게 알기 어렵다. 그러다 문득 깨닫는다. 주위가 으스스할 만큼 고요하다는 사실을. 이게 진짜 파티라면 끝없는 말소리와 의자 움직이는 소리, 울리는 발소리가 뒤섞인 소음이 있어야 한다.

그러나 이 자리에 있는 것은 불안한 침묵뿐이다. 오로지 긴장된 분위기만을 듣고 맛보고 맡을 수 있다. 긴장감이 배 속에 똬리를 트는 게 또렷하게 느껴진다. 이곳에서 유일하게 들리는 소리는 한여름 매미들이 구애를 위해 전력으로 울어대는 소리를 연상시킨다. 바로 포커 칩 소리다.

오늘은 세계 최대의 포커 토너먼트인 월드 시리즈 오브 포커 World Series of Poker 메인이벤트의 첫날이다. 월드 시리즈 오브 포커는 포커계의 월드컵, 마스터스, 슈퍼볼과 같다. 슈퍼 히어로급 선수가 아니라도 참가할 수 있다는 점을 제외하면 그렇다. 이 대회는 모두에게 개방되어 있다. 1만 달러만 내면 전 세계 누구나 참가해서 세계 챔피언이라는 타이틀과 900만 달러 이상의 상금을 딸 수 있다. 심지어 영국인이나 호주인은 면세 혜택까지 받는다.

프로와 아마추어를 통틀어 이 대회는 포커 경력의 정상이다. 메인이벤트에서 우승하면 포커 역사에 한자리를 보장받는다. 명성이 자자한 고수들과 한 테이블에 앉아 포커계에서 가장 큰 상금과 명예에 도전하는 자리. 어떤 사람들은 그 기회를 얻기 위해 몇 년 동안이나 돈을 모아 이곳에 오기도 한다.

하루가 거의 끝나간다. 오늘 첫 조(인원이 너무 많아서 모두를 수용하려면 조를 나눠야 한다. 이 대회는 비싸지만 대단히 매혹적이다)로 들어온 수천 명 중에서 지금은 다수가 탈락했다. 포커 용어로는 '버스트bust'되었다고 한다. 남은 사람들은 둘째 날까지 살아남는 데 집중한다. 종일 플레이했는데 겨우 몇 분 남겨놓고 탈락하는 바람에 아무것도 내세울 게 없는 상황은 싫다.

인간은 계획하고, 신은 웃는다

그래서 모두가 매직백magic bag을 노린다. 매직백은 며칠 동안 진행되는 토너먼트의 다음 날까지 운 좋게 살아남은 사람들이 칩을 보관하는 투명 지퍼 백 봉지다. 해당자들은 이름, 국적, 칩 개수를 흥분한 글씨체로 봉지에 적고 부실해 보이는 지퍼를 잠근다. 그다음 소셜 미디어에 올릴 사진을 찍어 필요한 칩 개수를 적고 #월드 시리즈 오브 포커 해시태그를 붙인다. 그러고는 이내 지쳐서 이름 없는 호텔의 침대에 쓰러진다.

그러나 아직은 칩을 담고 태그를 달 시간이 되지 않았다. 여전히 두 시간이 남았다. 무려 두 시간이다. 이사이에 많은 일이 일어날 수 있다. 한 테이블이 유독 눈에 띄는 이유가 거기에 있다. 여덟 명이 정상적으로 앉아서 카드를 받고 다른 포커 플레이어들과 다름 없이 행동하고 있는데 테이블 중앙 6번 자리가 외롭게 비어 있다. 일반적으로는 전혀 특별한 일이 아니다. 한 플레이어가 탈락했는데 아직 새 플레이어가 도착하지 않으면 빈자리가 생긴다. 그러나 이 경우에는 탈락한 플레이어가 없었다.

빈자리 앞의 녹색 펠트 위에는 왼쪽에서 오른쪽으로 고액 칩부터 저액 칩까지 색깔별로 깔끔하게 정리된 칩 더미들이 놓여 있다. 판이 진행될 때마다 딜러가 손을 뻗어서 귀중한 앤티ante를 가져간다. 앤티는 테이블에 앉은 모두가 매번 카드를 보기 위해 내야 하는 돈이다. 뒤이어 두 장의 카드가 놓인다. 플레이어가 없어서 딜러는 카드를 무심하게 머크muck(버려진 카드 더미)로 가져간다. 판마다 깔끔하게 정리된 칩 더미가 조금씩 줄어든다. 그래도 의자는 여전히 비어 있다.

대체 어떤 명청이가 세상에서 가장 명망 높은 포커 대회에 참가하려고 1만 달러나 내놓고 정작 대회장에 나타나지 않은 걸까? 어떤 얼간이가 메인이벤트 도중에 블라인드 다운blind down, 즉 아무 플레이도 하지 않고 블라인드(판이 돌 때마다 플레이어가 의무적으로 걸어야 하는 돈-옮긴이)를 내고 있는 걸까?

아쉽게도 그 천재는 바로 이 책의 저자다. 테이블에 앉은 모든 사람이 내가 맞이할 운명을 느긋하게 추정하는 동안 나는 리오 호텔 앤드 카지노Rio Hotel and Casino의 화장실 바닥에 태아처럼 웅크리고 있었다. 그리고 고상한 표현을 몰라서 하는 말이지만 먹은 걸 토해내다 못해 똥물까지 게워내고 있었다. 저녁 시간에 복도 아래쪽에 있는 멕시코 식당에서 먹지 말아야 한다고 생각하면서도 먹었던 과카몰리 때문에 식중독에 걸린 걸까? 아니면 지독한 스트레스 반응일까? 혹시 장염에 걸린 걸까? 알 길은 없었다. 다만 돈을 걸라면 편두통 때문이라는 데 걸겠다.

나는 정말로 많이 준비했다. 편두통은 물론이고 일어날 수 있는 모든 비상사태에 대비했다. 평생 편두통에 시달렸기에 조금의 여지도 남겨두지 않을 작정이었다. 미리 애드빌Advil까지 복용했다. 아침에는 긴장을 풀기 위해 요가를 했다. 명상을 하고 아홉 시간을 푹 잤다. 심지어 신경이 곤두서서 도저히 음식이 들어갈 것 같지 않았음에도 저녁 휴식 시간에 밥을 챙겨 먹었다. 그런데도 이 지경이 되어버렸다.

인생이 원래 그렇다. 아무리 애를 써봐도 결국에는 내가 손을 뻗을 수 있는 범위를 벗어나는 일들이 있다. 순전한 불운을 계산할 수는 없다. 흔히 하는 말처럼 사람은 계획하고 신은 웃는다. 분명 어디선가 살짝 키득대는 소리를 들은 것도 같다.

애초에 내가 포커에 입문한 이유는 기술과 운 사이의 경계선을 더 잘 이해하고 내가 통제할 수 있는 것과 없는 것을 구분하기 위해서였다. 이때 내가 알게 된 진실은 운에는 블러핑bluffing(강한 패를 가진 것처럼 상대를 속이는 것-옮긴이)이 통하지 않는다는 것이었다. 포커는 내가 바닥에 쓰러진 이유를 신경 쓰지 않았다. 내가 애처롭게 "하지만 메인이벤트잖아요!"라며 불평을 터트릴 사람도 주변에 없었다. 이유는 문제가 되지 않았다. 신경과민이든, 스트레스든, 편두통이든, 식중독이든 카드는 계속 돌아갈 뿐이었다.

메시지는 명확했다. 아무리 계획을 세워도 여전히 미지의 변수가 나를 덮칠 수 있다. 그리고 결과가 나타난다. 그저 내가 할 수 있는 일에 최선을 다할 수밖에. 나머지는 내게 달린 일이 아니다.

나는 여기서 그냥 죽는 것과 이 화장실보다 덜 끈적거리고 악취가 덜한 어딘가로 기어가 기운을 쥐어짜서 얼마 안 남은 칩을 봉지에 넣도록 누군가에게 뇌물을 주는 것 중에서 무엇이 나을지 고민했다. 그때 휴대폰에서 문자메시지 알림이 울렸다. 코치인 에릭 사이델이었다. 메시지 내용은 '어떻게 되고 있어?'였다. 참으로 간단했다. 그는 제자가 이 인생 최대의 시험에서 얼마나 잘하고 있는지 궁금해했다. 나는 남은 의지력을 긁어모아 겨우 답신을 보냈다.

'아직 괜찮아요. 칩이 평균보다 약간 적어요.'

이 말은 적어도 거짓말은 아니었다. '잘 버티고 있어요'란 말은 약간은 거짓말이지만 나는 언제나 낙관적인 편이었다.

'좋아, 행운을 빌어.'

선생님, 지금 저한테 바로 그 행운이 얼마나 필요한지 선생님은
몰라요. 그 흔해빠진 행운을 듬뿍 주입해야 한다고요.

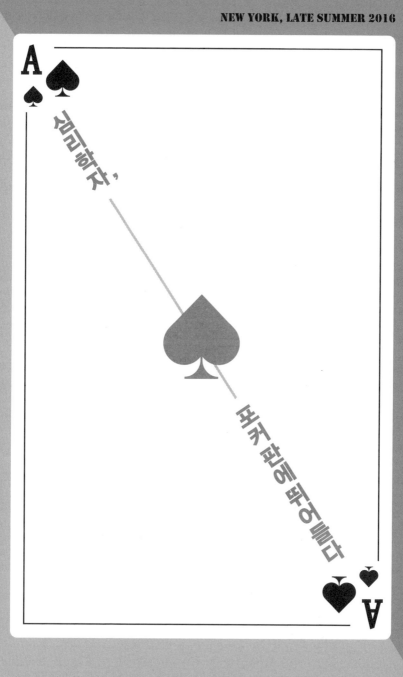

정리하자, 포커 판에 뛰어들다

## 뉴욕, 2016년 늦여름

그 대가와 위험에도 불구하고 도박판,
특히 포커 테이블보다 인생을 더 잘 배울 수 있는 자리는 없다.

──
클레멘스 프랜스, 《도박 충동 The Gambling Impulse》

♠

카페 건너편에 에릭 사이델을 상징하는 야구 모자가 긴 의자에 앉은 그의 옆에 놓여 있는 게 보인다. 그것이 그의 상징임을 아는 이유는 멀리서 그를 세심하게 관찰했기 때문이다. 나는 한동안 아주 면밀한 관찰자가 되어 그의 성격, 전부는 아니지만 적어도 겉으로 드러나는 성격은 어느 정도 파악했다.

그는 주목받고 싶어 하는 대다수 정상급 프로들과는 다르다. 카메라와 청중, 미친 듯한 공격성이나 쉴 새 없는 수다 같은 자신의 기벽을 사랑하는 플레이어들과 다르다. 그는 바위처럼 조용하고 침착하게, 주의를 기울이며 신중하고 정확하게 플레이한다. 그리고 월드 시리즈 오브 포커 우승 팔찌와 월드 포커 투어World Poker Tour 타이틀, 수천만 달러의 상금을 손에 넣었다.

나 역시 신중하게 그를 골랐다. 그에게 내년 한 해를 나와 같이 보내달라고 부탁할 참이었기 때문이다. 말하자면 첫 데이트에서 바로 청혼하는 셈이었다. 그래서 사전 조사를 잘하는 것이 중요했다.

나는 오랜만에 긴장했다. 그것도 많이. 그와의 만남에 입고 나갈 옷을 신중하게 골랐다. 세련되지만 뽐내는 것 같지 않게, 진지하지만 과하지 않게. 믿고 의지할 수 있지만 동시에 같이 즐겁게 술을 마실 수 있는 사람처럼 보여야 했다. 실로 복잡한 유혹이 될 것 같았다.

우리는 프랑스 카페가 어때야 하는지 할리우드식으로 해석한 곳에서 만날 예정이었다. 나는 약속 시간보다 일찍 도착했고 그는 더 일찍 도착해 있었다. 저 오른쪽 구석 자리에 길고 마른 팔다리와 198센티미터의 몸에 비해 너무 작아 보이는 원형 테이블에 그가 구겨져 앉아 있었다.

그는 창백하고 심각한 표정을 상쇄하는 짙은 색 티셔츠 차림으로 잡지를 읽고 있었다. 다행스럽게도 그 잡지는 〈뉴요커〉 같다. 상뻬Sempé가 바다 풍경을 그린 은은한 수채화가 표지를 장식한 8월말 호. 그가 바로 내가 찾던 포커 플레이어였다. 나는 냄새를 맡은 사냥개처럼, 시야에 들어온 사냥감이 도망가지 않도록 조심스레 테이블로 다가갔다.

에릭 사이델은 세상에서 가장 자신을 내세우지 않는 포커 챔피언이다. 그는 여러 우승 경력 외에도 오랫동안 현역에 머물러 여느 플레이어들과는 확실히 다르다. 1980년대 후반에 포커 플레이어로 경력을 시작한 이래 지금까지도 1위 자리를 다투고 있을 정도다. 그렇게 하려면 정말로 상당한 노력이 필요하다.

포커라는 게임은 지난 30년 동안 많이 변했다. 현대적 삶의 많은 측면과 마찬가지로 포커의 정성적 요소는 정량적 요소에 밀려났다. 측정이 직감을 앞섰고 통계가 관찰보다, 게임이론이 '감'보다 앞선 지 오래됐다. 심리학(신경과학에 자리를 내주고 있는 사회심리학)과 음악 같은 분야에서도 이런 추세가 전개되었다. 음악의 경우 알고리듬과 전문가들이 정량화를 통해 우리가 듣는 노래를 파악할 뿐 아니라 어떻게 노래를 구성해야 쾌감을 극대화할 수 있는지 1초도 안 되는 짧은 순간까지 분석한다.

포커도 별반 다르지 않다. 칼텍Caltech 박사들이 포커 테이블에 앉기 시작했다. 통계치가 기록된 출력물이 심심찮게 보이고, 즉석에서 GTO Game Theory Optimal(게임이론 최적화)나 +EV(플러스 기댓값)가 언급되지 않고 대화가 진행되는 경우가 드물다. 빈도에 관한 이야기가 감에 관한 이야기보다 훨씬 많이 등장한다. 그러나 수학적 산출보다 인간적 요소에 대한 이해를 중시하는 심리적인 플레이 스타일이 마치 멸종한 공룡처럼 보일 것이라는 조롱에도 불구하고 에릭은 정상에 머무르고 있다.

허세가 넘치고, 테스토스테론과 욕설로 가득하고, 자존심에 휘둘리는 프로 포커의 세계에서 에릭은 젠체하지 않는 태도 말고도 많은 면에서 특이하다. 그는 브루클린 음악 아카데미의 회원권을 가지고 있으며, 데이브 샤펠의 스탠드업 코미디 공연을 보려고 국토를 횡단할 의지가 있는 유일한 프로 포커 플레이어다. 심지어 로스앤젤레스에서 마닐라에 이르기까지 전 세계의 미식 관련 최신 정보를 거의 백과사전 수준으로 알고 있다. 또한 그는 라스베이거스보다 뉴욕을 선호하는 유일한 포커 플레이어다. 그래서 주로 거주하는 라스베이거스의 집 외에도 자신이 자란 맨해튼의 어퍼웨스트사이드에 가끔 머무르는 집이 있다. 그의 호기심은 순수하고 끝이 없으며 삶에 대한 열정은 매우 전염력이 강하다.

"줄리아 앤드 앵거스 스톤Julia and Angus Stone 알아요?"

그가 첫 만남에서 불쑥 이렇게 물었다. 누구라고? 어느 분야에 있는지도 모르는 이름이었다. 한 번도 이름을 들어본 적이 없는 작가들인가? 내가 모르는 배우들인가? 에릭이 내가 알 것이라고 짐작한 뉴요커들인가? 알고 보니 가수였다. 나는 그가 내게 흥미를 잃지 않기를, 그의 리트머스 테스트를 통과할 만큼 내가 세련되었기를 바랐다.

"정말 특별해요. 호주에서 온 남매 듀오죠. 그들이 노래하는 걸 여러 번 봤어요."

'특별하다'는 앞으로 내가 아주 익숙해질 표현이다. 그에게 '버빅스Birbigs'는 특별하고 〈오델로〉의 새 공연도 특별하다. 내가 죄악의 도시, 라스베이거스에 처음 갔을 때 우리가 저녁을 먹으러 갔던 색다르고 작은 스시바도 특별하다. '럭키츄이LuckyChewy'라고 불리는 프로 포커 플레이어도 특별하다.

에릭과 나는 25년이나 나이 차이가 나지만, 그와 대화하면서 새로운 경험을 즐기는 기분이 어떤 것인지 새삼 깨달았다. 나는 그를 만나기 전 모든 일에 게으르고 시큰둥했다. 92Y에서 최근에 진행된 대담이나 조스 펍Joe's Pub에서 하는 무명의 캐나다 뮤지컬을 보기보단 몸을 잔뜩 움츠리고 집에 있고 싶어 했다. 그러나 에릭은 두 곳 모두에 나를 끌고 갔으며 매번 그의 말이 옳았다.

앞으로 몇 달 동안 나의 플레이리스트는 그가 추천한 곡들로 채워질 것이다. 내가 앞으로 좋아할 스탠드업 코미디, 넷플릭스에서 볼 것들, 반드시 봐야 하지만 결코 보지 못할 공연들도 마찬가지다. 그는 걸어 다니는 '고잉스 온 어바웃 타운Goings On About Town(〈뉴요커〉의 문화행사 안내 코너-옮긴이)'이다. 내게 이상적인 저녁은 집에서 저녁

심리학자, 포커 판에 뛰어들다

을 먹고 와인이나 차를 마신 후 침대에서 책을 읽거나 영화를 보는 것이었다. 그러나 그는 내게 이렇게 말했다. "세계 최고의 도시인 뉴욕에서 살잖아! 얼마나 많은 것을 놓치고 있는지 봐!"

에릭은 그런 열정과 끝없는 탐구심으로 포커에 접근한다. 그는 신인 플레이어들을 눈여겨보기를 좋아하고 최신 앱과 프로그램에 정통하며 절대 자신이 모든 것을 안다고 생각하지 않는다. 그는 답보하기를 거부한다. 그에게 삶의 모토가 있다면 아마 '삶은 안주하기에는 너무 짧다'일 것이다. 실제로 그는 포커 유망주들에게 하고 싶은 조언이 무엇이냐는 질문에 "주의를 기울여라Pay attention"라는 단 두 마디로 답했다. 이 두 마디는 우리가 종종 간과하는 것이다. 현존現存은 가장 수월한 길보다 훨씬 어렵다.

나는 대부분의 포커 초짜들처럼 1998년 영화 〈라운더스〉에서 에릭을 처음 봤다. 이 영화는 여러 측면에서 포커를 대중화했는데, 포커 판에서 딴 돈으로 학비를 대다가 나중에는 아예 로스쿨을 그만두고 전업 플레이어가 되는 똑똑한 학생(맷 데이먼)의 이야기를 담고 있다. 영화의 배경으로 깔리고 영화 내내 끝없이 분석되었으며 맷 데이먼에게 가장 큰 영감을 준 게임은 1988년 월드 시리즈 오브 포커 결승 테이블에서 벌어진 에릭 사이델과 조니 챈의 대결이다(이 대결은 포커 세계 외부에서 가장 유명한 대결이기도 하다). 중계진은 조니 챈이 최고수라며 연신 떠들어댄다. 그리고 에릭은 자신이 무엇에 당하고 있는지도 모르는 애송이로, 그의 퀸 페어는 조니의 스트레이트에 무너진다. 포커 베테랑이 아무것도 모르는 희생자를 노리고 친 덫에 걸려든 것이다.

조니는 당시 세계 포커 챔피언이었다. 에릭은 메이저 대회에 참가한 적이 처음이었다. 그는 165명의 경쟁자를 물리치고 결승 테이블까지 올라와 최후의 2인 중 1인이 되었다. 이것은 이후에 이어진 놀라운 경력의 시작이었다.

〈라운더스〉는 특히 대학 캠퍼스에서 히트 쳤다. 영화가 나온 것은 1990년대 말이었는데, 2000년대 초 무렵 대부분 학생이 포커로 학비를 댈까 생각할 정도였다. 당시 나는 포커에 관심이 없었다. 스트레이트가 무엇인지, 왜 조니가 스트레이트로 에릭에게 덫을 놨는지 몰랐다. 내게 포커는 배울 마음이 하나도 없는 외국어나 마찬가지였다.

몇 년 후 마침내 그 영화를 봤을 때 맷 데이먼이 에릭과 조니의 대결을 생각하면서 한 대사가 강한 인상을 남겼다. 정확한 대사는 기억나지 않는데 카드를 보고 플레이하는 게 아니라 상대를 보고 플레이해야 한다는 내용이었다. 진부하긴 하지만 당시 내 관심의 핵심에 이르는 말이었다. 또한 세상에 대한 내 생각의 많은 부분을 포착한 말이기도 했다. 심리. 자제력. 조니가 한 것처럼 일찌감치 스트레이트를 맞추고도 끝까지 체크check만 하겠다는 의지. 최고의 패를 가졌다는 사실을 교묘히 숨겨 상대를 옭아매는 것. 처음부터 이기고 있었음에도 상대가 이기고 있다고 생각하게 만드는 것. 나는 스트레이트가 무엇인지 몰라도 그 매력과 전략적 아름다움은 느낄 수 있었다.

그리고 지금 여기에 바로 그 당사자, 고수가 된 애송이가 있었다. 포커계의 걸어 다니는 전설 중 한 명이 말이다. 나는 내년 한 해

심리학자, 포커 판에 뛰어들다

동안 나를 제자로 삼아 포커를 가르쳐달라고 부탁하러 그 앞에 서 있었다.

내가 아는 한 그는 지금까지 제자를 키운 적이 없었고, 나는 한 번도 포커를 쳐본 적이 없었다. 나는 에릭에게 배우고 싶었다. 아주 오래전 그를 포커계의 전설로 만든 대회이자 최고의 포커 대회인 월드 시리즈 오브 포커에 나갈 수 있도록 훈련을 받고 싶었다. 그리고 포커를 칠 때만이 아니라 삶 전체에서 최고의 결정을 내리는 법을 배우기를 바랐다. 또한 포커를 통해 운을 길들이고 싶었다. 패가 좋지 않을 때도 좋은 결과를 내는 법을 배우고 싶었다.

기간은 1년으로 잡았다. 1년은 깔끔하고 소화하기에 충분한 기간이었다. 내게는 계획이 있었다. 에릭에게 접근하고 그와 연합해서 월드 시리즈 오브 포커 메인이벤트에 참가한다는 계획이었다. 그러고 나서는 그 모험담을 사람들에게 들려줄 생각이었다.

기한을 정하는 일은 쉬웠다. 1년은 한정된 시간이다. 설득력도 있었다. 1년 동안 어떤 일을 한다는 것은 누구나 상상할 수 있기 때문이다. 이 일을 할 1년, 저 일을 할 1년, 잠시 새로운 일을 해볼 1년. 누구도 3년 반 동안 실패한 이야기를 듣고 싶어 하진 않는다. 그럴 시간이 도대체 누구에게 있을까? 그러나 1년은 감당할 수 있고 산뜻하다. 1년은 삶의 어수선함을 깔끔하게 정리해준다.

그러나 삶의 생각은 달랐다. 계획이 바뀌었다. 애초의 틀이 사라지고 전혀 예측하지 못한 결과로 나아갔다. 정말로, 사람은 계획하고 신은 웃는다. 신에 대한 내 생각이 어떻든 나는 무작위성을 믿는다. 우리, 우리의 계획, 우리의 욕망, 우리의 동기, 우리의 행동을 전혀 신경 쓰지 않고 나아가는 우주의 소음을 믿는다. 이 소음은 우리가 무엇을 선택하든 선택하지 않든 거기에 있다. 분산 variance(통계에서 변수가 흩어진 정도를 나타내는 지표-옮긴이) 그리고 우연. 우리가 아무리 노력해도 통제할 수 없는 것들. 하지만 그렇다고 해서 우리가 애쓰는 것까지 비난할 수 있을까?

우리가 살아가는 삶과 우리가 내리는 결정에는 운과 통제의 스펙트럼이 존재한다. 나는 오랫동안 이 균형을 잡으려고 씨름했다. 어린 시절 나는 큰 행운을 누렸다. 바로 부모님이 구소련을 떠나 내게 기회의 세계를 열어준 것이다. 10대 시절에 나는 열심히 공부해서 좋은 성적을 거뒀고 우리 집안에서 미국의 대학에 들어간 첫 세대가 되었다. 성인이 되어서는 내 현실의 얼마큼이 운명의 장난이 아니라 내가 이뤄낸 결과인지 파헤쳐보고 싶었다. 이미 많은 사람이 그랬지만 나 역시 내 삶의 얼마큼이 노력의 대가인지, 얼마큼이 그저 운인지 알고 싶었다.

시몬 드 보부아르는 《모두 지나간 후All Said and Done》에서 자신의 삶에 대해 "부모님의 모든 선조가 태어나고, 이후 부모님이 태어나고 만나 그 특정한 정자가 그 특정한 난자를 뚫을 확률은 수억 분의 1보다 낮다"라고 말했다. 우연은 그녀의 존재가 지나온 모든 궤적에서 이처럼 큰 역할을 했다. "또한 내가 여자로 태어난 것도 우연, 현재 수준의 과학이 예측할 수 없는 우연이었다. 그 시점부터 내가 과거에 했던 모든 행동에서 수없이 많은 미래가 가지를 친 것처럼 보인다. 가령 나는 병에 걸려서 학업을 그만둘 수도 있었고,

심리학자, 포커 판에 뛰어들다

사르트르를 만나지 못했을 수도 있었다. 어떤 일이든 일어날 수 있었다." 그렇다면 어떻게 무작위적인 것과 의도적인 것을 분리할 수 있을까?

이는 철학적인 질문이다. 나는 내가 아는 최고의 방법으로 이 질문을 탐구하려고 노력했다. 대학원에 진학했고 질문을 제기했고 나름의 연구를 했다. 나는 궁금했다. 우리가 실제로 통제권을 갖는 경우는 얼마나 될까? 운이 지배하는 상황을 자신이 통제한다는 인식이 우리의 의사결정에 어떤 영향을 미칠까? 불확실한 정보밖에 없는 상황에서 사람들은 어떻게 반응할까?

컬럼비아 대학교에서 5년 동안 박사학위 과정을 밟으며 위 질문들과 관련된 실험을 했다. 실험 내용은 수천 명에게 시간 제약을 두고 가상의 주식투자 게임을 시키는 것이었다. 참가자들은 자신의 돈 일정 금액을 투자하고 수익이 나면 돈으로 받았다. 그 액수는 1달러부터 75달러 이상까지 다양했다. 실험은 두 종목의 주식이나 하나의 채권을 대상으로 수백 번에 걸쳐 진행되었는데, 채권은 언제나 안전한 수익을 냈지만 벌 수 있는 금액은 1달러뿐이었다. 반면 주식은 실제 종목과 같이 주가가 오르내렸고 한 번에 최대 10달러까지 벌 수 있었다. 그러나 손실이 날 수도 있어서 마우스 클릭한 번에 10달러가 날아갈 수도 있었다.

게임의 각 라운드에서 A와 B 두 개의 주식 종목은 임의로 '좋은' 주식 혹은 '나쁜' 주식으로 분류되었다. 좋은 주식을 고르면 10달러를 벌 확률이 50퍼센트, 돈을 벌지 못할 확률이 25퍼센트, 10달러를 잃을 확률이 25퍼센트였다. 나쁜 주식을 고르면 돈을 벌 확률은 25퍼센트로 떨어지는 반면 돈을 잃을 확률은 50퍼센트로 올라 갔다. 내가 관심을 가졌던 문제는 사람들이 선택의 길에서 어떤 전략을 따르는지 그리고 돈을 버는 종목을 얼마나 빨리 알아차리는 지였다(최적의 투자 전략을 취하면 간헐적으로 손실이 나더라도 전반적인 수익은 가장 많아지면서 좋은 주식으로 재빨리 옮겨 갈 수 있다).

결과는 놀랍게도 전혀 예측하지 못한 것이었다. 사람들은 자신이 통제할 수 있는 수준을 과대평가했다. 여러 방면에서 뛰어난 사람들, 올바른 판단을 할 만한 사람들도 그랬다. 그들은 자금을 어떻게 분배할지 미리 결정했고, 말도 안 되게 적은 정보로 어느 주식이 좋은 주식인지 판단했다. 게다가 돈을 잃기 시작할 때도 자신의 판단을 고수했다. 운보다 자신의 기술을 과대평가할수록 환경이 말해주는 것들로부터 적게 배웠으며 결정은 더 나빠졌다. 좋은 주식으로 바꾸는 경우가 갈수록 줄어들었고 나쁜 주식에 투자하는 돈을 늘리거나 아예 채권 쪽으로 방향을 돌렸다.

그들은 자신이 실제보다 잘 안다고 생각했기 때문에 판단에 어긋나는 모든 징후를 무시했다. 실제 주식시장에서 일어나듯 상승 종목이 하락하거나 그 반대의 경우에 더욱 그랬다. 다시 말해서 통제에 대한 착각이 게임을 통제하는 것을 방해했다. 사람들은 기존의 행동을 계속하면서 전에 성공했던 전략이 더는 통하지 않는다는 걸 알지 못했다.

사람들은 세상이 말하는 메시지가 자신이 듣고 싶었던 게 아니면 제대로 듣지 못했다. 환경의 지배자가 되고 싶어 했지만 환경을 잘 알지 못했다. 여기에 냉혹한 진실이 있다. 우리는 사실 우연의

심리학자, 포커 판에 뛰어들다

법칙을 따르고 있을 뿐인데도 스스로 통제력을 지녔다고 생각하는 경우가 너무 많다. 이 문제는 계속 내 머릿속을 맴돌았다. 그렇다면 해결책은 무엇일까? 어떻게 이 이론을 활용해서 더 나은 선택을 할 수 있을까?

이 질문은 한 가지로 대답하기 힘들다. 운과 기술의 방정식은 확률에 좌우된다. 그러나 우리의 신경망은 확률을 잘 이해하지 못한다. 통계는 완전히 반직관적이기 때문이다. 우리의 뇌는 내재적 불확실성을 이해하도록 진화하지 않았다. 우리가 살던 초기 환경에는 숫자나 계산이 없었으며 개인적 경험과 일화가 있을 뿐이었다.

그래서 우리는 추상적인 형태로 제시되는 정보, 즉 '호랑이는 이 지역에서 대단히 희귀하기에 길을 가다 마주칠 확률은 2퍼센트이며 공격당할 확률은 더 낮다' 같은 문장에 대응하는 법을 배우지 못했다. 대신 '지난밤에 호랑이가 나타났는데 정말 무서웠어'와 같이 순수한 감정에 대응하는 법을 배웠을 뿐이다. 그로부터 수천 년이 지난 지금도 우리의 이런 결함은 계속 남아 있으며 이를 '설명-경험 간극description-experience gap'이라고 부른다.

이후 거듭된 연구에서도 사람들은 수치화된 규칙을 내재화하지 못했다. 사람들은 제시된 데이터가 아니라 육감이나 직관 혹은 옳을 것 같은 느낌에 따라 결정을 내렸다. 이들의 결정에서 볼 수 있듯이 우리는 세상을 확률적 측면에서 바라봐야 함에도 수치를 무시하고 자신의 경험을 따르는 경우가 많다. 우리는 연구 결과가 보여주는 게 아니라 우리가 보고 싶은 것을 믿는다.

근래에 많은 사람이 생각하는 문제인 재난 대비를 예로 들어보

자. 허리케인, 홍수, 지진 등 지구온난화로 잦아지는 기후 재난에 대비해 우리는 무엇을 하는가? 핵전쟁이나 테러에 대해서는 어떤 가? 이런 것들을 걱정해야 할까? 지금 살고 있는 집을 위해 특별 보험을 들어야 할지 혹은 특정 지역에 집을 사야 할지 결정하는 데 도움이 되는 통계들이 있다. 예를 들면 욕실에서 미끄러져 사망하거나 장애를 입을 위험과 비교해 테러의 희생자가 될 위험을 알려주는 확률 차트 같은 것이다.

그러나 심리학자들이 거듭 발견하는 사실은 사람들에게 아무리 차트를 많이 보여줘도 위험에 대한 인식이나 최종 결정은 바꾸지 못한다는 것이다. 그렇다면 우리의 마음을 바꾸는 것은 무엇일까? 바로 직접 그 일을 경험하거나 주변에 그런 경험을 한 사람이 있는 것이다. 가령 허리케인 샌디가 불었을 때 뉴욕에 살았다면 홍수 보험에 가입할 가능성이 크다. 아니면 캘리포니아주 말리부 해변에 있는 주택에 투자할지도 모른다. 수치를 보면 해변과 함께 집이 곧 사라질 수 있는데도 말이다. 만일 9.11 테러를 겪었다면 테러에 대한 공포가 과도한 수준으로 커질 것이다. 모든 경우에 우리의 반응은 통계와 어긋난다.

뉴욕에 있는 모든 집이 홍수 보험을 들어야 하는 건 아니다. 그러나 우리는 나쁜 경험을 했기 때문에 과잉보상overcompensation을 한다. 해변 주택은 장기적으로 볼 때 형편없는 투자 대상이다. 그러나 우리는 개인적으로 통계에 아무런 영향을 받지 않았기 때문에 과소보상undercompensation을 한다. 어느 날 욕실에서 미끄러질 확률은 테러범들에게 공격당할 확률보다 몇 자릿수나 더 높다. 하지만 이 사실을 받아들이긴 어렵다. 특히 9.11 테러로 사망한 사람을 알고 있다면 더욱 그렇다.

우리의 경험은 모든 것을 압도한다. 그러나 이 경험들은 대개 왜곡되어 있어서 우리의 판단에 큰 도움이 되지는 못한다. 일상적인 결정에서 운과 기술을 떼어놓기가 너무나 어려운 이유도 이 때문이다. 이는 통계적 작업으로서 우리는 대부분 이 작업을 할 능력이 부족하다.

그래서 나는 포커에 이끌렸다. 경험은 올바로 활용하면 확률적 시나리오를 이해하는 데 강력한 우군이 될 수 있다. 다만 그 경험이 마구잡이식 일회성 사건이 아니라 체계적인 학습 과정이 되어야 한다. 이는 포커 테이블에서 접하는 환경과 비슷하다. 정확한 체계적 학습 과정은 운을 다른 모든 것으로부터 떼어놓는다. 이는 아무리 많은 수치를 외우거나 이론을 연구해도 불가능한 일이다.

학계를 떠난 후 몇 년이 지나 개인적으로도 기술 대 운의 문제를 해결해야 할 시점을 맞이했다. 2015년은 코니코바 가문에 좋은 해가 아니었다. 나의 롤모델이었던 어머니가 1월 첫 주에 20년 가까이 일했던 직장을 잃었다. 사모펀드가 어머니가 다니던 회사를 인수하면서 해고해버린 것이었다. 동료들도 울고 상사도 울었다. 그들은 어머니를 다시 고용해달라고 회사에 요청했다. 어머니는 컴퓨터 프로그래밍에 뛰어났으며 나 역시 어머니가 곧 다시 일어서리라고 생각했다. 하지만 실리콘밸리의 현실은 냉혹했다. 특히 나이 든 여성에게 더욱 그랬다. 그러나 어머니는 겨우 50대였고 은퇴할 만큼 늙은 건 아니었다.

1년 후에도 어머니는 여전히 실직자였다. 그런 어머니를 보며 처음 든 생각은 인생이 너무 불공정하다는 것이었다. 하지만 당시 얻은 교훈이 있다면 바로 인생에는 공정성이라는 개념이 없다는 것이었다. 모든 게 그저 운에 달려 있었다. 그러니 견뎌내야 했다.

몇 달 후에는 홀로 살던 쾌활하고 건강한 할머니가 밤에 침실에서 미끄러지고 말았다. 할머니는 금속으로 된 침대 프레임의 모서리와 단단한 리놀륨 바닥에 머리를 부딪혔다. 집에는 아무도 없었다. 다음 날 아침 전등이 계속 켜져 있는 것을 보고 찾아온 이웃들이 할머니를 발견했다. 할머니는 이틀 후 돌아가셨다.

나는 작별 인사조차 하지 못했다. 할머니와 나눈 마지막 대화도 기억하지 못했다. 만나면 늘 했던 이야기를 겨우 몇 마디 나눴을 것이다. 아마 할머니는 내가 새로 쓴 책의 1쇄가 나왔는지 물었을 것이다. 할머니는 영어를 읽지 못해서 러시아 번역본이 나올 때까지 기다려야 했지만 내가 쓴 책을 무척 보고 싶어 했다. 실제로 할머니는 나를 볼 때마다 그 질문을 했고 그러면 나는 할머니에게 차갑게 쏘아붙이곤 했다. 책이 나오면 알려줄 테니 그만 좀 물으라고. 계속되는 질문에 짜증이 났다. 할머니는 언성을 높이며 다시는 내게 어떤 것도 묻지 않겠다고 했다.

할머니한테 더 다정했어야 했다. 그러나 이런 깨달음은 언제나 뒤늦게 찾아오는 법이다. 마지막까지 할머니는 내게 음성메시지를 보낼 때 "할머니야"라며 끝맺었다. 마치 그렇게 하지 않으면 내가 모르기라도 할 것처럼 말이다. 나는 마지막까지 자주 연락하지 않았다. 할머니는 제2차 세계대전을 겪었고 스탈린과 흐루쇼프, 고르바초프의 시대를 살아냈다. 그러나 미끄러운 바닥과 한번 잘못 디딘 발에 지고 말았다. 실로 불공정한 일이다. 아니, 불행한 일이다. 한 발만 제대로 디뎠다면 할머니는 지금도 살아 계실 것이다.

그다음으로 남편이 일자리를 잃었다. 남편이 합류한 스타트업이 계획대로 사업을 시작하지 못했다. 나는 프리랜서 작가의 수입으로 가족을 부양해야 했다. 우리는 웨스트빌리지에 있는 아름다운 아파트를 떠났다. 습관을 바꾸었고, 달라진 환경에 적응하려고 최선을 다했다.

그러다 갑자기 건강이 나빠졌다. 진단 결과 이상한 자가면역질환에 걸린 모양이었다. 누구도 그게 무엇인지 잘 몰랐다. 나의 호르몬 수치는 미친 수준이었고 갑자기 거의 모든 것에 대한 알레르기가 생겼다. 가끔은 집 밖으로 나갈 수조차 없었다. 어디에 닿기만 해도 두드러기가 났다.

나는 낡고 헐렁한 티셔츠 차림으로 빨리 낫기를 바라며 노트북을 껴안고 살았다. 여러 의사와 전문가를 만났고 이런저런 스테로이드 치료를 받았다. 그러나 의사들이 하는 말은 한결같았다. '특발성idiopathic'이라는 것이었다. 이 말은 '저희도 모르겠습니다'라는 뜻이다. '저능idiocy'이란 단어에서 유래된 특발성 알레르기는 비용이 많이 들었다. 불공정했다. 한마디로 재수가 없었다. 하지만 정말로 그럴까?

어쩌면 아주 오래전에 어머니 말을 안 듣고 몰래 발코니에서 놀았던 내 잘못일지도 몰랐다. 나는 러시아에서 태어났고 체르노빌 사고가 터졌을 때도 러시아에서 살았다. 집 안에 있으라는 어머니의 훈계는 나름의 이유가 있었다. 어쩌면 두 살 때의 내가 잘못한 것인지도 몰랐다.

나는 앉아서 소설가 제임스 설터의 글을 읽었다. "우리는 이 질병들을 상상할 수 없다. 이 병들은 특발성이라 불리고 저절로 생긴다고 한다. 그러나 우리는 본능적으로 분명 뭔가가 있음을, 이 병들이 우리의 보이지 않는 약점을 노렸다는 걸 안다. 이 병들이 우연히 엄습했다고 생각하기는 불가능하다. 그런 생각은 견딜 수 없다." 나는 고개를 끄덕였다. 운이든 아니든 그저 엿같았다.

이는 익숙한 사고의 패턴이다. 운은 우리를 에워싼다. 직장까지 걸어가 무사히 도착하는 사소한 일에서부터, 전쟁이나 테러 중에 불과 몇 센티미터 떨어진 곳에 있던 사람들은 죽었지만 자신은 살아남는 것 같은 심각한 상황까지 모두 에워싼다. 그러나 우리는 일이 잘 풀리지 않을 때만 운을 인지한다. 우리는 운이 우리를 보호하는 순간에는 운의 역할을 자주 따지지 않는다. 운이 우리 편일 때, 보이지 않을 때는 무시하는 경향이 있다. 그러나 운을 맞닥뜨릴 때는 비로소 그 힘을 깨닫고 이유와 방식을 추론하기 시작한다.

어떤 사람은 순수한 수에서 위안을 얻는다. 우리는 그것을 있는 그대로 순수한, 고등학교 수학 같은 우연이라 부른다. 20세기 통계학자이자 유전학자인 로널드 피셔Ronald Fisher는 1966년에 이렇게 지적했다. "100만 분의 1의 확률에 해당하는 일은 분명 더도 덜도 없이 그만큼 발생할 것이다. 그러나 우리는 그 일이 우리에게 일어난다는 것에 놀랄지 모른다."

현재 세계 인구를 구성하는 75억 명의 사람들을 생각해보라. 이렇게 사람이 많으면 대단히 확률이 낮은 일이 꾸준히 일어나기 마련이다. 그래서 '100만 분의 1의 확률에 해당하는 일'이 매초 일어난다. 가령 당신과 가까운 누군가가 끔찍한 사고로 죽는다. 누군가는 일자리를 잃고 누군가는 알 수 없는 병에 걸린다. 누군가는 복권에 당첨되기도 한다. 이는 확률의 문제, 순수한 통계의 문제다. 또한 좋든 나쁘든 삶의 일부이기도 하다. 기이한 우연과 일회성 사건이 발생하지 않는다면 그야말로 특이한 일이다.

어떤 사람들은 확률에 감정을 덧입힌다. 그래서 확률은 운이 된다. 운은 갑자기 긍정적이거나 부정적인 혹은 길하거나 흉한 유의성을 획득한다. 운은 좋거나 나쁘다. 행운과 불운이 찾아온다. 어떤 사람은 운에 의미와 방향, 의도를 부여한다. 그래서 운은 의도가 있는 확률, 즉 운명이나 업보가 된다. 이때 운은 그렇게 '되어 있는' 것이다. 심지어 어떤 사람은 더 나아가 예정설을 내민다. 운은 언제나 그렇게 전개되며, 우리가 가졌다고 생각하는 통제나 자유의지에 대한 감각은 순전히 착각이라는 것이다.

그러면 포커는 어떻게 이 모든 문제와 맞물릴까? 나는 이 여정을 시작하기 전까지 한 번도 카드놀이를 해본 적이 없었다. 포커는 물론 실제 게임을 본 적도 없었다. 포커는 내 머릿속에 존재하지 않는 것이었다. 그러나 계속 일이 잘못된 방향으로 흘러가는 상황에 직면해서 내가 늘 어떤 것을 이해하려 할 때 하는 일을 했다. 바로 책을 읽는 것이었다. 나는 지금 일어나고 있는 사태를 조명하고 약간의 통제력 같은 것이라도 되찾는 데 도움이 된다면 무엇이든 읽었다. 그렇게 정신없이 여러 책을 섭렵하다가 우연히 존 폰 노이만John von Neumann의 《게임이론과 경제 행동Theory of Games and Economic Behavior》을 접했다.

폰 노이만은 수학과 전략 부문에서 20세기의 가장 위대한 지성 중 한 명이었다. 그는 우리가 갖고 다니는 작은 기계(당시엔 그렇게 작지 않았다)인 컴퓨터를 발명했고 수소폭탄 제조 기술을 고안했다. 또한 그는 게임이론의 아버지이기도 하다. 《게임이론과 경제 행동》은 게임이론의 토대가 되는 저서로, 나는 이 책을 읽으면서 게임이론 전체가 포커라는 단일 게임에서 영감을 받았다는 사실을 알게 됐다. 폰 노이만은 이렇게 썼다. "현실의 삶은 블러핑으로, 사소한 기만전술로, 상대는 내가 어떻게 하리라 생각할 것인지 따지는 자문으로 이뤄진다. 이것이 나의 이론에서 말하는 게임이다."

폰 노이만은 다른 카드 게임은 신경 쓰지 않았다. 그가 생각하기에 다른 게임들은 순전히 운으로 통달의 경지에 이르려고 인생을 낭비하는 사람들처럼 따분했다. 다만 순수하게 운에 좌우되는 게임은 그 반대편에 있는 게임, 예를 들면 모든 정보를 모을 수 있고 모든 수를 미리 고려할 수 있는 체스보다 나쁘진 않았다.

이처럼 게임에 대한 그의 불신에서 유일하게 벗어나 있던 것이 포커였다. 폰 노이만은 포커를 사랑했다. 그에게 포커는 삶을 관장하는 기술과 운 사이의 형용할 수 없는 균형을 대표했다. 플레이할 가치가 있을 만큼 기술의 비중이 충분하고, 도전할 수 있을 만큼 운의 비중도 충분했다. 그는 어느 모로 보나 형편없는 플레이어였지만 그 사실도 그를 가로막지는 못했다. 포커는 궁극적인 퍼즐이었다. 그는 그 퍼즐을 이해하고 풀어내고 종국에는 이기고 싶어 했다. 운과 기술을 분리하는 방법, 후자의 역할을 극대화하고 전자의 악영향을 최소화하는 방법을 알아낸다면 삶에서 결정과 관련된 중대한 문제들에 대한 해법을 손에 넣을 수 있다고 믿었다.

포커는 다른 모든 게임과 달리 삶을 반영한다. 순수하게 운에 좌우되는 룰렛도 아니고, 수학적 정교함과 완벽한 정보에 좌우되는 체스도 아닌 포커는 우리가 살아가는 세상처럼 이 둘의 설명할 수 없는 결합으로 구성된다. 포커는 우리 삶에서 상반된 두 개의 힘인 운과 통제 사이의 균형점에 서 있다. 누구라도 한 판, 한 게임, 한 대회에서는 운이 좋거나 나쁠 수 있다. 기술, 훈련, 준비, 능력과 무관하게 세상의 꼭대기에 올랐다가 변방으로 밀려날 수 있다. 그러나 결국 운은 아주 짧게 스치는 친구 혹은 적이다. 오랜 기간에 걸쳐 빛나는 것은 기술이다.

포커는 수학을 토대로 하지만 인간적 의도와 상호작용, 심리가 끼어든다. 이런 뉘앙스, 기만, 꼼수는 실제를 반영하지 않으며 상대보다 우위에 서도록 해준다. 인간은 합리적이지 않다. 정보는 모두에게 열려 있지 않다. 행동의 규칙은 없으며 오직 규범과 암시가 있을 뿐이다. 그리고 폭넓은 제약 안에서 누구나 언제든 이 규범을 어길 수 있다.

폰 노이만이 관심을 둔 게임들은 인생처럼 분명하게 측량하기 어려운 것들이었다. 실제 삶은 결코 완전할 수 없는 정보에 기반한 최선의 결정을 토대로 삼는다. 우리는 다른 사람의 마음을 결코 알 수 없다. 포커에서 자신의 패만 알 수 있는 것처럼 말이다. 실제 삶에서 중요한 건 수학적으로 최적의 결정을 모방하는 게 아니다. 그보다는 숨겨진 인간적 요소를 파악하는 일이 중요하다. 아무리 형식을 그대로 모델링해도 인간 본성의 변덕스러움과 갑작스러움을 포착하지는 못한다는 사실을 깨닫는 것이 중요하다.

나는 폰 노이만이 세상에서 가장 중요한 전략적 결정(그는 미군에게 자문을 제공하고 있었다)을 위한 수단으로 포커를 선택한 이유를 읽다가 뭔가를 깨달았다. 포커는 내가 했던 연구나 실험처럼 이론적이지 않았다. 포커는 현실적이었고 실험적이었다. 인간의 정신이 가장 잘 학습하는 방식을 구현했으며 일회성 사건이 아니라 체계적인 과정이었다. 다시 말해 포커는 내가 늘 머릿속에서 구상하던 주제와 완벽하게 맞았다.

포커는 동질적인 게임이 아니다. 스터드Stud, 오마하Omaha, 래즈Razz, 바둑이, 호스HORSE 등 다양한 플레이 방식이 있다. 이 종목들은 각각 고유한 규칙을 갖고 있다. 그러나 어떤 종목이든 기본 변수는 같다. 즉 일부 카드는 모두가 볼 수 있도록 개방되고(이를 '커뮤니티 카드community card'라고 한다) 일부 카드는 그 카드를 받은 사람만 볼 수 있도록 가려진 상태로 주어진다.

그다음 플레이어들은 자신의 패가 얼마나 강한지, 다른 사람들의 패가 얼마나 강하다고 생각하는지에 따라 베팅을 한다. 플레이어가 확실하게 아는 패는 자신의 패뿐이므로 불확실한 정보로 게임을 해야 한다. 즉 자신이 아는 정보를 토대로 최선의 결정을 해야 한다. 그렇게 해서 마지막 베팅까지 끝난 후 남은 최후의 플레이어가 판돈 혹은 그때까지 베팅된 돈을 가져간다.

내가 배우기로 한 것은 포커의 한 종목으로 가장 인기가 많은 노

심리학자, 포커 판에 뛰어들다

리밋 텍사스 홀덤No Limit Texas Hold'em이었다. 이 종목은 다른 종목과 두 가지 측면에서 다르다. 첫 번째 차이점은 모두가 알거나 혼자만 아는 정보의 정확한 양이다. 각 플레이어는 홀 카드hole card라는 두 장의 카드를 가려진 상태로 받는다. 플레이어는 상대의 행동을 보고 어떤 패를 가졌을지 추정할 수 있을 뿐 확실하게 알 길은 없다. 플레이어가 얻는 유일한 정보는 공개된 정보, 즉 테이블 중앙에 놓인 카드들이 개방된 후 드러나는 상대의 베팅 패턴이다.

홀덤의 경우 3단계를 거쳐 중앙에 카드들이 놓인다. 첫 세 장인 플랍flop은 동시에 놓인다. 이때 베팅이 이뤄지고 네 번째 카드인 턴turn이 놓인다. 여기서 한 번 더 베팅이 이뤄진 후 다섯 번째 카드인 리버river가 놓인다. 그래서 전체적으로는 플레이어가 쥐고 혼자만 아는 두 장의 카드와 테이블 중앙에 놓여 있어 모두가 아는 다섯 장의 카드가 있다. 그리고 상대의 패가 자신의 패보다 강한지 약한지 최대한 잘 추리해야 하는 네 번의 스트리트street 혹은 베팅 라운드가 있다.

포커의 어떤 종목들은 알려지지 않은 변수가 너무 많아서(가령 어떤 종목은 각 플레이어에게 다섯 장의 카드를 가려진 상태로 준다) 기술의 비중이 줄어든다. 또 어떤 종목들은 알려지지 않은 변수가 너무 적어서(홀 카드 한 장) 추정의 비중이 줄어든다. 그러나 텍사스 홀덤에서 불완전한 정보의 양은 기술과 운 사이에 특히 유용한 균형을 창출한다. 두 장의 홀 카드는 딱 최선의 비율이다. 즉 게임이 삶을 잘 반영하도록 미지의 요소가 충분한 동시에 과도하지 않아서 도박이 되지 않는다.

이 종목의 두 번째 차별점은 노 리밋, 즉 베팅 한도가 없다는 것이다. 폰 노이만도 이 점을 좋아했다. 당대 최고의 포커 플레이어로서 1972년에 제3회 월드 시리즈 오브 포커에서 우승한 아마릴로 슬림은 "순수한 블러핑의 힘은 베팅 한도로 제한된다"라고 말했다. 베팅 한도가 있으면 최대 베팅 금액이 정해진다. 어떤 경우에는 게임이 진행되는 곳에서 그 이상은 베팅하지 못하도록 임의로 한도를 정한다. 팟 리밋pot limit 같은 경우는 이전까지 베팅된 전체 판돈으로 한도가 정해진다. 즉 판돈보다 많은 돈을 베팅할 수 없다. 어느 쪽이든 행동의 폭이 줄어든다.

노 리밋 게임에서는 언제든 가진 돈을 전부 베팅할 수 있다. 다시 말해 쇼브shove나 잼jam, 즉 올인 베팅을 할 수 있다. 이 대목에서 게임은 정말로 흥미로워진다. 슬림은 베팅 한도가 "배포가 작거나 회계사로 먹고사는" 사람들을 위한 것이라고 말한다. "상대에게 달려들지 못하면, 그러니까 앞에 있는 모든 걸 걸지 못하면 진짜 포커가 아니다."

이 지점에서 노 리밋은 우리의 일상적 의사결정에 대한 강력한 메타포가 된다. 삶에는 한도가 없기 때문이다. 어떤 결정을 할 때 당신이 가진 모든 것을 걸지 못하도록 막는 외부적 제한은 없다. 그때가 언제든 당신이 선택할 때 모든 돈, 명성, 마음, 심지어 생명을 걸지 못하도록 막는 것이 있을까? 없다. 결국에는 당신만 은밀하게 아는 내적 계산 외에는 어떤 규칙도 없다. 그리고 당신 주변의 모든 사람도 자신의 결정을 내릴 때 그 사실을 알아야 한다. 당신이 모든 것을 걸 수 있다는 사실을 아는 상황에서 그들은 얼마를

심리학자, 포커 판에 뛰어들다

걸어야 할까? 이는 벼랑 끝에서 벌어지는 끝없는 게임이다.

게임이론의 또 다른 대가로서 노벨 경제학상 수상자인 토머스 셸링Thomas Schelling은 우리 삶의 모든 곳에서 벌어지는 이 게임을 대중적으로 알렸다. 누가 먼저 "사랑해"라고 말하면서 관계에 올인할까? 그리고 그렇게 고백하면 버림받을까? 누가 비즈니스 협상을 깰 것인가? 누가 전쟁을 일으킬 것인가? 올인할 수 있는 능력 그리고 올인이 우리를 둘러싼 모든 사람이 취할 수 있는 선택지라는 인식은 수많은 결정을 어렵게 만드는 주요 변수다.

물론 감정적 요소도 있다. 포커 테이블에서든, 현실 세계에서든 올인에 따른 위험만 한 것은 없다. 일이 잘 풀리면 더블 스루double through, 즉 최대 액수로 돈을 따서 스택stack(플레이할 수 있는 칩의 양-옮긴이)을 두 배로 늘릴 수 있다. 그러나 잘못하면 게임이 끝날 수도 있다. 당신은 일생일대의 계약을 따내거나 평생의 반려자를 얻을 수도 있고, 파산이나 실연의 아픔에 시달릴 수도 있다.

노 리밋 포커는 인생처럼 고위험, 고보상의 게임이다. 노 리밋 텍사스 홀덤으로 포커 챔피언을 가리는 것은 우연이 아니다. 또한 내가 이 종목을 앞으로 배울 종목으로 선택한 것도 우연이 아니다. 인생에서 최선의 결정을 내리고 싶다면 인생과 가장 비슷한 게임을 골라야 한다.

게임을 선택한 후에 선택할 것이 하나 더 있다. 캐시cash 게임을 해야 할까, 토너먼트를 뛰어야 할까? 캐시 게임에서는 칩이 현금과 같은 가치를 지닌다. 특정 금액, 가령 100달러를 내고 게임에 들어가면 정확히 그 금액에 해당하는 칩을 앞에 둔다. 언제든 필요한 만큼 현금을 지불하면 칩을 추가해 스택을 늘릴 수 있다. 또 언제든 자리에서 일어나 테이블을 떠나도 된다. 그리고 버스트된 경우에는 리바이rebuy(칩을 다시 사는 것-옮긴이)해서 다시 도전할 수 있다.

또 하나, 캐시 게임은 게임의 구조가 바뀌지 않는다. $1/$2 게임, 즉 블라인드나 카드를 보기 전에 의무적으로 해야 하는 베팅이 스몰 블라인드small blind(딜러 자리 왼쪽에 앉은 플레이어가 내야 하는 블라인드-옮긴이)는 1달러, 빅 블라인드big blind(스몰 블라인드 자리 왼쪽에 앉은 플레이어가 내야 하는 블라인드-옮긴이)는 2달러인 게임에 들어가면 그 금액 그대로 계속 진행된다. 판이 돌아서 당신이 빅 블라인드를 낼 차례일 때 갑자기 5달러로 오르는 일은 없다.

토너먼트에서는 칩의 가치가 다른 플레이어들의 칩과 비교하는 용도로만 쓰인다. 즉 점수를 관리하는 수단이다. 토너먼트 참가 금액이 100달러라도 1만 달러나 200달러어치의 칩을 받을 수 있다. 액수는 중요치 않다. 모두가 같은 액수의 칩을 받는다. 당신의 목표는 최대한 칩을 많이 모으는 것이다. 결국에는 우승자가 모든 칩을 갖는다. 칩을 잃기 시작하면 어쩔 수 없다. 사람을 불러 100달러를 더 내면 다시 칩을 받는 선택지는 존재하지 않는다. 칩을 다 잃으면 대회장에서 나가야 한다.

블라인드의 경우 미리 정해진 금액만큼 오른다. 그래서 1/2달러로 시작해도 30분이나 45분 혹은 토너먼트 구조에 따라 정해진 시간 후에는 2/4달러, 4/8달러로 오른다. 결국 칩의 가치가 처음보다 줄어들며 더 많은 팟pot(해당 판에 걸린 돈-옮긴이)을 따야 한다는 압박을 받는다. 그렇지 않으면 곧 블라인드 아웃blind out, 즉 강제 베팅 금액 혹은 블라인드를 내느라 모든 칩을 써버리고 아무것도 남지 않게 된다.

이 두 구성은 상당히 다른 역학을 낳는다. 캐시 게임은 마치 《전쟁과 평화》와 비슷하다. 1,000쪽을 읽어도 여전히 전쟁이 어떻게 끝날지 알기 어렵다. 앞으로 건너뛸 수도 있으나 사건은 그들이 선택한 속도대로 전개될 것이다. 반면 토너먼트는 셰익스피어 희곡과 비슷하다. 3막이 되기도 전에 등장인물의 절반이 벌써 죽어버린다. 초고속으로 삶을 조망하고 싶다면 토너먼트 포커가 제격이다. 나는 토너먼트를 선택했다.

폰 노이만의 계시에 따라 포커 서적을 탐독하고 정상급 프로 플레이어들의 동영상을 보고 해설을 들으며 몇 달을 보냈다. 그리고 포커를 통해 일상의 수렁 속에서 운과 기술을 분리하지 못하는 인간적인 무능을 극복할 수 있을지, 그 길을 통달하는 방법을 배울 수 있을지 의문을 품기 시작했다. 남편이 앞으로 어떻게 경력을 꾸려나가야 좋을지, 완벽한 카드를 기다리지 않고 그냥 다시 플레이하는 편이 나을지 파악하는 데 포커가 도움이 될까? 내가 병원을 찾는 것을 포기해야 할 때가 언제인지, 미래의 살림을 계획할 때 의료비 문제는 어떻게 대응해야 할지 생각하는 데 도움이 될까? 어머니가 다시 직장에 복귀하는 데 도움이 될까? 수익을 극대화하고 손실을 최소화하는 방향으로 내 경력을 설계하는 데 도움이 될까? 그 답을 찾기 위해 새로운 도전에 나서기로 했다.

그렇게 해서 나는 에릭 사이델을 만나게 되었다. 그의 경우 포커는 나와 약간 다른 도전이었다. 그는 30년 넘게 포커계에서 선두를 달렸다. 여덟 개의 월드 시리즈 오브 포커 팔찌(대회 역사상 그보다 많이 딴 플레이어는 다섯 명뿐이다)와 월드 포커 투어 타이틀을 땄고, 명예의 전당에 헌액되어 현존 멤버 32명에 포함되었다. 그리고 포커 역사를 통틀어 토너먼트 상금 순위에서 역대 4위에 올랐으며(오랫동안 1위였다) 월드 시리즈 오브 포커 상금 수령 횟수에서도 4위에 올라 있다(114회). 그뿐만 아니라 글로벌 포커 인덱스Global Poker Index에서 15주 동안 1위 자리를 지키기도 했다. 사람들은 그를 역대 최고Greatest Of All Time, GOAT로 꼽는다.

프로 포커 플레이어, 그것도 최고의 플레이어가 이름도 모르는 저널리스트, 그것도 호기심 많은 아이처럼 끊임없이 질문을 해대는 초보가 자기 뒤를 따라다니도록 허락할 이유가 있을까? 내가 알기로 에릭은 명성에 관심이 없었다. 그래서 저널리스트라는 나의 직업을 딱히 활용할 구석이 없었다. 게다가 그는 자신의 전술을 다른 사람에게 알려주는 것을 싫어했고 과묵하기로 유명했다. 웨스트빌리지에 있는 작은 식당에서 내가 한창 계획을 설명하고 있을 때 그가 되물었다.

"제가 책에 나오는 건 아니죠?"

그는 벤치에서 이리저리 몸을 옮기다 상체를 더 수그렸다. 마치 자신에게로 향하는 시선을 최대한 막아내겠다는 듯이.

"그게…."

"제가 할 수 있을지 모르겠네요. 아시겠지만 전 누구를 가르친 적이 없어요. 게다가 대회 일정이…."

그의 말을 잘라야 했다. 이대로 두면 금방 이야기가 끝나버린다.

"카드 한 벌이 몇 장인지는 모르지만⋯."

"잠깐만요, 정말이에요?"

이번에는 그가 내 말을 잘랐다. 그의 눈썹이 치켜 올라갔다. 적어도 그를 놀라게 하는 데는 성공한 듯했다.

"네. 전 아마 일반적인 제자는 아닐 거예요. 전 심리학 박사이고 의사결정을 공부했어요. 당신이 매일 하는 일이죠. 다만 저는 이론적 관점에서 공부한 거고요."

"심리학자라, 흥미롭네요. 포커에 정말로 도움이 되겠어요."

그가 테이블 위로 몸을 기울였다. 깡마른 두 팔꿈치가 그의 흰자 오믈렛을 둘러쌌다.

"제 생각엔 당신이 가장 가치 있는, 가장 차별화된 영역에서 접근하는 것 같네요. 사람들은 모두 수학과 데이터에 기반을 두죠. 하지만 이 영역들은 훨씬 더 열려 있어요. 실제로 뛰어난 플레이어 중에서도 수학에 빠진 플레이어들이 가장 이용하기 쉬워요."

"잘됐네요."

삐걱대며 출발했지만 공감할 부분이 있어서 기뻤다.

"고등학교 졸업하고는 수학을 한 적이 없어요."

"저도 딱히 뛰어나진 않아요. 대개 그렇죠. 수학을 잘하면 좋지만 못해도 문제가 되지는 않아요. 기본적인 수학은 여섯 살짜리도 할 수 있으니까요."

나는 한숨을 돌렸다. 그래도 내가 손가락을 써서 숫자를 센다는 말은 하지 않는 편이 좋을 것 같았다.

"중요한 건 생각을 잘하는 거예요. 진짜 문제는 좋은 생각과 노력이 성공으로 이어지는가죠. 전 그렇다고 생각해요."

그는 내가 외부인인 게 어떤 측면에서는 좋다며 말을 이었다. 신선한 시각과 관점 그리고 플레이어들이 갖지 못한 기술을 보여줄 수 있기 때문이다. 내게 레인지range(특정 상황에서 플레이어가 가진 것으로 추정할 수 있는 패의 범위-옮긴이)가 무엇인지, 때에 따라 왜 양극화되거나polarized(아주 강한 패나 약한 패를 추정할 수 있는 경우-옮긴이) 복합화된merged(양극화의 반대 개념으로 다양한 패를 추정할 수 있는 경우-옮긴이) 레인지가 더 좋은지에 대한 협소한 전문성은 없을지 모른다. 그러나 학습하는 방법, 생각하는 방법, 사람들이 행동하는 양상에 대해서는 폭넓은 전문성을 갖고 있다.

데이비드 엡스타인은 《늦깎이 천재들의 비밀》에서 외부자의 속성을 고찰했다. 그는 "전환자switcher는 승자"라고 했다. 어쩌면 나는 한 명의 전환자로서 내부자의 시각에 종종 수반되는 근시를 넘어 심리학자 조너선 배런Jonathan Baron이 말한 '적극적이고 열린 마음가짐'을 보여줄 수 있을지 모른다. 물론 모든 경험이 똑같은 가치를 지니는 것은 아니다. 그러나 나의 경험은 특히 이 분야에 잘 맞을지 모른다.

에릭은 무엇보다 나의 언어 능력에 흥미를 보였다.

"몇 개 국어를 해요?"

"완전히 유창하게 구사하는 건 영어와 러시아어, 두 개뿐이에요. 하지만 옛날에는 프랑스어와 스페인어도 유창했고 이탈리아어도 잘했어요. 페르시아어도 배웠지만 다 까먹었죠."

심리학자, 포커 판에 뛰어들다

"그 정도면 정말 도움이 될 거예요. 혹시 필 아이비를 알아요?"

나는 고개를 끄덕인다. 그는 나의 레이더망에 들어온 몇 안 되는 포커 유명 인사 중 한 명이다.

"필 아이비가 한때 얼마나 많은 포커 종목에 걸쳐 최고였는지를 놓고 논쟁이 벌어진 적이 있었어요."

왠지 그 종목들이 내가 습득해야 할 언어들처럼 느껴졌다.

"더 흥미로운 점은 그의 누나가 언어학자라는 겁니다. 그녀는 무려 15개 국어를 할 수 있어요."

대단하다는 생각이 들었다. 그녀와 비교하면 내 능력은 너무나도 보잘것없다.

"그런 두뇌나 열의를 가진 사람이 얼마나 될 것 같아요? 필과 그의 누나는 여러 언어를 습득할 수 있는 두뇌를 가진 것 같아요. 당신이 다른 언어를 빠르게 습득하거나 거기에 적응할 수 있는 능력이 있다는 건 좋은 일이에요. 근본적으로 그게 당신에게 주어진 과제니까요."

일리가 있는 말이다. 포커를 배우는 일은 여러 측면에서 언어를 배우는 일과 비슷하다. 새로운 문법, 새로운 어휘, 세상과 관계를 맺는 새로운 방식을 수반하기 때문이다. 하지만 한 가지 큰 차이점이 있다. 사람은 언어 학습 능력을 타고난다. 그 능력이 다른 사람보다 뛰어난 사람도 있지만 우리는 대부분 매우 수월하게 모국어를 익힌다. 뇌는 음성으로부터 의미를 파악하며 가르치지 않아도 규칙을 알아내는 로드맵을 갖추고 있는 것처럼 보인다.

하지만 포커는 그렇지 않다. 아무리 심리적으로 플레이하고 싶어도 포커의 많은 부분은 통계에 좌우된다. 그래서 확률을 이해해야 한다. 당신의 패가 얼마나 좋은지, 상대의 패와 비교해서 얼마나 좋은지, 앞으로 더 좋은 패가 만들어질 가능성은 얼마나 되는지 등을 알아야 한다. 이 각각의 문제는 일정한 통계적 계산을 요구한다. 내가 그 일을 얼마나 잘할지는 또 다른 얘기다.

에릭이 내 생각을 끊으며 말했다.

"심리는 포커에서 가장 흥미로운 부분이에요. 의사결정에서 구체적으로 어떤 부분을 공부했어요? 대니얼 카너먼Daniel Kahneman과 같은 분야인가요?"

"사실 제 지도교수가 월터 미셸이었어요. 왜, '마시멜로 가이 marshmallow guy(월터 미셸이 실시한 실험 중 아이들에게 마시멜로로 자제력을 측정한 유명한 실험이 있다-옮긴이)' 있잖아요."

"와, 그거 흥미롭네요. 자제력은 포커에서 아주 중요하거든요."

사이델 씨는 마시멜로 가이도 알고 있었다! 아무래도 내가 스승을 잘 고른 모양이다.

"그럴 것 같아요. 그러니까, 제가 포커를 한 번도 쳐본 적이 없는 건 사실이에요. 하지만 이건 장담할 수 있어요. 저는 포커를 치는 어떤 사람보다 이 모든 문제와 관련된 책을 많이 읽었어요. 스트레스와 의사결정에 관한 연구도 했죠. 감정 문제, 시간 압박 문제, 포커와 관련이 있을 것 같은 모든 걸 공부했어요. 그리고…."

드디어 말문이 트였다. 그가 끼어들지 않았으면 좋겠다. 그가 나를 제자로 받아들이도록 만들어야 했다.

"여기 제가 찾은 논문을 보세요."

나는 결정적인 카드를 꺼내 들었다. 포커 텔tell(플레이어의 표정이나 몸짓에서 드러나는 단서-옮긴이)을 다룬 이 논문은 내가 아는 한 학계를 벗어난 적이 없었다. 게다가 주로 월드 시리즈 오브 포커 결승 테이블을 분석한 내용이었다. 그야말로 알짜배기다. 에릭은 유심히 논문을 읽었다. 완전히 집중해서 읽다가 문득 웃기 시작했다.

"와, 좋아요. 이거 다른 사람한테는 보여주지 말아요."

나는 그러겠다고 약속했다. 그렇게 해서 사제 관계가 맺어졌다.

나는 드문 기회를 얻었다. 평생 한 번도 시도해보지 않은 새로운 기술을 배우고 수련 과정에 몰입할 기회를 얻기란 매우 힘들다. 그것도 세계 최고의 전문가가 인도하고 기술과 운이 균형을 이루는, 인생과 너무나 닮은 포커라는 분야에서 말이다.

에릭은 사실 내가 게임에서 이기고 지는 데는 관심이 없다. 단지 우리가 얼마나 멀리까지 갈 수 있는지 알고 싶을 뿐이다. 심리학, 사람을 읽는 일, 감정적 뉘앙스가 나를 얼마나 데려갈 수 있는지 알고 싶은 것이다. 맨 처음부터 시작하면 인간의 마음에 대한 깊은 이해가 포커 신동들의 수학적, 통계적 천재성을 이길 수 있을까? 어떤 의미에서 이는 다른 무엇보다 인생철학에 대한 시험이다. 정성적 측면 대 정량적 측면. 인간 대 알고리듬.

나는 이곳에서 일어나고 있는 패러다임 전환의 역학에서 한 극단에 설 것이다. 그리고 그 궁극적 시험은 월드 시리즈 오브 포커 메인이벤트가 될 것이다. 대회 역사상 아직 여성이 우승한 적은 없었다. 결승 테이블까지 올라간 여성도 한 명뿐이었다.

에릭은 내게 단지 플레이하는 법만 가르치지는 않을 것이다. 그는 내가 우승할 수 있도록 가르칠 셈이며 이 방식이 궁극적으로 성공할 수 있다고 굳게 믿는다. 나는 그 여정이 헛되지 않도록 최선을 다할 것이다.

내게도 이는 단지 어떤 철학에 대한 시험에 그치지 않는다. 물론 그것이 핵심이기는 하지만 내게 이것은 개인적인 문제이기도 하다. 에릭이 내게 실망하지 않길 바란다. 그의 믿음은 일부분 나의 능력과 그의 접근법에 대한 신뢰에서 나온 것이지만 한없는 관대함의 발현이기도 하다. 에릭은 그동안 내가 만난 사람 중에서 타인에게 가장 아낌없이 베푸는 사람이다. 그는 내게 시간만 주는 게 아니다. 신뢰와 기운, 명성까지 줄 것이다. 여기까지 생각하자 내 머릿속에선 '절대로 망치면 안 돼'라는 생각만이 맴돌았다.

원래 예정된 여정은 1년이었다. 그러나 그 여정은 내게 새로운 삶이 되었다. 나는 초짜에서 챔피언으로 변신했다. 아마추어에서 프로까지 올라갔다. 그동안 나는 경이로움과 자부심이 뒤섞인 마음으로 내 삶이 점차 나아지는 것을 지켜봤다. 이 책은 그 여정의 결과물이다.

이 책은 포커라는 게임을 포괄적으로 탐구하지 않는다. 어떻게 플레이하는지, 어떻게 이기는지, 어떻게 해야 잘할 수 있는지 다루지 않는다. 이 책은 지침서가 아니다. 그런 내용은 나보다 훨씬 뛰어난 전문가들이 이미 다뤘다. 이 책은 폰 노이만의 과제, 즉 포커를 렌즈로 삼아 우리가 내려야 하는 가장 어렵고 중요한 삶의 결정들을 들여다보려는 도전이다. 또한 우리의 잠재력을 최대한 살려 그 결정들을 처리하고 최적화하는 법을 배우기 위한 시도다.

앞으로 내가 할 이야기는 사실 포커와 거리가 먼 결정들에 대한 통찰이다. 카지노에서 배운 교훈을 해석해서 일상적으로 내리는 결정들과 드물게 내리지만 특별한 의미를 지닌 결정들에 적용한 것이다. 비단 감정을 다스리는 일뿐 아니라 다른 사람의 마음을 읽고, 손실을 줄이는 한편 이익을 극대화하고, 최선을 다해 사람들의 블러핑을 잡아내고 자신마저 성공적으로 블러핑하는 일에 이르기까지 포커의 활용도는 무한하다. 포커 테이블에서 이뤄지는 운과 기술의 혼합은 우리의 일상에서 이뤄지는 혼합과 다르지 않다. 그렇기에 우리는 주어진 조건 안에서 우월하게 플레이하는 방법을 배울 수 있다.

포커는 그 어떤 도구와도 다르게 우리가 언제, 어떻게 진정한 통제력을 획득할 수 있는지 그리고 어떻게 순수한 운의 요소에 대처할 수 있는지 가르쳐준다. 게다가 정신을 산만하게 만드는 요소들이 가득한 시대에 신중한 관찰과 집중이 성취와 성공에 얼마나 중요한지 상기시킨다.

완전히 몰입해서 새로운 것을 배우는 일은 실로 중요하다. 에릭이 첫날 첫 교훈으로 내게 가르친 것처럼 '주의를 기울여라.' 이 책은 포커를 플레이하는 법이 아니라 세상을 플레이하는 법에 대해 다룰 것이다.

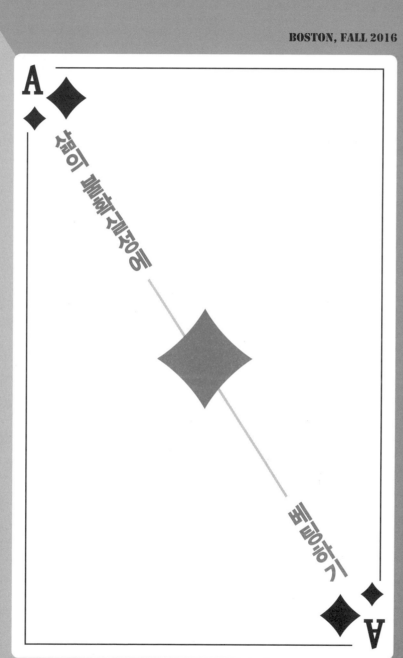

A ◆

삶의 패화재성동

동때하기

A ◆

## 보스턴, 2016년 가을

확률 게임이 비윤리적이라고 생각한다면
사람의 노력으로 이루려는 모든 것이 비윤리적이다.
운에 좌우되지 않는 일이 단 하나도 없거니와 이익을 얻기 위해
손실의 위험을 감수하지 않는 일 역시 하나도 없기 때문이다.

—
토머스 제퍼슨, 〈복권에 대한 생각Thoughts on Lotteries〉

"도박꾼이 되려는 거니?"

할머니 바바 아냐가 말했다. 그녀는 나의 다른 쪽 할머니로 조부모 중 유일하게 살아 계신 분이다. 나는 가족을 만나러 보스턴으로 왔다. 새로운 계획에 잔뜩 들떠 있었지만 할머니는 달갑지 않은 모양이었다. 사실 할머니의 반응이 미지근했다고 하는 것은 엄청나게 절제된 표현이다. 할머니는 돌이라도 자를 듯이 턱을 내미는 특유의 표정이 있다. 마치 말 위에 앉은 정복자의 얼굴을 끌로 새긴 것 같은 표정이다. 정복자가 아니라면 화난 장군일 수도 있겠다.

할머니의 실망한 목소리가 묵직하게 내 어깨를 눌렀다. 그녀는 내가 아이를 원치 않는다는 걸 10년이 다 되어서야 거의(완전히는 아니지만) 용서하게 되었다. 하지만 이번 일은 새로운 바닥이었다. 키가 150센티미터 남짓한 92세 할머니가 실망을 토로해봐야 얼마나 하겠냐고 생각한다면 오산이다. 그녀는 구소련 시절 교사였다. 육군 훈련소 교관보다 더 노련했고 경험이 많았다. 할머니는 고개를 흔들었다.

"마샤."

그녀가 나를 러시아식 애칭으로 불렀다. 이 부름에는 내가 내던지려 하는 인생에 대한 크나큰 슬픔과 회한이 서려 있었다. 그녀는 이 한마디로 내가 인생을 망칠 위기에 있음을, 너무나 심하게 나빠서 도저히 이해할 수조차 없는 결정을 내리려 하고 있음을 전하는 데 성공했다.

할머니는 아마도 가상의 도시 룰레텐부르크에서 인생을 탕진하는 도스토옙스키의 도박꾼을 머릿속에 그렸을 것이다. 도스토옙스키는 자신이 쓰는 이야기를 잘 알았다. 그는 22세의 연인 폴리나 수슬로바와 바덴바덴으로 여행을 가는 길에 룰렛에 빠져 모든 걸 잃었다. 그래도 도박을 향한 충동은 사라지지 않았다. 결국 도박 때문에 연애가 끝장나고 두 번째 결혼이 거의 파탄 나고 재정적 파멸에 이르렀는데도 룰렛 테이블은 거부할 수 없는 흡인력을 발휘했다. 그는 한 편지에 이렇게 썼다. "나는 모든 일에서 최악의 선에 이르렀습니다. 그리고 평생 그 선을 넘었습니다."

이런 이야기가 할머니의 얼굴 전체에 쓰여 있었다. 하버드에서 공부했는데 겨우 이따위를, 이따위를 선택한다고? 할머니는 다시 내게 물었다.

"마샤, 도박꾼이 되려는 거니?"

그녀가 그처럼 극단적인 반응을 보인 것도 당연했다. 자신이 지켜보는 가운데 손녀가 인생을 망치는 길로 들어서는 것만큼 안타까운 일은 없다. 몸이라도 던져서 막아야 하는 게 맞다. 하지만 아주 특이한 반응은 아니었다. 이후 몇 달 동안 나는 포커를 교육 도구로 옹호했다는 이유로 사회 전반의 타락을 초래했다는 비난을 받았다. 또한 얼굴도 모르는 사람들로부터 부도덕하다는 욕을 들었다. 워크숍에서는 혼자 포커를 치는 건 좋은데 사람들, 특히 아이들에게 거짓말을 하라고 부추기는 건 잘못되지 않았냐는 이

삶의 불확실성에 베팅하기

야기도 들었다.

포커의 세계는 오해로 가득하다. 그중 첫 번째는 할머니 바바 아냐가 품었던 오해, 즉 포커와 도박을 동일시하는 것이다. 나는 출발할 채비를 갖추며 여정을 준비하고 있었다. 내 생각에 이 여정은 그래도 좋은 동기에서 비롯된 것이었다. 당연히 사람들은 포커가 의사결정에 대해 배우는 중요한 수단임을 이해할 것이었다. 존 폰 노이만을 생각해보라! 포커 테이블로 가자! 하지만 할머니 바바 아냐를 보면서 주위의 지지를 얻으려면, 포커를 단순한 학습 도구가 아니라 결정을 내리기 위한 도구로서 정당화하려면 약간 더 싸움이 필요하다는 사실을 깨달았다. 이 점은 몇 번이고 설명하게 될 것이기에 확실하게 해두는 편이 좋을 것 같았다.

모르는 사람이 보기에 포커는 쉽다. 나를 만나는 모든 사람이 기회만 되면 쓸 수 있는 책이 있다고 말한다. 어차피 누구나 글을 쓸 수 있다. 마찬가지로 에릭을 만나는 모든 사람은 조금만 노력하면 프로 포커 또는 대단한 고수가 될 수 있다고 생각한다. 사람들은 포커에 필요한 기술을 과소평가한다. 너무나 단순해 보이기 때문이다. 그저 좋은 카드를 받아서 판돈을 쓸어 담기만 하면 된다. 아니면 블러핑으로 모두를 속이고 판돈을 쓸어 담거나. 어느 쪽이든 판돈을 쓸어 담을 수 있다.

에릭은 나와 대화할 때마다 자기도 그만큼 포커를 잘 친다는 바텐더나 식당 종업원, 우버 운전사를 만난 이야기를 들려준다. 그들에게는 단지 기회가 없었을 뿐이다. 운수 대통의 기운이 아직 오지 않았을 뿐이다. 하지만 에릭이 큰 판에 낄 돈만 빌려준다면….

물론 포커에는 운이 작용한다. 하지만 안 그런 게 있을까? 프로 포커들은 다음 주에 부상을 입거나 실력을 발휘하지 못해 1년 후 팀에서 방출될지도 모르면서 인생을 걸고 프로 계약을 하는 축구 선수보다 더 큰 도박을 하는 걸까? 우리는 포커 플레이어들이 도박 한다고 비난하면서 훨씬 적은 정보로 같은 일을 하는 주식중개인 들은 존중한다. 어떤 의미에서 포커 플레이어들은 대다수 직업보 다 도박을 덜 한다. 어차피 한 팔을 잃어도 플레이할 수 있으니까.

포커에 대한 오해가 대중의 머릿속에 자리 잡은 것은 한 가지 단 순한 이유 때문이다. 포커는 바둑이나 체스와 달리 베팅이 따른다. 그리고 베팅은 돈이 따른다. 이렇게 돈이 개입하는 순간 포커는 진 짜 도박인 크랩스craps나 바카라와 똑같이 취급된다. 그래서 나는 할머니에게 너무나 자주 해서 거의 주문처럼 되어버린 말들을 한 다. 포커에서는 최악의 패로도 이길 수 있고, 최고의 패로도 질 수 있다고 말이다. 카지노에서 하는 다른 게임들 그리고 모든 정보가 제공되는 체스나 바둑 같은 게임에서는 최고의 것을 가져야 이길 수 있다. 다른 방법은 불가능하다. 포커가 도박이 아니라 기술이 필 요한 게임인 이유가 이것이다.

두 명이 테이블에 앉아 있다고 가정하자. 카드가 돌려진다. 각 플레이어는 자신의 카드를 보고 베팅해도 될 만큼 좋은 카드인지 판단해야 한다. 계속 플레이하고 싶다면 최소한 '콜'로 빅 블라인드 는 내야 한다. 즉 이미 존재하는 최고 베팅 금액만큼은 판돈에 보 태야 한다. 아니면 폴드fold(카드를 버리고 판에서 빠지는 것)하거나 레이즈raise(빅 블라인드보다 많은 금액을 베팅하는 것)할 수도 있다. 이때 이 플레이어가 어떤 요소를 토대로 결정을 내리는지 알 길은 없다. 좋은 패를 들고 있을 수도 있고, 패는 별로 안 좋아도 상대를 이길 수 있다고 생각해서 베팅에 참여하기로 선택했을 수도 있다. 혹은 자신이 많은 판에 참여하지 않아서 다른 플레이어가 신중한 플레이어로 보리라 생각하고 이 이미지를 이용해서 나쁜 패로 베팅했을 수도 있다. 아니면 그냥 너무 심심해서 그랬을 수도 있다. 플레이의 이유는 카드처럼 플레이어만 안다.

다른 플레이어는 상대의 행동을 보고 대응한다. 만약 크게 베팅한다면 아주 좋은 패를 가졌을 수 있다. 아니면 나쁜 패로 블러핑을 치는 것일 수도 있다. 만약 그냥 콜을 한다면 패가 어중간해서 그런 것일까, 아니면 수동적인 플레이어라서 그런 것일까? 그것도 아니면 조니 챈이 1988년 월드 시리즈 오브 포커 대결에서 에릭 사이델을 상대로 구사한 것처럼 아주 좋은 패를 쥐고도 베팅을 자제하는 슬로우 플레이slow play를 하는 걸까?

각 결정은 신호를 내보내고 뛰어난 플레이어는 그 신호를 읽는 법을 익혀야 한다. 이는 계속 주고받는 해석의 춤과 같다. 상대에게 어떻게 반응할까? 상대는 어떻게 반응할까? 종종 최고의 패가 이기지 못하기도 한다. 이기는 것은 최고의 플레이어다. 이 뉘앙스, 이 주고받음. 존 폰 노이만이 군사 전략의 답을 카드에서 본 이유가 여기에 있다. 이기는 플레이어가 되려면 대단히 인간적인 의미에서 우월한 기술이 있어야 하기 때문이다.

실제로 경제학자 잉고 피들러Ingo Fiedler는 6개월 동안 여러 온라인 포커 사이트에서 진행된 수십만 판의 게임을 분석했다. 그 결과 실제로 최고의 패가 이기는 경우는 평균 12퍼센트에 불과하며 쇼다운showdown(마지막으로 서로의 카드를 공개하여 승패를 가리는 것-옮긴이)까지 가는 경우도 3분의 1 미만임이 드러났다. 이는 플레이어들의 기술이 뛰어나 다른 플레이어들이 막판까지 가기 전에 패를 버리게 만들었다는 뜻이다.

블라인드가 1/2달러, 5/10달러 사이인 미드스테이크mid-stakes 게임(판돈 규모가 중간 정도인 게임-옮긴이)에서는 꾸준히 이기는 플레이어들이 있었다. 그리고 스테이크가 50/100달러 이상으로 코피 나는 수준까지 올라가면 기술의 편차가 상당히 줄었다. 즉 판돈이 커질수록 기술적 우위가 차지하는 비중이 더 커졌다.

시카고 대학교의 스티븐 레빗Steven Levitt과 토머스 마일스Thomas Miles는 2010년 월드 시리즈 오브 포커에서 두 집단의 플레이어들이 플레이한 내용을 보고 투자수익률ROI을 비교했다. 그 결과 취미로 즐기는 플레이어들은 평균적으로 바이인buy-in(토너먼트 참가비-옮긴이)의 15퍼센트 이상(약 400달러)을 잃었고 프로들은 30퍼센트 이상(약 1,200달러)을 땄다. 두 사람은 이렇게 썼다. "투자수익률의 차이는 통계적으로 매우 유의미하며, 유능한 자산관리사가 최대 운용자산의 3퍼센트, 연 투자수익의 30퍼센트를 수수료로 부과하는 금융시장보다 규모가 훨씬 크다." 다시 말해 포커로 성공하려면 투자로 성공하는 것보다 훨씬 많은 기술이 필요하다.

물론 그 근거는 좀 더 깊이 들어가야 찾을 수 있다. 포커의 기술적 속성을 설명할 때 베팅(합리적인 사람에게도 장애물이자 혐오의 대상인)

은 사실 기술이 필요한 다른 게임들보다 포커가 우위를 차지하게 된 핵심적 요소다. 불확실성에 대한 베팅은 불확실성을 이해하는 최선의 수단이다. 또한 모든 결정 과정에서의 위험을 정복하는 최선의 수단이기도 하다.

칸트는《순수이성비판》에서 베팅을 심각한 사회적 병폐에 대한 해독제로 제안했다. 그 병폐는 바로 세계의 확률적 속성에 대한 무지에 기인한 자신감이다. 사람들은 회색을 보는 것이 맞는 곳에서 흰색과 검은색을 보려 한다. 확실성에 대한 잘못된 믿음으로 우리의 정신은 99퍼센트, 심지어 90퍼센트에 해당하는 사실도 100퍼센트로 받아들인다. 실제로는 그렇지 않은데도 말이다.

칸트는 그 예로 의사의 진단을 들었다. 의사는 지식을 최대한 동원해 환자의 질병을 판단한다. 하지만 그 결론이 반드시 정확한 것은 아니다. 단지 그가 가진 정보와 특정 분야에서 쌓은 경험을 토대로 내린 최선의 결론일 뿐이다. 그렇다고 해서 환자에게 확실한 것은 아니라고 말할까? 어쩌면 그럴지도 모른다. 하지만 그보다는 확실성이 특정 수준(당연히 의사마다 다름)에 이르면 그냥 자신의 진단을 사실로 제시할 것이다.

그런데 만일 의사가 거기에 돈을 걸어야 한다면 어떨까? 칸트는 "사람들은 종종 너무나 과감하고 확신에 찬 모습으로 의견을 제시한다. 그래서 자신이 틀렸을 가능성을 전혀 걱정하지 않는 것처럼 보인다. … 그들에게 돈을 걸라고 하면 깜짝 놀라면서 멈칫한다." 실질적인 대가가 걸리면 사람들은 자신의 의견이 실제로 얼마나 확실한지 재평가해야 한다. "때로 그들의 설득은 10달러가 아니라

1달러도 안 되는 경우가 있다. … 10달러를 걸라고 하면 즉시 자신이 실수했을 가능성을 인식한다."

베팅 금액이 더 높다면 어떻게 될까? 그러면 갑자기 인간 이성의 많은 결점을 바로잡을 수단이 생긴다. "모든 주장의 진위에 삶의 행복을 걸어야 한다고 상상하면 우리의 판단에 오만함이 사라지고 경각심이 생기며 믿음의 힘을 발견한다." 칸트의 말이다. 당신은 실수했을 가능성을 고려하지 않은 채 소셜 미디어에서 몇 시간 동안 자신 있게 떠든 의견에 전 재산을 걸 수 있는가? 결혼 생활을 걸 수 있는가? 당신의 건강은? 이런 관점에서 보면 깊은 확신조차 갑자기 덜 확실해 보인다.

물론 자신의 의견에 돈을 거는 것과 다른 사람을 판단하는 것 사이에는 큰 차이가 있다. 실수를 저질렀을 때 우리는 다른 사람이 잘못했다고 생각할 때보다 훨씬 관대하다. 2016년 대선을 생각해보자. 모든 언론이 힐러리의 승리를 점치는 여론조사 결과를 보도했다. 그리고 모든 예측이 틀렸다. 그중 네이트 실버Nate Silver가 가장 큰 뭇매를 맞았다. 그는 과거 선거 결과를 상당히 정확하게 예측했던 만큼 이번의 실수에 대해서는 엄청난 비난을 들어야 했다.

하지만 실버는 정확히 어떤 예측을 했던 걸까? 2016년 11월 8일에 실시한 마지막 여론조사 결과를 발표하면서 그는 클린턴이 승리할 확률을 71퍼센트로 제시했다. 트럼프가 승리할 확률은 29퍼센트였다. 이는 거의 3분의 1에 해당하는 높은 확률이다. 그런데도 사람들은 71이라는 숫자를 보고 승리가 확실하다고 생각했다. 판단할 때마다 각각의 근거를 정확하게 고려하기는 너무 버겁다. 대다수 사람에게 71은 100과 같다. 따라서 클린턴이 이길 게 확실하다고 여겼다.

만일 실버가 제시한 예측치를 보고 베팅을 해야 한다면 어떨까? 71퍼센트의 확실성이 100퍼센트인 것처럼 각 경우에 같은 돈을 베팅할까? 아니면 뚜렷한 오차 범위가 있음을 깨닫게 될까? 사실 트럼프가 승리할 확률은 플랍에서 페어pair를 맞출 확률과 같다. 한두 번만 플레이해보면 플랍에서 페어를 맞출 확률이 0보다 훨씬 높음을 알 수 있다.

네이트 실버는 포커 플레이어다. 사실 오래전 그는 온라인 포커를 치면서 꽤 넉넉하게 살았다. 포커는 그에게 사람들은 잘 이해하지 못하는 세상의 속성을 가르쳐주었다. 포커는 베팅이 '있음에도 불구하고'가 아니라 '있기 때문에' 확률적 사고를 들여다보게 해주는 강력한 창이다. 포커에서 베팅은 우발적인 게 아니라 학습 과정의 필수 요소다.

우리의 뇌는 학습의 결과에 보상이 있을 때 비로소 배운다. 아이들이 새로 얻은 지식을 언제 어떻게 활용할지 잘 알 때 훨씬 잘 배우고 기억하는 이유가 거기에 있다. 이는 경험을 통해 확률을 익히기 위한 파트너 같은 요소다. 우리는 29퍼센트가 어떤 느낌인지 이해할 뿐 아니라 그 지식을 유지한다. 배우지 않으면 손해를 보기 때문이다. 잘못된 금액을 계속 베팅하면 대가가 크다. 얼마나 많은 경우에 이득인지 따지지 않고 그저 "좋은 것 같아"라고 말하면 돈을 잃는다.

그러나 삶 속에서 우리는 단 한 번도 생각하지 않고 그런 일을 한다. 왜 저 주식을 사야 할까? 다른 투자자가 같이 점심을 먹으면서 좋다고 말했기 때문이다. 왜 저 주식을 팔아야 할까? 그 사람이 저 주식을 공매도했는데 그게 옳다고 여겼기 때문이다. 우리는 통계를 살피기보다 감정적으로 반응한다.

트레이더들조차 수익을 실현하려고 상승 종목을 처분한다. 수치를 보면 단기적으로 계속 오를 것인데도 수익이 나서 기분이 좋기 때문이다. 반대로 손실은 확정하지 않으려고 하락 종목을 끌어안고 있다. 수치를 보면 손절해야 하는데도 손실이 나면 기분이 나쁘기 때문이다. 실제로 수많은 연구에 따르면 전문 투자자들도 통계 정보를 무시하고 육감과 직관에 의존하며, 그 결과 아예 매매하지 않는 편이 더 나은 경우도 많다고 한다.

노벨상을 받은 경제학자 대니얼 카너먼은 "대다수 펀드 매니저에게 종목을 선정하는 일은 포커보다 주사위 던지기에 가깝다"고 말한다. 실제로 대다수 펀드는 시장수익률을 하회할 뿐 아니라 연간 실적 사이의 상관성도 엄청나게 낮다. "특정한 해에 성공적인 실적을 낸 펀드는 대개 운이 좋았다. 즉 주사위를 잘 굴렸다. 많은 연구에 따르면 상승 종목을 찾아내려는 사람은 스스로 알든 모르든 운에 달린 게임을 하는 것과 같다."

이는 포커 테이블 밖에서 내재화하기 어려운 교훈이다. 주식 트레이더처럼 위험에 시달리는 사람들조차 자신의 믿음이 틀렸다는 사실을 종종 인정하지 않으려 한다. 세상은 포커 테이블보다 훨씬 복잡하기 때문에 다른 사람을 탓하기가 훨씬 쉽다. 피드백을 통해 그렇지 않다는 사실이 즉시 밝혀지지 않으면 자신의 기술이 뛰어나다고 착각하기 쉽다. 포커는 독보적으로 그런 습관을 없애준다. 그리고 이로써 게임보다 훨씬 더 넓은 분야에서 결정의 질을 개선한다.

남편은 나와 데이트를 막 시작했을 때 종종 대화 중간에 팩트 체크를 했다. 나는 평생 투자를 한 적이 없었지만 대신 내 말에 투자하는 습관, 즉 과거의 어느 일에 대해 과도하게 확신하는 투로 말하는 습관이 있었다. 그러면 그는 다정하게 "확실해? 그 말이 맞는지 확인해볼게"라고 말하고 나서 휴대폰이나 책을 펼쳐 사실을 확인했다. 덕분에 나쁜 습관을 조금 고치기는 했으나 완전히 버리지는 못했다.

그러다 포커의 세계에 입문하고 나서야 확률을 따지는 습관이 자리를 잡았다. 포커를 시작한 지 얼마 되지 않아서 나는 "75퍼센트 정도 확실해"라는 식으로 말하게 되었다. 그동안 부적절한 확신 때문에 은행 잔고로 대가를 치르고, 내 나쁜 플레이를 탓할 사람은 나 자신뿐이었던 적이 너무 많았다.

확률적 사고는 다른 사람에게 책임을 전가할 수 없다. 어떤 변호사들은 직업상 확률과 관련이 깊은 금융 전문가들보다 훨씬 확률적 사고를 잘하는데, 바로 최종 합의금의 일정 비율을 수임료로 받는 변호사들이다. 이 경우 측정을 정확하게 해야만 훨씬 큰 보상을 받기 때문에 제대로 하는 법을 배운다. 기상학자와 경마 핸디캡 계산원도 마찬가지다. 그들은 위험을 정확하게 측정한다. 결과가 퍼센트로 분명하게 표시될 뿐 아니라 그 성과가 즉각적인 피드백으로 나타나기 때문이다. 예측이 부정확할 경우 그 누구도 탓할 수 없다.

　게임의 영역 밖에서 확률적 사고는 드문 기술이다. 포커계 거물이었던 댄 해링턴은 몇 년 전 포커를 그만두고 부동산 사업을 시작해서 돈을 많이 벌었다. 그는 자신의 예측과 달리 흘러간 채용담을 내게 들려주었는데 사건은 이렇다. 새로 고용한 직원은 사람 좋고 자격도 충분했다. 하지만 시간이 흐를수록 판단력에 아쉬운 부분이 많았다. 그의 판단력은 면접 때만큼 날카롭지 못했다. 그가 다른 직원들과 차이가 있었다면 이전 경력 정도였다. 그는 전통적인 금융 부문에서 일했었고, 직원들은 포커 또는 백개먼backgammon(두 사람이 하는 보드 전략 게임-옮긴이)과 관련 있는 직종에 몸담았었다.

　댄은 이렇게 회고했다. "동업자가 이렇게 말했지. '댄, 앞으로 내가 또다시 프로 도박사가 아닌 사람을 채용하겠다고 하면 내 엉덩이를 걷어차 줘.' 좋은 직원은 자산 가치를 이해하고 거기에 따르는 의사결정 분기 매트릭스를 이해해. 개인적인 감정은 배제하지. 이런 능력은 도박에서 나온다네. 인생을 살아가는 데 엄청나게 중요하지." 이후 댄과 동업자는 게임의 세계를 경험하지 않은 사람은 두 번 다시 채용하지 않았다.

　확률의 아버지, 즉 운을 미지의 여신이나 초자연적인 영역으로 보지 않은 최초의 인물이 도박꾼이었던 것은 우연이 아니었다. 지롤라모 카르다노Girolamo Cardano는 르네상스 시대의 의사이자 수학자, 철학자였다. 그는 수준 높은 대수학의 진전을 이끈 집단의 일원이었으며 생각을 자극하는 문장으로 유명했다(셰익스피어도 그의 팬이었던 것으로 보인다. 일설에 따르면 햄릿이 "살 것이냐, 죽을 것이냐"라고 말하는 장면에서 들고 있던 책이 카르다노의 《위안Consolation》이라고 한다). 또한 그는 도박으로 많은 돈을 벌었다. 다만 그는 당대 사람들에게는 낯선 방식으로 도박을 했다.

카르다노는 당대에 횡행하던 점술을 못마땅하게 여겼다. 점성술사들은 별들 속에서 미래를 볼 수 있다고 주장했다. 카르다노는 "도박을 할 때 운이 좋았던 점성술사를 본 적이 없고, 그들의 말을 듣고 운이 좋았던 사람도 본 적이 없다"고 썼다. 마찬가지로 그는 흙점geomancy(땅이나 흙에 나타난 표시를 보고 치는 점)에 대해서는 "헛된 짓에 불과하며 위험하다"고 폄하했다.

1526년 당시에는 상당히 낯선 견해였다. 그때만 해도 지구가 우주의 중심이 아니라고 말하면 화형을 당했다. 차라리 점성술은 첨단 과학이었다. 카르다노는 운이 천상의 힘에서 온다는 믿음이 득이 되지 않는다고 생각했다. 그가 보기엔 신이나 정령 혹은 운명을 점치기보다 확률을 통한 예측이 훨씬 나았다.

그는 도박할 때 자신에게 유리한 빈도를 토대로 특정한 플레이를 할 수 있다는 사실을 알았다. 사실 그는 표시된 카드를 쓰는 사람에게 많은 돈을 잃었는데, 잃은 돈을(돈과 함께 많은 옷과 소지품도) 되찾을 방법을 고민하다가 수학적 시각으로 접근하는 방법을 깨달았다. 덕분에 상대가 부당하게 취한 전리품을 되찾았을 뿐 아니라 확률에 관한 생각을 담은 첫 번째 책《확률 게임에 대한 책The Book on Games of Chance》을 썼다(이 책은 그가 사망한 지 오랜 후인 1663년에 발간되었다).

카르다노는 주사위 던지기와 카드 나누기에 따른 확률을 계산하는 방법을 생각하면서 오늘날 많은 사람이 포커의 초기 형태로 여기는 프리메로primero를 설명하는 글도 썼다. 프리메로는 카드 한 벌을 다 쓰지 않으며 베팅 규칙이 다소 복잡하다. 하지만 핵심 규칙은 지금 우리가 하는 게임과 비슷하게, 일부 카드는 각 플레이어에게 주어지고 일부 카드는 공동으로 활용한다. 그래서 당신이 가졌거나 안 가졌을 수도 있는 패를 암시하는 일과 다른 플레이어들의 신호를 해석하는 일 사이에 복잡한 상호작용이 일어난다.

프리메로는 유럽 전체에 퍼지면서 '프리미에라primiera', '라 프리메la prime' 같은 여러 이름으로 불렸다. 나중에 독일에서는 '허세로 속이다'라는 뜻에서 파생된 '포헨pochen'이라는 이름을 얻었다. 프랑스는 포헨을 빌려 '포케poqué'라고 불렀으며 곧 이 게임은 새로운 형태로 진화했다.

이 게임이 언제 대서양을 건넜는지는 누구도 정확히 알지 못한다. 다만 많은 국민 오락처럼 따분한 여름의 후텁지근한 열기 속에서 자리를 잡은 것으로 보인다. 때는 1803년, 루이지애나에 사는 프랑스 사람들이 느린 증기선을 타고 뉴올리언스로 가는 도중에 좀이 쑤셨다. 그래서 포케 게임을 시작했고 곧 증기선에서 신생 국가 전역으로 퍼져나가 결국에는 포커가 되었다. 그리고 확률 이론도 이 게임과 같이 퍼져나갔다.

카르다노에게는 한 가지 아쉬움이 있었다. 확률을 이해하는 것으로는 운이라는 요소를 다스리기에 충분치 않았다. 속임수를 쓰지 않으면(그는 조작한 주사위와 표시된 카드로 속임수를 쓰는 방법을 자세히 설명했다) 꾸준히 이길 방법이 없었다. 그는 자신의 발견이 "이해에

삶의 불확실성에 베팅하기

는 크게 기여하지만 실제 플레이에는 거의 기여하지 못한다"라고 생각했다. 이 생각이 전적으로 옳은 것은 아니지만, 승률을 높이려면 확률을 이해해야 하고 확실한 것을 원한다면 카드를 조작해야 한다는 건 알 수 있다.

포커에서는 단지 믿음의 강도를 조정하는 일만이 중요한 것은 아니다. 확실한 것은 절대 없다는 사실을 편안하게 받아들이는 일도 중요하다. 당신은 결코 원하는 정보를 모두 가질 수 없으며 그래도 여전히 행동에 나서야 한다. 확실성은 놔두고 가야 한다.

바바 아냐는 내 말을 믿지 않았다. 포커는 어떤 것도 확실치 않다는 사실을 가르쳐줄 수 있을지 모르는데도 할머니는 여전히 내가 어둠의 세계로 들어간다고 믿었다. 나는 어떤 말을 해도 할머니의 생각을 바꿀 수 없다는 사실을 깨달았다. 할머니는 손을 내저으며 기술에 대한 나의 모든 설명을 뿌리쳤다. 그녀가 생각하기엔 더 큰 문제가 있었다.

"하지만 이건 진지하지 않아."

이것이 기술과 무관하게 포커가 꺼림칙하게 느껴지는 또 다른 이유였다.

"포커는 놀이일 뿐이야. 어떻게 놀이를 진지하게 할 수 있니?"

할머니는 내가 교수가 되기를 원했다. 그건 진지한 일이고 진정한 직업, 기술이 필요한 직업이기 때문이다.

사실은 그렇지 않다. 생각하면 할수록 학자로 사는 게 정말로 도박과 무관한지 의심스럽다. 내가 학자의 길을 걷는다고 상상해봐도 그렇다. 내가 공부한 분야는 무엇인가? 사회심리학이다. 하지만 지금은 신경과학이 주목받고 있다. 일자리의 전망이 아니라 관심사를 따른다고 해도 그렇다. 나는 누구 밑에서 공부했는가? 아직도 성격 5요인 모델이 중요하게 다뤄지는 대학에서 일자리를 얻으려면 운이 좋아야 한다. 나의 지도교수는 월터 미셸이었다. 그는 성격 5요인 모델과 거리가 멀었다. 논문은 또 어떤가? 누가 내 논문 초고 심사위원으로 배정될까? 나의 논조에 동의하는 사람일까, 아니면 내 연구가 너무 하찮다고 생각하는 사람일까?

포커계에서는 거물들의 전략에 반대하거나 그 위치에 도전하는 플레이를 선택했다고 해서 토너먼트에서 쫓겨나지는 않는다. 그러나 학계에서 학과장이나 채용위원장 혹은 인기 교수에게 맞서면 교수 자리와는 영영 이별이다.

많은 측면에서 포커는 기술을 다투는 게임이다. 반면 일자리 시장은 도박장과 다를 바 없다. 면접은 어떻게 진행되었는가? 나의 출신 대학은 어디인가? 대학원은 어디를 나왔는가? 면접에서 누군가의 신경을 거슬렀는가? 이처럼 운이 크게 작용하는 세부적인 요소가 성패를 가를 수 있다. 반면 포커 테이블에서는 원하는 대로 플레이할 수 있다. 그리고 순전히 나의 능력에 따라 성공하거나 실패한다.

"마샤, 차라리 체스를 하지 그러니? 그건 사람들이 인정하는 게임이잖아."

할머니가 다시 말했다. 나는 한숨을 내쉴 뿐이다. 할머니를 위싱턴 스퀘어 공원으로 데려가서 실제로 체스를 두는 사람들을 보여줄 수 있었으면 좋겠다. 체스는 사기와 부업 사이에서 내가 아는 한 가장 거센 베팅이 이뤄지는 게임이다. 에릭은 워싱턴 스퀘어를 걷다가 내게 이렇게 말한 적이 있었다. "저 사람들하고 동질감이 느껴져. 게임 플레이어들이잖아. 저기서 놀면서 체스를 두고 가끔 백개먼도 하지. 재미있을 것 같아."

하지만 더는 실랑이를 할 기운이 없다. 할머니에게 체스는 완벽한 정보를 확보할 수 있는 게임이며 인생은 불확실성으로 가득한 게임이라는 강의를 펼치지 않는다. 워싱턴 스퀘어 이야기도 꺼내지 않는다. 그저 계속 노력하면서 나를 증명할 수 있기를 바랄 뿐이다.

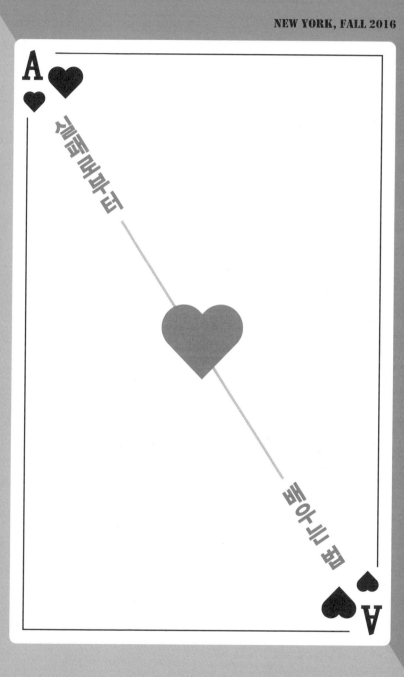

# 뉴욕, 2016년 가을

만약 당신이 지금까지 딴 돈을 모두 모아서
단 한 번의 동전 던지기 게임에 걸었다가
모두 잃고 처음부터 다시 시작하지만
잃은 돈에 대해 한마디도 하지 않는다면…

───
러디어드 키플링, 〈만약에If〉

♥

영롱한 하프 소리가 울리는 휴대폰 알람에 나는 게슴츠레한 눈에 찌뿌드드한 상태로 잠에서 깼다. 원래는 다른 소리들보다 덜 거슬려서 선택한 알람이었다. 하지만 지금은 하프를 열렬히 증오하게 되었다. 아침 6시다. 작가가 밤새 글을 쓰지 않았다면 대개는 깨어 있지 않은 시간이다. 하지만 8시까지 브루클린에서 어퍼웨스트사이드까지 가야 한다. 알고 보니 에릭은 아침형 인간이었다. 그나마 8시도 타협한 약속 시간이다.

수업은 뉴욕에서 이뤄지는 모든 수업이 그렇듯 훈제연어와 베이글과 함께 시작되었다. 우리는 페어웨이 마켓 카페Fairway Market Café에 앉아서 나의 진도가 얼마나 나갔는지 확인하는 일부터 시작했다. 아직 난 이론적인 수준에 머물러 있었다.

"댄과 만난 일은 어땠어?"

에릭이 물었다. 댄은 댄 해링턴, 즉 보수적인 플레이 스타일을 비꼬는 의미로 종종 윙크와 함께 불리는 '액션 댄Action Dan'을 말한다. 그와 에릭은 아주 오래전부터 아는 사이다. 당시 에릭은 백개먼 플레이어였고 두 사람이 만난 메이페어 클럽Mayfair Club은 오늘날 많은 거물이 처음 포커에 입문했던 뉴욕의 회원제 포커 클럽이었다. 때는 1979년이었다. 에릭은 백개먼 토너먼트에 참가하려고 댄의 고향에서 강 건너편에 있는 보스턴으로 왔다. 당시 댄은 백개먼계에 몸담은 지 꽤 되었던 반면 에릭은 신참, 댄의 말로는 '19세 신동'이었다. 두 사람은 결승까지 올랐다. 베테랑과 신동의 대결이었다.

결과는 댄이 이겼다. 댄은 내게 이렇게 말했다. "내가 잘했지. 그런데 에릭이 '아저씨, 대체 누구예요? 한 번도 아저씨 이름을 들어본 적이 없는데'라고 말하더군. 에릭은 뉴욕 출신이었어. 뉴욕 사람들은 뉴욕 밖에는 아무것도 없다는 식이지."

에릭은 댄이 누구인지 알아냈다. 그리고 댄은 포커에 관심이 생겼다. 6년 후 두 사람은 메이페어에서 두 번째로 만났고 이 만남은 평생에 걸친 우정의 시작이었다. 현재 댄은 포커계에서 은퇴했다. "이젠 너무 늙었어. 믿든 안 믿든 포커는 젊은 사람들의 게임이야. 에릭 같은 경우는 기적이지. 에릭이 그 나이에도 계속 포커를 잘 치는 건 정말 놀라운 일이야. 나도 그 나이 때 포커를 쳤지만 그때는 훨씬 실력이 약했어."

하지만 그는 모두가 바라는 월드 시리즈 오브 포커 메인이벤트 챔피언이라는 타이틀을 거머쥐었다. 또 메인이벤트 결승 4회 진출이라는 기록도 갖고 있다. 특히 회계사 크리스 머니메이커가 우승한 후 이른바 '머니메이커 효과'로 포커 붐이 일었던 해에는 3위에 오르기도 했다.

새로운 기술을 익힐 때는 좋은 멘토를 찾는 일이 중요하다. 최고의 멘토들이 잘하는 일 중 하나는 적임자에게 대신 교육을 맡길 때를 아는 것이다. 에릭이 데이비드 스클랜스키David Sklansky가 쓴 《포커의 이론The Theory of Poker》을 접한 지도 수십 년이 지났다. 그가 중고 서점에서 즉흥적으로 집어 든 이 책은 그를 포커계로 이끌었다.

게다가 그는 게임에 대해 아무것도 모르는 사람은 말할 것도 없고 누군가를 가르쳐본 적도 없었다. 그래서 내게 기본을 가르치기 위해 말 그대로 포커의 교과서를 쓴 사람에게 나를 보냈다. 댄의《해링턴 온 홀덤Harrington on Hold'em》은 고전이다. 에릭은 스클랜스키의 책을 읽은 이후 포커의 기본에 대해 많이 생각하지 않았을지 모른다. 하지만 댄은 포커의 기본을 쉽게 풀이해 많은 사람에게 알려주었다. 다행히도 마침 그는 뉴욕에 있었다.

나는 에릭에게 말했다.

"많이 배운 것 같아요. 룰렛에서 이기는 법을 배웠어요."

나는 서해안에서 와 미드타운 호텔에서 머물고 있던 댄을 만났다. 우리의 만남이 어떨지는 예측할 수 없었다. 그래도 그가 흰색 야구 모자를 쓰고 나를 맞아줘서 기뻤다. 내가 본 모든 사진에서 그는 항상 모자를 쓰고 있었다. 내가 읽은 책들을 쓴 그가 포커의 기본을 기꺼이 가르쳐주겠다는 게 믿을 수 없었다.

우리는 아침을 먹으러 카페로 가는 동안 금방 가까워졌다. 알고 보니 우리는 둘 다 돈이 별로 없는 환경에서 자랐다. 나는 부모님이 나의 새로운 도전을 지지하고 재정적 위험에도 불구하고 응원해주어서 정말 운이 좋았다고 말했다. 그러면서 할머니는 약간 생각이 다르다는 사실도 털어놓았다.

댄은 내가 무엇을 하든 그런 시각은 바뀌지 않을 것이라고 말했다. 그는 세계적인 포커 대회에서 우승했다는 사실을 엄마에게 알리던 순간을 떠올렸다.

"엄마, 100만 달러를 땄어요. 세계 포커 챔피언이 됐다고요!"

그가 말하자 엄마는 이렇게 대꾸했다.

"그거 잘됐구나. 그런데 네 사촌, 파드리그 해링턴(아일랜드 출신의 골프 선수-옮긴이) 있잖아. 걔는 얼마 전에 스패니시 오픈에서 8만 달러를 땄어."

댄은 물러서지 않았다.

"엄마, 전 100만 달러를 땄어요. 세계 챔피언이라고요."

"글쎄, 대니. 파드리그가 유럽 투어에서 잘하고 있다니까."

세상의 모든 부모가 그런 모양이다. 댄은 모닝커피를 홀짝이며 내게 물었다.

"그래, 뭘 알고 싶어?"

나는 "전부요"라고 대답한다. 나는 전부 알고 싶다.

불리한 확률을 이기는 방법, 계산, 포지션과 최적 전략의 힘에 대한 강의를 나는 기대했다. 실제로 그중 일부를 배웠다. 하지만 댄에게 주로 들은 것은 실패의 중요성에 대한 속성 강의였다.

"내가 쓴 책을 읽었다고 했지?"

댄이 말했다. 그랬다. 댄의 책을 읽는 것은 에릭이 나를 위해 마련한 강의 계획의 첫 단계이자 그의 표현으로는 내가 떠날 여정의 토대가 되어줄 요소였다. 나는 다른 일을 시작하기 전에 댄의 책부터 샀다. 그리고 펜을 손에 든 채 처음부터 끝까지 읽었다. 내가 책의 여백에 쓴 메모는 문학 전공 대학원생들을 시샘하게 만들 정도로 세심하고 꼼꼼했다. 각 문단에 형광펜을 칠하고 밑줄을 긋고 여백에 빼곡하게 쓴 메모로 페이지들을 채웠다. 나는 카드 한 벌이 몇 장인지도 몰랐지만 이런 일에는 타고났다.

에릭은 이전에 누구를 가르친 적이 없었다. 또한 그가 초기에 했던 경험은 내게 적용할 구석이 딱히 없었다. 당장 모든 것을 그만두고 메이페어 클럽에서 며칠씩 세계 최고의 플레이어들과 머리를 부딪히며 살 수는 없었다. 게다가 그가 몸담은 이후 포커의 세계는 많이 변했다. 우선 온라인 포커가 생겼다. 과거보다 적은 시간을 들이고도 더 많은 경험을 쌓을 수 있었다. 또한 여러 전략을 시험해보고 몇 초 만에 수백만 번의 시뮬레이션을 돌릴 수 있는 컴퓨터 알고리듬도 나왔다. 그래서 과거에는 순전히 반복과 경험으로만 접근하던 전략적 문제들에 대한 답을 구할 수 있게 됐다.

에릭이 생각하기에 댄의 책은 모든 것을 위한 입문서로 가장 적합했다. 또한 처음부터 과도한 부담을 주지 않으면서 여정의 토대를 놓을 좋은 수단이기도 했다.

"적어도 너한테는 괜찮을 것 같아. 읽어보고 어떤지 말해줘. 너무 어려우면 다른 걸 생각해보자."

그가 처음에 한 말이었다.

여름이 지나가고 초가을로 접어들 무렵 책의 여백에 쓴 글들은 나의 구명 뗏목이 되었다. 그 글들은 내가 확고하게 쌓은 유일한 것이었다. 또한 내가 배우고 있다는 유일한 증거였다. 에릭은 처음부터 명확하게 말했다. 내가 한발 더 나아가려면 일정 수준에 도달해야 한다고 말이다. 에릭에게 배우려면 단계를 건너뛸 수 없다. 우선 나는 읽고, 봤다. 해링턴의 책을 읽고 최고의 플레이어들이 하는 플레이를 실시간으로 봤다. (에릭은 초반에 '런 잇 원스Run It Once'에 가입하라고 했다. 알아보니 런 잇 원스는 포커 강습 사이트였다. 거기에 나온 다양한 강습 주제들을 보고 있자니 갑자기 내가 너무나 작고 멍청하고 모르는 게 많다고 느꼈다. 도대체 복합화된 쓰리 베팅 레인지란 무엇일까? 같은 무늬가 세 장 깔렸을 때 턴에서 베팅 크기를 정하는 문제가 왜 몇 시간 동안이나 대화할 거리인 걸까?)

그 후 우리는 토론을 했다. 나는 질문을 했고, 에릭은 내가 돈을 몽땅 잃지 않고 플레이를 시작할 만큼 이론적 바탕을 충분히 갖췄다고 판단했다. 드디어 실제 플레이를 시작했다. 소액에 온라인 게임이지만 내가 배운 내용을 활용할 수 있는지 보기 위해 진짜 돈을 걸고 하는 것이다. 게임 머니로 하는 건 의미가 없다. 모노폴리를 아무리 잘해도 뛰어난 부동산 중개인이 되지 못하는 것처럼. 온라인으로 꾸준히 돈을 벌고 나면 내가 처음부터 생각했던 일, 바로 라스베이거스로 가서 실제 카지노에서, 실제 테이블에서, 실제 칩을 갖고 플레이할 것이다. (나는 이미 칩 세트까지 샀다. 동영상을 보면 모두가 손을 이용하여 두 무더기의 칩을 하나로 합친다. 알아보니 이를 리플링riffling이라고 한다. 처음 리플링을 시도할 때는 빨간색 칩과 녹색 칩들이 사방에 흩어졌다. 곧바로 유튜브에서 강습 동영상을 찾아 연습하기 시작했다. 남편은 내가 새로운 손재주를 익히기 위해 과도하게 집중하는 모습을 보고 "일단은 플레이하는 법에 집중하는 게 어때?"라고 말했다.)

라스베이거스에 진출한 후에도 월드 시리즈 오브 포커까지는 아직 먼 길이다. 메인이벤트의 바이인은 1만 달러다. 아무것도 모르는 아마추어에게는 대단히 큰돈이다. 제대로 준비하지 않으면 현금 뭉치를 모닥불 불쏘시개로 쓰는 것과 다를 바 없다. 따뜻하고 아름다

　　　　　　　　　　　실패로부터 배우는 법

운 모닥불은 멋진 경험을 선사하지만, 시간이 지나면 곧 재로 변해서 공기 중에 습탄濕炭이 타들어가는 다소 불쾌한 냄새를 남긴다.

에릭은 대단히 책임감이 강했다. 그는 멘토로서 자신의 역할을 매우 진지하게 받아들였다. 그가 보기에 성공할 가능성이 조금이라도 생기기 전까지는 1만 달러짜리 토너먼트는 꿈도 꾸지 말아야 한다. 거기까지 가려면 규모가 작은 토너먼트에서 꾸준히 상금을 따면서 더 큰 토너먼트로 차츰 옮겨 가야 한다.

이미 9월이었다. 메인이벤트는 내년 7월에 열린다. 앞으로 10개월이 남았다. 1년이 조금 안 되는 기간이다. 아직 나는 온라인이든 실제로든 게임을 한 번도 해본 적이 없었다. 오로지 댄이 쓴 책들만 붙들고 있었다. 이 책들을 제대로 독파하면 나머지 구간을 빠르고 수월하게 갈 수 있기를 바라면서. 하지만 모두 다 읽는 데 생각했던 것보다 훨씬 시간이 오래 걸렸다. 에릭이 말한 대로 포커는 내게 새로운 언어와 같다. 그래도 나는 무한 긍정의 자세를 유지했다. 적어도 책의 마감 기한을 맞춰야 할 때는 그렇다.

댄을 실제로 만나기 전까지 그의 책을 몇 번씩 읽고 해부했다. 에릭과 나는 여러 주에 걸쳐 여러 번 수업하면서 내가 쓴 메모와 질문을 하나씩 살폈다. 그렇게 플레이 방법에 대한 실질적인 기초를 다졌다. 이는 전통적인 수업과 달랐다. 우리는 그냥 앉아서 토론하지 않았다. 강의 계획은 물론 구체적인 주제나 목표도 없었다. 대신 우리는 걸었다. 에릭은 많이 걸었다.

그는 몇 년 전 핏빗Fitbit을 산 이래로 매일 걸음 수 목표치를 성실하게 달성했다. 나중에 알게 된 사실이지만 걷는 일은 비가 오든,

뉴욕이든 라스베이거스든, 플레이하는 중이든 토너먼트에 참가하는 중이든 그의 일과에서 중요한 부분을 차지한다. 그에게 걷는 일은 단순한 운동이 아니라 생각하고 사람을 사귀고 학습하는 그만의 방법이다.

우리는 걷고 이야기하며, 오후의 속도에 맞춰 대화의 흐름을 이어갔다. 우리의 왼쪽에는 장대한 허드슨강이 푸르게 반짝이고 오른쪽에는 리버사이드 파크의 꽃밭이 넓게 펼쳐져 있었다. 나는 그의 넓은 보폭에 맞추려 애쓰면서 휴대폰으로 대화 내용을 녹음했다. 그리고 여러 군데가 접혀 있는 해링턴의 책을 가방에서 꺼내 대화와 관련된 페이지를 찾거나 수첩에 중요한 내용을 적었다. 사실 나는 여러 가지 일을 동시에 잘하지 못한다. 그래서 이때도 걸음을 유지하려 애쓰는 한편 떨어지는 휴대폰이나 펜을 잡으려고 종종 현대 무용 동작을 연출했다. 에릭에게 걷는 속도는 걸음 수와 아무 상관이 없다고 말하고 싶었지만 숨이 차서 그럴 수 없었다. 우리는 분명 아주 이상한 한 쌍으로 보였을 것이다.

초기에 우리가 걸으면서 나눴던 대화는 가장 기본적인 내용에 대한 것이었다. 나는 대단히 기본적인 것들, 말하자면 게임 규칙부터 익혔다. 우선 플레이어는 두 장의 카드를 받는다. 이때 플레이할지 폴드할지 결정한다. 플레이하는 경우 콜이나 레이즈를 한다. 다른 플레이어들도 같은 결정 과정을 거친다. 이때 플레이 순서는 빅블라인드 자리의 왼쪽, 언더 더 건under the gun이라는 적절한 이름이 붙은 자리에 앉은 플레이어부터 시계 방향으로 돌아간다. 새로운 카드의 형태로 새로운 정보가 제공될 때마다 이 결정을 다시 하게 된다. 마지막에 베팅이 끝났을 때 한 명만 계속 카드를 들고 있으면 그 사람이 판돈을 딴다. 그렇지 않고 쇼다운, 즉 마지막 베팅까지 콜이 나오면 최고의 패를 가진 사람이 이긴다. 드물게 패가 같거나 두 플레이어 모두 보드board 혹은 커뮤니티 카드로 플레이하는 경우(즉 보드에 깔린 패가 두 사람이 따로 든 패보다 높을 경우) 판돈을 나누기도 한다. 그렇다면 그보다 덜 기본적인 내용은 무엇일까?

"댄은 플레이어의 유형을 중시해요. 수동적인 플레이어인지, 공격적인 플레이어인지, 초공격적인 플레이어인지 같은 것들 말이에요."

내가 말하자 에릭이 웃으며 말했다.

"지금 그걸 결정할 필요는 없을 것 같군. 그래도 댄이 그런 접근법을 모두 제시하는 건 좋아."

"초공격적 플레이 외에 다른 걸 할 필요가 있나요? 댄도 가장 예측하기 힘든 경우가 초공격적 플레이어들이라고 했어요. 그들은 어떤 패로도 플레이하니까 뭘 들고 있는지 파악하기가 불가능하잖아요. 그 말이 맞으면 항상 그렇게 플레이하는 게 좋지 않을까요?"

내가 초반에 배운 것 중 하나는 시작 핸드hand(플레이어에게 주어진 패-옮긴이)를 선택하는 법이다. 플레이어는 먼저 두 장의 카드를 받고 플레이 여부를 결정해야 한다. 하지만 어떤 자리에서 어떤 카드가 들어와야 좋은 핸드라고 판단할 수 있을까? 에릭은 일찍 플레이할수록 핸드가 강해야 한다고 설명했다. 아직 다른 플레이어들의 차례가 남아 있기 때문이다. 맞는 말이다. 모든 결정에서 정보가 힘이다. 일찍 행동할수록 주어진 정보가 적다. 다른 사람들이 아직 결정하기 전이라면 상황이 크게 바뀔 수 있다.

에릭은 다양한 시작 핸드의 가치에 관해 이야기했다. 예를 들면 포켓 페어poket pairs(숫자가 같은 핸드)나 수티드 커넥터suited connectors(무늬가 같고 7과 8처럼 숫자가 이어진 핸드), 수티드 원, 투, 쓰리 개퍼gappers(하트 6과 8처럼 무늬가 같으나 숫자가 바로 이어지지 않는 핸드), 수티드 휠 에이스suited wheel aces(에이스 한 장과 같은 무늬에 스트레이트 혹은 휠wheel을 만들 수 있는 낮은 숫자의 두 번째 카드로 구성된 핸드) 등이 있다.

에릭은 이 핸드들이 모두 다른 전략적 가치를 지닌다고 했다. 이것들은 무기가 골고루 갖춰진 무기고 일부가 되어야 한다. 어떤 핸드는 그 자체로 좋다. 어떤 핸드는 보드 커버리지board coverage가 되어서, 즉 다양한 상황에서 보드와 함께 강한 핸드를 만들 수 있어 좋다. 어떤 핸드는 블로커blocker, 즉 상대가 강한 핸드를 가질 확률을 줄이는 핵심 카드로서 가치를 지닌다. 어떤 핸드는 약한 상대로부터 최대한의 가치를 지닐 몬스터 핸드monster hands를 만들 수 있어서 강력하다.

에릭은 특히 내가 경험이 부족하다는 점을 고려할 때 이 모든 카드를 항상 같은 방식으로 플레이할 수 없다고 설명한다.

"기본적으로 처음에는 좋은 카드만 플레이하면 큰 문제가 없어."

이것이 그가 내게 처음으로 준 확실한 정보였다. 하지만 내가 보기에는 댄의 말도 근거가 있었다. 그러니까, 내가 갑자기 예상 밖의 핸드를 들고 초공격적인 스타일로 플레이하기 시작하면 다른 사람들은 무척 당황하지 않을까?

에릭은 웃기 시작했다. 그가 보통 이야기를 시작하면서 하는 "그게…"란 말이 잭 케루악Jack Kerouac을 처음 읽고 놀라운 깨달음을 얻는 작가 지망생들에게 내가 말하는 "그게…"와 엄청 비슷하게 들렸다. 나는 그들의 깨달음이 그들이 생각하는 것처럼 끝나지 않을 것임을 안다.

"그게…, 그런 플레이 방식이 분명 매력적이긴 해. 공격적인 사람들은 상대를 괴롭혀. 압박을 견디기 힘든 여러 가지 상황에서 상대를 괴롭히지. 그들은 그런 상황을 잘 찾아내. 하지만 그들은 많이 퍼주는 상황으로 자신을 내몰기도 해. 그들이 정말 상대하기 까다롭다는 댄의 말에는 동의해. 그런 사람과 같은 테이블에 앉으면 피곤하지. 하지만 그들은 멋진 선물을 주기도 해. 그러면 무슨 짓을 해도 용서할 수 있어."

에릭이 말하는 멋진 선물이란 많은 칩을 뜻한다. 그는 극도로 공격적인 플레이가 단기에만 좋을 수 있다고 말한다. 대부분 그렇게 플레이하는 사람들은 돈을 모두 잃는다. 그리고 최고 수준에서는 얼마 버티지도 못한다. 에릭은 내가 초공격적인 플레이에 관심을 두는 게 10여 년 전 포커계 분위기를 떠올리게 한다며 이렇게 말했다.

"극도로 공격적인 사람들이 잘나가던 때가 있었어. 몇몇은 스타였지. 하지만 결국 과도한 공격성 때문에 망했어. 지금은 다들 밀려났지. 균형을 맞춰야 해. 어떤 사람들은 아예 브레이크를 밟지 않아. 바이인이 수십만 달러인 최고 수준의 경기에서는 브레이크를 밟을 줄 알아야 해. 200달러짜리 온라인 토너먼트에서 우승하는 것과 10만 달러짜리 토너먼트에서 우승하는 건 완전히 다른 거야."

그렇다면 답은 무엇일까? 액션 댄과 에릭은 스스로 성공해 보임으로써 매우 설득력 있는 사례를 제공했다. 그들은 근본적으로 탄탄하게 플레이해야 한다고 말한다. 즉 탄탄한 이미지를 만들어야 한다. 그다음 극도의 공격성을 추가해야 한다. 다만 올바른 때 올바른 자리에서 해야 한다. 항상, 계속하는 것이 아니라 생각하면서 해야 한다.

어떤 것에도 무조건은 없다. 항상 고민해야 한다. 심지어 통계적으로 가장 나쁜 핸드인 세븐 듀스(7과 2)도 상황만 맞으면 플레이할 수 있다. 문제는 상황이 대개 맞지 않는다는 것이다. 극도로 공격적인 플레이어는 한동안 모두를 깔아뭉갤 수 있다. 그러나 때가 되면 폭주 기관차가 갑자기 멈춘다는 사실을 잊는다. 물론 너무 소극적으로 플레이하는 것도 좋지 않다. 핸드가 쉽게 읽히기 때문이다. 그리고 적절하게 폴드 버튼을 누르는 능력을 잃곤 한다. 좋은 핸드가 들어올 때까지 너무 오래 기다렸기에 차마 버릴 수가 없는 것이다. 에릭은 이렇게 말했다.

"400명 정도가 참가하는 큰 토너먼트에서 잘하려면 훨씬 많은 판에 참여해야 해. 좋은 카드만 기다려서는 우승할 수 없거든. 그런 식으로는 우승 확률을 높일 수 없어."

그래서 근본적으로 타당한 전략임을 알아도 기꺼이 버릴 줄 알아야 한다.

"사실 많은 판에 들어가고 무모하게 플레이하는 사람들이 더 나중까지 가는 경우가 많아."

더 나중까지 간다는 건 대부분 사람보다 오래 살아남는다는 뜻이다.

"다만 똑똑하게 플레이해야 해."

나는 고개를 끄덕였다. 내가 원했던 답은 아니지만 어쨌든 답은 답이다. 그와의 특별한 산책이 끝나기 전에 댄의 책을 읽으면서 품었던 의문을 하나 더 풀고 싶었다. 도대체 'M'은 무엇일까? 이건 중요한 걸까? 나는 나중에 다시 확인하려고 M 자에 빨간색으로 동그라미를 그려두었다. 에릭의 설명에 따르면 M은 토너먼트에서 자신의 위치를 파악하는 도구다.

"모두의 스택 사이즈를 알아야 해. 나중에 라스베이거스에 가서 플레이를 시작하면 핸드들을 기록해서 나한테 보여줘. 모든 핸드에서 다른 모든 사람이 칩을 얼마나 갖고 있었는지 알려줘. 그걸 항상 알아야 해."

대개 사람들은 빅 블라인드를 기준으로 스택이 얼마나 되는지 가늠한다. M은 여기서 한 걸음 더 나아가 칩을 모두 잃을 위험을 측정한다. 한 번도 플레이하지 않고 몇 판이나 돌릴 수 있을까? M은 기본적으로 각 판에서 최소한의 칩만 소비할 수 있는 여지를 말한다. M이 낮을수록 곧 토너먼트에서 버스트될 위험이 있다. 그러면 글자 M은 어디서 왔을까? 폴 마그리엘Paul Magriel이라는 플레이어의 이름에서 나왔다.

"라스베이거스에 가면 폴을 만나봐. 댄에게 그에 관해 물어보라고. M이 어떻게 생겨났는지 알려달라고 해."

에릭이 말했다. 하지만 나는 댄에게 물어보는 것을 잊어버렸다. 그 이유는 댄이 다음과 같은 말로 더 많은 기술적 질문을 차단해버렸기 때문이다.

"지금 관심이 가는 모든 걸 이야기할 수 있지만, 사실 많이 플레이해보기 전에는 모두 쓸데없는 짓이야."

나는 고개를 끄덕였다. 경험이 전무한 상황에서 너무 많은 정보를 접하는 위험을 알기 때문이다. 게다가 책의 여백에 빼곡하게 적은 내용과 알아보기 힘든 글씨로 받아 적은 에릭의 지혜로운 가르침으로도 충분하다는 생각이 든다. 적어도 지금은 말이다.

"네가 정복해야 할 가장 명확한 대상은 너 자신이야. 마이크 타이슨이 가장 적절하게 표현했지. '모두가 그럴듯한 계획이 있다. 얻어터지기 전까지는'이라고 말이야. 그의 말이 옳아. 한동안 모든 게 잘못되는 경험을 해보지 않으면 네가 자질이 있는지 알 수 없어. 운이 좋으면 포커를 잘 치는 방법을 절대 배울 수 없지. 그건 확실해. 절대 불가능해."

댄이 한 말이다. 그는 신참을 길들이려고 이런 말을 한 게 아니다. '고통이 없으면 얻는 것도 없다'라는 태도도 아니며, 내게 '실패해도 괜찮다'고 말하는 것도 아니다. 그보다는 우리가 새로운 걸 배우고 있는지, 그저 아무 생각 없이 사는지 종종 잊어버리게 되는 아주 근본적인 문제를 이야기한 것이다. 바로 사고 과정을 검증할 수단이 필요하다는 것이다.

나는 전문 용어로 무장한 채 화려한 전략을 구사하기 전에 훨씬 더 근본적인 질문부터 답해야 한다. 나는 정확하게 생각하고 있는가? 시를 쓰는 실험을 시작하기 전에 시의 기본적 구조를 생각하는 법을 익혔는가? 이국적인 양념을 써서 요리하기 전에 기초적인 밥 짓는 법부터 배웠는가? 유일한 방법은 실패하는 것이다. 형편없는 시를 쓰고 밥을 태우고 초고를 계속 망쳐야 알 수 있다.

"패배를 당해야 해. 가혹하게 들리겠지만 그게 방법이야."

댄의 말이다. 실패는 성공이 결코 줄 수 없는 객관성을 안겨준다. 바로 성공하면, 즉 새로운 분야에 발을 들이자마자 성공하면 정말로 그만큼 잘한 것이었는지 운이었는지 알 길이 없다.

댄은 에릭이 지금까지 버티는 진짜 이유는 위험을 감수하는 한편 발을 뺄 줄 아는 균형을 유지하기 때문이라고 했다(에릭이 이 말에 동의하는지 확인해봐야겠다). 사실 그 자신은 소극적인 이미지 때문에 액션 댄이라는 별명을 얻은 것이다. 에릭 역시 무모한 블러핑을 잘하지 않는다.

"에릭이나 나보다 훨씬 과감하게 행동하는 뛰어난 플레이어들이 많아. 문제는 그게 성격에서 나온다는 거고, 파멸의 씨앗도 품고 있다는 거지."

과감한 플레이어들은 여세를 몰아 이긴다. 하지만 담대하게 패배를 받아들이고 계속 나아가는 법을 모른다.

"10년 전엔 슈퍼스타였던 사람들도 지금 잘사는 경우는 별로 없어. 그들은 한계까지 밀어붙이는 능력이 있어서 슈퍼스타가 됐지만 일이 약간 잘못되면 그대로 무너져버렸지. 돈을 어떻게 써야 할지 몰라서 마약이나 스포츠 베팅에 탕진해버리기도 하고. 그들이 정말 배짱이 있었던 걸까? 아냐."

감정이 개입돼서는 안 된다. 모든 것을 비즈니스로 여겨야 한다. 내 목표는 순수해야 한다. 바로 최고의 비즈니스를 하는 것이다. 어떤 사람들은 유명해지는 게 목표인 경우도 있었고, 심지어는 그냥 액션을 하고 싶어서 그런 경우도 있었다. 그리고 그것 때문에 그들은 결국 몰락했다. 나는 내가 무엇을 모르는지 알까? 생각을 잘하고 있을까?

"프로 도박사로서 알아둬야 할 게 있어. 현실을 객관적으로 평가할 줄 모르면 패배자가 돼. 이 게임은 널 이길 거야. 그건 분명해. 무슨 일이 일어나고 있는지 모르면 이 게임은 '너의 돈을 가져갈 거야'라고 말해."

댄은 정말로 중요한 건 비판적 사고와 자기 평가 능력을 잘 개발해서 지금 나의 위치가 어디인지 그리고 그 위치가 플레이하기에 좋은지 계속 객관적으로 재평가하는 것이라고 했다. 핵심은 이기고 지는 게 아니다. 그건 운에 달린 문제다. 핵심은 사고 과정이다. 댄 자신이 이 말이 옳다는 것을 보여주는 살아 있는 예다. 그는 하락기가 아니라 정점에 있을 때 포커를 그만두었다.

"9년 전 막 163만 달러를 땄을 때야. 대회장에서 걸어 나오면서 주위를 둘러보며 이런 생각을 했지. '이제 됐어. 더는 이 짓도 못 하겠어. 163만 달러를 땄는데 피곤하고 지쳤다는 느낌밖에 없어. 이일은 그만한 가치가 없어.' 그래서 바로 그 자리에서 직업적으로 포커를 치지 않겠다고 결심했지. 열의가 생기지 않았어."

대다수 사람은 생애 최고의 점수를 올리자마자 그만두는 걸 생각하지 않을 것이다. 하지만 댄은 자신이 약해지고 늙어가고 있으며, 포커계는 더 힘들어졌다는 사실을 알았다. 그래서 뒤처지기 전에 그만둔 것이다. 이처럼 포커에 대해 내가 처음 얻은 교훈은 이기는 일이 아니라 지는 일에 대한 것이었다.

실패로부터 배우는 법

"질 줄 알아야 크게 이겨. 모두가 이길 때는 플레이를 잘하지. 하지만 지고 있을 때 흔들리지 않고 잘 플레이할 수 있을까? 이때는 지나치게 소극적으로 플레이할 게 아니라 주어진 핸드에서 이길 확률이 어느 정도인지 객관적으로 보려고 노력해야 해. 그럴 수 있다면 게임을 정복한 거야."

그의 말에 공감이 간다. 애초에 나를 테이블로 이끈 것이 패배였다. 게임에서 지는 법을 배우는 것, 건설적이고 생산적으로 지는 법을 배우는 것이 삶에서 잘 지도록, 지고도 다시 일어서도록, 지고도 개인적 실패로 보지 않도록 도와줄 것이다. 그래서 공감이 가지만 쉽지 않은 요구다. 댄은 고개를 끄덕였다.

"힘든 일인 건 맞아. 나한테도 그래. 평생 경험을 쌓았는데도 쉽지 않아."

우리는 작별 인사를 나눴다. 그는 아침 운동 시간을 놓쳤지만 '조용한 은퇴'를 즐기러 자리에서 일어섰다.

참고로 나는 룰렛에서 이기는 법을 배웠다. 알고 보니 국방부의 슈퍼컴퓨터 그리고 1950년대에 클로드 섀넌Claude Shannon과 에드워드 소프Edward Thorp가 했던 연구를 토대로 개발된 소프트웨어와 이어폰만 있으면 되는 일이었다. 그리고 당신이 무슨 짓을 하는지 카지노가 몰라야 한다. 너무 욕심을 부리면 쫓겨난다.

에릭은 댄이 대단하다며 동의했다. 또한 댄이 내게 말해준 모든 것이 옳다고 했다. 객관성은 성공의 유일한 열쇠는 아니지만 최소한 여러 열쇠 중 하나다. 그리고 습득하기 어려운 것이다.

"앞으로 네가 직면할 문제를 현실적으로 이해하려고 하는 건 좋은 일이야. 포커를 치다 보면 등락이 있기 마련이지. 등락은 무작위로 일어나."

그래도 마음이 그다지 편해지지는 않는다. 내가 작가라는 사실을 그에게 상기시키고 싶다. 내게는 잃을 돈이 많지 않다. 지금까지 무려 3,000만 달러를 번 사람은 그런 말을 쉽게 할 수 있겠지만 말이다.

하지만 이렇게 말하는 건 공정하지 않다. 에릭은 막 사회생활을 시작했을 때 가진 게 하나도 없었다. 그나마 가진 것도 모두 잃을 뻔했다. 그는 백개먼 플레이어가 되려고 대학을 중퇴했고 그때 댄을 처음 만났다. 그러다 일반적인 직업 쪽으로 돌아서기로 마음먹었다. 그는 장차 아내가 될 루아를 만나 인생을 진지하게 생각해야 한다는 사실을 깨달았다. 그래서 월가로 갔지만 1987년 대폭락이 일어났다. 그는 일자리를 잃었고 루아는 임신한 상태였다.

에릭은 이런 좌절을 감정적으로 받아들이지 않았다. 대신 자신에게 주어진 선택지들을 재평가하고 포커 공부에 매진했다. 그는 "무서워서 플레이를 잘하게" 되었다. 그리고 이기기 시작했다. 그는 어떻게 두각을 드러낼 수 있었을까? 분명 재능도 있었다. 에릭은 포커에 필요한 여러 기술이 아주 뛰어났다. 하지만 그보다 더 큰 기술이 있었는데 바로 자존심을 전혀 내세우지 않는 것이었다. 그는 자신의 플레이에 대해 몹시도 객관적이었다.

"일이 잘못되면 사람들은 항상 자신에게 부당한 일이 닥쳤다고 생각하지."

사람들은 실패를 감정적으로 받아들인다. 그들은 지는 법을, 패배로부터 배우는 법을 알지 못하며 탓할 대상만을 찾는다. 그들은 한발 물러나 자신의 결정, 플레이, 잘못을 저지른 지점을 분석하지 않는다.

"이런 태도는 인생을 살아가는 데 정말 큰 핸디캡이야. 우리는 때로 그런 태도에 빠지지. 하지만 차이를 아는 게 중요해. '승리와 재난이라는 이 두 사기꾼을 똑같이 대할 수 있다면'이라고 말했던 키플링처럼 말이야."

나는 고개를 끄덕였다. 나는 그 차이를 알고 있었다.

"좋아. 그게 포커의 핵심이야. 승리는 사람들의 정신을 오염시키지. 그리고 사람들은 패배를 받아들이는 법을 몰라. 이 게임은 망상에 빠지기 쉬워."

나는 공책에 적었다. 분산의 어두운 면을 이해해야 한다고, 그래야만 의사결정 과정을 잘 처리하는 법을 배울 수 있다고 말이다. 이기고 있을 때는 잠시 멈춰 그 과정을 분석하는 일을 빼먹기 쉽다. 일이 잘 풀리는데 굳이 그럴 필요가 있을까? 그러나 학습에서 승리는 적이다. 재난은 훌륭한 교사로 우리에게 객관성을 가르친다. 최고의 망상인 과신을 깰 도구는 재난뿐이다. 궁극적으로 승리와 재난은 모두 사기꾼이다. 그들은 늘 바뀌는 결과일 뿐이며 다만 둘 중 하나가 다른 하나보다 더 좋은 학습 도구일 뿐이다.

하버드 대학교의 심리학자 엘렌 랭어Ellen Langer는 통제에 대한 착각을 보여주는 대표적인 실험에서 학생들에게 동전을 던져 앞면이 나올지 뒷면이 나올지 예측하게 했다. 그런 다음 그 예측이 맞았는지 틀렸는지 결과를 통보했다. 그러나 세 가지 조건에서 동전 던지기의 결과는 특정한 순서로 미리 정해져 있었다. 즉 무작위적으로 보이는 패턴에 따라 분포되거나, 초반에 정확한 예측이 몰리거나, 후반에 정확한 예측이 몰리도록 정해져 있었다. 각 경우에 절대적인 횟수는 같았다. 유일한 차이는 순서뿐이었다.

그러나 결과는 엄청나게 달랐다. 랭어는 예측이 끝난 후 각 참가자에게 질문을 던졌다. 결과를 맞히는 능력을 개선할 수 있다고 생각하는지, 자신이 예측을 잘한다고 생각하는지, 정확히 예측하려면 시간이 더 필요한지, 덜 산만한 환경에서는 더 잘할 수 있는지 같은 질문이었다. 각 질문에 대해 답은 분명 '아니요'다. 다른 답을 하면 동전 던지기라는 우연의 결과를 기술의 영역으로 분류하는 것이다. 그런데도 '아니요'라는 답이 나오지 않았다.

무작위로 진행되거나 후반에 예측이 맞도록 설정된 집단은 '아니요'라고 답했다. 그러나 초반에 예측이 맞도록 설정된 집단은 갑자기 근시가 된 듯 자신이 예측을 상당히 잘하며 시간이 지나면 더 잘할 것이라고 말했다. 성공에 대한 자만심으로 객관성을 잃고 통제의 착각에 빠진 것이다. 이들은 동전 던지기의 결과를 정말로 예측할 수 있다고 생각했다.

일찍 패배하면 객관적으로 생각하게 된다. 그러나 처음부터 승리하면 통제의 착각에 빠진다. 그래서 랭어는 실험 결과를 담은 논문의 제목을 '뒷면이면 내 능력, 앞면이면 운Tails, I Win, Heads, It's Chance'이라고 붙였다. 랭어의 연구는 1970년대에 나온 것이지만 내가 대학원에서 월터와 함께 같은 실험을 했을 때도 정확하게 같은 결과가 나왔다. 승리가 착각을 만들어내는 힘은 여전히 강했다. 동전 던지기의 결과는 사실 의미가 없어야 마땅하다. 그런데도 사람들은 의미가 있는 것처럼 받아들인다.

"포커의 훌륭한 점은 대체로 망상을 처벌한다는 거야."

에릭이 말했다. 단기적으로는 통제의 착각에 빠져도 무사할지 모른다. 그러나 계속 거기서 헤어나오지 못하면 몇 년 뒤에는 누구도 당신의 이름을 알지 못할 것이다. 현실에서는 언제까지고 망상에 빠져서 살 수 있다. 그러나 포커에서 객관성이 아닌 망상을 선택하면 결국 망한다.

갑자기 마음이 불안해졌다. 순수한 객관성을 지녀야 한다는 게 벅차게 느껴졌다. 내가 정말로 해낼 수 있을까? 에릭은 할 수 있을 것이다. 그는 훈제 생선요리를 앞에 두고도 어떻게 피드백을 통해 배우고 그에 따라 행동을 바꿀 수 있는지 증명해낸다.

"달걀노른자를 싫어해요?"

우리가 주문한 요리가 테이블에 놓일 때 그에게 물었다. 나는 훈제연어와 베이글을 주문했다. 그는 약간의 연어와 함께 첫 만남 때처럼 흰자 오믈렛을 주문했다. 나는 흰자만 먹어서는 진짜 달걀의 맛을 알 수 없다고 여겼다. 그래서 에릭을 잘 몰랐지만 물어보지 않을 수 없었다.

"아니, 좋아해. 하지만 흰자만 먹는 게 건강에 좋대."

곧 그가 영양학에 관심이 많다는 사실을 알게 되었다. 그렇지만 그는 누군가가 자신이 아는 것과 상반되는 증거를 제시하면 언제나 귀를 기울인다. 내가 지금 바로 그 일을 하고 있었다. 나는 최신 연구 결과를 참고한 나의 미니 강의를 멈추고 휴대폰까지 꺼냈다. 사실 영양학은 까다롭고 아무 근거 없이 영양학과 관련된 조언을 하는 것은 더 까다롭다. 대부분은 발끈하면서 말을 끊어버린다. 내가 뭐라고 이미 생각이 확고한 사람에게 이러이러한 음식을 먹으라고 간섭할 수 있을까?

하지만 에릭은 내 말을 들었다. 그는 내가 보여주는 내용을 읽고 고개를 끄덕였다. 그리고 다음에 같이 아침을 먹을 때 일반 오믈렛을 주문했다. 나는 맛이 더 좋은지 묻고 싶은 욕구를 억눌렀다. 그래도 그의 얼굴에 만족하는 빛이 보이는 듯했다.

나는 다시 휴대폰을 꺼내 내가 가장 좋아하는 노라 에프런Nora Ephron의 에세이에서 따온 구절을 보여주었다. "(바닷가재나 아보카도 혹은 달걀처럼) 콜레스테롤이 높은 온갖 음식을 먹어도 된다. 그래도 콜레스테롤 수치에 아무 영향이 없다. 전혀 없다. 알겠는가? 당신들은 대체 왜 그러는 건가?" 그녀는 흰자 오믈렛을 특히 딱하게 여겼다. "(친구들이) 흰자 오믈렛을 먹는 모습을 볼 때마다 불쌍하다는 생각이 든다. 첫째, 흰자 오믈렛은 맛이 없다. 둘째, 흰자 오믈렛을 먹는 사람들은 몸에 좋은 일을 한다고 생각하지만 실은 잘못 알고 있을 뿐이다." 뒤이어 그녀는 아무리 장광설을 늘어놓아도 타인의 생각을 바꿀 수 없다고 말한다. 이는 영양학적 믿음과 관련해 흔한 일이다. 에릭은 웃으며 달걀을 먹었다. 노른자까지 전부 다.

지하철을 타고 브루클린으로 돌아가는 동안 에릭이 내게 확실한 조언은 별로 하지 않았다는 사실을 깨달았다. 우리의 대화는 내가 기대했던 것보다 더 이론적인 차원에 머물렀다. 그 경험이 왠지 익숙했다. 나의 질문에 실질적인 답은 주지 않은 채 대화를 나누는 것, 유일한 답은 "그건 경우마다 달라. 같이 생각해볼까?"에 그치는 것 말이다. 소크라테스식 대화법은 아니다. 에릭은 일방적으로 묻기만 하지는 않는다. 우리의 대화는 처방보다 과정, 목적지보다 탐험에 초점을 두는 상호작용이다.

내가 어떤 핸드를 어떻게 플레이해야 하는지 의견을 듣고 싶다고 불평하면 그는 미소를 지으며 이야기를 들려준다. 그해 초 그는 현재 포커 판에서 가장 성공한 하이 스테이크 플레이어 중 한 명과 대화를 나눴다. 이 플레이어는 특정 핸드를 어떻게 플레이해야 하는지 매우 구체적인 의견을 제시했다. 에릭은 묵묵히 듣기만 하다가 딱 한마디를 했다. "확신을 줄이고 탐구를 더 하세요."

"하지만 내 말을 잘 받아들이지 못하더군. 크게 화를 냈어."

에릭이 내게 말했다. 하지만 에릭은 그를 비판한 게 아니었다. 오랜 경험을 통해 배운 접근법을 제시했을 뿐이었다. 더 질문하고 열린 마음가짐을 유지하는 것 말이다.

그때 나는 조금 전 머릿속에 떠오른 익숙한 상황이 무엇인지 깨달았다. 바로 단테와 베르길리우스였다. 단테는 낯선 곳에 들어서서 아무것도 모르고 어디로 가는지도 모른다. 베르길리우스는 지옥의 풍경을 인도하는 길잡이로서 방향을 제시하지는 않고 단테가 스스로 길을 열어가도록 두면서 옆을 지킨다.

사람들은 내가 에릭에게 포커를 배운다는 걸 알면 그가 특정 플레이를 어떻게 생각하는지, 특정한 상황에서 어떻게 플레이할 것인지 알고 싶어 한다. 이 과묵한 챔피언이 결국 승리의 비결을 내놓을까? 에릭에게 그 답은 단순하다. 바로 답은 없다는 것이다. 그보다 지속적인 탐구 과정이 중요하다. 같은 핸드도 다양한 방식으로 플레이할 수 있다. 계속해서 사고하기만 한다면 말이다. 같은 자리에서 같은 카드를 받고 심지어 상대가 같아도 매일 다르게 플레이할 수도 있다. 확실한 건 없다. 사고만 있을 뿐이다.

맞다. 이런 상황은 짜증 난다. 나는 답을 원한다. 나는 스몰 블라인드 자리에서 10페어를 받았는데 언더 더 건에서 레이즈가 나오고, 하이잭hijack(딜러 버튼 자리에서 오른쪽으로 두 번째 자리-옮긴이)에서 리레이즈re-raise(이전에 나온 레이즈에 더 높은 액수로 다시 레이즈하는 것-옮긴이)가 나왔을 때 어떻게 해야 하는지에 대한 지침을 원한다. 철학은 이제 됐다고 소리치고 싶다. 확실한 걸 알려달라고! 콜해야 할지, 올인해야 할지, 폴드해야 할지 알려줘. 지금 내가 실수를 하는 것인지 알려달라고! 하지만 부처 같은 나의 베르길리우스는 흔들리지 않는다. 결국 약간의 분노만 남는다. 몇 주 후 그 분노는 기적처럼 지식으로 뭉쳐진다.

포커의 핵심은 결국 불확실성을 편안하게 받아들이는 것이다. 다만 나는 카드의 결과에 대한 불확실성이 전부가 아니라는 걸 깨닫지 못했다. 거기에는 올바른 일이 무엇인지에 대한 불확실성도 있다. 유일하게 확실한 것은 당신의 사고뿐이다.

몇 년 전 에릭은 마이크 카로Mike Caro가 진행하는 세미나에 관한 이야기를 들었다. 카로는 텔, 즉 테이블에서 순간적으로 상대를 읽어내는 단서를 알려주는 책으로 유명하다.

"정말 특이한 사람이야. 무대를 걸어 다니다 이런 말로 강연을 시작하지. '포커의 목적이 뭐죠?'"

에릭의 말에 나는 고개를 끄덕였다. 내가 나 자신에게 거듭 물었던 질문이다.

"누군가가 '돈을 따는 거요'라고 말하지. 그러면 그는 '아닙니다'라고 말해. 다른 사람이 '큰 판을 이기는 거요'라고 말하지만 역시 그는 '아닙니다'라고 하지. 그러곤 '포커의 목적은 좋은 결정을 내리는 겁니다'라고 말해. 나는 이게 포커를 바라보는 정말 좋은 관점이라고 생각해."

에릭은 잠시 생각하더니 말을 이었다.

"카드가 안 좋게 나와서 지는 건 괜찮아. 별일 아냐. 하지만 나쁜 결정이나 실수 때문에 지면 훨씬 마음이 아파."

그가 내게 특정 핸드를 플레이하는 법을 가르쳐주지 않은 이유는 심술궂어서가 아니라 결정을 내리는 능력을 키울 수 없기 때문이다. 모든 것을 스스로, 혼자서 생각하는 훈련을 할 수 없게 된다. 그가 내게 줄 수 있는 건 도구뿐이다. 생각에 필요한 요소뿐이다. 길을 찾아야 하는 것은 나다.

이런 상황은 단기적으로는 짜증을 안긴다. 하지만 적어도 아무것도 모르는 분야에서 횐자만 고집하는 함정에 빠지진 않는다. 애초에 처방을 내리는 모든 조언을 의심하면, '확신을 줄이고 탐구를 더 하는less certainty, more inquiry' 걸 지침으로 삼으면 귀를 기울일 수 있을 뿐 아니라 응용할 수도 있다. 그리고 성장한다. 그게 자각과 자제가 아니라면 무엇일까?

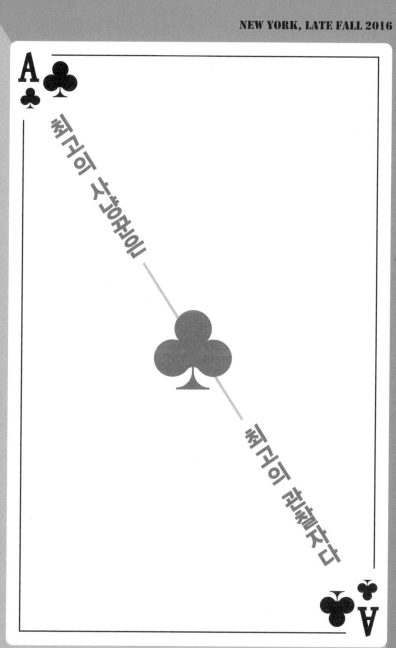

최고의 사냥꾼이자

최고의 관찰자다

## 뉴욕, 2016년 늦가을

싸워야 할 때와 싸우지 말아야 할 때를 아는 자는 이길 것이다.
강군과 약군을 모두 다스릴 줄 아는 자는 이길 것이다.
모든 계급이 한뜻으로 뭉친 군대를 가진 자는 이길 것이다.
미리 준비하고 불시에 공격하기 위해 적을 기다리는 자는 이길 것이다.

___
손자, 《손자병법》

새로운 아침 일과가 시작되었다. 일주일에 며칠씩 어퍼맨해튼으로 가서 에릭과 같이 산책하고 나머지 날에는 이상한 역통근을 한다. 브루클린에서 지하철을 타고 맨해튼에 있는 풀턴 역으로 간 다음, 패스PATH 열차로 갈아타고 허드슨강을 건넌다. 그리고 역에서 걸어서 마음에 드는 가까운 커피숍으로 간다. 스타벅스일 때도 있고 좀 더 고급스러운 곳일 때도 있다. 호보켄Hoboken으로 가거나 마음이 내키면 저지 시티Jersey City로 가기도 한다. 커피숍에 들어가서는 몇 시간 동안 죽치고 있을 만큼 음료를 주문하고 노트북을 연 다음 온라인 포커의 세계에 들어선다.

나는 1만 시간 법칙을 별로 믿지 않는다. 정확히 1만 시간이 아니라 그와 비슷한 수준의 아주 많은 시간이라는 조건을 달아도 마찬가지다. 엄밀한 검증을 통과할 만큼 증거가 충분치 않다. 어떤 사람은 훨씬 더 오래 공부하고 열심히 일하는 사람들보다 훨씬 덜 노력하고도 훨씬 큰 성과를 거둔다. 이는 진실이다.

1만 시간의 법칙을 증명하는 전형적인 사례로 폴가Polgar 자매의 이야기가 있다. 이 세 자매의 부모는 아이들이 체스 말을 쥘 수 있는 나이가 되었을 때부터 체스 챔피언으로 키우기로 마음먹었다. 하지만 폴가 자매는 훈련의 한계를 보여준다. 그들은 체스를 아주 잘 두는 수준에 올랐지만 각자 다른 궤적을 보였다. 세 명 중 가장 뛰어난 아이는 훨씬 적은 시간에 성과를 올렸고 '최악'이었던 아이는(따옴표를 붙인 이유는 그래도 그녀가 대단한 성과를 올린 플레이어이기 때문이다) 훨씬 많은 시간 동안 훈련했는데도 같은 수준에 오르지 못했다.

체스는 능력을 시험할 수 있는 완벽한 게임이며 최대한 이상적으로 통제된 환경에서 플레이할 수 있다. 그리고 유전자, 능력, 의지 혹은 당신이 말하고 싶은 요소들의 역할이 빛난다. 또한 훈련의 효과가 가장 잘 나타나는 게임이다. 그래서 시카고 대학교의 로빈 호가스Robin Hogarth는 체스가 '친절한' 훈련 환경을 제공한다고 했다. 즉각적인 피드백을 받을 수 있기 때문이다. 배운 것을 바로 적용할 수 있으며 올바른 결정을 내렸는지 즉시 알 수 있다.

호가스는 현실 속의 대다수 환경을 '사악하다'라고 묘사했다. 외부의 소음 때문에 행동과 피드백 사이에 부조화가 발생하기 때문이다. 그에 따라 행동에 의외성, 불확실성, 미지의 요소가 끼어든다. 이 경우 당신이 배운 것이 정확한지, 그것을 정확하게 실행했는지 확신할 수가 없다. 주위에서 너무나 많은 일이 일어나고 있기 때문이다. 그래서 문제가 훨씬 심각해진다.

그러나 한 가지는 분명하다. 훈련만으로는 충분치 않으며, 1만 시간이라는 마법의 숫자 같은 건 없다. 물론 훈련하지 않으면 배울 수도 없다. 체스를 두는 것이든, 책을 쓰는 것이든, 우주비행사가 되는 것이든, 포커를 치는 것이든 어떤 일을 진지하게 하려면 기술을 익혀야 한다. 누구도 모든 걸 타고나서 바로 뛰어들 수는 없다. 심지어 모차르트도 교습이 필요했다. 포커를 배우고자 한다면 게임을 플레이하고, 핸드가 어떻게 진행되는지 보고, 여러 상황에 대

최고의 사냥꾼은 최고의 관찰자다

한 감을 익히는 것만 한 방법도 없다. 그리고 카지노에서 수십 년을 보내야만 가능한 수준의 훈련을 가장 효율적으로 하는 방법은 온라인으로 플레이하는 것이다. 온라인 포커에서는 카드가 빠르게 돌려지고 모든 결정을 내릴 때 타이머가 설정되어 있어서 계속 판이 진행된다. 또한 라이브 게임에서 그렇듯 몇 시간이 아니라 몇 분 만에 연이어 상황이 발생한다.

그동안 포커를 배우기 위해 조언을 구했던 모든 사람이 동의하는 부분이 있었다. 바로 관리가 가능할 정도만 시간을 들여 실력을 키우고 싶다면 온라인으로 플레이하라는 것이다. 내가 사는 뉴욕주에서는 온라인 포커가 불법이다. 처음에는 이 사실에 몹시 당황했다. 뉴욕에는 수많은 다양한 복권이 판매된다. 어디를 가든 판타지 스포츠fantasy sports(가상의 스포츠팀을 꾸려 점수를 따는 게임-옮긴이) 광고를 볼 수 있다. 포커는 분명 이런 것들보다 더 기술이 필요한 게임이 아닌가?

포커계에 갓 입문한 나는 이 문제에 관해 사람들에게 물어보면서 새로운 드라마를 알게 되었다. 이 대목에서 포커 관련 법이라는, 복잡하게 뒤얽힌 문제를 접했다. 이 문제는 명확한 의사결정이 너무도 중요한 이유와 분명한 사안에 외부의 입김이 종종 끼어드는 양상을 반영하고 있었다.

2006년에 제정된 불법인터넷도박단속법Unlawful Internet Gambling Enforcement Act, UIGEA에서 모든 것이 시작되었다. 이 법에 따라 인터넷에서 도박과 관련된 모든 결제를 처리하는 일이 불법화되었다. 포커는 도박으로 취급되었다. 아니, 그런 것처럼 보였다. 정의가 약간

흐릿했다. 경마는 예외였지만 경견은 그렇지 않았다. 판타지 스포츠는 어떨까? 당연히 기술이 필요한 게임이니까 예외였다. 다른 스포츠 베팅은 어떨까? 당연히 도박이었다. 이 법은 도박을 "특정한 결과가 나올 경우 가치 있는 보상을 받는다는 합의 혹은 이해에 따라 운의 결과 혹은 자신의 통제나 영향을 벗어난 미래의 사건에 가치 있는 대상을 거는 것"으로 정의했다.

그러나 이 정의에 따르면 주식 매매나 부동산 매매는 불법이다. 이에 예외를 적용하기 위해 곧 다른 내용이 추가되었다. 심리학자 아서 레버Arthur Reber는 이를 두고 "사회적으로 용인된 도박과 그렇지 않은 도박을 구분하기 위한 설득력 없는 변명"이라고 꼬집었다. 다르게 말하면 정치적으로 허용하기 편한 도박과 포커처럼 강력한 반대 로비가 펼쳐진 도박을 구분하려는 변명이라고도 볼 수 있다.

몇 년 동안 포커는 법망을 피할 수 있을 것 같았다. 그러나 포커계에서 블랙 프라이데이로 알려진 2011년 4월 15일에 처음으로 불법인터넷도박단속법이 집행되었다. 그 결과 아직 미국 시장을 떠나지 않은 3대 포커 사이트 풀 틸트Full Tilt, 포커스타즈PokerStars, 앱솔루트 포커Absolute Poker가 기소되었고 자산이 동결되었다. 이 사건으로 미국에서 온라인 포커는 끝장난 듯했다.

하지만 각 주들이 온라인 포커를 합법화하는 걸 막을 장치는 없었다. 그래서 일부 주는 서서히 합법화 대열에 참여했고 뉴저지도 이 대열에 들어섰다. 내가 지금 그레고리스 커피Gregory's Coffee에서 온라인 포커를 치며 허드슨강 건너편의 맨해튼을 바라보는 이유가 거기에 있다. 여기 있는 동안 내가 하는 일은 완벽히 합법이다. 하지만 강을 건너는 순간 갑자기 나는 범죄자가 된다. 곰곰이 생각해 보면 이상한 일이다. 그러나 정치인들은 애초에 논리나 공명정대와는 거리가 멀다. 장담하건대 그들 중 한 명 이상은 구소련의 할머니 같은 존재가 어깨 위에 앉아서 "사악해, 사악해, 사악해!"라고 속삭이고 있을 것이다. 아무튼 이런 이유로 나는 별로 거들떠보지 않던 주로 출근하게 되었다.

맨해튼으로 다시 돌아온 나는 에릭에게 동영상 하나를 보여주었다. 에릭이 말했다.

"강아지가 예쁘네. 잘 골랐어. 라이브 플레이 때 입게 강아지 사진이 들어간 티셔츠를 만들어야겠어."

나는 아바타로 작은 금색 닥스훈트 강아지의 이미지를 골랐다. 사람들이 어떻게 반응할지 궁금하다(미국 최고의 플레이어로 꼽히는 제이슨 머시어의 방송을 보고 아이디어를 얻었다. 그의 아바타도 강아지다. 강아지 아바타는 그가 어떤 유형의 플레이어일지 전혀 다른 예상을 하게 했다. 나중에 알고 보니 그는 자신의 아바타와는 전혀 비슷하지 않았다).

나의 아이디는 '더사이크칙thepsychchic'이다. 상대에게 드러내고 싶은 나의 속성을 한 단어에 최대한 많이 담기 위해 신중하게 고른 것이다. 사이크는 심리학psychology을 줄인 말이지만 그다지 박식하지 않은 이들은 '사이칙psychic'이라고 읽을 것이다. 아니면 '사이코psycho'라고 읽든가. 이 아이디는 상대를 겁먹게 만들거나 상대의 생각을 읽어내거나 폭주할 것이라는 뜻을 담고 있다.

그리고 '칙chic'이 붙는다. 생략된 K는(원래 철자는 'chick'이다-옮긴이) 시각적 대칭과 함께 '사이킥psychic'이라고 잘못 읽도록 유도한다. 하지만 결국은 글을 잘 모르는 사람도 칙chic을 '여자아이'로 생각할 것이다. 포커라는 남자들의 세계에서 사람들은 실제 사람을 상대할 때와 같이 여자아이를 상대하지 않는다. 자신은 그렇게 한다고 생각할지 모르지만 그렇지 않다. 온라인 포커에 관한 연구 결과를 보면 남성들은 남성 아바타나 중성 아바타보다 여성 아바타를 상대로 6퍼센트나 더 자주 블러핑을 친다. 그런데도 그럴지 모르는 가능성을 제시하면 믿으려 하지 않는다.

초반 핸드 중 하나에서 나는 오프수트 잭, 10을 잡고 이른 자리에서 레이즈를 했다. 여러 명이 콜했다. 다시 말해 많은 사람이 첫세 장의 공통 카드, 즉 플랍을 보기 위해 내가 낸 돈과 같은 금액을 냈다. 플랍은 모두 스페이드가 나오고 아무 패도 만들어지지 않았다. 그래도 킹과 퀸이 나와서 이른바 오픈 엔디드 스트레이트 드로open-ended straight draw(양방향으로 이어진 숫자가 나오면 스트레이트가 만들어지는 패-옮긴이)가 되었다. 에이스나 9가 뜨면 다섯 장의 카드가 순서대로 이어지는 스트레이트가 만들어진다. 스트레이트는 강한 패로 거의 모든 패를 이긴다. 물론 같은 무늬의 카드 다섯 장으로 구성되는 플러시flush는 예외다.

만약 누가 스페이드 두 장을 들고 있다면 나는 이미 드로잉 데드drawing dead 상황이었다. 즉 내가 바라는 스트레이트를 만들어도 진다. 혹은 누가 스페이드 한 장만 들고 있어도 나의 아웃out, 즉 스트레이트를 만들어 이길 수 있는 카드가 두 장 줄어든다. 그러니까 에이스나 9가 스페이드면 설령 스트레이트를 만들어도 상대가 플러시를 완성하므로 역시 내가 진다. 하지만 이 시점에서 이런 계산은 내 머릿속을 지나가지 않는다고 말해도 무방했다. 내가 생각하는 건 초짜처럼, 뭘 해야 하는지 모르는 사람처럼 보이고 싶지 않다는 것이었다. 나는 약해 보이고 싶지 않았다.

내 차례는 세 번째였다. 스몰 블라인드와 빅 블라인드가 모두 판에 들어왔다. 그들은 체크를 했다. 내가 어떻게 반응하고 무엇을 할지 보기 위해 순서를 넘기는 것이다. 프리플랍 어그레서pre-flop aggressor에게 체크하는 것은 일반적이다. 즉 플랍이 나오기 전에 마지막으로 레이즈를 한 사람보다 먼저 행동해야 한다면 일단 체크하고 어떤 일이 생기는지 보는 것이다. 나보다 나중에 행동하는 사람이 두 명 더 있으므로 내가 어떤 선택을 하든지 총 네 명이 그에 따른 결정을 해야 한다는 사실을 인지해야 했다. 두 명은 아직 행동하지 않았고, 다른 두 명은 이미 체크했지만 다른 사람이 베팅하여 액션을 재개하면 다른 선택을 할 수 있었다.

나는 스트레이트 드로 상황에서 베팅하는 게 좋다고 판단했다. 아직 패는 완성되지 않았지만 좋은 드로가 있으니 칩을 모두 따고 싶었다. 네 명이 콜을 하고 들어와서 팟에 데드 머니dead money(더는 행동할 수 없는 플레이어들이 이미 팟에 넣은 돈-옮긴이)가 많았다. 나는 하프 팟half pot 베팅(팟의 절반-옮긴이)을 하기로 했다. 그러자 다음 플레이어가 폴드했다(야호!). 하지만 그다음 플레이어는 콜을 했다. 뒤이어 무시무시하게도 스몰 블라인드가 레이즈를 했다. 그것도 상당히 크게. 결국 나는 폴드할 수밖에 없었다. 그래서 첫 레이즈와 하프 팟 베팅으로 넣은 칩을 모두 잃고 말았다.

"좋아, 이야기할 게 많군."

에릭이 말했다. 나는 고개를 돌려 그의 표정을 읽으려고 했다. 하지만 언제나 그렇듯 그의 얼굴은 차분하고 아무 표정이 없었다.

"일단, 왜 거기서 레이즈를 했어?"

"잭, 10이 드로를 보기에 좋은 핸드라고 했잖아요. 그래서 플레이했어요. 그리고 전에 그렇게 해서 이긴 적이 있어요. 누구도 호구로 보지 않는다고요!"

하지만 레이즈는 나의 첫 실수였다. 나는 오프수트 패가 수티드 패만큼 좋다고 착각했다(그렇지 않다). 또한 프리플랍 플레이에서 가장 중요한 요소인 자리를 간과했다.

"그 핸드로는 훨씬 나중에 플레이하는 게 아니면 먼저 레이즈하면 안 돼. 네 뒤에 레이즈할 수 있는 사람이 너무 많아. 만약 레이즈가 나오면 판이 끝날 때까지 상황이 어려워져."

모든 상호작용에서 최대한 많은 정보를 확보해야 한다. 그래서 마지막에 행동하는 사람이 가장 유리하다. 이미 상대의 결정과 플레이, 입찰액을 알기 때문이다. 이 경우 협상에서도 유리하고 논쟁이나 토론에서도 유리하다. 상대보다 많은 걸 알기 때문이다. 상대는 먼저 움직여야 하고 당신은 거기에 맞춰 대응하기만 하면 된다. 자리가 왕이다.

우리는 계속 이야기를 나누며 핸드 전체를 검토했다. 그리고 내가 실수란 실수는 모두 저질렀다는 사실을 확인했다. 이미 판에 들어간 상황에서 플랍이 깔렸을 때 베팅하기보다 그냥 체크를 해야했다. 또한 앞서 베팅을 했기 때문에 베팅 규모도 완전히 달라야

최고의 사냥꾼은 최고의 관찰자다

했다. 내가 잘한 유일한 일은 결국 폴드한 것이다. 칩의 상당수를 태우고 난 후였지만 말이다.

가장 큰 실수는 전략이 부실했던 게 아니었다. 에릭은 그건 오히려 가장 쉬운 부분이라고, 배우면 된다고 했다. 문제는 내가 대부분의 결정에서 타당한 근거가 없다는 것이었다. 나는 남은 시간을 보여주는 작은 타이머 등 주변의 소음에 사로잡힌 나머지 사고하지 않고 기억에서 쉽게 접근할 수 있는 잡다한 팩트에만 의존했다. '에릭이 드로를 보기에 좋은 핸드라고 말했다'는 건 레이즈를 할 만한 근거가 아니었다. 또한 '칩을 따고 싶다'는 건 베팅의 이유로 적절하지 않았다. (당시 내가 에릭에게 털어놓지 않았으며 심지어 스스로도 인정하지 않는 이유가 있었다. 나는 너무 소극적으로 플레이해서 약하고 수동적이라는 인상을 에릭에게 주고 싶지 않았다. 예전에 그가 공격적인 전략이 대체로 토너먼트에서 이기는 경향이 있다고 말했기 때문이다.)

베팅 크기는 어떨까? 사실 나는 하프 팟 베팅이 적절하게 느껴졌다는 것 외에는 왜 그렇게 베팅했는지 모른다. 더 크게 베팅하면 나의 소중한 칩들이 너무 많이 날아갔을 것이다. 내 칩을 사랑하는 나로서는 곤란한 일이다. 반면 더 작게 베팅하면 누구도 폴드하지 않았을 것이다. 나는 내가 판돈을 딸 수 있도록 그들이 폴드하기를 바랐다.

"전에 이야기했잖아. 모든 핸드에 대해 분명한 사고 과정을 거쳐야 한다고. 내가 무엇을 아는지, 무엇을 봤는지, 그 정보가 이 핸드를 판단하는 데 어떤 도움이 될지 생각해야 해."

에릭이 전에 이야기한 건 맞다. 하지만 온갖 상황이 벌어지고 타이머가 돌아가는 와중에 그렇게 하기는 어렵다고! 왜 타이머는 저렇게 돌아가지? 왜 베팅 금액 막대는 맞게 조절하기가 어렵지? 이 일만 해도 20초는 잡아먹는다. 어떤 새디스트가 인터페이스를 이 따위로 디자인한 거야?

"모든 행동을 할 때 뒤로 돌아가서 네가 아는 모든 것을 고려한 다음에 올바른 결론을 내려야 해. 너무 빨리 행동하면 안 돼."

사악한 타이머가 돌아가는데도?

"맞아. 하이 롤러high roller(고액 포커를 치는 사람들-옮긴이)들도 타이머를 써. 라스베이거스에 오면 볼 거야."

에릭이 참가하는 토너먼트에서는 라이브로 진행되는데도 결정하는 시간이 제한되어 있다. 대개 30초의 시간이 주어지며 그 시간을 넘기면 타임 뱅크time bank를 써야 한다. 온라인 게임의 경우 실제 타임 뱅크가 있다. 라이브 게임에서는 딜러에게 시간 연장 카드를 줘야 한다.

이 점은 걱정스럽다. 내가 심리학 실험을 설계할 때 스트레스와 격렬한 감정을 조장하는 한 가지 방법이 시간 압박을 가하는 것이었다. 주어진 시간이 줄어들수록 참가자들이 내리는 결정의 질은 저하되었다. 그들은 스트레스를 받았고 패닉에 빠졌으며 충동적으로 행동했다. 이제는 내가 온라인 포커를 칠 때 그런 압박을 느낀다. 타이머가 있다는 사실만으로도 위협적으로 느껴져 즉각 행동하고 싶어진다. 타이머라는 귀찮은 녀석이 나를 지켜보고 재단하는 게 느껴진다.

"익숙해질 거야. 별거 아냐. 몇 초만 생각하면 돼. 잠깐 멈춰서

최고의 사냥꾼은 최고의 관찰자다

심호흡을 하고 여러 대안을 검토하는 거지. 폴드할까? 콜할까? 레이즈할까? 모든 게 하나의 가능성이야. 너무 빨리 행동하지 않도록 조심해야 해. 많은 사람이 그 함정에 빠져. 나도 가끔 그래."

좋은 조언이다. 검토는 생각하는 플레이와 아무 생각 없는 플레이를 가른다. 다행인 점은 내가 초보라서 좋은 쪽이든 나쁜 쪽이든 아직 근육 기억muscle memory이 생기지 않았다는 점이다. 그래서 '항상 여기서 베팅했어' 또는 '항상 여기서 체크했어'라는 이유로 그냥 행동할 일이 없다. 나의 무기고에는 '항상'이 없다. 그렇기에 여러 대안을 적극적으로 살펴야 한다. 그래야 신중함을 기를 수 있다. 에릭도 그렇게 말했다.

"네가 초보자라는 건 좋은 일이야. 아직 모든 것에 대해 의문을 품으니까. 특히 처음에는 기본에서 출발해야 해. 그다음 모든 옵션을 다른 각도에서 살피는 습관을 들이는 거야. 그러면 여러 가능성을 검토하고 다른 대안을 살피는 일이 가능하지."

대학 시절 나는 심리학뿐 아니라 군사이론과 역사학도 배웠다. 단순한 의사결정에만 관심이 있지는 않았다. 세상에서 가장 큰 전략적 중요성을 지닌 의사결정에 대해서도 알고 싶었다. 그래서 전투와 전쟁, 분쟁에 관한 책을 읽었다. 카를 폰 클라우제비츠의《전쟁론》, 손자의《손자병법》같은 고전도 읽었다. 나는 포커 테이블에서 내린 아주 간단한 결정에 관한 온갖 전략적 요소를 머릿속으로 받아들이려고 애썼다. 그 와중에 에릭이 한 말이 일종의 깨달음으로 다가왔다. 포커는 내가 지휘관인 전투와 같다. 다만 나와 나의 행동을 제외한 다른 전력은 없다.

나는 내 삶에 있었던 상황을 이런 각도에서 생각해본 적이 한 번도 없다. 하지만 지금은 말이 된다. 모든 전투 혹은 심지어 사소한 군사행동에 나서기 전에도 상황, 지형, 적의 성격을 평가해야 한다. 과거에 통했거나 다른 사람이 성공적으로 적용한 전략을 무작정 밀어붙일 수는 없다. 행동할 때마다 현재 알려진 것과 이전에 알려진 것을 토대로 상황을 재평가해야 한다. 그래서 피드백을 통해 진화하는 과정, 시스템, 계획이 필요하다. 그런 게 없으면 전투의 결과(내 경우에는 나쁜 결과지만 좋은 결과도 마찬가지다)가 기술 덕분인지, 운 때문인지 어떻게 알까? 방금 칩을 잃은 것은 운 나쁜 상황에 직면했기 때문일까, 아니면 전투 계획이 부실했기 때문일까?

내가 가진 잭, 10은 언제 어떻게 활용하느냐에 따라 가치가 달라지는 무기였다. 내가 상대보다 우월한 위치에 있다면 그 가치는 크게 오른다. 가령 내가 마지막에 행동할 수 있거나, 행동을 결정하기 전에 적의 행동을 모두 관찰할 수 있거나, 상황을 전반적으로 조망할 수 있는 고지에 서 있다면 그렇다. 이 경우 운신의 폭이 넓어진다. 마지막 결정도 나의 몫이다. 누구도 나를 기습할 수 없으며 내가 전투의 막을 내린다.

그런데 적군이 여전히 뒤에 도사리고 있는데 첫 번째나 두 번째로 행동해야 한다면 어떨까? 갑자기 내 화력은 약해진다. 그리고 어떤 액션이 더 남았는지 모른 채 사방에서 펼쳐지는 액션 사이에 끼게 된다. 시야가 흐려지고 불확실성이 증가한다. 알려진 정보와 알려지지 않은 정보의 비율이 갑자기 바뀐다. 지형이나 용도를 신경 쓰지 않고 언제든 마음 편하게 발사할 수 있는 포켓 에이스 페

최고의 사냥꾼은 최고의 관찰자다

어pocket aces는 없다. 잭, 10은 상황에 많이 의존한다(당연히 에이스 페어도 고지에 서는 게 훨씬 유리할 것이다). 자리는 정보다. 적에 대해 더 많은 정보를 가질수록 힘이 있다. 물론 자리가 좋다고 해서 절대 매복에 당하지 않는 것은 아니다. 하지만 시나리오를 통제하기가 약간 더 쉬워진다.

게다가 이 판에는 여러 명이 액션에 참가한다. 적이 여럿이라는 얘기다. 그리고 모두가 일대일 전투보다 양방향 전투(네 방향 전투는 말할 것도 없다)가 훨씬 힘들다는 사실을 안다.

"여러 명이 판에 참여할 때는 보다 직선적으로 플레이해야 해."

에릭이 말했다. 이 경우 고려할 변수가 너무 많다. 마치 다단계 계획을 다루는 장군처럼 여러 수를 생각해야 한다. 핸드가 계속되면 내가 대응하기 좋은 자리에 설까? 나는 플레이어들이 폴드하게 만들고 싶어서 베팅한다. 하지만 폴드하지 않으면? 그다음에는 뭘 하지? 레이즈를 하면 어쩌지? 그러면 어떻게 대응하지? 뛰어난 전략가는 모든 상황을 검토해야 한다. 플레이어가 많을수록 계산하기가 어렵다. 그래도 반사적으로 대응하지 않고 신중하려면 주어진 시간 안에 그 일을 해내는 법을 익혀야 한다.

이런 핸드가 토너먼트 초반에 나오는 것은 분명 좋지 않다. 중대한 행동을 하기에는 타이밍이 좋지 않다. 아직 다른 플레이어들에 대해 아는 게 없다. 상대의 성향을 파악할 기회가 없었다. 나는 적을 모른다. 약점은 무엇일까? 강점은? 언제 방어해야 할까? 언제 공격해야 할까? 그들은 강할 때 어떻게 행동하는가? 약할 때는? 너무 자주 블러핑을 하는가? 아니면 너무 적거나 딱 적당하게? 네 명은 말할 것도 없고 한 명에 대해 이 모든 걸 생각하는 일도 골치 아프다.

온라인 포커는 라이브 게임만큼 상대를 읽기에 좋은 환경이 아니다. 하지만 그렇다고 해서 행동 패턴을 살필 수 없는 건 아니다. 어떻게 베팅하는지, 언제 베팅하는지, 얼마나 베팅하는지 같은 건 가능하다. 여러 번 같이 플레이해보면 상대가 어떤 유형인지 감이 잡히기 시작한다.

어떤 플레이어는 공격적이고 제한이 없다. 그들은 너무 많은 핸드를 플레이하고 베팅할 때 모든 것을 건다. 어떤 플레이어는 공격적이고 엄격하다. 그들은 미친 듯이 베팅하지만 아주 강한 패만 플레이한다. 어떤 플레이어는 수동적이고 약하다. 최대한 많은 핸드를 플레이하고 싶어하지만 레이즈가 나오면 바로 폴드한다. 온라인 환경에서는 같은 사람과 거듭 플레이할 수 있을 뿐 아니라 그들의 성향을 기록하고 표시할 수 있다. 그러면 다음에 다시 만났을 때 바로 어떤 부류에 속하는지 알 수 있다.

내가 이전에 더 많은 핸드를 관찰했다면 적어도 한 가지 중요한 사실을 깨달았을 것이다. 바로 지금 내가 있는 테이블, 이 전장에 뛰어든 사람들이 싸우기를 정말로 좋아한다는 점이다. 그들은 군장을 갖췄고 기필코 전투를 벌일 것이다. 옆으로 물러서서 다른 사람들이 싸우는 모습을 구경하려고 여기 온 게 아니다. 직접 전투에 끼고 싶어서 온 것이다. 이 테이블에 모인 사람들은 플랍과 턴을 정말로 보고 싶어 한다. 그들은 상대의 베팅에 폴드하는 일이 적다. 그들은 리버까지 전부 보고 싶어 한다.

이 사실을 알았다면 거의 모든 핸드에서 여러 명이 참가할 가능성이 크다고 판단했을 것이다. 그래서 더 강한 무기, 더 강한 자리, 더 엄선된 전선을 선택하고 일단 선택한 후에는 공격적으로 플레이했을 것이다. 여러 단계에 걸쳐 여러 방향에서 전개되는 공격을 막아낼 수 있는 전선을 선택하고, 미미하고 약한 드로 핸드가 아닌 확실한 승리 확률을 지닌 핸드, 즉 계속해서 개선될 가능성이 있는 핸드를 쥐려고 했을 것이다.

게다가 이곳의 지형은 내가 취하는 특정 전략에 적합하지 않다. 에릭은 내게 보드 텍스처board texture(바닥에 카드들이 깔린 양상-옮긴이)에 주의를 기울이는 법을 배워야 한다고 말했다. 예를 들면 카드들 사이에 연관성이 별로 없어서, 다시 말해 무늬가 다르고 숫자도 멀리 떨어져 있어서 누군가가 강한 드로 핸드를 쥐었을 가능성이 낮은 드라이dry 보드인가? 같은 무늬의 카드가 두세 장이거나 스트레이트를 만들 수 있도록 카드 숫자가 이어진 웻wet 보드인가? 이 경우 다른 플레이어들이 아직 강한 패를 만들지 못했더라도 드로가 완성되면 갑자기 괴물 같은 패를 손에 들게 된다. 아니면 새로운 카드가 상황을 크게 바꿀 수 없는 정적인 보드인가? 혹은 스트레이트나 플러시 같은 드로가 많이 나오고 새로운 카드가 당신이 가진 패의 가치를 크게 바꿀 수 있는 역동적인 보드인가?

보드 텍스처는 전장을 바꾼다. 즉 다른 텍스처는 다른 전략을 요구한다. 산에서는 평원이나 바다에서 전투할 때와 다르게 싸워야 한다. 역동적인 보드의 경우 조심스럽게 플레이해야 하며 신중하게 미리 생각해야 한다. 반면 정적인 보드는 짧게 생각해도 큰 대가를 치를 일은 없다. 무늬가 같은 보드일 경우 일대일 대결을 벌이는 헤즈업heads up을 할 때는 블러핑을 하기에 좋다. 하지만 여러 명을 상대할 때는 위험한 수렁과 같다.

지금 내게는 여러 다양한 지형에서 취할 수 있는 정확한 접근법을 터득하는 게 중요하지 않다. 그보다 지형에 주의를 기울이고 계산에 참고하고 플레이를 조정하는 법을 배워야 한다는 사실을 깨닫는 게 중요하다. 앞으로 공부를 계속하면서 그런 조정을 위한 정확한 움직임을 터득할 것이다. 놀랍게도 많은 사람이 처음에 따랐던 지도가 크게 잘못되었는데도 이전의 전략을 재고하지 않고 무작정 나아간다. 그리고 방금 내가 바로 그런 일을 했다. 에릭은 내가 다시는 그러지 않도록 코치해준 것이다.

내가 잘못 생각한 부분은 그뿐만이 아니었다. 하프 팟 베팅? 왜 그랬을까? 베팅 크기와 그에 따른 성과는 대다수 결정과 관련해 아주 유용한 비유로 쓰이곤 한다. 어떤 성과를 얻기 위해 얼마나 큰 위험을 감수할 것인가? 자주, 조금씩 베팅하고 싶은 상황은 무엇인가? 횟수를 줄이되 더 많이 베팅하고 싶은 일은? 언제 오버 베팅over-bet(판돈보다 큰 베팅-옮긴이)을 할 것인가? 토머스 셸링이 이야기한 것처럼, 치킨 게임 도중 아예 운전대를 뽑아내서 절대 방향을 바꿀 생각이 없음을 보여주는 배짱 좋은 드라이버처럼 무조건 콜할 것처럼 보여야 할 때는 언제인가? 이 모든 것은 상대에 따라 어떻게 바뀌는가?

무슨 전술을 쓰든 어떤 성과를 올릴 수 있는지, 더 저렴한 비용으로 같은 성과를 올릴 수 있는지 따져야 한다. 소수의 병사로 충

최고의 사냥꾼은 최고의 관찰자다

분한 일에 대대 전체를 투입할 필요가 있을까? 이 상황에서는 정찰병을 내보내듯 소액의 탐색용 베팅만 하는 게 좋을까? 아니면 대포를 꺼내고 전군을 동원해야 할까?

만약 내가 리버까지 갔다면 반드시 다른 플레이어들을 제대로 파악했어야 한다.

"보드에 스트레이트나 플러시 가능성이 있으면 누군가가 마지막에 블러핑을 할 가능성이 커져. 네가 블러핑을 하기 좋은 상황일 수도 있고."

에릭이 말했다. 하지만 그걸 어떻게 알지? 아직 쇼다운을 보고 상대의 전술을 파악할 수 있었던 적도 없고, 내가 속임수를 쓸 기회를 포착할 수준도 아닌데 말이다.

이 문제는 가장 중요한 핵심을 드러낸다. 바로 내가 아직 좋은 지휘관이 아니라는 점이다. 나는 아직 충분히 알지 못한다. 전장을 전체적으로 보지 못하며 올바른 무기를 골랐는지 확신하지 못한다. 이 경우 나는 내 핸드가 드로를 보기에 좋은 핸드라고 판단했다. 에릭이 같은 핸드로(무늬까지 같기는 했지만) 비슷하게 증명한 적이 있기 때문이다. 그래서 크게 고민하지 않았다. 어차피 나는 같은 무늬가 핸드의 승리 확률을 2퍼센트만 높여준다는 글을 읽었다. 그리고 그 사실을 알아서 기분이 좋았다. 2퍼센트는 큰 수치가 아니다. 사실상 별다른 차이가 없다.

하지만 실제로는 그렇지 않다. 모든 전술가나 전략가는 어떤 우위라도 큰 의미를 지니며 2퍼센트는 상당한 수치라고 할 것이다. 게다가 같은 무늬는 핸드를 훨씬 강한 무기로 만들어준다. 즉 플레이하기가 쉬워진다. 많은 상황에 훨씬 명확하게 대처할 수 있기에 심리적 우위를 추가로 누릴 수 있다.

하지만 나는 아직 이 사실을 모른다. 그런 감이 없다. 이해도 하지 못한다. 이 시점에서 나의 우위는 정확하게 제로다. 그런데도 내가 무엇을 걱정했는지 아는가? 이런 것들을 고려했는지 걱정한 게 아니라 내가 약하게 보일까 걱정했다. 훌륭한 지휘관은 다른 사람들이 자신을 어떻게 보는지 신경 쓰지 않는다. 사람들의 시선은 앞으로 할 행동에 필요한 이미지를 만들기 위해 전략적으로 활용할 때만 중요하다. 물론 상관이 지켜보고 있을 때는 이야기가 달라진다. 이제 에릭이 그 점을 지적했으니 나로서는 사실을 인정하는 수밖에 없다.

"그냥 체크만 하면 약해 보일 것 같았어요. 선생님도 더 공격적이어야 한다고 말할 것 같고요. 겁먹은 채 플레이하지 말라고 했잖아요."

그러자 에릭이 말했다.

"그렇게 생각하면 안 돼. 여기서 너는 물론 아주 약해. 아예 판에 끼지도 말았어야 해. 하지만 그건 중요하지 않아. 중요한 건 상대에게 어떻게 보일지를 기준으로 플레이하면 안 된다는 거야. 겁먹은 채 플레이하지 않는 건 공격적으로 플레이하는 것과는 달라. 그건 무서워서 어떤 결정을 내리지 않는다는 뜻이야. 수동적이거나 공격적인 것과는 다른 문제야. 지나치게 공격적이면서도 겁먹을 수 있어. 수동적이면서도 강할 수 있고."

나는 고개를 끄덕이면서 수많은 빵 중에서 아몬드 크루아상을

최고의 사냥꾼은 최고의 관찰자다

크게 한 입 베어 물었다. 지적, 특히 타당한 지적은 단것과 함께 삼키면 언제나 잘 내려간다. 에릭은 말을 이었다.

"이건 정말 중요해. 많은 플레이어가 실제로 생중계를 할 때, 그러니까 자신이 어떤 카드를 가졌는지 방송으로 보여질 때 안 좋은 플레이를 해. 사람들한테 어떻게 보일지 신경 쓰니까 그런 거야."

포커 방송 초창기에 에릭은 카메라나 카드 판독기에 카드를 보여주지 않는 것으로 유명했다(어떤 사람들에게는 악명이 높았다). 그러나 그가 그런 이유는 멍청하게 보일까 두려워서가 아니었다. 그보다 자신의 전략을 드러내고 싶지 않아서였다. 요즘은 카드를 숨길 수도 없지만 그래도 그에게 타격이 가지는 않는다. 플레이를 조정하는 측면에서 그는 내가 본 최고의 플레이어다.

동물의 왕국에서 가장 뛰어난 사냥꾼이라고 하면 어떤 동물이 떠오르는가? 아마 사자나 멋지게 달리는 치타 혹은 사냥감을 추적하는 늑대일 것이다. 이들은 모두 눈에 띄는 맹수들로 강하고 치명적이다. 그러나 사냥 성공률은 뛰어난 사냥꾼의 근처에도 가지 못한다. 그나마 치타가 약 58퍼센트로 사냥 성공률이 가장 높다. 그 다음이 사자로 사냥 성공률은 그 절반도 안 되는 25퍼센트 정도다. 늑대의 사냥 성공률은 14퍼센트에 불과하다. 실로 치명적인 킬러는 누구도 생각지 못했을 잠자리다.

2012년 하버드 대학교 연구진이 확인한 바에 따르면 잠자리의 사냥 성공률은 무려 95퍼센트다. 잠자리는 맹수들처럼 화려하지도 않고 팬들이 열광하는 대상도 아니다. 외계 생물처럼 생긴 작은 곤충을 자신과 동일시할 사람은 드물다. 그러나 잠자리는 맹수들보다 훨씬 유능한 포식자다. 잠자리의 눈은 아주 작은 움직임도 포착할 수 있도록 진화되었다. 날개는 엄청나게 빠른 속도로 종횡무진 날아다닐 수 있게 해준다. 또한 뇌는 잠재적 사냥감을 찾아낼 뿐 아니라 그 움직임을 놀라울 정도로 정확하게 예측할 수 있도록 진화되었다. 잠자리가 사냥을 잘하는 이유는 사냥감이 무엇을 하는지 보는 데서 그치지 않고 앞으로 무엇을 할지 예측하고 그에 따라 대응 계획을 짜기 때문이다.

포커의 세계에서 에릭은 잠자리와 같다. 그는 뽐내거나 우쭐대지 않는다. 포효하면서 자신의 존재를 알리지 않는다. 그냥 조용히 지켜보며 사냥감의 행동을 관찰한 결과를 토대로 사냥법을 바꿀 뿐이다. 그는 상대가 무엇을 하는지 아는 데서 그치지 않는다. 그들이 무엇을 할지, 그 행동을 할 때 어떤 모습일지 예측하고 그에 맞춰 움직임을 조직한다. 새가 아니라 곤충이기는 하지만 잠자리 역시 날아다닌다는 점에서 에릭과 비교할 만하다. 에릭의 관찰 능력은 확실히 새와 유사한 면이 있다.

에릭이 잠자리처럼 스텔스 모드로 사냥에 나서는 모습은 사실 현장에서가 아니라 방송에서 처음 접했다. 그 판에 대한 소문을 듣고 라이브 포커에 발을 들이기 전에 미리 공부 삼아 찾아봤다. 때는 2015년 5월이었다. 에릭은 유러피언 포커 투어의 그랜드 파이널 슈퍼 하이 롤러EPT Grand Final Super High Roller 챔피언 자리를 놓고 양자 대결에 나섰다. 바이인이 10만 유로에 우승 상금이 200만 유로나 되는 대회였다.

그의 상대는 폴란드에서 온 신인 플레이어 드미트리 우르바노비

최고의 사냥꾼은 최고의 관찰자다

치였다. 우르바노비치는 지난 몇 달 동안 유럽 포커계를 찢어놓았다. 그는 3월에 몰타에서 열린 유러피언 포커 투어 하이 롤러 이벤트에서 우승하면서 50만 달러 이상을 땄다. 그 후 얼마 되지 않아 세 번이나 우승했고 같은 대회에서 열린 사이드 이벤트에서는 2위에 오르기도 했다. 덕분에 글로벌 포커 인덱스가 선정한 올해의 플레이어 후보에 올라 있었다. 한마디로 잘나가는 중이었다.

"전형적인 신예와 공룡의 대결이었지."

나중에 에릭은 이렇게 말했다. 나는 그에게 잠자리 이론을 아직 언급하지 않았다. 설령 언급했더라도 그는 여전히 자신을 공룡에 빗댔을 것이다. 그는 계속 이기고 결승 테이블까지 올라가면서도 자신이 운명적인 혜성이 떨어질 날을 기다리는 과거의 덩치 큰 괴수라고 생각했다.

두 사람의 대결은 우르바노비치가 3 대 1로 확고한 칩 우위를 차지한 상태에서 시작되었다. 그러나 몇 시간 동안 에릭이 끈질기게 추격해 마침내 우위를 차지했다. 문제의 잠자리 핸드가 시작될 무렵 두 사람의 칩 수를 보면 에릭은 41 빅 블라인드(빅 블라인드를 41번 낼 수 있는 양이라는 뜻-옮긴이), 우르바노비치는 17 빅 블라인드였다. 에릭은 빅 블라인드 자리에서 잭, 4 다이아몬드를 받았다. 좋은 핸드는 아니지만 헤즈업에서 무늬가 같은 모든 핸드, 특히 숫자가 높은 핸드의 가치는 급등한다. 우르바노비치는 빅 블라인드만큼만 콜하는 이른바 림프limp를 하고 에릭은 체크했다.

플랍에 A, A, 6이 떨어졌다. 스페이드가 두 장, 다이아몬드가 한 장이었다. 다이이아몬드가 연속으로 나올 가능성을 제외하면 에릭에게는 그다지 볼 게 없는 플랍이었다. 에릭은 체크했다. 우르바노비치도 체크했다. 지금까지 추가로 팟에 들어간 돈은 없었다. 턴은 다이아몬드 킹이었다. 이제 에릭은 플러시 드로가 되었다. 그는 다시 체크했다. 그러자 우르바노비치가 하프 팟에 해당하는 30만을 베팅했다. 플러시 드로를 가진 에릭은 콜했다. 리버는 완전히 쓸모없는 하트 5였다. 스페이드 플러시와 다이아몬드 플러시가 모두 빗나갔다. 스트레이트 드로도 빗나갔다. 에릭이 가진 것은 잭 하이 jack-high(아무 패도 만들어지지 않고 잭이 제일 높은 카드인 경우-옮긴이)뿐이었다. 큰돈이 걸린 판에서 갖고 싶지 않은 패다. 그는 체크했다. 우르바노비치는 하프 팟에 약간 못 미치는 베팅을 했다.

이 단계에서 많은 플레이어가 바로 폴드할 것이다. 패가 완전히 빗나가고 다른 하이 카드에도 지는데 더 볼 게 있을까? 하지만 에릭은 그 많은 플레이어 중 한 명이 아니었다. 그는 계속 지켜보며 날개 근육을 풀고 있었다. 그리고 바로 이런 시나리오가 전개될 것임을 이미 예상하고 있었다.

에릭은 머리를 흔들었다. 왼쪽 팔꿈치를 테이블 가장자리에 두고 가슴을 가로질러 오른쪽 어깨에 왼손을 두는 상징적인 자세를 처음으로 깬 것이다. 그리고 턱을 긁었다. 몸을 뒤로 기대며 한숨을 쉬고 입술을 깨물었다. 어깨를 으쓱하며 우르바노비치와 보드를 바라봤다. 3분이 지나도 그는 여전히 폴드하지 않았다. 그리고 우르바노비치를 마지막으로 바라본 후 칩을 밀어넣었다. 콜을 한 것이다. 우르바노비치는 플러시 드로가 빗나간 스페이드 4, 2를 보여주었다. 에릭은 잭 하이로 판을 먹었다.

우르바노비치는 믿을 수 없다는 듯 희미하게 웃으며 눈썹을 치켜올렸다. 장장 다섯 시간이 넘는 혈투 끝에 에릭이 우승하면서 그때까지 그의 경력에서 가장 많은 상금을 땄다. 그는 우승 소감을 말하면서도 평소의 겸손한 모습을 유지했다. 시상식에서 그를 인터뷰한 해설자 조 스테이플턴에게 이렇게 말했다. "2등만 해도 기뻤을 겁니다. 물론 1등을 해서 더 기쁘긴 하지만요."

어떻게 원 페어도 없는데 그런 엄청난 콜을 할 수 있었을까? 내가 그럴 용기를 낼 수 있을지 자신이 없다. 특히 내가 헛되이 돈을 버리는 모습을 온 세상이(실제로는 온 세상이 아니겠지만 밝은 조명 아래에 있으면 온 세상이 지켜보는 듯 느껴지는 법이다) 텔레비전으로 지켜보고 있을 때는 더욱 힘들 것이다. 내가 전혀 갖지 못한 그 능력은 잠자리 효과에서 나온다. 잠자리처럼 플레이하는 사람은 아주 작은 움직임까지 관찰한다. 그리고 경험을 활용해 상대가 무엇을 할지 예측하고 그에 맞춰 행동한다. 에릭의 경우 관찰은 여러 층위에서 이뤄진다. 그에게는 수십 년에 걸쳐 이런 상황들을 경험하며 쌓은 지식이 있었다.

"에이스를 가졌다면 프리플랍에서 레이즈를 할 것 같았어. 킹도 마찬가지야."

에릭이 말했다. 그는 충분히 많은 헤즈업 대결을 했기 때문에 전형적인 공격형 플레이어(우르바노비치는 매우 공격적이다)가 높은 카드를 손에 들고도 림프만 할 리 없다는 사실을 알고 있었다. 높은 카드가 들어오면 즉시 압박을 가했을 것이다.

"그리고 퀸을 가졌으면 굳이 베팅하지 않았을 거야."

퀸은 사실 쇼다운을 할 만한 가치를 지닌다. 에릭이 가졌을지도 모르는 다른 모든 드로 핸드를 이길 수 있기 때문이다.

"그래서 블러핑일 가능성이 보기보다 훨씬 높았지."

하지만 이는 과거에 대한 일반적인 관찰에 불과하다. 에릭이 그토록 독보적인 존재가 된 것은 모든 상대의 특성을 분석하는 능력 때문이다. 그는 조니 챈이 파놓은 함정에 빠진 이래 먼 길을 지나 왔다. 지금까지 우르바노비치의 플레이 스타일은 어땠을까? 그 답은 대단히 공격적이라는 것이다. 이전까지 그는 강한 플레이어의 전형적인 공격성을 드러냈다. 그러나 헤즈업이 되자 그 수준을 한 단계 높였다. 에릭은 핸드가 진행되는 동안 이전에는 나타나지 않았던 특정한 패턴들을 관찰했다.

"그는 헤즈업 이전까지는 너무 게을렀어. 그러다 플레이가 더욱 거칠어졌지. 그의 베팅이 변수였어. 좋은 핸드를 쥐고 있으면 저렇게 베팅할까? 아무래도 말이 안 되더라고."

대부분의 경우에 에릭은 비교적 빠르게 행동한다. 하지만 여기서는 거의 5분을 썼다.

"다른 핸드들을 가졌을 때 어떻게 베팅했는지 복기했어. 다른 모든 요소까지 고려하면 복잡한 핸드였지."

과거 우르바노비치는 강한 패가 들어오면 큰 대가를 노리고 베팅했다. 좋은 플레이어로서 크게 블러핑을 할 때만 크게 베팅할 수 없다는 사실을 알기 때문이었다. 심지어 그는 어중간한 핸드를 갖고도 작은 승리 확률을 보고 자신 있게 베팅했다. 이는 최고의 핸드가 들어오지 않았어도 더 나쁜 핸드로부터 돈을 딸 수 있으며,

최고의 사냥꾼은 최고의 관찰자다

약한 핸드를 가진 플레이어는 대개 그냥 콜할 것이라는 판단에 따른 것이었다. 따라서 더 높은 핸드로부터 레이즈나 콜을 당할 위험이 없으니 마음 놓고 베팅해서 약간의 돈을 딸 수 있었다.

"당시 그는 포커 투어를 박살 내고 있었어. 그 정도로 잘나가면 모두 자기 것처럼 보이지."

잘나가는 플레이어는 적극적으로 행동하기 때문에 좋은 핸드가 들어오면 일찍 베팅할 가능성이 크다. 블러핑을 해도 진짜인 것처럼 느껴지고 포커가 전혀 어렵지 않다. 판돈이 모두 내 것처럼 보이고 스스로 무적이라고 생각한다. 에릭은 우르바노비치가 평소에 하던 행동들이 여기서는 보이지 않았다고 판단했다. 그것은 잘나가는 플레이어가 좋은 핸드를 갖고 할 만한 행동이 아니었다.

게다가 에릭은 자신이 어떻게 보이는지 아주 잘 알았다. 구세대 프로인 그는 구세대 이미지를 갖고 있었다. ("블러핑을 하기는 해요?" 우르바노비치는 약간 앞서 진행된 핸드에서 이렇게 물었다. 물론 에릭은 그렇다고 답했다. 그러나 세컨드 넛 플러시second nut flush 혹은 그 보드에서 나올 수 있는 두 번째로 강한 플러시를 가진 그 판에서는 아니었다. 우르바노비치는 도저히 폴드할 수 없어서 결국 상당한 칩을 잃었다.) 에릭만큼 경험이 많지 않은 신예인 우르바노비치는 나이 많은 그가 블러핑만 할 줄 아는 게 아니라는 사실을 모른다. 그는 잭 하이로 콜도 할 수 있다. 이 사실도 공격성에 영향을 미친다. 압박을 가해서 상대를 굴복시킬 수 있다고 생각하면 그렇게 하게 된다. 다만 매번 같은 방식으로 해야 한다. 그렇지 않으면 관찰력 좋은 잠자리가 달라진 움직임을 간파하고 그에 맞춰 행동한다.

모두 대단히 복잡한 과정이어서 지금의 나로선 완벽히 이해하기는 어려운 게 사실이다. 나는 그 사실을 에릭에게 말했다. 그러자 그는 웃음을 터트렸다. 그리고 진짜 비밀을 털어놓았다.

"사실 아이크가 나한테 실수하지 말라고 카페인 알약을 줬어. 엄청 피곤했거든. 그게 기운을 차리는 데 도움이 됐지."

그는 이전에도 이후에도 그런 적이 없었다고 했다. 사실 그는 한계에 다다라 있었다. 정말로 체력이 절실했고 그래서 주변에 도움을 요청했다. 이야기를 들은 나는 '카페인 알약 검색할 것'이라고 적었다.

동물의 왕국에서 에릭은 킬러 잠자리다. 군사에 빗대어 이야기한다면 그는 게릴라 부대의 지휘관일 것이다. 그는 조용히 어둠 속에서 지켜보고, 요란한 동작으로 정체를 드러내지 않고, 환경에 완벽하게 동화되며, 적군을 관찰해 언제 접근해야 할지 판단한다. 만능 무기는 없다. 미리 정해진 전략도 없다. 그저 대단히 유연하고 실로 치명적인 방식을 따를 뿐이다. 이 방식은 끈질긴 인내와 관찰 그리고 주어진 환경에 맞춰 승리를 위해 무엇이든 하겠다는 의지를 토대로 한다.

"최고의 플레이어는 자신이 어떻게 보이는지 신경 쓰지 않아. 정상급 플레이어들의 기량을 보고 있으면 재미있어. 너무 멀리 나아가 있어서 가끔은 엄청나게 틀리기도 하지. 특히 노 리밋 홀덤에서는 세상 어디에도 없는 멍청이처럼 보일 수 있어. 사람들은 '대체 무슨 생각으로 저러는 거야?'라고 말하지. 그런 말을 들어도 괜찮아야 해."

최고의 사냥꾼은 최고의 관찰자다

그는 사고 과정만 확고하다면 아무리 많이 실수해도 상관없다고 말한다.

"타당한 근거만 있으면 가끔은 정말로 나쁜 핸드로도 플레이할 수 있어."

오프수트 잭, 10을 플레이하는 게 항상 최악은 아니다. 플레이하는 이유와 얻고자 하는 것을 명확히 안다면 말이다. 충실한 첩보를 바탕으로 탄탄한 전투 계획을 세웠다면 전진할 수 있다. 나는 이런 깨달음을 그에게 이야기했다.

"그러니까 포커는 전쟁과 비슷하네요. 그래서 좋은 전략이 필요한 거고요."

"음, 나는 재즈 밴드의 일원이 되는 것과 비슷하다고 봐. 다른 플레이어들과 연계하고 동조해야 하거든. 플레이어가 혼자 하는 일은 관계없어. 그건 재즈가 아냐. 중요한 건 다른 플레이어들이 하는 일과 내가 거기에 대응하는 방법이야. 나름의 스타일 때문에 성공한 플레이어들도 있을 거야. 하지만 최대한 자유롭게 생각할 줄 알아야 해. 하나의 스타일에 고정되면 안 돼."

이는 매우 뉴욕스러운 비유다. 나는 재즈를 좋아한다. 재즈는 부드럽고 유연하게 세상을 바라보는 방식이다. 내가 보기에 포커는 제로섬 게임이다. 그러나 에릭의 관점에서는 서로에게 플러스가 되는 상호작용을 할 여지가 있다. 나는 사상자가 나올 수밖에 없다고 가정하지만 그는 함께 플레이하는 동안 같이 진화할 수 있다고 본다. 서로에게 반응하면서 시간이 흐름에 따라 성장하는 것이다. 이런 태도는 그가 성공한 이유를 말해준다. 새로운 플레이어가 나타나거나 빅 밴드 재즈에서 쿨 재즈, 프리 재즈로 조류가 바뀌면 살아남기 위해 새로운 언어를 익혀야 한다. 그는 언제나 그랬다.

나는 약간 의기소침해지는 자신을 인정했다. 이제 겨우 한 핸드를 쳤는데 사실상 거의 모든 것을 공부해야 할 것 같다. 기억해야 할 게 너무 많다.

"괜찮을 거야. 기억보다 경험이 더 중요해."

그는 나를 안심시켰다. 비록 잘못하기는 했지만 어쨌든 나는 플레이를 하고 있다.

"네가 더 많은 핸드를 경험했으면 좋겠어. 지금 네가 할 일은 좋은 핸드가 무엇인지, 여러 핸드가 어떻게 플레이되는지, 어떤 플레이가 가능하며 또 어떤 플레이가 말도 안 되는지 경험하고 거기에 익숙해지는 거야. 직접 몸으로 부딪치면서 수없이 실수하는 것만큼 좋은 공부는 없어."

그런 점에서라면 나는 분명 많은 진전을 이루고 있다.

하지만 알고 보니 실망스러운 출발에도 불구하고 다른 측면에서도 꽤 진전을 이루고 있는지 몰랐다. 재즈의 비유는 시적이고 고무적이었다. 그러나 내게 첫 승리를 안겨준 것은 전장에 임한다는 마음가짐이었다. 나는 첫 승리를 고대했다. 온라인으로 플레이하는 것은 결국 나의 계획에서 첫 단계일 뿐이었다. 나는 아직 첫 라이브 게임을 하지 못했다. 불운한 잭, 10으로 망했던 때보다 포커를 잘하기 전까지는 라이브 게임을 할 수 없었다. 온라인 훈련은 생각보다 오래 걸렸다. 뉴저지까지 자주 갈 수 없었고 아무 카페에나 들어가서 원하는 이벤트에 모두 참가할 만큼 오래 앉아 있을 수 없었다. 게다가 벌써 카페인 중독에 걸린 듯하다.

또한 멀티 테이블, 그러니까 사실상 모든 온라인 프로가 하듯 캐시 게임이든 토너먼트든 아니면 둘 다든 동시에 여러 테이블에 들어가서 플레이할 수도 없다. 멀티 테이블 플레이 기록 보유자는 랜디 루(사람들에게는 '나노노코nanonoko'라는 아이디로 더 많이 알려져 있다)다. 랜디는 2012년에 25~50개 테이블을 동시에 돌려서 여덟 시간 동안 2만 3,493판을 플레이해 기네스 기록을 세웠다.

이 멀티 테이블 플레이 기록의 유일한 공인 조건은 마지막에 돈을 따야 한다는 것이다. 그래야 마구 테이블에 들어가서 모든 핸드를 폴드하는 편법을 막을 수 있다. 랜디의 최종 결과는 7.65달러 흑자였다. 평소 실적과는 거리가 멀었으나 이 기록은 능숙한 온라인 프로가 순식간에 얼마나 많은 정보를 처리할 수 있는지 보여주기에는 충분했다. 참고로 한 시간에 가장 많은 테이블을 플레이한 기록은 프랑스 출신의 프로 포커 플레이어 베르트랑 그로스펠리에, 일명 '엘키ElkY'가 갖고 있다. 그는 한 번에 62개의 싯앤고Sit'n'Go(소수의 참가자가 짧은 시간 동안 벌이는 토너먼트-옮긴이) 테이블을 돌렸다. 그역시 흑자를 냈다.

나는 아직 한 테이블에서 꾸준히 돈을 따는 법도 터득하지 못했다. 날은 갈수록 짧아지고 날씨는 갈수록 추워졌다. 메인이벤트 날짜는 갈수록 가까워졌다. 아무래도 내 목표는 손에 닿을 수 없는 곳에 있는 것 같다.

"이 단계를 건너뛰고 바로 라이브 게임을 하면 안 돼요?"

내가 불평하면 에릭은 항상 "안 돼" 또는 "아니, 넌 못 해"라고 말했다. 나는 아이처럼 투덜대고 싶었다. '선생님도 처음 시작할 때 온라인으로 플레이해본 적이 없잖아요!' 하지만 꾹 참았다. 맞는 말이 아닌 걸 알기 때문이다. 만일 연습할 기회가 있었다면 에릭은 분명 기록을 세웠을 것이다. 그는 자신을 연마하는 길을 절대 포기할 사람이 아니다.

시간은 벌써 저녁 9시가 되었다. 나는 지쳤다. 5시부터 16달러 바이인 온라인 토너먼트를 하고 있었다. 커피는 충분히 마셨다. 조금 전 가게 주인이 와서 몇 핸드만 플레이해도 되는지 물었다. 추가 주문 없이 너무 오래 앉아 있는다고 쫓겨날까 걱정하던 참이었다. 점심을 여기서 먹기는 했지만 이미 한참 지난 시간이다. 알고보니 그도 포커 팬이었다. 나는 그럴 수 없는 이유를 설명했다. 내계정으로 다른 사람이 플레이하면 안 될 뿐 아니라 코치에게 보여주려고 플레이 내용을 저장하는 중이라고 말이다. 그는 어깨를 으쓱하더니 행운을 빌어주었다.

처음에는 200여 명이 토너먼트에 참가했다. 지금은 60여 명만 남았다. 20등 안에 들면 상금을 받을 수 있었다. 나는 새 테이블로 옮겨졌다. 마침 내 왼쪽에 앉은 플레이어의 아이디에 빨간색 테가 둘러져 있었다. 이 사이트는 모든 플레이어를 색깔로 구분할 수 있도록 해준다. 빨간색은 대단히 공격적인 상대에게 내가 지정한 색이다. 기억나는 아이디는 아니지만 이전에 내가 '공격적인 멍청이 자식Aggressive Idiot Asshole'으로 분류했던 인물인 듯하다. 이는 그의 베팅 패턴뿐 아니라 내가 기록한 바에 따르면 전에 같이 플레이할 때

최고의 사냥꾼은 최고의 관찰자다

나를 아주 저급한 호칭으로 불렀다는 사실을 반영한 것이다. (이 사이트는 공개 채팅 기능을 제공하며 플레이어들은 채팅을 꺼리지 않는다. 내가 받는 채팅은 대개 그다지 유쾌하지 않은 내용인 경우가 많다. 다만 한 플레이어가 비슷한 핸드로 내가 이겼을 때 약간의 유머를 섞어서 '못된 강아지'라고 부르기는 했다. 나는 누군가가 말을 걸어도 절대 대꾸하지 않는다는 규칙을 지키고 있어서 대화가 오간 적은 없다.)

이 특별한 핸드에서 나는 플랍에서 최고의 핸드 중 하나인 에이스 하이ace-high 플러시를 맞췄다. 내가 하트 A, 3을 들고 있는데 보드에 깔린 3장이 모두 하트였다. 나의 상대는 두 명이었다. 한 명은 공격적인 멍청이였고 다른 한 명은 한 번도 같이 플레이한 적이 없었다. 첫 번째 차례인 사람이 체크를 했다. 다음 차례는 나였다. 체크하거나 베팅하면 되었다. 나는 내가 최강 패를 가졌다는 걸 알았다. 그냥 판을 이기는 게 아니라 최대한 많이 따고 싶었다. 체크를 하면 누구도 베팅하지 않아서 판돈이 작아질 위험이 있었다. 그리고 베팅을 하면 모두가 폴드해버려서 판돈을 더 따지 못할 위험이 있었다.

이 대목에서 이전에 했던 행동 분석이 유용하게 쓰였다. 나는 공격적인 멍청이가 베팅할 것이라고 확신했다. 나를 상대할 때마다 늘 베팅했고 그것도 크게 했기 때문이다. 그래서 나는 체크했다. 역시 그는 베팅했다. 그것도 거액으로. 첫 번째 플레이어가 폴드했고 여기서도 나는 레이즈하지 않았다. 그냥 콜만 했다.

다음에 나온 카드는 에이스였다. 공격적인 멍청이가 올인했다. 그는 분명 나를 약하게 보고 있었다. 크고 무서운 카드에 겁을 집어먹고 폴드하는 수동적인 여자로 보고 있는 게 틀림없었다. 나는 콜했고, 공격적인 멍청이가 자신의 핸드를 깠다. 그의 핸드는 오프 수트 킹, 퀸으로 보드를 완전히 빗나간 핸드였다. 나의 핸드는 나올 수 있는 최고의 핸드 혹은 포커 용어로는 너트nuts인 에이스 하이 플러시다. 당연히 내가 이겼다. 칩이 약 1만 3,000개로 늘면서 상위 권에 올라섰다. 남은 사람들의 평균 칩 보유량은 약 8,000개였다. (나는 고상한 사람이므로 이후 쏟아진 욕설을 굳이 여기 옮기진 않겠다. 솔직히 그러고 싶기는 하지만. 공격적인 멍청이 씨, 혹시 이 글을 읽고 있다면 내가 당신의 평판을 지켜주고 있다는 사실이나 알아두세요.)

나는 이 우위를 바탕으로 지금까지 참가한 가장 큰 토너먼트에 서 우승할 참이었다. 11시가 막 지나고 마침내 1등으로 토너먼트를 마감했다. '고마워요, 공격적인 멍청이 씨. 다시 와주세요.' (에릭은 나의 플레이를 검토한 후 이렇게 물었다. "채팅하지 않는다는 규칙을 깨고 이 사람들한테 아리아Aria에서 대단한 포커 판이 열리고 있다고 말해주면 안 돼? 라스베이거스에 이런 피시fish(실력 낮은 호구들을 가리킴-옮긴이)들이 필요해. 그들한테 정말 크게 딸 수 있다고 말해.")

내가 플레이할 때마다 에릭은 때를 잘 고르라고 했다. 최고의 핸드가 들어오면 어떤 멍청이도 그 판을 이길 수 있다. 그건 포커의 핵심이 아니다. 최고의 카드가 들어오는 경우는 아주 가끔이다. 매번 최고의 카드만 기다리면 칩이 마른다. 게다가 마침내 에이스 두 장이 들어와도 돈을 따지 못한다. 아무리 주의력이 부족한 플레이어도 당신이 최고의 핸드만 플레이한다는 사실을 알고 발을 뺄 것이기 때문이다. 그러니 이기더라도 지는 것이나 마찬가지다.

핵심은 장기적으로 이기는 것이다. 최고의 핸드로 최대한 많이 따는 한편 최악의 핸드로 최대한 적게 잃는 것이다. 그러기 위해서는 때를 잘 골라야 한다. 즉 언제 공격할지, 어떻게 공격적으로 행동할지 알아야 한다. 수동적인 플레이로는 이기지 못한다. 항상 질 거라며 겁을 잔뜩 먹은 플레이로는 이기지 못한다. 그렇다고 대놓고 공격적인 플레이를 한다고 해서 이기는 것도 아니다. 그러면 공격적인 멍청이의 운명을 따르게 된다. 전략가가 되어야 한다. 겁먹지 말라고 해서 모든 것과 모든 사람을 무작정 밀어붙이라는 말은 아니다. 공격적이되 전략적이어야 한다. 올바른 상황에서 올바른 상대에게.

나의 잭, 10이 겪은 불상사는 가슴 아픈 일이다. 하지만 그 실수로 여기까지 왔다. 나는 기다렸고 적을 분석했다. 구체적으로 그를 염두에 두고 플레이를 계획했다. 그리고 당연히 가장 강력한 무기인 최고의 핸드를 손에 들고 있었다. 굳이 기만전술을 쓸 필요는 없었다. 하지만 크게 베팅해서 나의 입지를 노출했다면 큰 판이 아니라 작은 판을 먹었을 것이다. 공격적인 멍청이도 가끔은 폴드할 줄 안다. 그래서 이번에는 기다리고, 멈추고, 응용했다. 그리고 그가 쓰러졌을 때 흡족해하지 않았다. 나는 나의 우위를 계속 밀어붙였다.

이것은 한 번의 싸움일 뿐이었다. 이제 내게는 더 많은 병력이 있었지만 전투의 끝은 몇 시간이 더 지나야 했다. 나는 계속 이기기 위해 플레이했고 이기기 위해 행동했다. 약하게 보이지 않으려고 그런 것은 아니었다. 공격적인 멍청이는 내게 칩을 주었고 나는 그 칩들을 잃지 않았다. 그건 적어도 의미 있는 성과였다.

기분이 좋았다. 승리의 기쁨이었다. 이 짜릿한 기분은 오래 갈 것이다. 우승한 지 몇 주 후 한 잡지사에서 원고 청탁이 들어왔다. 나는 지난 이메일을 다시 확인했다. 이 상대와는 이전에 플레이한 적이 있었다. 그녀는 내게 기사를 써달라고 여러 번 요청했지만 들이는 공에 비해 원고료가 너무 짧다. 그래서 기사를 써준 적은 없었다. 마음 한구석에는 흥미로운 주제라 청탁을 받아들이고 싶기도 했다. 이미 배경 조사도 많이 했고 원고료도 크게 나쁜 수준은 아니었다. 더 적은 원고료를 제안받은 적도 있었다. 지금 시점에서는 기사를 쓰는 게 내게 좋은 디딤돌이 될 수도 있었다.

하지만 내가 기억해야 할 점이 있었다. 바로 겁먹은 채 플레이하면 안 된다는 것이다. 사람들이 나를 어떻게 볼지 두려워하지 말아야 한다. 내가 하는 일 혹은 하지 않는 일 때문에 누군가가 돌아설지 모른다고 두려워하지 말아야 한다. 영리하게 플레이해야 한다. 그래서 나는 다시 한번 떠보기로 했다. 요즘은 프리랜서 일을 많이 하지 않는다고 답신을 보냈다. 다음 책을 쓰고 있다고 하면서. 거절하지 않고 판을 계속 열어둔 것이다. 이제 공을 저쪽으로 넘겼으니 자리의 힘은 내 쪽에 있다. 먼저 상대의 대응을 확인하기 전에는 어떤 일도 하지 말아야 한다. 때가 되기 전에는 나의 핸드가 얼마나 강한지 아무것도 드러내서는 안 된다.

하루가 지난 후 이메일이 왔다. 전보다 원고료를 많이 주면 어떻겠냐는 내용이었다. 기회였다. 예전의 나였다면 덥석 물었을 것이다. 하지만 이제는 바로 물 필요가 없다고 판단했다. 더 영리한 전락이 있을 수도 있다. 나는 그걸로 충분할지 모르겠다고 반격했다. 시간이 부족하다는 점을 고려할 때 새로 일을 받으려면 주로 글을 싣는 잡지사에서 받는 것보다 더 받아야 하기 때문이다. 나는 상대의 베팅에 레이즈를 하지 않고 콜만 하는 셈이었다. 계속 판에 남아서 어떤 일이 생길지 보는 것이다. 다음 이메일에서 1글자당 3달러를 주겠다는 제안이 왔다. 됐다. 이 판을 이겼다. 가능하리라고 생각했던 것보다 더 많은 가치를 얻어냈다. '고마워요, 공격적인 명칭이 씨. 당신은 나를 참 잘 가르쳤어요.'

　아직은 실제 테이블에 앉을 준비가 되지 않았는지 모른다. 하지만 어쩌면 월드 시리즈 오브 포커의 기한을 맞출 수 있을지도 몰랐다. 갑자기 라스베이거스로 가서 진짜 포커에 도전해보고 싶다는 생각이 들었다. 온라인 포커는 왠지 진짜 같지 않았다.

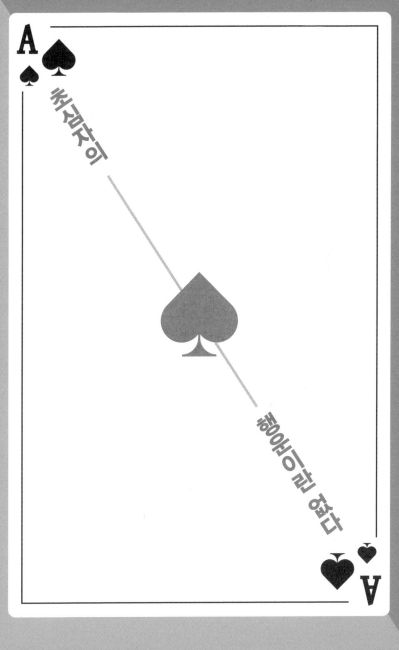

처음자의

행운이란 없다

# 뉴욕, 2016년 겨울

포커를 치는 것은 남성적인 의식이다.
대개 패자들은 화를 내든지,
자신을 성찰해서 담대하게 혹은 선뜻 자리를 떠난다.
___
데이비드 마멧, 〈남자들에 관하여 About Men〉

♠

순간 사방이 조용해졌다. 주변에 깊이 파인 이브 닝 가운, 1990년대 티셔츠(너바나의 물 빠진 티셔츠뿐 아니라 콘서트 현장 판매품인 듯한 메탈리카 티셔츠도 보인다), 턱시도, 야구 모자들이 보였다. 사람들은 모두 기대에 찬 눈길로 연단을 바라보고 있었다.

우리는 금박을 입힌 홀의 거대한 원형 돔 아래 30여 개의 테이블에 흩어져 있었다. 그중에는 연예인도 있고 배우도 있고 감독도 있고 운동선수도 있었다. 내가 알아봤어야 마땅한 닉스 팀의 스타도 있었다. 어떤 사람들은 포커계의 유명인이다. 그들은 월드 시리즈 오브 포커 챔피언, 월드 포커 투어 챔피언 등 여러 기록의 보유자들로 과거와 현재의 스타다. 어떤 사람들은 그냥 포커를 좋아하고 돈이 많아서 의미 있는 자선 행사에 자리나 테이블을 살 수 있는 사람들이다. 혹은 운이 좋아서 그런 상사 밑에서 일하는 사람들이다. 또 어떤 사람들은 나처럼 무명인이다. 돈도, 명성도 없이 슬그머니 들어온 사람들이다. 하지만 우리는 모두 같은 일을 하러 여기에 왔다. 바로 포커다.

"자, 여러분이 연설을 지겹도록 들어서 빨리 게임을 하고 싶은 건 알고 있습니다만 5분만 제 말을 좀 들어주신다면…."

그 말에 사람들은 옆으로 몸을 돌려서 잡담을 나누기 시작한다. 마치 집단적인 불평 같다.

"농담입니다. 딜러 여러분, 카드를 섞고 돌리세요."

마법의 말이다. 웃음소리가 실내를 가득 메운다. 막 저녁 7시가 지났다. 그리고 밤이 시작되었다.

나의 첫 라이브 포커 토너먼트였다. 그동안 상상하거나 계획했던 것과는 전혀 달랐다. 나는 몇 주 후 라스베이거스에서 긴 여행을 할 것이고, 에릭과 일정을 맞췄다. 그런데 세상에, 이게 뭐지? 몇분 전만 해도 전혀 불안하지 않았다. 그냥 참관인으로 첫 토너먼트에 참가해서 에릭이 플레이하는 모습을 보고 몇 주 후 직접 테이블에 앉아볼 생각이었다. 그래서 접수 테이블에서 평범해 보이는 흰색 카드(오늘의 자선 행사와 함께 테이블 번호 5번이 적혀 있었다)를 받았을 때 그냥 저녁 식사를 하는 자리인 줄 알았다. 애초에 나를 이런 상황으로 몰아넣은 에릭은 다른 생각을 하고 있었다. 그는 내게 다정하게 손을 흔들었다. 나는 그를 노려봤다. 에릭은 평소와 같이 약간 바보 같은 미소로 나를 맞았다.

"이렇게 하면 더 재미있을 것 같았어. 온라인 로봇들과는 충분히 했어. 이제는 첫 라이브 핸드를 플레이해볼 때야."

"하지만 아직은 라이브로 플레이 못 해요."

나는 항의했다. 갑자기 라스베이거스가 아주 멀게 느껴졌다. 내가 무슨 생각을 했던 걸까? 온라인 토너먼트에서 한 번 우승했다고 해서 포커 플레이어가 되는 건 아니다. 아직은 컴퓨터 화면에 나오는 베팅 금액 막대를 겨우 파악한 정도다.

"준비가 안 됐어요. 실제 게임에서 뭘 해야 할지 아무것도 모른다고요."

초심자의 행운이란 없다

"흥미롭군! 잘할 거야. 초심자의 행운이란 게 있잖아."

"그만하세요. 그런 건 선생님도 안 믿잖아요."

"재미있을 거야. 제이미도 플레이해. 나중에 만날 거야."

제이미는 에릭의 딸이다. 포커는 그의 집안 내력인 듯하다. 에릭은 뿌듯한 표정으로 제이미가 지난 토너먼트에서 우승했다고 말했다. 제이미는 또 다른 자선 행사로 열린 그 토너먼트에서 수백 명의 플레이어를 물리쳤다. 나는 가족 중에 또 플레이어가 있느냐고 물었다.

"사실은 우리 엄마도 포커를 쳤어."

그것도 아주 잘 쳤다고 했다. 에릭의 말에 따르면 한번은 어머니가 온 가족을 데리고 남편이 일하는 촬영 현장으로 갔다. 아버지는 다큐멘터리 영화를 찍고 있었고 촬영장에서 스태프들이 모여서 친선 게임을 했다. 어머니는 거기서 몇백 달러를 땄다.

"전 제이미가 아니에요. 우승 같은 건 못 할 거라고요."

에릭은 미소를 띤 채 제이미를 건너다보며 말했다.

"포커 플레이어로서 제이미를 어디까지 키울 수 있을지 정말 궁금해. 사실 그렇게 키우고 싶은 건지도 모르겠어. 여자들한테는 너무 거친 환경이거든. 여자가 온라인에서 추행이나 악플 같은 것에 시달리지 않기는 거의 불가능하니까."

에릭은 전에도 이런 말을 한 적이 있었다. 하지만 이번에는 뭔가가 내 머릿속에 남았다. 그게 뭔지는 잘 몰라도 머리가 바삐 돌아가기 시작했다. 그는 그래도 진지하게 플레이하는 여성은 나름의 수준을 갖추고 있다고 했다.

"내가 보기에 포커를 하는 여성들은 남자들보다 훨씬 똑똑해. 버네사 셀브스트나 리브 보어리와 이야기해보면 정말 똑똑하다는 걸 알 수 있지. 물론 똑똑한 남자들도 많아. 하지만 정말 인상적인 여성 플레이어들이 있어."

나는 포커계 분위기에 대한 그의 말을 들었기 때문에 별로 놀라지 않았다. 그건 마치 난독증임에도 성공한 인물을 찾는 일과 같다. 여성 플레이어들은 여자라서가 아니라 여자임에도 성공했다. 그만큼 재능이 뛰어나다는 뜻이다. 포커계는 여자에게는 너무나 힘든 곳이라서 두 배로 뛰어나야 살아남을 수 있다.

나는 급하게 알려줄 팁이 있는지 에릭에게 물었다. 온라인 세계에서 이 낯선 땅으로 이동하는 데 도움이 되는 것이라면 무엇이든 말이다. 그는 그런 건 없으니 그냥 플레이하라고 했다. 이 시점에서 팁은 머리를 더 복잡하게 만들 뿐이라면서.

"참, 한 가지 있어. 자선 토너먼트는 쇼브 축제야."

쇼브 축제?

"기본적으로 터보 토너먼트거든. 그래서 블라인드가 아주 빠르게 올라. 공격적으로 플레이해야 해. 속력을 내."

에릭의 말을 듣고 충격에 빠졌다. 아무리 봐도 초공격적인 스타일은 나와 어울리지 않는다. 그런 스타일을 시도할 때마다 머릿속에서 잭, 10 오프수트의 기억이 재생되었다. 잘못된 곳, 잘못된 때, 잘못된 접근법이었다.

"스냅쇼브SnapShove 다운로드했어?"

에릭이 물었다. 스냅 뭐요?

"앱이야. 아주 좋아. 나도 써. 올해 메인이벤트에서 높은 순위까지 오른 맥스 실버라는 사람이 만든 거야."

"오, 그래요?"

"그래. 스택이 작을 때는 수학적 계산이 필요한 상황이 와. 그때 스냅쇼브만 있으면 돼."

"알았어요. 지금 다운 받을게요."

나는 앱스토어에서 검색하기 시작했다.

"스냅 폴드snap fold라는 말 들어봤어? 즉각 폴드하는 거지. 기꺼이 포기하는 거야. 그래서 스냅 폴드라고 하지. 스냅쇼브는 그만큼 쉽게 쇼브하게 해줘. 빅 블라인드를 몇 번 낼 수 있느냐에 따라 어떤 핸드로 쇼브해야 할지 말해주지."

나는 낯선 핸드와 퍼센트를 훑어봤다. 온라인 포커가 외국처럼 느껴졌다면 여기는 아예 화성 같다. 여기서 그냥 스냅 폴드하고 안전한 브루클린으로 돌아갈까도 생각했다. 에릭은 내 표정에서 뭔가를 읽었는지 인센티브를 추가했다.

"생각해보니까 이건 라스베이거스를 위한 좋은 연습이 될 거야. 넌 공격적인 플레이를 더 연습해야 해. 그러기에는 터보 토너먼트보다 좋은 게 없어."

그 말을 들어도 의욕이 생기지는 않았다. 공격적인 멍청이를 상대로 유망한 승리를 거두기는 했지만 내 공격성은 허약하기 짝이 없다는 사실을 거듭 확인했기 때문이다. 공격적인 플레이는 자연스럽게 나오지 않았으며 또 그렇게 느껴지지도 않았다. 내면의 엔진을 켜고 상대를 깔아뭉개지 못한다는 사실은 생각보다 더 많은 부담을 주었다. 온라인에서 작은 승리를 거둘 때조차 나는 나 대신 공격적으로 나올 명청이들을 찾는 게 전략이었다. 주어진 승리를 수동적으로 받았을 뿐 과감하게 공격을 감행하거나 자랑할 만한 블러핑을 친 적은 없었다.

에릭은 내가 레이즈하지 않고 콜만 하거나, 리레이즈로 블러핑하는 것을 고려할 만한 자리에서 본능적으로 폴드하거나 최강의 패를 가져야만 쓰리 베팅(혹은 레이즈에 다시 레이즈)을 하는 등 수동적으로 플레이할 때마다 중요한 기회를 놓쳤다고 했다.

"기본은 갖춰가고 있는데 더 공격적으로 플레이하는 법을 연습해야 할 것 같아. 그러면 분산이 심하긴 하겠지만 더 많이 배울 수 있어. 많은 판에 들어가야 해."

공격적인 플레이가 항상 성공하지 않아도 괜찮다. 더 많은 판은 더 많은 배움을 뜻한다. 간단한 문제다. 그리고 나는 에릭과 댄이 실패를 어떻게 생각하는지 이미 알고 있다. 게다가 에릭은 내가 여자라는 점이 유리하게 작용할 수 있다고 생각했다.

"이건 정말 흥미로운 문제야. 어떤 명성이 더 나을까? 미치광이라는 명성을 얻어서 패가 정말 좋은데도 사람들이 콜하게 만드는 게 좋을까? 아니면 소극적이라는 명성을 얻어서 블러핑이 더 잘 먹히는 게 좋을까? 난 잘 모르겠어."

다만 내가 명성을 얻기 전까지는 익명의 여성 플레이어라는 점 때문에 공격적인 플레이가 더 쉽게 먹힐 거라고 그는 말했다.

내 손에 들어올 때마다 잘못된 플레이를 하는 골치 아픈 패가 있다. 바로 수티드 퀸, 8이다. 나는 스몰 블라인드 자리에서 앞서 나온

레이즈에 콜했던 판을 언급했다. 에릭은 내가 중반까지 설명하기도 전에 머리를 흔들기 시작했다.

"여기서 콜하는 건 실수야. 상대의 패를 아주 잘 읽은 게 아니라면 말이야."

수티드 퀸, 8은 안 좋은 자리에서 여러 명을 상대할 만큼 강한 패가 아니다. 나는 슬픈 얼굴로 고개를 끄덕였다. 너무 예쁜 패다. 그래서 폴드하기가 싫다.

"사실 레이즈를 심각하게 고려했어야 해."

에릭이 말했다. 콜할 만큼 강하지 않은데 레이즈를 한다고?

"그것도 아주 크게. 여섯 배 정도로."

앞서 나온 레이즈의 여섯 배로 베팅했어야 한다는 말이다. 아주 강하지 않은 패를 들고 하기에는 엄청나게 큰 베팅처럼 보인다.

"너에 대한 이미지를 활용해야지. 네가 그렇게 베팅하면 아주 강한 패를 가진 것처럼 보여. 설령 콜이 나와도 그렇게 상황이 나쁘지 않아. 반면에 그냥 콜만 하는 건 칩을 태워버리는 거야."

그동안 불을 많이 피운 것 같다. 빅 블라인드 자리에서 같은 퀸, 8로 콜했을 때처럼.

"그건 괜찮아. 좋은 값을 받을 수 있어."

그러나 나는 플랍에서 페어를 하나도 맞추지 못한 상황에서 한 사람이 베팅하고 다른 사람이 콜했을 때 폴드해버렸다.

"거기서 체크 레이즈check-raise(체크한 다음 다른 사람이 레이즈했을 때 리레이즈하는 것-옮긴이)를 고려했어야 해. 네가 체크 레이즈를 하면 엄청나게 강한 패를 들고 있는 것 같을 거야."

이 경우 잘하는 플레이어라면 대부분 패를 폴드할 것이다. 내가 세 명을 상대로 블러핑을 시도하는 건 완전히 말도 안 되니까.

에릭의 입에서 '네가 하면'이라는 말이 수없이 나왔다. 나는 그가 하는 말의 요점을 깨달았다. 나는 무명일 뿐 아니라 여자다. 심지어 온라인에서도, 다른 플레이어들이 내 얼굴을 보지 못한다 해도 마찬가지였다. 온라인에서 사람들이 보는 건 강아지 아바타다. 그래서 사람들은 더 많이 블러핑을 칠 것이다. 하지만 내가 과감하게 나가면 더 많이 폴드하기도 할 것이다. 내가 그런 플레이를 할 수 있으리라고 생각하지 않기 때문이다. 그 점을 유리하게 활용해 더 공격적으로 플레이할 수 있다.

하지만 나는 나도 모르게 소극적인 플레이 방식을 취했다. 콜하고, 체크하고, 폴드했다. 에릭은 그러지 말고 자신을 밀어붙여서 적극적으로 나서라고 했다. 레이즈하고, 체크 레이즈하고, 쓰리 베팅을 하라고 말이다.

소극적 플레이는 안전하다는 느낌이 든다. 그러나 이것은 잘못된 느낌이다. 소극적으로 플레이하면 곤란한 상황에 빠질 일이 없으리라고 생각하기 쉽다. 그러나 소극적인 결정을 내릴 때마다 느리지만 꾸준히 칩을 잃게 된다. 또한 포커 테이블에서 소극적인 플레이를 선택하면 더 큰 문제를 안게 된다. 내가 지금까지 살면서 소극적으로 행동하는 바람에 잃은 칩이 얼마였던가. 상대가 강하게 나오면 그러지 말아야 하는데도 그냥 물러선 적이 몇 번이었던가. 상황을 적극적으로 통제해 반전시키지 못하고 소극적인 태도로 가만히 있다가 당했던 적이 몇 번이었던가. 뒤로 물러나 있는

초심자의 행운이란 없다

건 언뜻 쉬운 해법처럼 보이지만 사실은 훨씬 큰 문제의 씨앗이 될 수 있다.

나는 주위를 둘러보며 포커 판에 대해 에릭이 툭 내던진 말을 되새겼다. 그리고 아까부터 자꾸 거슬리던 게 무엇인지 깨달았다. 여기 모인 사람들은 여자가 많아 보였다. 하지만 테이블에 앉아서 플레이하는 사람들은 대부분 남자였다. 물론 테이블마다 한두 명씩 여자가 있었다(나중에 알았지만 사실 이 정도면 이른바 레이디스 이벤트를 제외하고 다른 토너먼트보다 훨씬 많은 것이었다. 일반 토너먼트에서 여성 참가자의 비율은 꾸준히 3퍼센트 정도에 머무른다). 대부분은 정장을 입고 플레이하러 온 남자들이었다. 이브닝 가운과 깊이 파인 옷을 입은 여성들은 게임을 구경하고 사람을 만나러 왔다.

나는 불편한 느낌의 정체를 깨달았다. 바로 내가 공격성이 부족한 주된 이유가 사회적 조건화 때문이라는 것이었다. 오랫동안 나는 여자로서 공격적이어서는 득이 되지 않는다는 사실을 배웠다. 그런 여성은 힘을 가진 사람들, 권력자들에게 매력적으로 보이지 않는다. 그들은 주로 남성이지만 정상까지 오르는 데 성공해 그 자리를 놓치고 싶지 않은 일부 여성도 마찬가지다.

이는 인식이 아니라 현실이다. 몇 년 전 작은 인문대학에서 철학과 조교수 자리를 제안받은 한 여성의 이야기를 기사로 썼던 일이 기억난다. 그녀는 이메일로 해당 대학에 몇 가지 세부 사항에 관한 질의를 했다. 그러자 그들은 바로 제안을 철회해버렸다. 그들이 보기에 그녀는 적임자가 아니었던 모양이다.

하버드 케네디 공공정책 대학원의 선임 강사로서 협상 전문가인해나 라일리 볼스Hannah Riley Bowles는 그 이유를 설명했다. 그녀가 조사한 결과 여성은 남성과 달리 협상에서 더 많은 돈을 요구하면 처벌을 받았다. 그리고 남성뿐 아니라 다른 여성들에게도 처벌을 받았다. 여성이 공격적이라는 인식은 가치가 없다고 여겨질 뿐 아니라 부정적으로 비친다. 반면 남성의 경우 공격성은 큰 잠재력을 지녔다는 증거로 여겨진다. 마찬가지로 리더 자리에 오른 여성이 권위적이거나 독단적인 모습을 보이면 남성보다 훨씬 부정적인 평가를 받는다. 또한 직장에서 여성은 능력보다 사회성 기술을 기준으로 평가받는 경우가 많다. 반면 남성은 애초에 채용 이유가 된 자격을 토대로 계속 가치를 인정받는다.

여성이 대립을 피하고 여성적으로 행동하는 것은 소심하거나 멍청해서가 아니다. 그편이 영리한 처사라서 그러는 것이다. 우리는 세상의 현실에 반응할 뿐이다. 그러지 않으면 인생을 바꿀 처벌을 받기 때문이다. 우리는 수동적으로 행동하도록 사회화된다. 사람들이 자신을 좋아하기를, 채용되어 먹고살 수 있기를 바란다.

나는 이 모든 사실을 안다. 하지만 그간의 심리학 공부와 이런 편향에 대한 지식, 학계에서 나름 성공했다는 사실을 고려하면 나는 사회화를 극복했다는 생각이 든다. 나는 나 자신을 지켰고 상사가 좋아할지 아닐지를 기준으로 행동하지 않았다. 하지만 포커가 보여주는 현실은 다르다. 지금 내가 보고 있는 현실은 그런 생각이 진실과 거리가 멀다는 것이다.

지금 나는 완전히 새로운 세계에서 완전히 새로운 기술을 익히고 있다. 또한 최고 중의 최고에게 배우고 있다. 나는 나쁜 습관도,

기존의 잘못된 사고 패턴도 갖고 있지 않다. 그저 최고의 접근법을 듣고 배우고 흡수할 백지가 있을 뿐이다. 어느 모로 보나 나는 제대로 배웠어야 마땅하다. 물론 그게 전부는 아니다. 내가 정말로 백지상태였다면 코치의 말을 듣고 그대로 실행할 수 있었어야 했다. 그렇게 하지 않을 이유가 없다. 에릭이 어떤 전략을 시도해보라고 하면 그대로 시도하면 되었다. 그런데도 그렇게 하지 못했다. 그런 시도를 할 때마다 어색한 느낌이 들고 실패했다.

이는 공격적인 접근법을 배울 수 없거나 그 장점을 이해할 수 없어서가 아니었다. 나는 분명 배우고 이해했으며 성공시키고 싶었다. 그러나 나도 모르는 사이에 내 안에서 굳은 감정적 응어리 때문에 그럴 수 없었다. 나는 백지가 아니었다. 유쾌하지 않지만 중요한 깨달음이었다. 이제 깨달았으니 이겨내려는 노력을 시작할 수 있다.

그러지 않으면 포커에 마음이 없는 것이다. 포커계에 여성이 아주 적은 이유 중 하나는 97퍼센트가 남성인 환경에서는 우리가 평생 시달렸던 편견이 훨씬 크게 작용하기 때문이다. 최고를 상대하려면 내적으로 많은 것을 극복해야 한다.

에릭은 나보다 먼저 이 점을 포착했을지도 모른다. 그는 광적이고 공격적인 플레이와는 거리가 멀다. 그런 그가 노골적으로 나를 공격적인 방향으로 밀어붙인다는 사실은 나의 일부를 바꿔야 한다는 걸 간파했다는 것이다. 나는 믿을 수 없다며 고개를 흔들었다. 나는 그렇지 않아. 다른 여자들이나 그렇지, 아닌가? 에릭은 나의 불편한 마음을 긴장감으로 오해했다.

"걱정하지 마. 와인 한잔해. 혹시 일찍 탈락하면 여기 음식이 아주 맛있으니까 먹어보라고."

"플레이할 때는 술 마시지 말라고 했잖아요."

"이건 자선 행사야. 예외라는 거지. 술이 긴장을 해소하는 데 도움도 되고 말이야. 도박을 하고 싶은 마음이 더 들지."

술 한잔 정도는 괜찮겠지. 분명 많이 흔들리고 있으니까. 나는 와인 잔을 들고 테이블에 앉아서 사람들의 얼굴을 훑었다. 다행히 낯익은 얼굴은 없었다. 프로들은 다른 테이블에 배치된 모양이었다. 내 왼쪽에 앉은 여자(우리 테이블에 있는 유일한 다른 여자)는 휴대폰으로 핸드 순위를 몰래 보고 있었다. 스트레이트가 플러시를 이기나? 아니면 플러시가 스트레이트를 이기나? 그걸 보고 있자니 약간 기분이 좋아졌다. 적어도 그 두 개는 아니까.

나는 에릭의 눈을 보면 약간 안심이 될 것 같아 그가 있는 곳을 봤다. 그는 방 건너편 테이블에 딸과 나란히 앉아 있었다. 두 사람은 뭔가 이야기하며 웃고 있었다. 설마 그 대상이 나는 아니겠지. 나는 책과 강연에서 말했던 것처럼 심호흡으로 마음을 가라앉히는 명상을 시도했다. 마음챙김 명상은 마음을 안정시키고 성찰하는 데 도움을 준다. 다른 사람들에게 하라고 권했으니 나도 할 수 있다. 아주 잠깐 효과가 있을 뻔했다. 첫 카드가 돌려지기 전까지는.

첫 카드가 돌려졌다. 온라인으로 플레이하는 것과 전혀 달랐다. 숨이 막힐 것 같았다. 어린이 수영장에서 연습한 후 수영을 할 줄 안다고 생각했지만 바다는 전혀 다르다는 사실을 서서히 깨달으며 익사하는 기분이었다(나중에는 자선 행사를 어린이 수영장처럼 생각하게 되었다. 하지만 훨씬 나중의 일이다). 내가 배웠다고 생각한 모든 게 창밖으로 날아갔다. 처음 온라인 플레이를 할 때와 다를 게 없었다. 아니, 모두가 쩔쩔매는 내 꼴을 볼 수 있다는 점에서 훨씬 나빴다.

가상세계에서는 내가 베팅 금액 막대를 잘 쓸 줄 모르고 긴장해서 계속 베팅 금액을 잘못 클릭한다는 사실을 다른 사람들이 알 수 없었다. 그들은 내가 실수한 후 민망해하거나 기쁜 카드가 왔을 때 흥분하는 모습을 보지 못했다. 또한 내가 마음에 드는 정도에 따라 카드를 기쁜 카드, 슬픈 카드라고 가끔은 소리 내서 말한다는 사실도 알지 못했다. 하지만 여기서 나는 완전히 노출되었다. 조명과 음향과 냄새와 지켜보는 사람이 너무 많았다. 에릭은 대체 어떻게 이런 일을 하는 걸까?

결국 나는 분위기에 압도되고 말았다. 무슨 일이 벌어지고 있는지 따라잡을 수 없었다. 분명 모두가 내 손이 떨리고 있음을 알았을 것이다. 나는 플롭을 보기 전에 포켓 에이스 페어를 하마터면 폴드할 뻔했다. 알고 보니 라이브 게임은 글로 읽거나 동영상을 보거나 컴퓨터 화면을 보는 것과는 너무나도 달랐다.

나는 어찌어찌 겨우 개헤엄을 치기 시작했다. 다행히 에이스 페어를 폴드하지 않았다. 이걸로 최대한 크게 먹지는 못할 것이다. 사실은 에이스 페어가 들어온 걸 깨닫고는 흥분한 나머지 너무 크게 베팅해서 추가 액션이 나올 여지를 없애버렸다. 그래도 팟을 먹었다. 다행히 운이 좋아서 꽤 큰 판을 몇 번 이겼다. 블러핑은 많이 하지 않았다. 그건 너무 무섭기 때문이다.

괜찮은 페어가 몇 번 들어왔다. 어떤 패였는지 정확하게 알려주고 싶지만 다른 모든 걸 기억하고 받아들이기 위해 머릿속이 너무 바쁘게 돌아갔고, 그래서 모두 잊어버렸다. 이런 기억 상실에도 불구하고 초기에 했던 훈련 내용이 조금 되살아났다. 일단 모든 결정을 내리기 전에 잠시 멈춰야 한다는 사실을 떠올렸다. 나는 여전히 너무나 정직하게 플레이하고 있었다. 사람들은 이렇게 밝은 조명 아래에서 어떻게 블러핑을 하는 걸까?

하지만 용케 여러 가능성을 고려했고 나의 한계도 인식했다. 심지어 때로는 무엇을 해야 하는지도 알아냈다. 대개는 실행하지 않았지만 적어도 알기는 했다. 딱 적당한 베팅을 해서 많은 칩을 땄을 땐 헤지펀드를 운용한다는 상대로부터 "잘하시네요"라는 말을 듣기도 했다. 나는 웃지 않을 수 없었다. 마치 유치원에서 영어 문장을 잘 말해서 스콧 선생님에게 별을 받은 기분이었다(당시 우리 가족은 막 구소련에서 왔고 나는 영어를 한마디도 하지 못했다).

짧은 승리의 기쁨은 금세 잊힌다. 곧 모두에게 나의 정체가 들통 날 거라는 두려움이 돌아왔다. 내 주위의 여러 플레이어가 탈락했다. 나도 진작 탈락했어야 한다는 기분이 들었다. 갈수록 인원이 줄어들고 바깥쪽에 놓인 테이블들이 비워지면서 우리는 점차 중앙으로 옮겨 갔다. 나는 이 테이블, 저 테이블을 오갔다. 상대를 알 시간이 없었다. 한 테이블의 분위기에 익숙해지려고 하면 다른 테이블로 옮겨야 했다. 상대를 판단할 수 없고 읽을 수 없었다. 그저 최대한 잘 플레이하려고 애쓸 뿐이었다. 하지만 적어도 나는 플레이하고 있었다. 내가 피시 중의 피시는 아니라는 뜻이었다('피시'는 잃을

초심자의 행운이란 없다

돈이 있고 플레이는 형편없는 플레이어에게 주어지는 별명이다. 웨일whale은 잃을 돈이 아주 많은 호구를 가리킨다. 샤크shark는 그들을 하나씩 제거하는 프로를 말한다). 아니면 오늘 밤 아주 운 좋은 피시가 되거나.

"저 사람이 싱싱한 피시야"라고 에릭이 몇 번 말한 적이 있다. 그가 토너먼트에서 플레이하는 모습을 보러 갔을 때였다. 그런 피시는 유인해야 한다. 그들은 참을성만 있으면 수많은 돈을 안긴다. 싱싱한 피시는 먹음직하다. 바로 내가 그 싱싱한 피시가 된 기분이었다. 아직 테이블에 앉아 있지만 내가 있을 곳이 아니라는 느낌을 떨칠 수 없었다. 테이블에 앉은 사업가들이 나를 보며 머릿속으로 이렇게 생각하는 게 그려졌다. '싱싱한 피시가 올라왔군.'

그런데 몇 시간이 지나자 문득 새로운 느낌이 들기 시작했다. 게임이 재미있었다. 내 실력이 그다지 나쁘지 않은 듯했다. 물론 내 머릿속의 심리학자는 그건 '과신'이라고 외쳤지만 말이다. 내가 아직 '초짜' 축에도 끼지 못하며 지금 잘하고 있는 건 대부분 운 때문임을 알고 있었다. 하지만 마음 한구석에서는 어쩌면, 정말 어쩌면 재능이 있는 건지도 모르겠다는 생각이 들었다.

알고 보니 이론적으로는 속속들이 아는 편향들을 현실에서 적용하기는 정말 힘들었다. 온라인에서 나는 미처 인지하지 못한 기본 전략의 핵심적인 내용을 파악하려고 노력했다. 그러나 기본적인 개념들을 어느 정도 소화한 지금은 추론 과정의 문제들이 닥치기 시작했다. 나는 애초에 플레이하지 말았어야 할 판에서 정말 운좋게 스트레이트 드로로 이겼다. 딜러는 내가 패를 까고 팟을 이기자 "말도 안 돼요"라며 고맙게도 그 사실을 상기시켰다.

어느 순간 나는 핫 핸드hot hand, 즉 어떤 플레이어가 핫하다는 개념에 정말 근거가 있을지 모른다고 생각하고 있었다. 원래 핫 핸드는 프로 농구에서 어떤 선수가 몇 번 골을 넣으면 슈팅에 불이 붙어 계속 넣게 된다는 데서 나온 말이다. 하지만 실제로 그런 게 있을까? 설령 그런 게 없더라도 있다고 믿으면 실현될 수 있을까?

심리학자 토머스 길로비치Thomas Gilovich, 아모스 트버스키Amos Tversky, 로버트 밸론Robert Vallone은 그런 믿음이 추론 오류에 따른 것이라고 주장했다. 그들은 보스턴 셀틱스와 필라델피아 세븐티식서스의 경기를 분석한 후 핫 핸드가 착각이 아니라는 증거를 찾아내지 못했다. 하지만 농구장이 아닌 환경에서는 다르지 않을까? 나는 핫 핸드를 믿으며 지금 내가 승리의 기운을 탔다고 생각한다. 그렇다면 크게 베팅해야 한다. 그것도 아주 크게.

이런 생각은 잭 페어로 패배하면서 치명적인 타격을 입었다. 사실 잭 페어는 크게 강한 핸드도 아니다. 게다가 플랍에 에이스와 퀸이 나왔다. 두 카드 다 여기 있는 누구라도 내가 가진 것보다 높은 페어를 맞추게 해줄 것이다. 그래도 나는 물러서지 않았다. 이전 30분 동안 패가 좋지 않았다. 그러니 여기서는 이길 자격이 있다고! 하지만 폴드를 거부하는 바람에 칩의 반 이상을 잃었다. 안녕, 매몰 비용 오류sunk cost fallacy(이미 투입한 비용에 집착해 잘못된 결정을 고수하는 오류-옮긴이)야! 앞으로 또 볼 거야. 그것도 자주.

이후 나는 상황을 재점검하지 않고 손실을 뒤쫓기 시작했다. 이제는 딸 때가 되지 않았을까? 계속 잃을 리는 없다. 그건 공정하지 않다. 이는 도박꾼의 오류, 즉 확률이 기억력을 가지고 있다는 잘못된 생각이다. 이 경우 나쁜 흐름이 한동안 이어지면 다음에는 이기는 게 마땅하다고 여긴다. 그래서 나는 몇 판 쉬어가야 할 때 계속해서 베팅했다.

이런 편향이 작용하는 것을 보면 신기할 따름이다. 한 가지 결과만 계속 나오는 것은 사람의 마음을 불편하게 만든다. 우리의 머릿속에서 확률은 정상적으로 분포되어야 한다. 즉 동전을 10번 던지면 다섯 번은 앞면이 나와야 한다. 물론 확률은 그렇게 작용하지 않는다. 우리는 연속으로 앞면이 100번 나오면 동전에 문제가 있는 건 아닌지, 스토파드식Stoppardian(영화 〈브라질〉, 〈셰익스피어 인 러브〉의 극본을 쓴 작가 톰 스토파드를 말함-옮긴이) 대안 현실에 갇힌 것은 아닌지 의심부터 한다. 그러나 10번 또는 20번 연속으로 앞면이 나오는 일은 얼마든지 가능하다.

이 불편한 감정은 작은 수 법칙law of small numbers에서 기인한다. 우리는 소수의 샘플에서도 다수의 샘플과 비슷한 결과가 나와야 한다고 생각한다. 그러나 실제로는 그렇지 않다. 재미있는 점은 우리가 여기서 불편함을 느끼는 게 아니라 연속된 흐름이 우리가 원하는 방향인지 아닌지에 따라 불편해하기도 하고 흥분하기도 한다는 것이다. 핫 핸드와 도박꾼의 오류는 사실 같은 동전의 양면이다. 즉 긍정적인 신근성recency(최근에 일어난 일이 인식에 강한 영향을 미치는 것-옮긴이)과 부정적인 신근성에 따른 것이다. 우리는 우연한 사건에 과잉반응하며 그 사건의 속성 자체가 잘못된 방식으로 우리의 인식에 영향을 미친다.

이런 이야기를 들으면 우리는 마법의 숫자가 나올 것이라고 믿는 어리석은 도박꾼의 이미지를 떠올린다. 그리고 자신은 그러지 않으리라며 안심한다. 연속된 결과를 있는 그대로, 통계적 확률로 인식할 것이라고 자신한다. 그러나 실제로 그런 일이 일어나면 약간 초조해한다. 미구엘 드 세르반테스Miguel de Cervantes가 1605년에 쓴 소설에서 돈키호테는 "지금까지 계속 돌풍이 분 것은 날씨가 곧 개고 일이 잘 풀릴 것이라는 징조야"라고 산초 판자에게 말한다. "나쁜 일과 좋은 일이 영원히 계속되는 건 불가능하니까. 나쁜 일이 아주 오래 지속되었다면 좋은 일이 임박한 거야." 인간은 운이 오랜 시간에 걸쳐 공평하기를 바란다. 실제로 우리는 게임을 할 때 운이 직관과 어긋나면 멈칫한다.

프랭크 란츠는 20년 넘게 게임 디자인을 했다. 뉴욕 대학교에서 게임 센터를 운영하는 그를 찾아갔을 때, 그는 게임 디자인의 특이한 점에 관해 다음과 같이 말했다.

"주사위 굴리기처럼 무작위적인 이벤트가 있는 비디오 게임의 경우, 무작위성을 조작해서 사람들의 부정확한 직관에 가깝게 맞추는 일이 많아요. 동전을 던져서 연속으로 두 번 앞면이 나오면 세 번째에는 앞면이 나올 가능성이 낮은 듯 보여요. 우리는 그렇지 않다는 사실을 알죠. 하지만 왠지 그래야 마땅한 것처럼 느껴져요. 큰 수 그리고 무작위성이 작용하는 양상에 대해 이상한 직관이 있거든요."

이런 고려의 결과로 만들어진 게임은 실제로 그 오류를 반영한다. 그래야 사람들이 게임 설정이 조작되었거나 불공정하다고 느끼지 않는다.

초심자의 행운이란 없다

"그래서 실제로 세 번째에는 앞면이 나올 가능성을 낮게 만들어요. 확률을 건드리는 거죠."

프랭크는 오랫동안 진지한 포커 플레이어였다. 그가 포커를 좋아하는 한 가지 이유는 확률이 그대로 작용하기 때문이다. 포커는 확률을 조정하지 않는다. 오히려 성공하려면 직관의 오류에 맞서도록 만든다.

"제가 포커에서 얻은 건 저의 부정확한 선입관과 어긋나는 현실을 직면했다는 겁니다."

프랭크가 말했다. 최고의 게임은 플레이어를 꾀려고 오해에 영합하는 것이 아니라 거기에 맞서는 것이다. 포커는 착각에서 깨어나 부정확한 안전지대에서 벗어나도록 당신을 밀어붙인다. 단 이기고 싶다면 말이다.

"포커는 현대적 의미에서 게임 디자이너가 설계하지 않았습니다. 또한 비디오 게임이 설계되는 양상에 대한 현대적 관념에 따르면 사실은 나쁘게 설계된 게임입니다. 하지만 전 포커가 더 잘 설계된 게임이라고 생각합니다. 오류에 영합하지 않으니까요."

좋은 플레이어가 되려면 마땅한 결과는 없음을 인정해야 한다. 좋은 카드, 좋은 업karma, 건강, 돈, 사랑, 다른 무엇이든 말이다. 확률은 기억력이 아니라 기억상실증을 갖고 있다. 미래에 일어날 각각의 결과는 완전히 과거로부터 독립되어 있다. 그러나 우리는 확률이 기억할 수 있을 뿐 아니라 우리를 개인적으로 기억한다고, 끈기 있게 기다리면 결국은 보상을 받는다고 생각한다. 그래야 공정하니까.

하지만 너무나 인간적인 요소는 따로 있다. 우리는 좋은 일이 연속으로 일어날 때는 전혀 불만이 없다. 그래서 핫 핸드라는 말이 나온 것이다. 우리는 이기고 있을 때는 변화가 일어나야 마땅하다고 생각지 않는다. 연속된 결과가 우리 편일 때는 너무 좋아서 무한정 계속되도록 놔둔다. 하지만 나쁜 일들의 연속은 어제 끝났어야 했다고 생각한다.

왜 똑똑한 사람들이 이런 사고 패턴에 갇혀 있을까? 수많은 편견과 마찬가지로 알고 보면 이 착각에도 긍정적 요소가 있을지 모른다. 이 요소는 내가 가장 관심 있어 하는 운에 대한 우리의 관념과 긴밀하게 연관되어 있다. 1966년 미국의 심리학자 줄리언 로터Julian Rotter가 처음 소개한 '통제 위치locus of control'라는 개념이 있다. 외부 환경에서 일어난 일은 우리 자신의 행동(기술)에 따른 것일까, 아니면 외부 요소(운)에 따른 것일까? 통제 위치가 내부에 있는 사람은 자신이 실제보다 더 많이 결과에 영향을 미친다고 생각하는 경향이 있다. 반면 통제 위치가 외부에 있는 사람은 자신이 하는 일은 크게 중요치 않으며 사건은 예정대로 일어나기 마련이라고 생각한다.

대개 통제 위치가 내부에 있을 경우 더 큰 성공으로 이어진다. 자신이 사건을 통제할 수 있다고 생각하는 사람은 정신적으로 더 건강하다. 말하자면 자신의 운명에 대한 통제권을 더 많이 갖고 있다고 여긴다. 반면 통제 위치가 외부에 있는 사람들은 우울증에 더 잘 걸리고 일에서도 성의 없는 태도를 보인다.

하지만 확률 문제처럼 외부에 통제 위치를 두는 것이 정확한 반응일 때도 있다. 이 경우 우리가 하는 일은 카드에 아무런 영향을 미치지 못한다. 카드는 원래대로 나오게 되어 있다. 반면 통제 위치가 내부에 있는 사람들은 다르다. 그들은 자신의 행동이 결과에 영향을 미치며, 확률이 실제로 자신을 개인적으로 신경 쓴다고 착각한다. 그래서 오늘 이미 두 번이나 에이스 두 장을 들고도 졌기 때문에 자신이 확률 분포의 특정 영역에 있어야 마땅하다고 믿는다. 그들이 보기에 다시 그런 일이 생기는 것은 불가능하다.

역사학자 에드워드 기번Edward Gibbon은 1794년에 이미 경고한 바 있다. "확률 법칙은 일반적으로는 잘 맞지만 개별적으로는 잘 맞지 않는다." 역사는 특히 이 교훈을 잘 알려준다. 확률은 장기적으로 보면 고르게 분포하지만 단기적으로는 어떻게 될지 아무도 모른다. 어떤 결과도 가능하다. 심지어 내가 이 자선 포커 대회에서 결승 테이블까지 갈 수도 있다.

한 가지는 확실하다. 내가 여기서 연속되는 불운을 불쾌하게 여기고 연속되는 행운에 집착하는 습성을 버리지 못하면 많은 돈을 잃을 것이다. 오래 돈을 잃다 보면 결국에는 카드가 내게 빚진 게 있다는 생각을 버릴지도 모른다. 그것이 계속되는 성공이든, 나쁜 흐름의 끝이든 말이다. 나는 그렇게 되기를 바란다. 그렇지 않다면 나는 돈을 다 잃고 빈털터리가 될 것이다.

갈팡질팡하기는 했지만 자선 이벤트에서 세 시간 넘게 버티는 데 성공했다. 그러나 10시 30분에 끝까지 붙들고 있으면 안 된다는 사실을 잘 아는 패, 즉 무늬가 다른 킹, 잭으로 칩을 다 털렸다. 이 문제는 얼마 전에 짚고 넘어가지 않았나? 나는 자책했다. 대체 무슨 생각을 한 거야? 사실은 내가 무슨 생각을 했는지 아주 잘 알고 있었다. 칩을 밀어 넣으라고 내 등을 떠민 건 나였다.

나는 레이즈했다. 테이블을 장악하고 있는 공격적인 헤지펀드 가이가 리레이즈를 했다. 이때 폴드하지 않은 게 첫 번째 실수였다. 하지만 상대가 나를 밀어붙이려 한다는 생각이 들어서 버티기로 했다. 설령 그게 사실이더라도 시기나 방법이 좋지 않았다. 마음 한편으로는 별로 좋지 않은 패로 버티는 건 실수임을 알고 있었다. 만약 그래도 버티겠다면 레이즈를 해서 더 공격적으로 블러핑을 해야 한다. "네가 하면"이라는 에릭의 말이 머릿속에서 메아리쳤다. 하지만 또 다른 나는 레이즈를 할 배짱이 없었고, 폴드하기에는 고집이 셌다. 그래서 나는 콜을 했고 소중한 칩이 얼마 남지 않은 상태가 되었다.

플랍이 완전히 빗나갔다. 내가 가진 카드와 맞는 게 하나도 없었다. 이미 최고의 핸드를 맞출 가능성은 거의 없었다. 이제는 블러핑 아니면 탈락뿐이다. 하지만 헤지펀드 가이가 먼저 플레이할 차례였다. 그는 상당한 칩을 밀어 넣었다. 콜하고 싶으면 올인해야 할 만큼 많았다. 내게는 별다른 선택지가 없었다. 더 이상 블러핑은 할 수 없었다. 콜하면 나머지 카드가 잘 나오기만을 바라야 한다. 내가 이길 가능성은 아주 낮다. 설령 그가 블러핑을 했더라도 내가 가진 핸드보다 나을 가능성이 크기 때문이다. 내가 비참하게 폴드하려고 하는 찰나, 내 왼쪽에 앉은 신사가 끼어들었다.

"아니, 저 사람이 그냥 먹게 해주려고요?"

나는 불안하게 웃었다. 그가 다시 말했다.

초심자의 행운이란 없다

"그러지 말고 콜해요. 저 사람, 블러핑하는 거예요. 딱 보면 몰라요?"

다른 사람들도 동조하면서 내게 콜해야 한다고 말했다. 결국 지금까지 배운 모든 것을 외면하고 그 말을 따랐다. 헤지펀드 가이가 보여준 핸드는 에이스 두 장. 그렇게 나의 첫 라이브 포커 토너먼트는 끝이 났다.

나는 자책하며 대회장을 헤맸다. 그러지 말았어야 했다. 그건 내가 아는 플레이 방식이 아니었다. 불안과 소심함이라는 속성이 뒤섞인 최악의 조합이 절대 이길 수 없는 어정쩡한 대응으로 이어졌다. 나는 상대에게 휘둘렸다. 끌려다니고 싶지 않았지만 끌고 다니는 걸 잘하는 것도 아니었다. 그 결과 판을 엉망으로 망쳐버렸다.

나는 이 게임에서 가망이 없다. 그리고 인생에서도 가망이 없다. 이기고 싶은 마음보다 호감을 사고 싶은 마음이 더 강한 소심한 여자니까. 어쩌면 라스베이거스에 가고 싶지 않은지도 모른다. 어쩌면 내가 빠지는 편이 더 나을지 모른다. 그렇게 헤매며 걷다가 에릭을 찾았다. 물론 그는 아직 살아남아 있었다. 그가 나를 보더니 물었다.

"탈락했어?"

"네."

"무슨 핸드였는데?"

그는 가볍게 카드를 테이블 중앙으로 밀며 의자에 몸을 기댔다. 이번 판은 폴드하는 모양이었다. 나는 불운한 킹, 잭에 대해 자세히 말했다. 다만 지금 털어놓기에는 너무 화나는 내용은 뺐다.

"맞아. 그렇게 플레이하면 안 되지. 나는 킹, 잭을 들고 플레이하는 경우가 별로 없어. 좋은 핸드가 아니거든."

그는 담담하게 말했다. 여전히 그는 나의 실수를 지적하는 데 주저함이 없었다. 나는 약간 비참하게 고개를 끄덕였다.

"그래도 오래 버텼잖아. 그건 좋아. 의자 갖고 와서 앉아."

에릭은 내가 그의 홀 카드를 보게 해주었다. 나중에 배우게 되지만 이런 걸 '스웨팅sweating'이라고 한다. 나는 라이브 포커 현장에서 고스란히 드러난 나의 실수를 생각했다. 사실 어떤 일에서 초보가 된 건 오랜만이었다. 새로운 기술을 배운 적이 언제인지 생각나지 않을 정도다. 그래서인지 길을 잃은 느낌이 들었다.

어떻게 그토록 큰 실수를 저지를 수 있었을까? 왜 그동안 열심히 공부하고 연습한 기술과 전략들을 하나도 기억하지 못했을까? 나는 내가 무엇을 해야 하는지 아는 줄 알았다. 심지어 노트북 앞에 편하게 앉아 있을 때는 적어도 그중 일부를 안다는 걸 증명하기도 했다. 그런데 왜 첫 현장 시험에서 가장 필요할 때 깡그리 잊어버린 걸까? 물론 몇 시간 동안 버티기는 했다. 하지만 나의 플레이를 고려하면 그 잠깐의 성공은 정말 기술 덕분이라고 보기는 어렵다.

진실은 단순하다. 나는 압도당했다. 우리는 대개 기억을 신뢰할 수 있다고 그리고 감정은 기억을 더욱 강렬하게 만든다고 생각한다. 1890년 윌리엄 제임스William James는 감정적 기억은 "감정적으로 너무나 강렬해서 거의 뇌 조직에 흉터를 남길 정도"라고 말했다. 그래서 강렬한 감정은 강한 영향력을 미치며 자주 상기된다. 그렇다면 긴박한 순간에 내가 아는 모든 지식이 생생하게 떠올랐어

초심자의 행운이란 없다

야 했다. 내가 학습하고 실행한 것을 떠올리며 상황에 올바로 대처했어야 했다. 하지만 알다시피 그런 일은 일어나지 않았다.

기억은 시간이 지나면 바뀐다. 또한 마음이 흔들리기 쉬운 환경일수록 기억을 구체적으로 떠올리기 어렵다. 가령 처음 포커 토너먼트에 참가할 때처럼 흥분되는 경우는 아무리 모든 것을 잘 안다고 확신해도 구체적인 사항이 생각나지 않는다. 핵심은 떠올릴 수 있어도 세부적인 내용은 떠올릴 수 없다.

다시 말해서 그날 밤 나는 스스로 낙인찍은 것처럼 그렇게 나쁜 학생은 아니었다. 에릭이 플레이하는 모습을 봐야 하는데도 일찍 대회장을 빠져나와 잠자리에 들기는 했지만 말이다(그는 최종 2위에 올랐다. 내가 떠나기 전에 그는 "밤늦은 시간까지 버티는 능력을 키워야 해. 포커는 마라톤이야"라고 말했다). 나는 그저 감정에 압도당해서 명확하게 생각하지 못하는 초심자일 뿐이다.

하지만 시간이 지나면 변화가 일어난다. 죽음이나 비극적 발병, 치명적 사고 같은 어떤 사건들은 순전히 그 속성 때문에 심하게 감정을 동요시킨다. 그러나 포커 토너먼트는 나와 같은 입장, 즉 겁먹은 초짜일 때만 그런 영향을 미친다. 계속하다 보면 과거에는 큰일처럼 여겼다는 사실도 잊는다. 그래서 아주 자연스럽게 하는 일이 된다.

이런 수준에 이르면 플레이하는 복잡한 과정과 절차를 더는 의식적으로 처리하지 않는다. 다만 초보와 프로 두 단계 모두에서 학습의 기회는 존재한다. 초보 단계에서는 모든 것이 어렵고 그저 제대로 하기 위해 노력해야 한다. 하지만 나중에는 그렇게 하기가 얼마나 어려운지도 깨닫는다. 그래서 자신의 성공이 다른 사람과 운에 얼마나 많이 좌우되는지 알게 된다. 포커에서는 그냥 플레이를 잘하는 것만이 전부는 아니다. 다른 사람보다 상대적으로 플레이를 잘하는 것도 중요하다. 또한 최고의 플레이어도 운이 나쁘면 질 수 있다(그 토너먼트에서 에릭을 이긴 사람은 아마추어였다).

실력이 쌓이면 때론 시야를 잃기도 하는데, 말하자면 오토파일럿autopilot 상태가 된다. 익숙한 일이니까 운전을 하면서 휴대폰을 봐도 괜찮다고 생각한다. 사실은 그 일이 얼마나 어렵고 운이 많이 작용하는지 잊어버린다. 물론 그럴 때가 불운에 가장 취약하다. 교통사고가 집 근처에서 빈번하게 발생하는 데는 두 가지 이유가 있다. 첫 번째는 집 근처를 자주 다닐 수밖에 없는 데서 오는 기준 비율base rate 때문이다. 두 번째 이유는 안일함이다. 사람들은 익숙한 곳에 있을 때 오토파일럿 상태로 휴대폰을 들여다본다.

이 문제를 극복하는 방법은 횡보 구간을 통과하는 것이다. 운과 기술에 대한 인식의 관계는 U자 곡선을 그린다. 기술이 없을 때는 운이 큰 비중을 차지하고, 기술 수준이 비교적 높을 때는 운이 차지하는 비중이 줄어든다. 그러다 전문가 수준이 되면 자신의 결점을 다시 보게 되고 기술 수준이 아무리 높아도 운이 강한 영향을 미친다는 사실을 깨닫는다. 포커와 삶은 동일한 학습 패턴을 지닌다.

나는 겁먹고 긴장한 초짜일지 모르지만 적어도 그 사실을 볼 시야는 열려 있었다. 또한 나의 단점 중 많은 것이 어디서 나오는지 파악하기 시작했다. 이는 사소한 일이 아니다. 포커를 통해 비로소 그 사실을 알게 되었다.

　　　　　　　　　　　　　　　　초심자의 행운이란 없다

이건 좋은 소식이다. 나쁜 소식은 앞으로 갈 길이 멀다는 것이다. 나의 단점은 심대하다. 포커계에서 가장 큰 토너먼트 대회를 불과 8개월 남겨둔 시점에서 등을 떠밀려 가망 없는 핸드로 콜을 했다. 이론적으로는 많이 배웠지만 정작 실전에서는 답이 없었다. 한 번도 플레이한 적이 없는 사람들을 상대하는 자선 이벤트에서도 이렇게 못하는데 어떻게 프로들과 함께 바이인 1만 달러짜리 토너먼트에서 플레이할 수 있을까? 큰 대가가 걸리지 않은 상황에서도 지난 몇 달 동안 내 머릿속에 욱여넣은 지식을 전혀 활용하지 못하는데 어떻게 라스베이거스에서 경쟁할 수 있을까?

그날 밤 깊이 잠든 남편을 깨워 도저히 못 할 것 같다고 털어놓았다. 킹, 잭은 나를 무너뜨렸다. 내가 인정하는 수준보다 더 깊이 젠더 고정관념을 내면화했다는 깨달음은 나를 무너뜨렸다. 너무나 벅찬 시험이 나를 무너뜨렸다. 노트북으로 플레이할 때는 실제 플레이어와 카드와 칩이 있는 자리에서 플레이하는 게 어떨지 전혀 감을 잡지 못했다. 이제는 비행기를 타고 라스베이거스로 가는 건 고사하고 지하철을 타고 뉴저지로 가는 것조차 내키지 않는다. 아무래도 포커와는 안 맞는 것 같다.

마음 한구석에서는 겨우 한 번의 실수로 결론을 내리는 건 멍청한 짓이라는 생각이 들었다. 하지만 지금 나는 피로와 낙담과 환멸에 휩싸여 있다. 솔직히 이 귀중한 경험을 쌓기 위해 자선 이벤트에서 겨우 몇 시간을 더 버틸 기운도 내지 못했다. 대신 아이처럼 침대로 기어가고 말았다. 그런데 어떻게 밤을 새우고 새벽이 될 때까지 열몇 시간씩, 그것도 며칠 동안 버틸 수 있을까?

"일단 자. 아침이 되면 항상 모든 게 나아진다고 하잖아. 그 조언대로 해."

겨우 잠에서 깨어난 남편은 등을 돌리며 더 대화할 마음이 없음을 알렸다. 그래서 나도 잤다. 남편의 말이 옳았다. 다음 날 아침이 되자 머리가 맑아졌다. 나는 노트북 가방을 들고 지하철로 갔다. 아직은 준비가 덜 되었을지 모른다. 하지만 패배를 인정하지는 않을 것이다. 그러면 고정관념을 굳히는 것밖에 더 되는가? 지하철을 타고 그로브 스트리트로 가는 동안 생각했다. '보여줄 거야.' 곧 눈앞에 스타벅스가 보였다. '모두에게 보여줄 거야.'

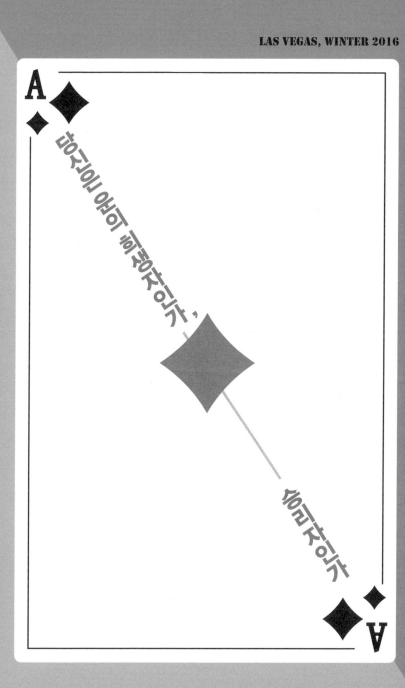

당신이 애의 희생자인가, 승리자인가

# 라스베이거스, 2016년 겨울

불운이 결국은 행운이 될지는 알 수 없다.
… 불행이 닥쳤을 때 사실은 그 불행이 훨씬 나쁜 일로부터
자신을 지켰을 수도 있음을 결코 잊어서는 안 된다.
큰 실수를 저질렀을 때도 결국에는 최고의 결정보다 훨씬 도움이 될 수 있다.
———
윈스턴 처칠, 《윈스턴 처칠, 나의 청춘》

라스베이거스에 대해 당신이 알아야 할 단 한 가지 사실은 있으면 안 되는 곳이라는 것이다. 비행기에서 처음 볼 때부터 이 도시는 뜬금없게 느껴진다. 처음에는 눈에 덮인 산들이 보인다. 그러다 눈이 사라지고 군데군데 사막을 낀 산들만 보인다. 그다음에는 아무것에도 막히지 않은 광활한 사막만이 펼쳐진다. 곧 모노폴리 게임에서 가져온 것처럼 똑같이 생긴 집들을 깔끔한 정사각형으로 모아놓은 구역들이 나온다. 그리고 갑자기 그 모든 것 사이에 녹색의 싱그러운 오아시스들이 나타난다. 바로 골프장들이다. 그 생기 넘치는 녹색이 어디나 보이는 노란색이나 갈색과 이루는 선명한 대비는 자연이 의도하지 않은 지역으로 들어서고 있음을 말해주는 가장 뚜렷한 시각적 단서다.

실제로 라스베이거스는 거의 아무것도 없는 곳에서 몽상가들의 꿈으로 건설되었다. 원래 이곳은 후버댐이 물과 전기를 안정적으로 공급하기 전에는 진짜 도시인 로스앤젤레스로 가려는 사람들이 잠시 쉬어가는 가난한 동네에 불과했다. 그러나 그마저도 1920년대에 유일한 철도 회사가 파산한 후에는 상황이 더 나빠졌다. 1931년에 〈타임〉은 이곳을 '건설 현장까지 메인 철도로 이어지는 베이스캠프 같은 작은 사막 동네'로 묘사했다. 베이스캠프는 필요에 따라 생기는 곳이며 필요가 없어지면 사라진다.

후버댐 건설이 시작되었을 때 라스베이거스는 아무 준비도 되어 있지 않았다. "사람들이 사방에서 몰려온다. 호텔에는 빈 방이 없다. 이 동네에는 1,000채의 집과 150개의 가게가 더 필요하다. 발전소도 없다"라고 이곳을 방문한 블레어 코언Blair Coan은 회고했다. "우유는 다른 곳에서 실어와야 한다. 아이스크림도 마찬가지다. 우체국 사서함은 모두 임대되었고 주요 도로에는 차들이 길게 늘어서 있다. 여섯 개의 대형 카지노가 운영되고 있다. 라스베이거스에서 이제 필요없는 건 식당뿐이다. 현재 57개가 있다. 잡화점은 일곱 개, 식료품점은 50개가 있다. 하지만 경찰은 여섯 명뿐이고 정복 경찰은 한 명도 없다."

그가 말한 '대형 카지노'는 사실 대형 카지노가 아니었다. 벅시 시걸이 갱단을 끌어들여 플라밍고 호텔을 짓고 나서야 할리우드식 판타지가 실현될 수 있는 곳으로서 모습을 갖추기 시작했다. 그러다 할리우드가 이곳으로 왔다. 1966년 은둔형 재벌이었던 하워드 휴즈가 데저트 인Desert Inn에 머물다가 아예 호텔 전체를 인수해버렸다. 곧 그는 라스베이거스의 많은 토지를 사들였다. 뒤이어 스티브 윈이 1989년에 최초의 진정한 현대식 카지노인 미라지Mirage를 세울 무렵에는 갱단의 어두운 분위기가 할리우드식 화려함으로 거의 바뀌었다. 덕분에 사막으로 사라질 뻔했던 도시는 살아 있는 판타지가 되었다.

비행기에서 내리는 순간 가상과 현실의 경계가 흐릿해진다. 공항부터 색다르다. 게이트에서 나오자마자 바로 슬롯머신이 보인다. 라스베이거스는 개발업자와 몽상가의 꿈이기도 했지만 서부 개척

당신은 운의 희생자인가, 승리자인가

이 시작될 때부터 미국인의 정신을 사로잡은 꿈, 바로 부자가 되는 꿈을 반영했다. 이 도시로 향하는 골드러시는 끝나지 않을 것이다. 라스베이거스는 로스앤젤레스가 그랬던 것보다 훨씬 더 꿈의 도시다. 라스베이거스야말로 진정한 미국이자 희망의 도시다. 행운의 여신 또는 용기가 도와준다면 누구나 부자가 될 수 있다.

환승 구역과 반半 카지노가 뒤섞인 이상한 곳을 빠져나오면 현실이 여전히 존재하는지 아니면 완전히 사라졌는지 더 알기 어려워진다. 수많은 카지노와 리조트가 있는 라스베이거스의 중심가인 스트립은 햇빛을 보지 않아도 되도록 설계되었다. 맑고 푸른 하늘 아래 운하와 광장까지 한 지붕 밑에 모여 있는 베니스가 있고, 시저스 팰리스Caesars Palace의 거대한 돌기둥들 사이에서 별빛 아래 길을 잃고 헤매는 로마도 있다.

흔히 하늘을 날면 시야가 넓어져 저 아래 작아진 땅을 보며 자신이 얼마나 작은 존재인지 깨닫는데, 라스베이거스의 카지노는 그 반대다. 이 카지노들은 우리의 눈길을 잡아끌어 그 자신이 하나의 완전한 세계인 것처럼 보이도록 설계되었다. 이것이 당시 개발업자들이 품었던 진정한 비전이다. 삶의 모든 것이 여기에 있으니 떠날 이유가 없다.

카지노는 의사결정 능력과 감정적 여유를 고갈시키도록 고안되는데 그중 일부는 고의적이다. 슬롯머신, 무료 술, 바깥을 볼 필요가 없도록 만들어진 부대시설 등이 그렇다. 그러나 일부는 부가적 효과다. 셸던 아델슨(거대 카지노 기업 샌즈의 회장-옮긴이)은 창의성과 감정적 웰빙에 대한 심리학을 공부했던 걸까? 정말로 이렇게 바깥으로 나갈 일이 없는 세계를 구축함으로써 우리가 감정과 창의성을 발휘하지 못하도록 한 걸까?

신선한 공기, 하늘, 물, 나무, 이런 것들은 머리를 맑게 해주는 요소다. 우리의 마음은 자연 속에서 재조정된다. 우리는 자연 속을 거닌 후 더 느긋해진다. 덜 화내고, 더 활기 넘치고, 더 사려 깊어진다. 심지어 실제 숲이 아닌 공원 같은 도시의 인위적인 자연도 비슷한 효과를 낸다. 스트레스 호르몬인 코르티솔을 줄이고 쾌락을 높이며 어려운 문제를 해결하는 능력을 강화한다(내가 이런 의구심을 털어놓자 에릭은 "그러니까, 카지노는 좋은 의사결정을 위해 설계된 게 아니라는 거지? 그건 생각 못 했네"라고 말했다).

카지노, 그중에서도 특히 포커 테이블은 세균 배양소나 마찬가지다. 어쩌면 유치원보다 더 나쁠지도 모른다. 적어도 유치원은 청소할 때 살균되는 곳들이 있다. 내가 만진 어떤 칩들은 1970년대 이후로 씻은 적이 없는 것처럼 보인다. 한번은 화장실에서 손을 씻었다는 걸 증명하려고 젖은 손을 내 팔에 얹으려는 다른 플레이어를 제지한 적도 있었다.

'이곳이 싫어.'

나는 여행 가방을 끌고 공항 출구로 향하면서 생각했다. 믿을 수 없이 차가운 바람이 나를 때렸다. 라스베이거스의 한겨울이다. 이 도시도 추워질 수 있음을, 다른 모든 불쾌한 것에 더해 춥기도 할 것임을 누구도 말해주지 않았다. 나는 사막 기후에 대해 무지했다. 여행 가방을 에릭의 차 트렁크에 실으면서 말했다.

"라스베이거스가 싫어요."

"어떤 기분인지 알아. 뉴욕하고는 다르지. 그래도 좋은 일들도 몇 가지 준비되어 있어."

우리는 포커로 가득한 일정을 앞두고 있었다. 지옥 같은 월드 시리즈 오브 포커에서 버티려면 할 일이 많았다. 하지만 대회까지는 이제 6개월밖에 남지 않았다. 나는 자선 이벤트에서 입은 타격을 어느 정도 극복했다. 그러나 그때 한번 '현실' 포커에 발을 들인 후에는 오로지 온라인에만 머물렀다. 이번은 매일 포커를 플레이하는 진정한 첫 경험이 될 것이다.

"몇 시간씩 치지 않으면 절대 실력이 좋아지지 않아. 그리고 매일 쳐야 잘 배울 수 있어."

나는 최대한 많이 배워야 했다. 지금까지 살면서 참 많은 것을 익히려고 훈련했다. 그래서 6개월이 길지 않다는 사실을 안다. 낭비할 시간이 없었다. 식사 일정 여기저기에 조금씩 끼워 넣을 짧은 휴식 시간을 제외하면 말이다. 나는 인생 최고의 스시(에릭의 말에 따르면 "정말 특별하고 저렴한 음식")와 타이 음식("라스베이거스는 세계 최고의 타이 레스토랑 도시야. 크게 과소평가 받는 부분이지.")을 먹여주겠다는 약속을 받았다. 타이 음식이라면 인정할 수 있다. 하지만 라스베이거스에서 스시를? 믿음이 가지 않았다. 그래도 지금까지 에릭의 말은 믿을 만했다. 그의 말이라면 사실인 게 분명했다.

지금 당장은 포커를 치거나 전략을 연구하거나 밥을 먹을 계획이 없었다. 일단 우리는 라스베이거스가 어떻게 돌아가는지 관찰할 생각이었다.

"펜Penn 알아?"

"펜 앤드 텔러Penn and Teller(미국의 유명 마술사 겸 연예인 듀오-옮긴이)의 펜이요?"

안다는 게 텔레비전에서 봤다는 뜻이라면 당연히 펜을 안다.

"맞아. 그 사람이 살던 집에 갈 거야. 곧 탱크로 부술 거거든."

알고 보니 펜 질레트Penn Jillette는 슬래머Slammer라는 애칭을 지닌 요란한 저택을 지었던 모양이다. 이 집에는 실제 교도소 변기가 달려 있다고 한다. 그는 근래에 부지를 개발업자에게 팔았다. 특별한 집을 그냥 없애기 아까워서 자신이 제작하는 영화 〈더 그라운즈The Grounds〉에 부수는 과정을 담아 기념하기로 했다. 그래서 흔히 그렇게 하듯이 러시아제 T-90 탱크를 빌려 부수기로 한 것이다. 우리는 그 광경을 보러 가는 길이었다.

우리가 무대에 서서(이 집에는 무대가 설치되어 있었다. 도대체 이해할 수가 없다) 구조적 안전성 문제가 있으니 아래층은 피하라는 안내를 듣는 동안 탱크가 돌진했다. 벽이 무너지고 먼지가 피어올랐다. 탱크가 마당을 지나는 동안 좀비 분장을 한 배우들이 무리를 지어 흩어졌다. 다음 벽이 무너졌지만 구경꾼 중 누구도 눈 하나 깜박하지 않았다. 나는 라스베이거스에서는 게임과 인생, 판타지와 팩트가 뒤섞이고 뒤엉켜서 구분할 수 없다는 사실을 깨달았다. 이곳은 실물 크기로 지어진 성인들의 놀이터였다. 어쩌면 나는 잃어버린 내면의 도박꾼 기질을 찾을 곳에 제대로 온 것인지도 모른다. 어차피 여기서는 누구나 무엇이든 될 수 있다.

공책에 포커 일정을 적어 내려갔다. 10시에는 시저스나 플래닛 할

당신은 운의 희생자인가, 승리자인가

리우드, 11시에는 몬테카를로나 미라지 혹은 MGM 그랜드. 매일 열리는 토너먼트 일정을 보고 어디에 참가할 수 있을지 계산했다. 에릭이 하이 롤러 게임을 플레이하는 모습을 볼 시간이 필요하기 때문이다. 그래도 고를 토너먼트가 10여 개나 되었다. 그리고 아리아에서 열리는 게 하나 있었다! 마침 에릭이 플레이하는 곳이었다. 여기는 포커룸이 참 예뻤다. 에릭이 플레이하는 2만 5,000달러, 5만 달러 바이인 토너먼트가 아니라 나의 예산에 가까운 토너먼트가 있어서 기뻤다. 공책에 대회 시간을 적고 옆에 별표를 적어 넣는데 에릭이 단호하게 말했다.

"안 돼."

왜 그럴까? 너무 재미있을 것 같은데.

"그 토너먼트는 하면 안 돼. 아직 아리아에서 플레이할 준비가 되지 않았어."

왜 준비가 되지 않았다는 거지? 거의 매일 온라인으로 플레이를 했는데? 게다가 2,000달러를 따기까지 했다고! 이런 토너먼트도 참가하지 못하면 1만 달러 바이인은 어떻게 참가하라는 거야?

"일단 거기는 사람들이 너무 잘해. 넌 더 낮은 수준에서 시작해야 해."

흥!

"그리고 140달러는 너무 비싸. 그 정도 수준에서 플레이하기 전에 뱅크롤bankroll을 키워야 해."

자존심이 상했다. 에릭은 내가 하급 토너먼트를 뛸 수준도 못 된다고 생각하고 있었다. 그건 그렇고, 뱅크롤은 또 뭐지?

사실 알고 보면 나는 자선 토너먼트 이후 전략 측면에서는 상당히 진전을 이루기는 했어도 기본적인 측면에서 여전히 부족한 게 많았다. 뱅크롤은 이름에서 짐작할 수 있듯이 포커에 쓸 자금을 말한다. 대다수 사람은 예산이 상당히 부족하다. 특히 캐시 게임보다 등락이 심한 토너먼트의 경우는 더욱 그렇다. 40달러짜리 토너먼트에서 돈을 따기 전까지는 140달러짜리 토너먼트를 뛸 수 없다.

잠시 포커 경제학에 대해 설명하자면, 일부 플레이어는 후원을 받는다. 구체적인 조건은 계약에 따라 다르다. 대개는 포커를 치는 데 필요한 모든 자금을 미리 지급하고 딴 돈을 나누는 조건으로 후원이 이뤄진다. 계속 돈을 잃으면 메이크업makeup 상태가 된다. 그래서 손실부터 메우고 남은 돈을 가져가야 한다.

스테이킹staking이라는 것도 있다. 이 경우 비용을 댄 비율만큼 딴 돈을 가져간다. 가령 10퍼센트의 비용을 댔으면 딴 돈의 10퍼센트를 챙길 수 있다. 지난 결과가 좋았던 플레이어는 웃돈을 받고 지분을 팔 수 있다. 즉 실제 지분에 해당하는 금액보다 약간 더 많이 받을 수 있다. 혹은 스와핑swapping을 하기도 하는데 어떤 플레이어가 잘한다고 생각하면 특정 지분을 교환하자고 제안하는 것이다. 예를 들면 서로가 딴 돈의 5퍼센트를 나누기로 할 수 있다.

이 모든 거래는 위험을 관리하는 수단이다. 최고의 프로들은 도박성을 높여야 할 때만 아는 게 아니라 낮춰야 할 때도 안다. 그래도 상당수 포커 플레이어는 빈털터리가 되는 게 현실이다. 프로도 마찬가지다. 뱅크롤을 너무 신경 쓰는 것은 섹시하지 않다. 에릭은 이렇게 말했다.

"그 사람들은 그러지 말아야 하는데도 돈을 너무 많이 써. 정말 안타까운 건 재능 있는 플레이어들이 분산을 이해하지 못한다는 거야. 18개월 또는 2년 동안 승운을 타서 200만 달러나 500만 달러를 벌면 카드가 자신에게 안 좋은 쪽으로 나올 일이 없다고 믿어 버려. 그래서 돈을 낭비하고 무모하게 관리하면서 카지노에서 도박하지. 지는 흐름을 타기 시작하면 지난 10년 동안 엄청나게 잘나갔어도 남는 게 없어. 그런 일이 계속 반복돼."

우리는 살아가는 내내 돈 관리를 해야 한다고 배운다. 적어도 돈을 넉넉하게 모으라는 말을 듣는다. 갑자기 일어날 사태에 대비해 충분히 저금하고 돈을 너무 많이 쓰지 말라고 말이다. 하지만 핑계를 대기는 너무나 쉽다. "저금할 돈이 없어요." "월세가 너무 높아요." "뉴욕에 사는데 어떻게 저축해요?" 그리고 우리는 종종 부실한 재정적 결정의 처벌을 피해 간다. 다행히 병에 걸리지 않고 일자리를 잃지 않는다. 여윳돈이 없어도 곤란한 상황이 되지 않는다. 그래서 그럭저럭 괜찮다.

포커는 그리 관대하지 않다. 너무 과하게 플레이하면, 너무 많은 위험을 감수하면, 너무 크게 지르면 빈털터리가 된다. 수많은 프로들이 몇 번이나 빈털터리가 되었다가 다시 살아난 걸 자랑으로 여긴다. 하지만 에릭은 자랑거리라고 생각하지 않는다. 항상 돈을 빌릴 수 있거나 후원을 받거나 되살아난다는 보장이 없기 때문이다. 언젠가 빈털터리가 되면 영원히 끝장나는 때가 온다. 사실 에릭의 성공 비결 중 하나는 침체기에 평정심을 유지하는 능력이다. 그는 드물게 자신을 칭찬하면서 이렇게 말했다.

"내가 잘한 일 중 하나는 재정적 등락을 잘 관리했다는 거야. 좋고 나빴던 때를 다 지나왔지. 난 다른 플레이어들처럼 심한 감정적 등락에 시달리지 않아. 그게 정말 소중했던 것 같아. 이런 문제는 진지하게 생각해야 해."

뱅크롤 관리는 따분한 비즈니스 같아도 곧 운의 힘, 분산의 역할을 존중하는 게 얼마나 중요한지 알게 된다. 그것을 이해하는 법을 배우려 한다면 말이다. 물론 장기적으로 보면 에릭 같은 사람들은 상승하고 그들의 기술이 승리한다. 하지만 단기적으로 운의 부침으로부터 자신을 보호하지 못하면 장기전을 치를 수 없다. 이는 자존심과 무관한 현실적인 생존의 문제다.

진정한 기술은 자신의 한계를, 즉각적인 미래에 미칠 분산의 힘을 이해하는 것이다. 이 '즉각적인 미래'가 얼마나 오래 지속될지 누가 알까? 확률 분포는 과거를 신경 쓰지 않는다. 아직 포커 자금 전용 계좌도 없어서 모든 참가비를 월 생활비에서 빼서 쓰는 주제에 140달러짜리 토너먼트에 참가하는 멍청한 짓을 하지 않는 것도 기술이다. 안전망이 없으면 기술은 별다른 의미가 없다. 어떤 직업에서 아무리 능력이 뛰어나다 해도 최악의 시나리오가 미칠 즉각적인 영향을 버티지 못하면 회복할 기회도 없다.

나는 침울하게 고개를 끄덕이며 목표를 낮추는 데 동의했다. 에릭은 내가 공책에 적은 토너먼트 리스트에서 나머지 항목들을 훑어보며 이렇게 말했다.

"스트립 바깥에서 해야 할 것 같아. 너한테 진짜 라스베이거스를 보여주고 싶어. 진짜 괴짜들이 있는 곳 말이야."

그는 내가 들어본 적도 없는 골든 너겟Golden Nugget이라는 카지노를 골랐다.

"옛날 분위기가 남아 있는 곳이야. 여기에 가면 이 도시가 어떤 곳인지 제대로 느낄 수 있을 거야."

그렇게 해서 우리는 다운타운으로 향했다. 다운타운에는 지금은 너무 작아서 사이드 이벤트도 치를 수 없는 행사장에서 최초의 월드 시리즈 오브 포커가 열렸던 비니언스Binion's가 있었다. 나는 이 호텔의 유명한 말발굽 장식을 보고 너무나 많은 역사가 만들어진 이곳에 다시 와야겠다고 다짐했다.

"내가 포커를 시작한 후로 월드 시리즈 오브 포커도 정말 많이 변했어."

에릭이 차를 몰며 회상했다. 나는 더 커졌다는 거냐고 물었다.

"물론 더 커졌지. 이벤트의 종류도 놀랄 만큼 많아. 최고 수준의 바이인도 있지. 원 드롭One Drop(이 이벤트는 100만 달러짜리다!) 말이야. 그리고 지금은 모르겠지만 나중에 하고 싶어질 이벤트가 아주 많아."

그는 골든 너겟에 차를 세웠다. 이곳은 아주, 노란색이었다. 이름처럼 황금색은 아니었다. 그보다 거무스름하고 탁한 겨자색에 가까웠다. 나의 라스베이거스 포커 플레이 경력을 시작할 곳이 진정 이런 데란 말인가? 에릭은 입구 쪽으로 고개를 까닥하며 말했다.

"이런 데서 꾸준히 잘하면 더 큰 데서도 잘할 수 있을 거야. 월드 시리즈 오브 포커 레이디스 이벤트도 생각해볼 수 있고."

레이디스 이벤트? 그제야 나는 원하는 이벤트에 참가할 자격을 갖추지 못하는 것이 밤에 초조한 마음으로 떠올리는 악몽 같은 시나리오가 아니라 실제로 일어날 수 있는 일임을 깨달았다. 지금까지 우리가 나눈 모든 대화가 실은 내 실력을 빅 리그 수준으로 올리기 위한 것이 아니라, 리틀 리그가 나의 최종적인 운명임을 부드럽게 알리는 것일 수도 있었다.

"오해하지 마."

에릭이 즉시 말을 이었다. 마치 내 눈에 비친 절망감을 보기라도 한 것처럼.

"당연히 훨씬 높은 목표를 겨냥해야지. 그건 나도 알아. 내 말은 일단 진짜 토너먼트에서 진짜 실력을 쌓아야 한다는 뜻이라는 걸 알았으면 해."

나는 조용히 고개를 끄덕였다. 하지만 레이디스 이벤트에는 참가하고 싶지 않았다. 이름에서 알 수 있듯이 레이디스 이벤트는 여성 플레이어만을 위한 토너먼트다. 처음에는 참가비가 1,000달러였다. 그러자 남자들이 재미로 참가하기 시작했다(또한 여자들만 있는 판은 매우 물렁하다는, 그러니까 약하다는 인식도 있었다). 바이인이 메인이벤트와 같이 1만 달러로 올랐으나 여성의 경우 9,000달러를 할인해준다(차별금지법에 저촉되지 않기 위해 대회 주최 측은 명목상 남성에게도 참가 기회를 개방해야 한다). 그리고 어쨌거나 이 대회는 월드 시리즈 오브 포커에서 가장 물렁하다고 알려져 있었다.

"시기적으로는 더 높은 바이인으로도 빠르게 올라갈 수 있을 거라고 봐. 그래도 이런 작은 게임을 해봐야 해. 막상 해보면 '이것도 나쁘지 않네'라는 생각이 들어. 좋은 공부가 될 거야."

당신은 운의 희생자인가, 승리자인가

에릭은 현실적인 태도를 견지하고 있었다. 그는 기대 수준을 조정하고 실질적인 측면을 보여주려고 했다. 그래서 뱅크롤 안에서만 플레이하고 불필요한 위험은 감수하지 말며, 실력을 갖춘 후 더 높은 데서 플레이하라고 말한 것이다. 그래도 풀이 죽는 건 어쩔 수 없었다.

나는 결의에 찬 표정을 지었다. 할 수만 있다면 레이디스 이벤트가 아니라 메인이벤트에 참가할 것이다. 이유를 구체적으로 설명할 수는 없지만 레이디스 이벤트에 참가한다는 생각만으로도 신물이 올라왔다.

에릭의 의도는 이해한다. 97퍼센트가 남자들인 게임에 여자가 참가해서 우승을 노리는 것은 무리다. 월드 시리즈 오브 포커가 시작된 이래 (여성으로 한정되지 않은) 오픈 이벤트에서 여성이 우승한 경우는 1,500여 회(2019년 말 기준으로 1,503회) 중 23번뿐이다. 확률로 보면 1.5퍼센트에 불과하다. 이는 여성의 참가 비율을 고려해 예상할 수 있는 것보다 더 낮은 수치다. 장밋빛 그림과는 거리가 멀다. 그래서 에릭의 태도를 전적으로 이해한다.

하지만 남성에게도 개방된 대회에서는 경쟁할 수 없다고 인정하는 것처럼 여성을 별도의 집단으로 구분하는 건 무시당하는 생각이 들고 사기를 떨어뜨린다. 나는 아직 내가 어떤 유형의 플레이어가 될지 모른다. 공격적인 플레이어가 될지, 소극적인 플레이어가 될지 모른다. 또한 창조적인 플레이어가 될지, 전통적인 플레이어가 될지, 아니면 꾸준한 플레이어가 될지, 부침이 심한 플레이어가 될지도 아직 모른다. 게다가 내가 어떤 명성을 얻을지, 나의 게임이 어떻게 발전할지, 나의 본능이 어떻게 개발될지, 어떤 스타일이 가장 내 것처럼 느껴질지도 아직은 알 수 없다.

하지만 일단 카지노 출입문으로 들어서기 전에, 골든 너겟에서 50달러를 내고 영광의 우승을 노리기 전에 나는 나 자신과 두 가지 약속을 했다. 하나는 끝까지 버틴다는 것이다. 설령 1년이 넘게 걸리더라도 이 게임을 마스터할 것이다. 이기는 플레이어가 되기 위해 모든 노력을 다할 것이다. 다른 하나는 이 판에서 이름이 알려진다면 뛰어난 여성 플레이어가 아니라 그냥 뛰어난 플레이어로 알려지고 싶다. 수식어는 필요 없다.

내 눈에 처음 띈 건 한 남자의 얼굴이었다. 그는 여우처럼 생긴 얼굴로 뭔가 빈틈을 찾는 듯 실내를 이리저리 훑고 있었다. 에릭이 특이한 사람들을 보여주고 싶어 했다면 틀림없이 이 사람이 그중 하나였을 것이다. 그는 마치 한판 붙으러 온 듯 보였다. 거친 서부 시대, 총과 칼과 주먹이 난무하는 세계의 분위기가 흘렀다. 그는 끈 넥타이와 부츠에 맞춰 카우보이모자까지 썼어야 했다.

나는 등록 데스크에 줄을 섰다. 슬롯머신과 테이블 그리고 엉뚱한 곳에 있는 에스컬레이터를 지나 절반이 유리로 덮인 복도를 헤맨 끝에 마침내 포커룸을 찾았다. 오래되고 낡아서 바래기는 했어도 현란한 색상들의 부조화로 눈이 부셨다. 바닥에는 검은색, 황금색, 빨간색 문양이 테트리스 조각처럼 맞물려 있었고 벽에는 황금색 다이아몬드가 반짝거렸다. 슬롯머신에서 뿜어져 나오는 번쩍이는 네온이 사방에서 반사되었다. 그리고 모든 표면에 미세한 먼지

당신은 운의 희생자인가, 승리자인가

가 덮여 있는 듯했다. 진짜 먼지가 아닌 오랜 세월 이곳을 지나간 사람들이 남긴 자취 말이다. 담배 연기와 향수 냄새 그리고 뒤섞인 몸들. 여기는 분명 해묵은 곳이었고 또한 살아 있는 곳이었다.

그 여우 같은 얼굴의 남자가 근처에서 서성댔다. 오늘 오후 토너먼트에 몇 명이나 참가하는지 보려고 등록 데스크에 선 줄을 살피는 것 같지는 않았다. 나는 접수원에게 참가비를 건네고 있었다.

"플레이어 카드 있으세요?"

접수원의 말에 나는 당황했다. 카드가 필요한 줄 몰랐다. 누구도 카드 얘기는 하지 않았다. 에릭은 왜 알려주지 않았지? 지금 내 모습은 분명 길 잃은 양 같을 것이다. 데스크 뒤에 선 여자의 피곤한 얼굴이 잠시 부드러워졌다.

"걱정하지 마세요. 저기서 만들면 돼요. 금방 될 거예요. 그럼 다음 분!"

10분 후 새로 발급한 카드를 들고 돌아왔다. 그 사내는 아직도 서성대고 있었다. 토너먼트가 곧 시작될 참이었다. 하지만 나는 이제 겨우 도착했다. 첫 토너먼트에 늦을 수는 없었다. 서둘러 다시 참가비를 건넸고 이번에는 무사히 접수되었다. 바야흐로 라스베이거스의 포커 테이블에서 첫 플레이를 할 때다.

나는 낡은 갈색 의자를 찾아갔다. 작은 좌석 카드를 딜러에게 건네자 내 쪽으로 칩 한 무더기를 밀어주었다. 주위를 둘러봤다. 모두가 편안해 보였다. 칩들이 깔끔하게 정리되어 있었고 몇 명은 칩을 가지고 손재주를 부렸다. 나는 아직 그 기술을 마스터하지 못했다. 양쪽에 세 개 이상을 두고 시도할 때마다 사방으로 칩이 날아다녔다. 좀 더 열심히 연습해야겠다고 다짐했다. 내가 앉은 테이블은 아직 몇 자리가 비어 있었다.

플레이가 시작되었다. 10여 분 후 여우 얼굴의 남자가 오더니 비어 있는 의자에 앉았다. 내 자리는 정중앙인 5번이고 그 남자의 자리는 오른쪽 건너편인 2번이었다(포커 테이블의 자리는 딜러 바로 왼쪽 자리부터 시계 방향으로 번호가 매겨진다. 이번에는 자리 운이 좋다. 어느 쪽에서 세어도 정중앙이기 때문이다. 그래서 초보적인 실수를 저지를 일이 없다).

"안녕하쇼! 다들 좋으신 분들 같네요."

남자가 인사했다. 우리는 웃으며 그를 맞이했다.

"다행이에요. 한 번도 제대로 플레이해본 적이 없거든요. 잘들 부탁해요."

나의 안테나가 재빨리 경고신호를 내보냈다. 이런 사람들에 대한 글을 읽은 적이 있었다. 아니, 그들을 연구한 적이 있었다. 약한 데 강한 척하고 강한데 약한 척하는 낡은 꼼수, 순진한 초짜처럼 꾸미는 행동이다. 책에 나오는 오랜 속임수 중 하나다. 여기서 진짜 초보는 나다. 하지만 카지노 포커룸에서 처음 플레이한다는 사실을 말하느니 차라리 죽고 말 것이다. 물론 내 추측이 틀릴 수도 있지만 여우 씨가 초짜인지는 왠지 의심스러웠다.

"아, 참. 콜해야 할지 폴드해야 할지 도통 모르겠네!"

여우 씨가 후반에 혼란스럽다는 듯 호들갑을 떨었다. 그는 마치 여기 사람이 아닌 것처럼 모음을 강조했다. 그냥 무해한 괴짜일 뿐이라는 것이다.

"그래, 그냥 콜하고 어떻게 되나 봐야지."

당신은 운의 희생자인가, 승리자인가

그의 상대가 가진 패는 투 페어였다. 그는 스트레이트를 맞췄다.

"이거면 되나? 내가 이긴 거예요? 아니면 저 사람이 내 칩을 가져가는 거예요?"

"잘하셨어요!"

옆 사람이 친절하게 말해주었다. 그는 이 토너먼트 내내 여우의 멘토 역할을 맡기로 한 듯했다. 뭔가 미심쩍다는 걸 눈치챈 사람은 나뿐일까?

여우는 첫 번째 휴식 시간까지 비슷한 행동을 계속했다. 그리고 어느 순간 보니 우리 테이블의 칩 상당수가 그의 앞에 쌓여 있었다. 우리가 다리를 뻗으려고 일어서는 동안 그의 옆에 있던 사람이 믿을 수 없다는 듯 고개를 흔들었다.

"초심자의 행운이 분명해요. 한 시간 전에는 풀하우스가 뭔지도 모르던 사람인데 지금 저 칩들 좀 봐요!"

사람들이 동의한다는 말을 중얼거렸다. 나는 침묵을 지켰다.

휴식 시간 직후 여우는 다른 플레이어와 맞붙었다. 상대가 리버에 크게 베팅했고 그는 칩들을 만지작거리며 머뭇대다가 칩 하나를 중앙으로 던졌다. 상대가 너트, 즉 해당 보드에서 나올 수 있는 최고의 패를 깠다. 그러자 여우가 소리쳤다.

"잠깐, 잠깐만요! 카드 보여주지 말아요! 아직 콜할지 결정 안 했어요!"

"칩을 던졌잖아요."

상대가 말했다. 라이브 게임에서 칩 하나를 중앙으로 던지는 것은 콜한다는 신호다.

"아, 젠장, 아니에요. 콜한 게 아니라고요! 아직 서툴러서 그래요. 처음이라서요. 칩이 손에서 미끄러졌어요!"

여우가 슬픈 얼굴로 고개를 흔들었다. 그러자 옆 사람이 두둔하고 나섰다.

"한번 봐줘요. 초보잖아요."

나는 여기서 목소리를 낼 만큼 잘 알지 못했다. 나도 초보였다. 하지만 이건 조금 마음에 들지 않았다.

"폴드할게요. 폴드한다고요!"

여우는 보란 듯이 카드를 버렸다. 그렇게 나는 구식 앵글angle, 즉 부당한 꼼수를 써서 상대를 이용하는 앵글 슈터angle shooter를 처음 목격했다. 실로 구시대의 라스베이거스다웠다. 나는 그 직후에 버스트되었다. 첫 시도에서는 운이 없었다. 하지만 온라인 세계에서 배울 수 있었던 것보다 훨씬 많은 것을, 더 좋은 포커룸에서보다 더 많은 것을 배웠다. 거기엔 앵글 슈터가 없기 때문이 아니다. 다만 그들은 초보 플레이어들이 많은 로우 스테이크 게임에 꼬일 가능성이 크다.

또한 샤크와 피시에 대한 오랜 비유가 어디에서 나왔는지 알았다. 여우는 피라미들 주위를 돌고 있다. 그는 포식자이고 우리는 그의 사냥감이다. 그제야 나는 여기가 얼마나 음울한 제로섬 세계인지 깨달았다. 겉모습은 눈속임일 뿐이다. 포커의 세계에는 승자가 많지 않다.

앞으로 얼마나 이런 환경을 접하게 될까? 오로지 나만 상황을 파악하지 못하고, 마땅히 그래야 할 만큼 세심하게 주의를 기울이

당신은 운의 희생자인가, 승리자인가

지 않고, 신호와 소음을 구분하지 못해서 상어가 발꿈치를 물고 있는데도 내 편이라고 착각하는 환경. 내가 저렇게 다정하게 도움을 주려는 이웃이었던 적은 얼마나 있을까?

물론 여기보다 더 소음이 심한 환경에서 그런 일을 경험한 경우는 여러 번 있었다. 누군가가 내 편이라고 생각했다가 뒤통수를 맞았던 순간들. 친구가 될 것처럼 좋게 출발했는데 알고 보니 상대가 빈틈을 노리고 있었고, 원하는 것을 손에 넣으면 (우정과 함께) 사라지는 경우들. 누군가에게 도움을 주고 고맙다는 말을 들으면 기분이 좋았다. 이용당했다는 사실을 깨닫기 전까지는. 여기서는 적어도 어디를 봐야 하는지만 알면 그 모든 게 노출되어 있었다.

이후에 참가한 몇 번의 토너먼트도 딱히 잘 풀리지 않았다. 나는 골든 너겟에서 나와 엑스칼리버Excalibur, 하라스Harrah's, 미라지에서 운을 시험했다. 각 장소는 약간씩 다른 경험을 제공했다. 각 판을 거칠 때마다 내가 공부한 패턴들이 점점 더 현실에서 전개되었다. 골든 너겟에서 경험한 공격적인 샤크 전술만 있는 게 아니었다. 수동적 플레이어, 소극적 플레이어, 활발한 플레이어, 느슨한 플레이어도 있었다.

심지어 술을 마시는 사람도 있었다. 플레이 자체를 즐기고 절대 폴드하지 않는 사람도 있었다. 휴가를 맞아 놀러 온 사람, 포커에 진지하게 임하며 돈을 따러 온 사람, 다른 사람을 이용하러 온 사람, 그냥 테이블에서 친구를 만들러 온 사람, 심지어 수다쟁이, 스토커, 불리bully(약한 사람을 괴롭히는 사람-옮긴이)도 있었다. 나는 게임마다, 탈락할 때마다 모든 것을 흡수하고 기록했다. 어떻게 적응할까? 어떤 모습을 보일까? 어떻게 보여야 마침내 패배에서 승리로 나아갈 수 있을까?

그리고 밸리스Bally's에서 매일 열리는 60달러짜리 토너먼트에 참가했다. 뒤늦게 안 사실이지만 이곳은 내가 생각했던 것처럼 '볼리스ball-ees'라고 발음하지 않는다. 참가자 수가 겨우 두 테이블밖에 되지 않는 작은 토너먼트였다. 그래도 그 수가 한 테이블, 여덟 명, 일곱 명, 여섯 명으로 줄어들 때 뚜렷한 자부심이 느껴졌다. 나는 최종 4인 안에 들었다. 이윽고 플롭에서 9세트set(같은 숫자의 카드세 장으로 구성된 패-옮긴이)를 맞췄다. 흥분을 억누르기 힘들었다. 앞에서 베팅이 나오고 나는 즐겁게 모든 칩을 중앙으로 밀어 넣었다. 이제 됐어. 지금까지 힘들게 공부한 보상을 받는 거야. 마침내 처음으로 토너먼트에서 상금을 따게 됐어. 상대가 플러시 드로로 콜했다. 그리고 플러시가 나오면서 나는 아웃되었다.

에릭이 플레이하는 아리아로 돌아갔다. 마침 휴식 시간이었고 나는 불행했던 패배를 되짚기 시작했다.

"그만해."

그가 말했다. 아직 플롭에 9세트가 나온 후 올인한 판을 다 이야기하지도 않았는데. 나는 약간 어리둥절해서 말을 멈췄다. 아직 재미있는(아니 그보다는 슬픈) 부분이 남았어요. 내 말을 끊는 건 에릭답지 않았다. 그는 사람들 말을 잘 들어주는데. 그가 무슨 말을 할지 기대하며 쳐다봤다.

"그 판에 관해 물어볼 게 있어?"

"음, 그게, 세트가 나왔는데⋯."

"그럼 듣고 싶지 않아."

나는 깜짝 놀랐다. 그가 말을 이었다.

"잘 들어. 모든 플레이어가 에이스 페어를 들고 진 이야기를 하고 싶어 해. 그런 플레이어가 되지 마. 배드 비트bad beats(확률적으로 이기고 있다가 막판에 운 나쁘게 지는 것-옮긴이)에 집착하는 건 정말 나쁜 습관이야. 거기에 연연하면 안 돼. 더 나은 플레이어가 되는 데 하나도 도움이 안 돼. 남의 집 마당에 쓰레기를 버리는 것과 같아. 악취를 풍길 뿐이라고."

무슨 말인지 알 것 같았다. 그래도 화풀이 좀 하면 안 되나? 알고 보니 안 된단다.

"운이 아니라 과정에 초점을 맞춰. 정확하게 플레이했는지에 말이야. 다른 모든 건 그냥 머릿속에서 맴도는 헛소리일 뿐이야. 그런 생각에 얽매이면 앞으로 나아가지 못해. 무작위성은 알아야 하지만 그걸 생각하는 건 도움이 안 돼. 포커룸에서 '이게 말이 돼?'라고 말하는 사람이 되면 안 돼. 그건 다른 사람들이야."

한 번도 그런 식으로 생각해본 적이 없었다. 하지만 언제나 그렇듯 에릭의 말에는 일리가 있었다. 우리가 어떤 일을 바라보는 방식은 생각뿐 아니라 감정 상태에도 영향을 미친다. 별것 아닌 것처럼 보일 수 있지만 우리가 선택하는 단어들, 우리가 걸러내는 것과 최종적으로 내놓기로 선택한 것들은 우리의 생각을 반영한다. 언어의 명료성은 곧 사고의 명료성이다. 아무리 무해하게 보이더라도 특정한 정서의 표현은 우리의 학습, 사고, 마음가짐, 기분, 전체 전망을 바꿀 수 있다.

W. H. 오든은 1970년에 인터뷰를 하러 온 웹스터 쇼트Webster Schott와 나눈 대화에서 이렇게 말했다. "언어는 사고의 하녀가 아니라 어머니입니다. 단어는 이전에 생각하거나 느낀 적이 없는 것들을 말해줍니다."

우리가 쓰는 언어는 우리의 정신적 습관이 된다. 그리고 우리의 정신적 습관은 우리가 어떻게 배울지, 어떻게 성장할지, 무엇이 될지를 결정한다. 이는 단지 의미론의 문제가 아니다. 배드 비트 이야기를 하는 것은 중대한 일이다. 운에 대한 우리의 사고는 정서적 웰빙, 결정, 우리가 세상과 그 안에서 우리의 역할을 바라보는 방식에 실질적인 영향을 미친다.

객관적 현실 같은 건 없다. 우리는 어떤 것을 경험할 때마다 나름대로 해석한다. 우리가 문장을 구성하는 방식(가령 능동태나 수동태)은 우리의 통제 위치가 내부에 있는지, 외부에 있는지 혹은 우리가 운명의 주인인지, 우리를 넘어선 무엇인가의 노예인지를 결정한다. 나는 나를 희생자로 보는가, 아니면 승리자로 보는가? 희생자는 카드가 자신에게 등을 돌렸다고 생각한다. 그들은 불행한 일들이 자신에게 닥치고, 자신과 상관없이 일어나며, 자신은 탓할 대상이 아니고 통제권도 없다고 생각한다. 반면 승리자는 자신이 정확한 판단을 했다고 생각한다. 물론 결과가 뜻대로 나오지 않아도 자신이 힘든 상황에서 정확하게 사고했다고 생각한다. 그리고 사고하는 것은 통제할 수 있는 기술이라고 여긴다.

이런 프레임 전환은 생각해볼 가치가 있다. 포커에서 배드 비트에 연연하는 사람은 그래도 다음 토너먼트에 참가해서 포커의 신이 자신에게 내린 불공정한 처사에 관해 늘어놓을 것이다(당연히 사람들이 참 좋아할 것이다). 반면 현실에서 배드 비트에 시달리면 훨씬 큰 타격을 입을 수 있고 그 타격이 훨씬 오래 지속될 수 있다.

이때 프레이밍framing이 매우 중요해진다. 자신이 잔인한 카드의 희생자라고 생각하는가? 이런 생각은 불운에 따른 좌절 효과를 낸다. 즉 불운하다는 감상에 휩싸여 그것을 극복하기 위해 할 수 있는 일을 보지 못한다. 그래서 잠재적 기회가 그냥 지나가 버린다. 사람들이 당신의 불평에 싫증을 내는 바람에 도움과 기회가 될 사회적 관계망도 줄어든다. 그런데도 당신은 '어차피 질 건데 해서 뭐해?'라는 생각 때문에 상황을 개선하려는 시도조차 하지 않는다. 결국 당신의 정신 건강은 더욱 나빠지고 악순환이 계속된다.

그렇지 않고 정확하게 생각하고 할 수 있는 일을 해서 거의 성공할 뻔했지만 망할 분산 때문에 실패했다고 생각하면 어떨까? 그러면 실패해도 크게 문제가 되지 않는다. 기회는 다시 올 것이다. 정확하게 생각하면 결국은 행운이 찾아올 것이다. 이런 태도는 피할 수 없는 배드 비트를 극복하고 다음 기회에 대비하는 정신적 자세를 갖추는 능력의 씨앗이다. 이때 사람들은 당신과 많은 것을 나눈다. 당신을 아는 사람들은 당신이 직장을 잃으면 새로운 일자리가 생겼을 때 당신을 떠올릴 것이다. 또한 당신이 근래에 배우자와 이혼하거나, 별거하거나, 사별했다면 당신과 잘 어울리는 사람이 나타났을 때 당신을 먼저 생각할 것이다.

내 생각에 이런 태도는 복을 부른다. 물론 앞으로 나올 카드를 바꿀 방법은 없다. 분산은 그대로 이뤄질 것이다. 하지만 삶을 이런 태도로 대하면 힘든 일이 생겨도 훨씬 행복해질 수 있고 더 잘 적응할 수 있다. 준비된 마음가짐은 언젠가 일어날 수 있는 분산의 변화에 대비하도록 해준다.

배드 비트가 만사에 영향을 미치는 양상은 쉽게 볼 수 있다. 여기에 연연하면 나쁜 패에 대해서만 불평하지 않는다. 모든 것에 대해 불평한다. 그러면 정신적으로 위험한 상태에 빠진다. 가령 이런 식이다. '테이블 운이 나빠. 다른 테이블은 만만한데 왜 내 테이블에만 잘하는 플레이어들이 다 모이는 걸까?' '계속 나쁜 카드만 받아. 다른 사람들은 다들 좋은 페어가 나오는데 나는 왜 플레이할 수 없는 쓰레기만 들어오지?' (나중에 에릭은 대형 토너먼트에서 나를 구석으로 데려가서 나의 사고방식이 걱정스럽다고 했다. 내가 자꾸 나의 행동에 대한 책임을 지지 않고 일들이 내게 닥치는 것처럼 묘사했기 때문이다. 그런 태도를 버리지 않으면 토너먼트에서 오래가지 못한다.) 배드 비트 프레임은 우리가 다른 사람들을 보는 방식을 좌우한다.

뛰어난 플레이어들은 그렇게 플레이하지 않는다. 그런 사고방식은 기운을 뺀다. 자신을 과도하게 피해자로 만든다. 피해자는 이기지 못한다. 테이블 운이 나쁘다고? 플레이를 더 잘하게 만드는 까다로운 테이블일 뿐이다. 테이블은 바꿀 수 없다. 그러니 모든 내면의 힘을 끌어모아서 최고의 게임을 해야 한다. 그것을 공부할 기회로 보라. 계속 나쁜 카드를 받는다고? 그 사실은 누구도 모른다. 하지만 당신의 얼굴이 그 사실을 광고하면 모두가 당신을 밀어붙일 것이고 당신은 순순히 폴드해야 한다. 그렇지 않고 소극적인 이

당신은 운의 희생자인가, 승리자인가

미지를 이용할 기회로 삼아 시기적절하게 나서면 갑작스레 우위를 잡을 수 있다. 최고의 플레이어는 포켓 에이스가 없어도 이긴다. 모든 게 보기 나름이다.

이는 잔이 반쯤 찬 것으로 보느냐, 반쯤 빈 것으로 보느냐는 오랜 이야기와 같다. 다만 우리가 미처 깨닫지 못한 채 항상 그런 현실을 살아가고 있다는 점이 다를 뿐이다. 배드 비트는 우리를 끌어내린다. 우리의 마음을 우리가 통제할 수 있는 판단이 아니라 통제할 수 없는 카드에 집중시킨다. 그리고 우리가 할 수 있는 최선은 현재 가진 정보를 바탕으로 가능한 한 최선의 판단을 하는 것이라는 사실을 무시한다.

결과는 중요치 않다. 현명하게 선택했다면 같은 선택을 계속해야 한다. 불운한 결말에 집착하는 것은 그저 해로울 뿐이다. 그 쓰레기는 남의 집 마당에 버리지 않더라도 이미 우리의 정신을 중독시키며 향후 명료하게 판단하는 능력을 저해한다.

"합의를 하자. 나는 판의 결과를 신경 쓰지 않아. 이기든 지든 신경 쓰지 않아. 그러니까 앞으로는 어떻게 판이 끝났는지는 말하지 마. 너도 결과를 잊어버리려고 최선을 다해야 해. 결과에 연연하는 건 도움이 안 돼."

에릭의 말에 나는 고개를 끄덕였다. 그는 내가 그의 질책에 화가 났다고 오해한 모양이었다. 하지만 사실 나는 배드 비트라는 말을 듣기 오래전부터 거기에 발목이 붙잡혔던 적이 얼마나 많았는지 과거를 되짚고 있었다. 그리고 배드 비트에 연연하지 말라는, 그런 일이 일어났다는 사실을 잊어버리라는 단순한 조언을 따랐다면 얼마나 많은 정서적 에너지를 아껴서 생산적으로 투자할 수 있었을지 생각했다.

"휴식 시간 끝났어. 자, 이제 우리가 플레이하는 걸 봐."

우리는 포커룸으로 다시 돌아갔다.

당신은 운의 희생자인가, 승리자인가

배임의 기술

# 라스베이거스, 2016년 겨울

날카로운 시선으로 집중하는 사람은 운명을 볼 것이다.
운명은 비록 눈이 멀었으나 눈에 보이지 않는 것은 아니기 때문이다.

___
프랜시스 베이컨, 〈운명에 대하여Of Fortune〉

이 작은 공간에 세계 최고의 플레이어들이 얼마나 많이 모였는지가 생생하게 느껴졌다. 지난 몇 주 동안 여러 카지노를 돌아다니며 수다와 술에 익숙해졌다. 사람들은 그저 공짜라서 맥주와 칵테일을 계속 마시는 것 같았다. 테이블에서 끝없이 쏟아지는 말에도 익숙해졌다. 모두가 인간 심리를 읽는 전문가라도 되는 양 착각하며, "정말 톱 페어(해당 보드에서 나올 수 있는 가장 높은 페어-옮긴이)로 그렇게 한다고?"라며 상대의 반응을 떠보는 구식 수법으로 우위를 차지하려고 한다. 이곳은 다른 세상이다.

얼굴을 아는 사람들이 몇 있었다. 저쪽에 더그 포크가 '#바잠 BAZAM'이라고 적힌 탱크톱을 입고 있었다. 나는 그의 전략 소개 동영상을 몇 편 본 적이 있었다. 검은색 재킷, 파란색 셔츠, '포커고 PokerGO'라고 적힌 야구 모자 차림을 한 캐리 캐츠도 보였다. 에릭은 그가 멀티미디어 포커 기업 포커 센트럴 Poker Central의 설립자라고 알려주었다. 저기 대니얼 네그리누, 일명 '키드 포커 Kid Poker'도 있었다. 그는 여기서 유일하게 수다를 떠는 사람 같았다.

헝클어진 검은 머리를 한쪽으로 붙이고 짙은 색 테를 두른 안경을 쓴, 흉터가 없는 것 말고는 정말로 해리 포터를 닮은 사람(나중에 알고 보니 아이크 핵스턴이라는 플레이어였다), 부스스하면서도 뾰족한 네온 핑크 머리를 하고 버닝 맨 Burning Man 축제에서 곧장 온 듯한 사람

(저스틴 보노모), 앉아서 포커를 칠 게 아니라 철인 3종경기라도 뛰어야 할 것 같은 사람(제이슨 쿤)도 있었다. 아주 친근한 만화 캐릭터처럼 보이는 플레이어도 있었는데, 눈길이 그쪽으로 갈 때마다 그는 웃는 얼굴로 알 수 없는 머릿속 음악에 맞춰 머리를 까닥거렸다(댄 스미스). 그리고 항공역학 대학원 세미나에서 막 온 것처럼 보이는 플레이어들이 있었다. 다수가 안경을 꼈고 목도리를 둘렀는데, 그중 한 명만 페도라를 썼다.

한마디로 각양각색이다. 하지만 나는 그 다양성이 어느 정도인지 아직 모른다. 이후 몇 달 동안 내가 알게 될 사실을 지금은 그저 짐작만 할 수 있을 뿐이다. 라스베이거스는 다른 측면에서도 진정한 미국이다. 포커 테이블에서는 다른 어떤 곳에서보다 아메리칸드림에 관한 이야기를 가까이서 접할 수 있다. 물론 돈 많은 집안 출신인 플레이어도 있다. 학벌 좋고 사회적 기반이 탄탄한 집안 출신도 있다. 브라운에서 철학 학위를 받은 사람, 하버드에서 경제학을 가르친 사람도 있다. 기업 이사회에 있어도 어색하지 않은 사람들이다.

전혀 다른 배경의 사람들도 있다. 그중 한 명은 빈곤율이 20퍼센트를 넘는 웨스트버지니아 시골 출신이다. 그는 싱글 맘 밑에서 자랐으며 폭력적인 성향에 알코올중독자인 아버지는 줄곧 감옥에 있었다. 그는 자주 노숙자 생활을 해야 했고 "넌 절대로 잘되지 않을 거야"라는 말을 듣곤 했다. 하지만 지금은 수백만 달러의 상금을 따고 세계 최고의 플레이어로 평가받고 있다.

마약 중독자였던 엄마가 체포된 후 조부모 밑에서 자란 사람, 벨

라루스의 작은 마을 출신으로 10대 초반부터 동네 스포츠 도박 중개업을 하며 살길을 찾아야 했던 사람도 있었다. 대부분 대학은 말할 것도 없고 고등학교도 마치지 못했다. 그런 사람들이 모두 여기 앉아 있었다. 전통적인 혈통을 자랑하는 상대들과 함께. 아이비리그 출신 옆에 거물 사업가가, 거물 사업가 옆에 5달러 뱅크롤로 시작한 아이들이 앉아 있었다.

모두가 들어올 수 있다. 누구도 출신 학교가 안 좋거나 인맥이 부족하거나 학위가 없다고 당신을 돌려보내지 않는다. 바이인만 내면 플레이할 수 있다. 간단하다. 채용 담당자가 당신을 못마땅하게 여길 수도 있는 면접 절차는 없다. 사교성이 부족하거나 짜증 나는 버릇이 있다고 지적받지 않는다. 다른 스포츠와 달리 큰 키나 근육량 같은 유전적 혜택도 필요 없다. 시각장애나 청각장애 혹은 다른 신체적 장애가 있어도 플레이할 수 있다. 실제로 병원에 입원했을 때 할 일이 없어서 포커를 시작한 사람도 많다.

포커가 말 그대로 생명 줄이었다고 말하는 사람도 여럿 만났다. 당신이 어떤 사람이어야 한다거나, 어떤 말이나 행동을 해야 한다거나 같은 장벽은 존재하지 않는다. 당신이 해야 할 일은 포커를 잘 치는 것뿐이다. 기술이 좋아서 플레이할 자격을 얻었다면 환영한다. 그게 바로 미국이 원하는 것이다. 그러나 다른 모든 직업에서는 절대 그렇지 않다.

물론 완벽하지는 않다. 사실상 실력주의 같은 건 없다. 다른 모든 일과 마찬가지로 배울 수 있는 자유가 있으면 도움이 된다. 교수 집안 출신에 브라운 대학교 철학과를 나온 아이크 핵스턴은 나중에 내가 이 점을 지적하자 이렇게 말했다.

"실제로 뱅크롤이 있든 없든 젊을 때 먹고살기 위해 직장에 다니며 돈을 벌지 않아도 된다면 많은 도움이 되죠."

모든 일에서 안정성과 지원은 성공에 중요한 요소다. 이런 요소가 없으면 당신보다 팔자가 좋았던 옆 사람과 나란히 서기까지 넘어야 할 난관이 많다. 물론 유전자, 젠더, 상황 등 태어나면서 주어지는 복권들도 있다. 또한 성장하는 동안 겪는 외부 사건들에 따른 복권도 있다. 가령 포커가 무엇인지 배우고 플레이할 기회가 있었는가? 그리고 포커를 시작할 때 주어지는 분산 복권도 있다. 경력 초기에 운이 좋았는가?

몇 년 전 페도르 홀츠라는 독일 플레이어가 역사적인 연승 행진을 기록했다. 그의 토너먼트 연속 수상 기록이 너무 좋아서 그런 일이 다시 일어날 수 있는지 알아보기 위해 어떤 사람이 확률 분산 차트를 만들었다. 그 결과 페도르의 연승 기록은 분산의 가장 오른쪽에 속하는 아웃라이어outlier로서 통계적으로는 가능하지만 실제로 이뤄질 확률은 1퍼센트 미만이었다. 그는 탁월한 플레이어였지만 운도 그의 편이었다. 분명 어딘가에는 페도르와 반대편에 서 있는 사람들이 있을 것이다. 포커계에 발을 들인 초기에 운이 너무 나빠서 자신이 뛰어난 기술을 가졌다는 사실을 깨닫지 못한, 분포의 맞은편에 있는 사람들 말이다.

진정한 실력주의가 통했던 적은 한 번도 없었다. 하지만 여기는 내가 보기에 그와 가장 가까운 세계다. 물론 어떤 사람들은 아예 발을 들이지조차 않는다. 여성 비율이 3퍼센트라는 수치는 절대로

몰입의 기술

내 머릿속에서 사라지지 않을 것이다. 하지만 일단 발을 들이면 자신의 가치를 증명할 기회를 얻는다.

공책과 펜을 들고 눈에 띄지 않게 에릭의 뒤에 있는 의자에 앉았다. 나는 명민한 포커 고수들로부터 명민한 통찰을 얻으러 여기 왔다. 그러니 무엇이든 즉시 기록할 준비가 되어 있어야 한다. 시간과 에너지를 투자해 세계 최고수들의 플레이를 공부하고 분석하지 않으면 다음 수준에 이르기를 바랄 수도 없다. 한 플레이어가 중간에 끊어진 대화를 이어가며 물었다.

"그래, 마지막으로 E한 게 언제였지?"

E라고? 내가 모르는 포커 용어인가?

"야, EDC 이후로는 못 했어. 넌 올해 갈 거야?"

구글에서 검색해보니 EDC는 일렉트릭 데이지 카니발Electric Daisy Carnival(북미 최대의 일렉트릭 음악 축제-옮긴이)을 가리키는 말이었다. 그렇다면 E는 포커 용어가 아닌 게 분명하다. 하이 롤러의 세계에는 배워야 할 게 아직도 많은 것 같다.

테이블에서 펼쳐지는 다양한 액션을 따라잡는 건 쉽지 않았다. 에릭은 판마다 카드를 버리기 전에 내게 잠깐 보여주었다. 덕분에 그가 어떻게 플레이했는지 알 수 있었다. 하지만 핸드가 진행되는 중에는 어떤 것도 알려줄 수 없었다. 그는 "참고할 얼굴이 두 개가 되면 안 좋아"라고 설명했다. 그의 상대들은 그에게서 어떤 단서도 얻지 못하겠지만 나처럼 경험이 부족한 사람은 쉬울지 모른다. 나는 내 포커페이스가 아직 부족한 부분이 많다는 말에 기분 나빠할 만큼 뭘 모르지는 않는다.

에릭의 카드를 뒤늦게 보기는 하겠지만 그래도 재즈 같은 그의 플레이는 감상할 수 있었다. 문득 그가 모든 멤버 중에서 베이시스트 같다는 생각이 든다. 드러나지 않게 다른 모든 악기의 균형을 잡아서 하나로 만들어주는 사람. 귀 기울여 듣지 않으면 그가 거기 있다는 사실조차 모를 수 있다. 하지만 뛰어난 베이시스트는 그룹의 성패를 가른다.

에릭은 요란하게 전면에 나서서 색소폰이나 트럼펫 혹은 코넷을 불며 세상에 자신의 존재를 알리는 솔로 연주자가 아니다. 공격적인 비트로 모든 걸 이끄는 드럼 주자도 아니다. 그는 수면 아래에 그냥 있을 뿐이다. 하지만 주위의 음악이 바뀌면 너무나 은근한 리듬 속에 플레이 스타일을 바꾼다. 때로는 더 조용하게, 때로는 더 공격적으로, 때로는 과시하듯, 때로는 꾸준한 박자로 플레이한다. 그가 카드로 연주하는 음악이 들리는 듯하다.

대화 주제가 데일리 판타지 스포츠(가상의 팀을 꾸려서 대결하는 게임의 속성판-옮긴이)로 바뀌었다. 슈퍼볼이 다가오고 있었다. 모두가 팰콘스와 패트리어츠의 운명에 적지 않은 관심을 가진 듯했다. 나는 누군가가 나의 의견을 묻고 나서야 사람들이 나를 데일리 판타지 스포츠 리그에서 플레이하는 에릭의 딸 제이미로 오해했다는 사실을 깨달았다.

에릭이 캐리 캐츠를 상대로 큰 판을 먹었다. 캐리가 내 쪽으로 몸을 돌리며 말했다.

"이 사람은 조용한 암살자예요. 소리 없이 사람들을 죽이죠."

조용한 암살자라, 맞는 표현 같다. 내가 들은 다른 별명은 사이

보그다. 절대 지지 않고 피 흘리지 않으며 감정을 보이지 않는 로봇처럼 보였나 보다. 물론 이 이름 짓기에 내가 조금이라도 끼게 된다면 사람들은 모두 그를 잠자리로 부를 것이다. 심장 없는 로봇보다는 은밀하게 사냥하는 곤충이 낫다.

다시 휴식 시간. 에릭은 내게 어떤지 물었다.

"약간 벅차네요. 너무 많은 일이 일어나요."

어떻게 이런 수준 근처라도 갈 수 있을까? 모든 판에서 진행되는 사고 과정조차 헤아릴 수 없다. 중학교 때 미하일 불가꼬프를 처음 읽고 절대 작가가 되지 않겠다고 다짐하던 때 같다. 그때까지 나의 짧은 인생에 대한 글을 쓰고 싶었지만 《거장과 마르가리타》라는 완벽한 작품을 접하고 나서는 포기했다. 나로서는 근처에도 갈 수 없는 경지였다. 그러니 굳이 애쓸 필요가 있을까?

하이 롤러들이 플레이하는 걸 보고 나니 그때와 같은 기분이 들었다. 포커는 처음에는 할 만하게 보였다. 규칙은 단순하고 전략은 어렵지 않았다. 하지만 지금 이건 다르다. 내가 본 건 아예 차원이 다른 게임이었다.

에릭이 고개를 끄덕였다.

"테이블에서 발휘하는 집중력은 정말로 큰 보상을 안겨주지. 가능한 한 많은 정보를 흡수해야 해. 주의를 기울이라고. 그러면 베팅 패턴이나 텔 같은 것을 포착할 수 있어. 테이블에서는 아주 많은 일이 일어나."

나는 고개를 끄덕였다. 그는 언제나 주의를 집중하라고 한다. 하지만 내 주의력에는 한계가 있다. 반면 주의를 기울일 일은 사방에 넘쳐난다. 다행스럽게도 나만 집중하는 데 어려움을 겪는 게 아닌 모양이다.

"요즘 포커 판에는 재미있는 점이 있어. 정상급 플레이어도 자리에서 휴대폰을 본다니까. 그래서 테이블 위로 오가는 온갖 정보를 놓치지. 정말 어처구니가 없어."

나는 살며시 웃었다. 이 엄청난 플레이어들도 놓치는 게 있다는 사실이 우습기도 하거니와 그가 한 말이 내가 쓴 첫 책의 맨 앞에 인용한 문장과 비슷하다는 사실을 깨달았기 때문이다. 그 문장은 내가 가장 좋아하는 시인 W. H. 오든이 한 말로 내용은 이렇다. "주의의 선택, 즉 이것에 주의를 기울이고 저것을 무시하는 것이 내면적 삶에서 가지는 의미는 행동의 선택이 외면적 삶에서 가지는 의미와 같다. 두 경우 모두 우리는 자신의 선택에 책임이 있으며 그 결과를 받아들여야 한다."

주의를 기울여라. 아니면 그 실패의 대가를 받아들여라.

"저기, 츄이를 잘 봐. 집중에 있어서는 최고니까."

에릭이 말했다. 왜 그를 진작 알아보지 못했을까? 에릭은 그를 수차례 언급했지만 어떤 면을 봐야 하는지는 말하지 않았다. 분명 츄이는 두드러지는 모양새를 하고 있었다. 헝클어진 머리가 어깨 너머로 흘러내리고 무성한 턱수염이 하관과 목을 덮고 있었다. 그리고 적갈색 후디가 얼굴을 가리고 있어 막 애팔래치아 트레일 Appalachian Trail에서 온 사람 같았다. 그의 온라인 아이디는 '럭키츄이', 줄여서 '츄이'다. 그는 세계 최고의 포커 플레이어로 본명은 앤드루 리히텐버거다.

몰입의 기술

처음 봤을 때 츄이라는 별명이 츄바카Chewbacca와 닮은 모습 때문이라고 생각한 사람이 나만은 아닐 것이다. 조금 예민한 질문이기는 하지만 그래도 위험을 감수하기로 했다. 나는 저널리스트니까 정확한 보도를 핑계 삼을 수 있다. 알고 보니 실망스럽게도 〈스타워즈〉와는 아무 관계가 없었다. 츄이는 포커를 막 시작했을 무렵 항상 그래놀라 바(츄이 브랜드 제품이나 그냥 쫄깃한 것)를 테이블에 두고 게임하는 내내 먹었다. 그렇게 츄이 바를 들고 결승 테이블까지 연거푸 올라갔다. 그래서 럭키츄이가 된 것이다.

오늘은 그래놀라 바가 눈에 띄지 않았다. 그를 직접 본 건 이번이 처음인데 보자마자 눈에 들어온 건 턱수염이나 머리 혹은 물 빠진 운동복이 아니었다. 테이블에서 그가 보여주는 몸가짐이었다. 그의 자세는 완벽했다. 두 손은 테이블에 가볍게 올려져 있었고 긴 손가락들은 칩이나 카드를 만지작거리는 일 없이 전혀 움직이지 않았다. 그의 시선은 흔들림 없이, 강렬하게 실내 전체를 흡수하고 있었다. 그는 집중의 화신이다. 두 시간 후 그를 봤을 때 유일하게 달라진 건 그의 앞에 놓인 칩 더미의 크기뿐이었다. 벌써 세 배로 불어나 있었다.

우리가 여기서 요가를 하고 있다면 츄이는 아마 눈에 띄지 않았을 것이나(실제로 그는 《포커의 요기 Yoga of Poker》라는 55쪽짜리 짧은 포커 책을 썼다). 하지만 처음에 느꼈던 놀라움에도 불구하고 지금 모두가 집중하는 모양을 관찰해보니 에릭의 말이 옳다. 츄이는 프로 포커의 세계뿐 아니라 내가 아는 모든 직업 세계에서 그리고 엘리트 수준에서도 드문 예외였다.

그의 주위에 앉은 대다수 플레이어는 휴대폰을 만지작거리고 문자를 보내고 스포츠 경기 결과를 훑어봤다. 다른 사람에게 근처에 있는 텔레비전의 채널을 돌려도 되는지 물어보고 자기가 직접 참여한 판만 살폈다. 반면 츄이는 에릭처럼 계속 집중하면서 지켜보고 있었다. 누구에게도 말을 걸지 않았으며 그의 휴대폰은 어디에도 보이지 않았다. 눈은 각 플레이어를 줄곧 쫓아다니고 있었다. 분명 나는 볼 수 없는 미묘한 행동 패턴을 포착하고 있는 것이리라. 나는 그가 흥분할 때를 계속 기다렸다. 하지만 그는 묵묵히 플레이할 뿐이었다. 그것도 대다수 플레이어보다 수동적으로. 그는 조용히 때를 기다렸다.

마침내 그가 판에 참여했다. 그가 레이즈하자 독일 출신의 정상급 플레이어(가령 '에드워드'라고 하자)와 자주 하이 스테이크 게임을 하는 나이 많은 사업가 아마추어('밥'이라고 하자)가 콜했다. 에드워드는 카드가 나올수록 계속 줄기차게 베팅했다. 플랍이 깔린 후에는 팟의 3분의 2를, 턴이 깔린 후에는 팟만큼 베팅했다. 그래도 밥은 계속 콜했다. 마지막 카드인 리버가 깔리자 에드워드는 모든 칩을 중앙으로 밀어 넣었다. 밥은 콜했다. 밥이 가진 패는 최강 패 중 하나인 스트레이트 플러시였다. 결국 아무 패도 맞추지 못한 에드워드의 에이스 하이는 그렇게 무너졌다.

운이 나쁜 건가? 그렇지는 않다. 츄이는 판에 들어갔지만 밥이 처음 콜한 후 폴드하고 물러나 있었다. 나는 나중에 어떤 생각으로 그렇게 했는지 물었다. 그날 저녁 츄이가 밥에 대해 파악한 내용은 다음과 같았다. 밥은 많은 판을 플레이하지 않았으며 그가 시작한 판에서도 아무 베팅에나 그냥 콜하지 않았다. 가끔은 폴드하거나 레이즈를 했다. 또한 베팅한 후 리레이즈가 나오면 폴드하거나 콜했다. 콜한 경우 그의 패가 가장 강할 가능성이 컸다. 그의 콜은 진짜 강한 패를 가졌다는 신호였다. 츄이는 그가 차분해 보이면 정말 좋은 패를 가진 게 분명하다는 사실을 알았다. 그런 경우는 자신의 패가 아무리 좋아 보여도 폴드해야 했다. 그래서 츄이는 주저하지 않고 톱 페어를 버렸다.

그런데 에드워드는 게임하는 동안 대부분 트위터 피드를 봤고 자신이 참여한 판만 살폈다. 결국 그는 츄이가 파악한 것들을 하나도 포착하지 못했다. 게다가 이전에 밥과 플레이한 적도 많지 않았다. 그래서 문제의 판이 진행되었을 때 처음부터 작정한 전략을 따랐다. 그의 자리, 자신의 칩과 밥의 칩, 주어진 카드를 토대로 정확하게 계산된 알고리듬을 토대로 정한 전략이었다.

누구도 에드워드가 대충 했다고 비난할 수 없었다. 또한 그는 탁월하고 높은 평가를 받는 플레이어로서 수백만 달러의 상금을 땄다. 하지만 그의 접근법은 대부분 컴퓨터 프로그램 솔버solver에 좌우된다. 이 프로그램은 수천 번의 시뮬레이션을 통해 주어진 패로 플레이할 수 있는 '게임이론 최적화GTO'를 바탕으로 한 전략을 알려준다. 그래서 플랍이 나오기도 전에 자신에게 주어진 카드를 보면 얼마나 많이 레이즈를 할지, 쓰리 베팅을 하거나 다른 사람이 레이즈하면 콜할지, 폴드할지 이미 안다. 또한 플랍이 나오면 머릿속에서 모든 빈도 계산을 이미 끝냈을 가능성이 크다.

앞서 말한 판에서 그는 너트 플러시를 막는 핵심 카드인 다이아몬드 에이스를 들고 있었다. 보드에 다이아몬드가 두 장 깔린 상황에서 누구도 너트 플러시를 노릴 수 없었다. 최강 패를 만드는 카드를 자신이 들고 있기 때문이었다. 오히려 여기서 다이아몬드가 한 장 더 나오면 자기가 너트를 가진 것처럼 그럴듯하게 꾸밀 수 있었다. 사실은 다이아몬드가 한 장뿐이기는 하지만 말이다. 블로커를 들고 있으면, 내가 가진 것처럼 꾸미는 패를 상대가 가질 수 없다.

알고 보니 블로커는 아주 인기가 많다. 우선 성공적인 블러핑과 폴드에 필요한 정보를 제공한다. 상대가 좋은 패를 완성하지 못하게 막는 블로커를 들고 있다면 블러핑을 하라. 동시에 상대의 블러핑은 블록하지 말아야unblock 한다. 즉 그들이 폴드할지 모르는 패와 연계되는 카드는 들고 있지 않아야 한다. 이런 계산은 금세 복잡해진다. 요점을 말하자면 내가 들고 있는 카드를 상대는 들고 있을 수 없다는 것이다. 만약 그 카드가 귀중한 카드라면 플레이를 결정하는 데 중요한 정보를 기진 셈이다.

블로커와 관련해 명심해야 할 점은 좋은 패를 막는 카드를 들고 있다고 해서 상대가 좋은 패를 못 갖는 건 아니라는 점이다. 당신이 에이스를 들고 있다면 당연히 상대가 포켓 에이스 페어를 가졌을 가능성이 줄어든다. 하지만 여전히 그럴 가능성은 있다. 블로커는 확률을 높여주지만 절대 확실한 것은 아니다. 솔버 혹은 고도의 알고리듬이나 수학을 활용한 접근법은 때로 잘못된 확신을 준다. 수학적으로 따지면 이런 결론이 나오니까 확신을 더 가질 수는 있지만(그게 맞기도 하다) 그 정도는 추가적인 데이터를 고려해도 과도

할 수 있다. 그래서 다소 잘못된 확신 때문에 테이블에서 플레이어가 하는 행동 같은 새로운 데이터를 고려하지 못하고 '여기서는 콜하지 못할 거야' 같은 결정을 내린다.

추가 정보를 통해 더 확신할 수는 있다. 그러나 어떤 것도 확실하지는 않다. 정보와 믿음의 관계는 대단히 비대칭적이다. 이를 보여주는 한 실험을 살펴보자. 실험에서 연구진은 의사들에게 환자 파일을 토대로 진단에 대한 전문적인 의견을 제시해달라고 요청했다. 그리고 자신이 내린 결론을 확신하는 정도도 밝혀달라고 했다. 그런 다음 의사들에게 더 많은 정보를 제공하고 다시 진단과 그 진단을 확신하는 정도를 알려달라고 요청했다. 그 결과 추가로 정보가 제공된 후에도 진단의 정확도가 높아지진 않았다. 그러나 진단에 대한 확신은 더욱 강해졌다. 이처럼 단지 더 많은 정보를 얻었다는 이유로 자신이 더 많이 안다고 생각하는 데서 생기는 과신은 위험할 수 있다.

앞서 살펴본 게임에서 에드워드의 패가 너트 플러시를 막는 것은 맞다. 그래도 스트레이트 플러시가 나올 가능성은 남아 있었다. 실제로 리버에서 그 가능성은 현실이 되었다. 그러나 이 시점에서 에드워드는 자신의 게임 플랜에 매몰된 나머지 조정에 실패했다. 이런 집중력 결핍은 많은 플레이어를 무너뜨린다. (에릭은 다음 휴식 시간에 에드워드와 밥이 플레이한 판을 이야기하면서 "대체 무슨 생각으로 그랬지?"라고 말했다. "밥은 절대 약한 패를 그렇게 플레이하지 않았을 거야. 그가 내보내는 신호에 주의를 기울였다면 최소한 플러시를 가졌다는 걸 알 수 있어." 에릭만 이렇게 생각하는 건 아닌 듯했다. 우리의 대화를 듣고 에드워드가 자리를 떠나며 짧게 분통을 터트리는 모습을 본 아이크도 특유의 어중간한 웃음과 함께 끼어들었다. "포커의 좋은 점은 패배가 자신의 잘못임을 인정하지 않아도 될 만큼 운도 많이 작용한다는 거죠.")

주의attention는 과신의 위험을 크게 줄여준다. 당신의 지식과 게임 플랜을 계속 재평가하게 만들어 특정한 행동 경로에 얽매이지 않도록 해준다. 만약 지면? 배드 비트가 아니라 실제로 당신의 잘못일 때 그 점을 인정하도록 해준다.

주의와 배드 비트의 연관성은 더욱 깊다. 어떤 일에 더 많이 집중할수록, 더 많은 주의를 기울일수록 배드 비트가 나오기 전에 기술적 우위를 더 많이 극대화할 수 있다. 그래서 카드에 운명을 맡기는 경우를 최소화할 수 있다. 당신은 그런 전개가 나오기 전에 폴드하고 그 쓰레기를 근처에 있는 누군가에게 떠넘긴다. 배드 비트를 완전히 피할 수는 없다. 그래도 주의를 기울이는 것은 부정적인 분산이 몰래 들여다볼 창을 최소화하는, 내가 아는 최선의 방법이다. 끊임없이 한눈을 팔게 되고 항상 온라인 상태인 시대에 우리는 너무나 바쁜 나머지 배드 비트의 길로 들어서기 전에 방향을 틀라는 신호를 놓쳐버린다.

운에 대해 많이 인용되는 말로 준비된 사람에게 운이 따른다는 루이스 파스퇴르의 말이 있다. 그러나 많은 사람이 그가 한 말을 자세히 읽지는 못했다. "관찰에 있어 운은 준비된 사람을 따른다." 우리는 준비된 사람이라는 부분에만 시선을 집중한다. 열심히 노력하고 준비하면 좋은 기회가 나타났을 때 알아볼 수 있다는 것이다. 하지만 앞부분도 마찬가지로 중요하다. 잘 살피지 않으면, 애초에 자세히 살피지 않으면 어떤 준비도 충분치 않다. 하나는 다른 하나가 없으면 거의 쓸모가 없다.

하트퍼드셔 대학교의 심리학자 리처드 와이즈먼Richard Wiseman은 한 실험에서 스스로 운이 좋다고 생각하는 사람들과 나쁘다고 생각하는 사람들에게 신문을 보고 사진의 수를 세도록 했다. 운이 나쁘다고 생각하는 사람들은 모두 세는 데 약 2분이 걸렸다. 반면 운이 좋다고 생각하는 사람들은 몇 초밖에 걸리지 않았다. 같은 일인데도 운이 좋다고 생각하는 사람들은 다른 사람들이 놓친 것을 찾아낼 수 있었다. 바로 신문의 2페이지에 커다란 글씨로 "그만 세어도 됩니다. 이 신문에는 43개의 사진이 있습니다"라고 적혀 있었던 것이다. 관찰력이 부족하면 애초에 운은 문제가 되지 않는다.

당신이 운이 나쁜 이유는 좋은 일들이 실제로는 더 많이 일어나고 있기 때문이다. 당신이 운이 좋은 이유는 그때 당신이 그 사실을 알아채기 때문이다. 윌리엄 베버리지William Beveridge는 《과학적 탐구의 기술The Art of Scientific Investigation》에서 이렇게 말했다. "우리는 도깨비불 혹은 운을 임의로 불러낼 수 없지만 잘 살펴서 나타났을 때 알아보고 이득을 보도록 준비할 수 있다." 그러니 성공하고 싶다면 "관찰력을 기르고 예기치 못한 일들에 항상 주의하여 운이 제공하는 모든 단서를 살피는 습관을 들여야 한다." 우리는 분산을 통제할 수 없다. 우리에게 일어나는 일을 통제할 수 없다. 하지만 우리의 주의는 통제할 수 있다.

에드워드는 준비되어 있었다. 그건 확실하다. 하지만 관찰력이 부족했다. 그가 분산시킨 주의력이 지식과 기술을 배신했다. 그래서 결국 토너먼트에서 탈락했다. 에릭은 4위, 아이크는 5위에 올랐다(츄이는 상금 순위권 직전에 탈락했다. 그런데 내 기억으로는 2등이었다. 아마도 그의 존재감에 강한 인상을 받고 내 머릿속에서 그를 시상대에 올린 것 같다). 물론 결과가 달라질 수도 있었다. 토너먼트 한 번의 규모에서는 누구나 분산에 당할 수 있다. 아무리 집중하고 주의를 기울여도, 최선의 결정을 내려도 여전히 탈락한다. 그러나 이런 사실은 오늘의 교훈을 새삼 돌이켜 보게 했다.

칩이 딸각대고 휴대폰이 번쩍이고 테이블 주위를 돌아다니는 웨이트리스가 "술, 음료 드실 분!"이라고 계속 소리치는 가운데 츄이가 선승처럼 앉아 있는 이미지는 내 머릿속을 떠나지 않았다. 나는 그에게 다가가 잠시 이야기를 나눌 수 있는지 물었다. 사실은 이야기를 나눔으로써 그의 침착한 태도가 약간이나마 옮겨 왔으면 하는 마음도 있었다. 그가 좋다고 말했고, 잠시 후 나는 스타벅스에 앉아서 그가 뿜어내는 아우라의 핵심에 다가가려고 최선을 다했다. 강렬한 집중은 의식적인 결정일까, 아니면 성격의 부산물일까? 타고난 것일까, 아니면 학습된 것일까? 오랜 시간 연마한 것일까, 아니면 쉽게 얻은 걸까?

무한해 보이는 집중력을 발휘하는 일이 쉽지 않다는 말을 듣고도 나는 놀라지 않았다. 요가는 수행의 시작일 뿐이다. 그는 요가로는 충분치 않다고 했다. 그는 쿵후와 태극권도 수련한다.

"요가에서 대개 빈야사vinyasa를 통해 구현하는 흐름의 요소가 쿵후에서는 또 달라져요. 그보다 태극기공 계열과 더 비슷하죠. 그런 걸 잘 아는지 모르겠지만요."

나는 태극기공이 무엇인지 몰랐다. 군대식 훈련 같은 게 아닐까?

"아주 간단해요. 태극은 기의 움직임을 뜻하고 기공은 기의 파동을 뜻해요. 대부분 선 자세로 동작을 하죠. 핵심은 각 동작이 이전의 동작에 좌우되도록 몸을 자유롭게 움직이는 거예요. 그러면 기능성을 유지하면서 끝없는 흐름, 지속적 움직임을 만들 수 있어요."

각 동작은 이전의 동작에 좌우된다. 미리 정해진 계획은 없다. 단지 그 순간에 계속 대응할 뿐이다. 물론 이런 접근법은 집중력이 필요하다. 에드워드 같은 부류는 계획을 따르고, 츄이 같은 부류는 흐름을 따른다. 츄이는 게임 전체에서 흐름을 본다.

"포커에서 사건이 전개되는 양상에는 흐름이 있어요. 전 태극과 비슷한 거시적 관점에서 그 흐름을 바라보죠. 핵심은 기의 움직임이에요. 권투만 봐도 그래요. 계속 잽만 던지고 방어를 하지 않으면 당하고 말아요. 얻어맞든지 하겠죠. 전술적으로 움직여야 해요. 공격해야 할 때 공격하고, 방어해야 할 때 방어하고, 움직여야 할 때 움직여야 해요."

그러기 위해서는 자신의 기만 살펴서는 안 되며 전체 테이블을 계속 주시해야 한다. 플레이어들 사이에 흐르는 기를 살펴야 한다.

"포커의 모든 것은 기의 흐름으로 이뤄져요. 누구든 적절한 압박을 가하고 적절한 후퇴를 허용하면 이길 수 있어요. 그 사이에 균형을 맞추면 정말 좋아요. 그래야 성공할 수 있어요."

매우 탄탄한 생각처럼 보인다. 하지만 어떻게 이것을 현실에서 구현할 수 있을까?

츄이는 패배에 대해서는 엄청나게 선불교적인 태도를 보였다.

그는 댄 해링턴처럼 패배가 승리하는 법을 배우는 데 필요하다고 믿었다. 다만 패배에 대한 태도는 달랐다. 댄은 패배를 전략적 교훈을 배우고 자신의 게임을 분석하는 수단, 실수를 찾아내고 허점을 제거하는 수단으로 봤다. 반면 츄이는 패배를 보다 우주적인 관점에서 바라봤다. 그에게 패배는 거대한 패턴의 일부다.

"어쩌면 이 순간 보이는 것을 넘어서는 삶의 큰 그림 안에서 우리는 그 판을 이기지 말아야 하는 건지도 몰라요. 우리가 성공하려면 사건의 다른 흐름들이 이뤄져야 하니까요."

이는 그 패턴을 예측할 순 없지만 끊임없이 이어지는 물결 속에서 한 사건이 다른 사건을 초래하는 흐름에 관한 생각과 같다. 철학적으로 볼 때 이는 삶을 바라보는 강력한 관점이다(츄이는 "포커는 삶과 정말 비슷해요. 다만 즉시 업보를 치른다는 점이 다르죠"라고 했다).

물론 이런 태도는 영적 차원이 아니라 금전적 차원에서 기댓값을 극대화하는 게 핵심인 직업과는 왠지 맞지 않는 것 같다. 그러나 츄이의 말은 모두 진심이었다. 그는 어디까지 나아갈 수 있는지 보기 위해 극한까지 나아갔다. 일단 집을 처분하고 미니멀리스트로서 생활하기로 했다.

"제가 가진 건 전부 소형차에 넣을 수 있을 거예요. 그러고도 사람을 몇 명 태울 자리가 남을 겁니다."

게다가 그는 프로 포커의 주요 인센티브인 돈을 잠시 포기했다. 작년에 그가 메인이벤트에 참가했을 때 지분을 100퍼센트 교환했다는 소문이 돌았다. 그는 우승할 가능성이 큰 플레이어들과 지분을 너무 많이 교환한 나머지 정작 자신의 지분은 하나도 남은 게 없었다(그는 499등에 올라 2만 2,648달러를 땄지만 수중에는 한 푼도 남지 않았다). 내가 이 소문에 대해 질문하자 그는 웃음을 터트렸다.

"또 그러지는 않을 것 같아요. 그냥 재미있는 경험이었고, 좋았어요. 약간 멍청한 짓이기는 했죠. 모르겠어요. 전 영적인 관점에서 삶에 접근하는 게 풍요로운 마음가짐이라고 생각해요. 메인이벤트에서 지분을 모두 교환하는 게 풍요로운 건 아니죠. 친구들에게는 풍요롭지만 나 자신한테는 그다지 풍요롭지 않아요. 그래도 재미있었어요."

'재미있다'라는 말은 초탈한 태도를 위해 수백만 달러를 포기한 일에 붙이기에는 아주 흥미로운 수식어다. 그래도 그에게는 괜찮은 것 같다. 그는 좋아하는 일을 직업으로 삼게 되어 그저 감사할 따름이다. 삶을 크게 바라보면 부정적인 감정을 품을 구석이 없다.

"어떤 사람들은 슬픔과 불운에 지나치게 감정적으로 얽매이는 것 같아요. 그들은 토너먼트에 참가할 수 있어서 감사하게 생각하는 걸 잊어버리고 남은 칩들도 잃어버리죠."

그건 확실히 좋지 않은 태도다. 기분이 나쁠 뿐 아니라 의사결정도 부실해진다.

"어떤 일을 하든 모두가 성공할 좋은 기회를 누려요. 또한 모두가 고유한 재능을 갖고 있어요. 제가 보기에 우리는 우리에게 유익한 것에 맞서 어려움을 자초하는 경우가 많아요."

헤어지기 전에 츄이는 내가 좋은 선생님을 만났다고 말했다. 그의 평가에 따르면 에릭은 몰입에 능하다. 정식으로 명상을 하지는 않지만 주의를 기울여 테이블에서 높은 집중력을 활용하는 방식은 명상과 유사하다. 그리고 츄이는 에릭에 대한 비유 목록에 하나를 더 추가했다.

"에릭은 산 같아요. 무슨 뜻인지 알겠어요? 그는 아주 확신에 차 있고 견고해요. 전 그보다 흑요석 칼에 더 가까워요. 약간 과하고 잘못될 수도 있지만 목표물을 맞히면 정말 효과적이죠. 음, 에릭은 그냥 산보다는 화산이라는 비유가 더 적절할 것 같아요. 화산은 공격할 수 있으니까요. 산은 공격을 하지 않죠."

정말로 화산이라는 표현이 적절한 것 같다. 잠자리, 공룡, 화산. 에릭이 엄청나게 복합적인 비유의 대상이라는 사실이 점점 분명해진다.

그날 커피를 같이 마신 후 츄이와는 한동안 연락이 끊겼다. 그는 2017년과 2018년에 상당 기간 포커계에서 사라졌다. 좋지 않은 기록이 이어졌고 지치기도 했으며 개인적인 변화도 있어서 잠시 발을 뺐다. 약 2년 후 월드 시리즈 오브 포커에서 그와 다시 마주쳤다. 그는 거의 알아보기 힘들 만큼 변해 있었다. 턱수염은 사라졌고 머리는 말끔하게 다듬어져 있었으며 물 빠진 흑갈색 후디는 깔끔한 회색 티셔츠로 바뀌었다. 우리는 포옹한 후 서둘러 지난 소식을 물었다. 휴식 시간이라서 테이블로 다시 돌아가야 했기 때문이다. 그는 여전히 요가와 무술 수련을 하고 있었다. 그리고 얼마 전 벨라지오에서 열린 월드 포커 투어 메인이벤트에서 3위에 올라 약 100만 달러를 땄다. 잠시 물러나 있었던 세계로 재진입하는 첫걸음이었다. 다만 한 가지 바뀐 건 있었다. "지난번에는 머리가 훨씬 길었어요." 그가 웃으며 말했다.

이는 2년 후의 일이다. 오늘 밤, 그의 머리는 여전히 길고 분산은 여전히 그의 편이며, 기의 흐름은 마땅히 그래야 하는 대로 이뤄지고 있었다. 츄이는 나를 집어삼키려는 거센 급류 속에 가만히 자리 잡은 섬 같았다. 이 포커의 세계에 있는 온갖 것이 낯설기 짝이 없는 상황에서 그의 말은 유일하게 이해가 되었다.

나는 처음 듣는 용어들을 담느라 머리가 터질 것 같아서 하이 롤러 테이블을 떠났다. 블로커, 한정된 레인지Capped Ranges(제이슨 쿤이 휴식 시간 동안 내 공책에 깔끔한 대문자로 'CAPPED RANGE'라고 써주었다. 한정된 레인지는 판이 진행된 양상으로 볼 때 상대가 가졌을 거라고 예측되는 패의 범위를 말한다. 가령 어떤 플레이어가 프리플랍에 에이스 페어로는 쓰리 베팅을 할 것이라는 사실을 알면 플랍에 A, Q, 3이 나왔을 때 그의 레인지는 Q 세트로 '한정' 된다), 폴드 에쿼티fold equity(상대의 폴드 확률을 고려했을 때 얻는 팟 지분-옮긴이). 너무 어렵다. 무슨 말인지 도무지 이해할 수 없다. 나는 에릭에게 모르겠다고 말했다.

"나중에 다 알게 될 거야. 너무 애쓰지 마."

나는 고개를 끄덕였다.

"내일은 뭐 해? 토너먼트 더 할 거야?"

"네. 참, 드디어 필 갤폰드를 만나요."

"그거 잘됐네. 필을 만난다니 기쁜 소식이야. 필은 최고야. 온갖 허세 넘치는 용어들을 다 알지. 나보다 훨씬 수학적이기도 해. 네가 모르는 걸 많이 가르쳐줄 거야."

나는 다시 고개를 끄덕였다. 꼭 그렇게 되기를.

스토리텔러의 게임

# 라스베이거스, 2017년 3월

달빛 아래서 내게 거짓말을 해봐요.
멋진 이야기를 들려줘요.

—
F. 스콧 피츠제럴드, 《해변의 해적》

필 갤폰드에 대해 아는 사실이라곤 그가 이스트빌리지에 있는 복층 아파트를 사서 미끄럼틀로 위층과 아래층을 연결했다는 것뿐이다. 스테인리스스틸 재질로 주문 제작한 이 미끄럼틀은 편안하게 타기에는 조금 속도가 빨랐던 모양이다(그는 아래층으로 내려갈 때 점점 원래 계단을 이용하게 되었다). 뉴욕을 떠나 라스베이거스로 올 때 그는 미끄럼틀을 1만 5,000달러에 팔았다.

아마도 필은 문신이 하나 이상 있고 요란한 옷을 입은 해적 같은 모습이 아닐까? 그래서 아침형 인간인 나로서는 너무 늦은 저녁에 듣도 보도 못한 멋진 이름의 술을 마실 마음의 준비를 해야 했다. 그래도 에릭의 말에 따르면 필은 최고의 플레이어 중 한 명이고 세계 최고의 포커 선생이다. 그에게서 배울 수 있다면 무엇이든 해야 한다.

나는 줄어드는 잔고와 몇 번 상금 순위권에 근접했던 일(이제는 '거의 상금을 받을 뻔한' 걸로는 부족하다는 사실을 배워가고 있다) 외에는 별로 내세울 것 없이 라스베이거스에서 몇 주를 보냈다. 그래서 실력을 늘리는 데 도움을 줄 사람이라면 누구라도 만나고 싶었다. 훈련과 공부를 대신할 마법의 알약이나 주문은 없다는 걸 안다. 그래도 필이 나를 올바른 방향으로 밀어줄 것이라고, 말로 표현할 수 없는 뭔가를 줄 것이라고 기대했다. 나는 호텔방에서 나와 미로 같은 카지노를 헤매며 만남의 장소를 찾는 동안 적어도 워터파크에서 써 먹을 수 있는 미끄럼틀 타는 기술은 익혀야겠다고 생각했다.

실제로 만나본 필은 예상과 달리 매우 친근하고 부드러운 사람이었다. 문신은 보이지 않았으며 깔끔한 턱수염에 회색 티셔츠와 청바지 차림으로 활짝 웃으며 나를 맞았다. 맨해튼의 나이트클럽보다 기술 스타트업에서 훨씬 편안해할 것 같은 인상이었다. 나는 '미끄럼틀을 주문 제작할 사람처럼 보이지 않네요'라고 말하고 싶었다. 다행이란 생각이 들었다.

"반가워요. 말씀 많이 들었어요."

필이 나를 포옹하며 인사했다. 그의 목소리는 편안한 자연 다큐멘터리를 위한 맞춤형 내레이션처럼 들렸다. 나는 안도의 한숨을 내쉬었다.

저녁을 먹는 동안 필이 세계 최고의 플레이어일 뿐 아니라 에릭이 가입하라고 한 강습 사이트 '런 잇 원스'의 오너라는 사실을 알게 됐다. 그는 런 잇 원스를 훨씬 크게 키우고 있었다. 그의 개인 포커 웹사이트로 활용하는 것은 물론 다른 '비밀 계획'도 많이 갖고 있었다. 우리가 중심가에서 멀리 떨어진 레스토랑에서 만나는 이유도 이 때문이었다(앞서 그는 '아리아에 있는 포커 플레이어들은 피하고 싶거든요!'라고 내게 문자를 보냈다).

그는 조만간 몰타로 가서 몇 달 동안 회사 일에 집중할 계획이었다. 하지만 그사이에 기꺼이 나의 포커 여정을 돕겠다고 했다. 그와 에릭은 공통점이 많은 것 같다. 둘 다 포커를 사랑하고 포커계를 키울 모든 기회에 열정적으로 임한다.

스토리텔러의 게임

"포커는 정말 대단한 게임이죠. 포커에 관심을 가져줘서 정말 기뻐요."

그의 사심 없는 열정은 내가 포커 플레이어들에게 기대했던 것과 정반대였다. 포커는 이기심이 전부인 게임 아닌가? 하지만 그런 마음이 생각만큼 드문 것은 아니라는 사실을 깨달아가고 있었다. 나중에 내가 필의 실제 모습이 머릿속에서 그려본 이미지와 너무 달라서 놀랐다고 털어놓자 에릭은 웃음을 터뜨렸다. "루(에릭의 아내 루아를 말한다)와 나는 우리 딸들이 포커 플레이어와 사귀는 것을 항상 반대했어. 하지만 필만은 예외로 두기로 했지."(사실 필은 배우 출신의 프로 포커 플레이어인 파라 갤폰드와 결혼했다. 나는 그날 밤에 그녀도 만났다.)

내가 사전 조사를 해서 그의 별난 미끄럼틀에 대한 정보를 알아냈다면(그의 말에 따르면 뉴욕시 전체에서 주택에 설치된 최초의 미끄럼틀이라고 한다!), 그는 나에 대한 사전 조사를 약간 더 철저하게 했다. 그는 내가 쓴 글들을 읽었고 내가 심리학을 공부했다는 사실을 알고 있었다. 그는 이 모든 정보를 소화한 후 내가 새로운 것들을 가장 잘 이해하는 방식으로 포커를 설명했다.

"무엇보다 먼저 알고 있어야 할 점은 포커가 스토리텔링이라는 겁니다."

그가 말했다. 포커는 내러티브 퍼즐이다. 우리가 할 일은 그 조각들을 맞추는 것이다.

"출발은 잘했어요. 에릭은 정말 좋은 선생님이에요. 하지만 (그는 이 대목에서 내가 스스로 깨닫는 데 4~5개월이 더 걸릴 거라는 사실을 암시했다)

시간 압박 때문에 쉬운 길을 선택하지 말았으면 좋겠어요. 포커는 멋진 게임이에요. 당신은 그 가치를 알아볼 식견을 가졌죠. 하지만 지름길로 갈 수는 없어요."

나는 지름길로 가는 사람이 아니라고 말했다. 그는 이해했다. 그래도 인위적인 시한이 학습 과정에 방해가 될 수 있다고 말했다. 메인이벤트는 이제 4개월밖에 남지 않았다. 비록 내가 소규모 온라인 토너먼트에서 우승했고 뛰어난 포커 고수들의 도움을 받을 수 있다 해도, 남은 4개월 동안 죽어라 파면 6월에 상금 순위권에 들 가능성이 있다 해도 그는 내가 더 큰 야심을 품기를 바랐다.

필은 포커를 배우는 몇 가지 방식이 있다고 말했다. 그중 하나는 암기법이다.

"모든 걸 암기하고 제대로 적용하면 큰 위험은 없어요."

가령 기술적 플레이를 공부하고 토너먼트 막판을 위한 푸시폴드 차트푸시폴드 차트push-fold chart(패에 따라 올인 내지 폴드 여부를 알려주는 차트-옮긴이)를 보고(에러이 전에 디운로드하라고 말한 스냅쇼브 앱에 나온다), 곤경에 처하지 않도록 게임 초반에 매우 신중하게 레이즈할 수 있는 레인지를 기억하고, 나중에 판이 어떻게 전개되어야 하는지 강력한 전략을 꿰뚫고 있어야 한다. 그것이 실력을 쌓는 가장 빠른 길이라고 그는 말했다.

나는 동의의 표시로 고개를 끄덕였다. 그의 말이 옳다. 알다시피 대다수 환경에서 일을 망치지 않는 최선은 구체적인 규칙을 따르는 것이다. 체크리스트, 단계별 항목, 이런 것들은 최소한의 시간 안에 높은 효율로 이어진다. 단 모든 게 계획대로 진행되거나 예상

되는 방식으로 실패한다면 말이다. 암기법은 많이 소화해서 즉시 결과를 내야 할 때 아주 좋은 방법이다. 그러나 학습 계획에서 벗어나거나 예상치 못한 사건을 맞닥뜨릴 때는 대처 능력이 떨어진다. 빠르게 실력을 쌓을 수 있지만 마스터하는 수준에는 이르지 못한다. 말하자면 학창 시절 벼락공부를 하면 몇 달 후에 아무것도 기억나지 않거나, 다음 수업에 들어갔을 때 기억한 내용을 응용할 줄 모르는 것과 같다. 개념은 알지만 사고를 통해 스스로 결론을 내리는 능력이 부족한 것이다.

쓰리 베팅의 역학이나 블로커에 대한 세부 내용을 아는 것은 좋다. 그러나 이런 것들은 결국 그냥 암기할 수 있다. 나는 특정한 카드로, 특정한 행동에, 특정한 방식으로 대응하는 규칙을 만들 수 있다. 그 정도로도 양호하다. 그러나 이는 용어를 모르더라도 스스로 추론하고 응용하도록 해주는 비판적 사고 능력을 개발하는 것이 아니라 관념을 머릿속에 쑤셔 넣고 개념을 암기하는 것과 같다. 단시일에 돈을 벌고 싶다면 암기법이 맞다. 그러나 장기적으로 성장하고 싶다면 내면의 셜록 홈스에게로 돌아가야 한다.

"포커에서 당신은 탐정이자 스토리텔러예요. 상대의 행동이 무엇을 말하는지, 때로 더 중요하게는 무엇을 말하지 않는지 알아내야 해요."

이게 무슨 말일까? 《실버 블레이즈》(셜록 홈스가 나오는 단편 중 하나로 유명한 경주마가 실종되었을 때 개가 짖지 않았다는 사실을 토대로 범인을 추리함-옮긴이)에서 개가 짖지 않았다는 것과 같은 걸까? 그러니까 정보의 부재가 핵심적인 증거가 되는 걸까? 개가 짖지 않았다는 사실은 침입자가 아는 사람이라는 뜻이다. 낯선 사람이었다면 소란이 일었을 것이다. 우리는 개가 짖으면 주의를 기울이지만 반대의 경우에는 그렇게 하지 않는다. 누락된 정보를 무시하는 것이다. 이를 누락 간과omission neglect라고 한다. 하지만 이것은 필이 말하려는 핵심이 아니다. 그는 전반적인 내러티브의 결을 살핀다.

"상대가 말하고자 하는 이야기의 허점을 찾아내고, 그것을 토대로 무엇을 숨기려 하는지 추론해야 해요."

동시에 우리도 같은 과정의 대상이 될 수 있음을 알아야 한다. 상대에 대해 생각할 수 있는 모든 것은 우리의 행동에도 적용될 수 있다. 이는 우리가 포커 테이블뿐만 아니라 다른 곳에서도 종종 잊곤 하는 사실이다.

"동시에 자신의 이야기도 최대한 말이 되게 만들어가야 해요."

다시 말해서 어떤 일이든 하기 전에 그 행동이 전체 내러티브 구조에 어떻게 들어맞을지 생각해야 한다. 잘 들어맞지 않으면 바라는 효과를 기대할 수 없다. 자신의 내러티브를 잘 알아서 일관되고 아귀가 맞고 말이 되게 만들어야 한다.

"내가 가장 큰 우위를 얻는 때는 상대는 자신의 이야기가 말이 된다고 생각하지만 나는 그렇지 않다는 걸 알 때예요. 이때 그들이 특정 패를 어떻게 플레이할지 그들보다 잘 알 수 있죠."

작가는 무엇이 등장인물에게 동기를 부여하는지 잘 알아야 한다. 그들이 어떤 일을 하는 이유는 무엇일까? 동기가 확실치 않으면 행동이 엇나간다. 갑자기 말이 안 되는 행동을 한다. 이야기의 신빙성이 떨어진다. 포커에서도 마찬가지다. 내러티브를 일관되게 만드는 동기를 찾아야 한다. 이 사람의 이야기는 무엇인가? 내가 아는 사실에 비춰 볼 때 이 사람이 하는 행동은 타당한가? 조금 잘하는 수준을 넘어서고 싶다면 동기 파악은 필수다. 항상 '왜'라고 물어야 한다. 왜 저 사람은 저렇게 행동할까? 왜 나는 이렇게 행동할까? 이유를 찾고 승리의 열쇠를 찾아라.

필은 그것이 자신이 내주는 숙제라고 했다. 정확한 이유를 따지기 전에는 아무리 사소해 보이는 일이라도 절대 하지 마라. 같은 질문을 하지 않고는 다른 사람이 하는 어떤 행동도 판단하지 마라.

"상대가 하는 모든 행동은 의식적이든 무의식적이든 이유가 있어요."

필이 포커를 막 시작한 사람 또는 베테랑에게 가장 많이 듣는 말 중 하나는 못하는 플레이어를 상대하기가 정말 어렵다는 것이다. 그들은 어떤 패든 들고 있을 수 있기에 패를 읽을 수가 없다. 하지만 필은 그렇지 않다고 주장한다.

"못하는 플레이어들도 나름의 이유가 있어서 그런 플레이를 해요. 그 이유를 알아내야 해요. 패가 공개되면 상대가 앞에서 했던 결정을 되짚어보고 그런 행동을 한 이유를 파악해야 해요."

그들이 나쁜 베팅, 정신 나간 콜, 미친 레이즈 등 형편없는 플레이를 했다고 생각하며 그들을 재단하고 무시해서는 안 된다. 그냥 왜 그랬는지만 파악하면 된다. 정말 좋은 조언이다. 나라면 하지 않을 결정을 내렸다고 해서 누군가를 바보라 부르고, 씩씩대고, 화낸 적이 얼마나 되는가? 그들을 재단하고 예단하며 그들의 행동에 반응할 게 아니라 왜 그런 행동을 했는지 스스로 질문하는 법을 알았다면 얼마나 많은 시간과 감정적 에너지를 아낄 수 있었을까? 또 우리 자신의 행동과 동기에 대해 같은 질문을 했다면 정신과 상담에 쓴 돈을 얼마나 많이 아낄 수 있었을까?

나는 '질문을 잊지 마라'라고 공책에 적고 속으로 반복했다. 내가 그냥 어떤 일을 했던 적이 얼마나 많은지는 생각하고 싶지도 않다. 머리로는 어떤 선택을 하는 이유를 알아야 한다는 걸 안다. 하지만 제대로 생각하지 않고 행동을 서두른 나머지 그냥 행동한 적이 얼마나 많았던가?

공책에 적은 내용을 바라봤다. 필은 정말 나에게 잘 맞게 전면적인 시각 개조를 해주었다. 나는 군대의 지휘관이 아니다. 재즈 연주자도 아니다. 나는 탐정이다. 스토리텔러다. 나는 언제나 그랬던 나다. 다만 앞으로는 더 나아져야 한다.

작별 인사를 하기 전에 필은 한마디 더 보탰다. 직접 실전에 뛰어들어서 이 모든 것을 실행하라고 했다. 관찰하고, 학습하고, 여러 사람에게 조언을 구하는 건 좋지만 과도하게 할 필요는 없다.

"플레이를 해보지 않고 공부만 너무 많이 하면 지식을 완전히 흡수하기 힘들어요."

그래봐야 내 머릿속에는 통계와 팩트만 가득 찰 뿐이다. 정작 실행에 나서면 엉망이 될 수밖에 없다. 아, 이건 설명-경험 간극이다. 필은 그 용어를 모르겠지만 개념을 이해하고 있었다. 포커 용어에 대해 지금까지 그가 알려주려던 게 바로 그것이다. 어떤 일에 진정한 전문가가 되면 설명-경험 간극을 공부하지 않아도 경험으로 설명과의 균형을 맞춰야 한다는 사실을 이해한다. 그렇게 하지 않으면 알맹이가 없는데 지식을 얻었다는 착각에 빠진다. 논문을 읽었다고 해서 갑자기 전문가가 되었다고 생각하는 책상물림이 된다. (미시간 대학교의 심리학자 데이비드 더닝David Dunning은 무능할수록 그 사실을 잘 모른다는 더닝크루거 효과Dunning-Kruger effect를 주장했다. 그는 사람들이 자신의 한계를 잘 아는 '신중한 초심자'에서 자신이 매우 유능하다고 착각하는 '무의식적 무능력자'로 쉽게 바뀐다는 사실을 발견했다.)

이후 일주일 동안 매일 플레이하면서 내용을 기억하고 에릭과 토론하며 부지런히 공부했다. 나는 길 잃은 피라미가 아니라 탐정이자 스토리텔러이자 탐험가다. 간절한 마음으로 이 주문을 계속 외웠다.

화요일 아침, 다음 토너먼트에 참가하려고 일찍 일어났다. 10시에 플래닛 할리우드에서 시작하는 토너먼트였다. 포커 플레이어들이 이렇게 이른 시간에 깨어 있다는 게 놀랍지만 어쨌든 사람들은 깨어 있었다. 어쩌면 그들은 나처럼 진짜 포커 플레이어가 아닐지도 모르지만 말이다.

나는 스트립을 가로질러 시티센터CityCenter와 미라클 마일 숍스 Miracle Mile Shops를 잇는 육교를 건넜다. 이후 카지노 입구인 줄 알았던 2층짜리 월그린스Walgreens에서 길을 잃었다가 마침내 플래닛 할리우드 안으로 들어섰다. 카지노 한복판에 자리 잡은 포커룸에서는 한창 게임이 진행되고 있었다. 플레이어 카드를 준비하고 데스크로 향했다. 이제는 노련해져서 어떻게 해야 하는지 알고 있다. 데일리 토너먼트에 등록해달라고 데스크에 요청했다.

주변을 보니 참가자가 많았다. 지난 몇 주 동안 봤을 땐 아침에 열리는 이벤트는 한두 테이블만 차는 경우가 많았다. 하지만 오늘은 벌써 세 테이블이나 찼다. 마음의 준비를 해야 할 것 같다.

토너먼트는 터보 방식이라 2분마다 블라인드가 오른다. 이는 공격적인 플레이와 빠른 결판을 위한 것이다. 너무 오래 물러나 있으면 칩이 동나버린다. 신속하게 나서야 한다. 하지만 너무 급하게 나서면 탈락한다. 나는 그동안 데일리 토너먼트의 빠른 속도에 서서히 적응하는 한편 시간 제약과 함께 지금까지 배운 교훈을 따르려 노력했다. 아마도 오늘 그런 노력이 결실을 보지 않을까?

나는 집중했다. 플레이어들에게 주의를 기울이고 블라인드가 오르는 것에 당황하지 않으려고 했다. 각 판이 돌 때마다 행동하기 전에 그 이유를 설명하는 모습을 상상했다. 얼마 안 되어 몇몇 플레이어가 탈락하기 시작했다. 나는 살아남았다.

이제 한 테이블만 남았다. 포켓 퀸 페어가 들어왔다. 아주 좋은 패다. 레이즈하니 콜이 나왔다. 뒤이어 다른 플레이어가 올인했다. 과거의 나라면 둘 중 한 명은 나를 이길지 모르니까 탈락할 위험을 감수하기 싫어서 그냥 폴드했을 것이다. 하지만 오늘의 나는 콜해야 한다는 걸 알고 있었다. 지금까지 일주일 내내 블러핑을 당했다. 잘못된 자신감도 직면했다. 나는 이 두 사람이 실제로는 그렇지 않은데도 나를 이길 수 있다고 생각한다는 사실을 알았다. 자신하는 것과 강한 것은 다르다.

다음 플레이어가 폴드했다. 우리는 카드를 깠다. 상대가 든 카드는 에이스, 킹이었다. 상대의 패가 내 것보다 낮은 포켓 페어인 경우를 제외하면 바랄 수 있는 거의 최선의 상황이었다. 물론 상대가 에이스나 킹을 맞출 수도 있고 딱히 이런 상황이 기분 좋은 것도 아니다. 상대의 패가 에이스, 퀸이나 에이스, 잭이었다면 훨씬 좋았을 것이다. 그러면 그가 나를 이길 확률이 줄어든다. 그래도 최소한 지금 시점에서는 내가 약간 앞서 있다. 이런 상황은 동전 던지기와 같은 전형적인 대결로 알려져 있다. 포켓 페어가 버틸 것인가, 아니면 에이스, 킹이 페어를 맞춰서 이길 것인가? 이번에는 분산이 나의 편이었다. 내 패가 버텨준 덕분에 칩이 두 배로 늘어났다. 그리고 갑자기 내가 칩 리더가 되었다.

남은 사람은 다섯 명이다. 나를 제외한 네 명이 서로 눈짓을 교환하는 걸 포착했다. 물론 전부 남자였다.

"찹chop할 생각 있어요?"

내 오른쪽에 앉은 플레이어가 물었다. 토너먼트에서 남은 플레이어들이 계속 플레이하지 않고 합의해서 상금을 나누는 걸 찹이라고 한다. 찹은 때로 칩 찹chip chop 방식으로 이뤄진다. 이 경우 플레이어는 칩 수에 비례하는 금액을 가져간다. 혹은 독립적 칩 모델 Independent Chip Model, ICM이라는 원칙에 따라 이뤄지기도 한다. 이 경우 각 칩은 같은 가치를 지니지 않는다. 플레이어가 갖는 금액은 기존 상금 구조(각 등수에 배정된 상금 비율)와 현재 순위에서 마칠 가능성을 고려한다. 어느 쪽이든 상금을 나누고 판을 접는다.

내가 칩 리더이기 때문에 찹을 하려면 나를 설득해야 한다. 다른 플레이어들을 둘러봤다. 내 스택이 2등 스택보다 두 배 이상 많았다. 나는 고개를 저으며 말했다.

"싫어요. 계속 플레이할래요."

한 플레이어가 탈락했다. 그러자 다들 한마디씩 했다.

"이제 그만 참합시다."

"그래요. 그냥 참하죠."

"그냥 참하는 게 당신한테 가장 이득이에요. 지금 제일 강한 위치니까 돈을 더 받을 수 있어요. 계속 플레이하면 그 칩들 전부 딸 때처럼 금세 잃어버릴 거 알잖아요. 두고 봐요."

이제 그만. 더는 떠밀리고 싶지 않았다. 마지막 말이 자존심을 너무 건드렸다. 딱 부러지게 대꾸할 자신이 없어서 대신 단호하게 고개를 저었다. 나는 '틸트tilt(감정을 다스리지 못하는 상태를 가리킴-옮긴이)'라는 단어를 아직 모른다. 하지만 깔보는 태도가 역력한 마지막 말이 나를 뒤흔들었고 내 의사결정에 감정을 개입시켰다. 단어를 몰라도 그 감정은 느낄 수 있었다.

대학원에서 논문을 발표할 때 컬럼비아에서는 심사위원들만 참석한 자리에서 할지, 원하는 사람 누구나 참석할 수 있는 자리에서 할지 선택할 수 있었다. 나는 결정의 시간이 되었을 때 공개된 자리를 선택했다. 세계 최고의 심리학자들 앞에서 논문을 발표하는 것부터가 긴장되는 일이었다. 게다가 관련 지식이 없는 사람들도 알아들을 수 있게 논문 내용을 설명해야 했다. 특히 조바심이 나는 부분이 있었는데, 바로 똑똑한 사람들이 너무나 자주 드러내는 과도한 자신감을 누구의 감정도 상하게 하는 일 없이 설명하는 것이었다. 나는 한 가지 특정한 사례를 정했다. 하지만 발표할 때 실제로 그 사례를 언급할 배짱이 있을지는 나도 알 수 없었다.

그 이유는 사람들을 '크게 휘두르는 거시기big swinging dicks'로 불러야 했기 때문이다. 마이클 루이스가 《라이어스 포커》에서 과거 살로몬 브라더스Salomon Brothers의 투자부서를 묘사할 때 썼던 표현이었다. 가장 많은 수익을 올리고 그 결과로 특혜를 누리는 사람들은 투자부서에서 크게 휘두르는 거시기로 불렸는데, 루이스는 자신도 언젠가 크게 휘두르는 거시기가 되고 싶어 했다. 그 이미지는 계속 내 머릿속에 남았다. 그래서 최고의 지능을 보유한 사람들이 현실에 적응하지 못하고 자신의 전략과 성과 그리고 어떤 물건에 비합리적인 자부심을 고수하는 양상을 설명할 때 크게 휘두르는 거시기를 언급하기로 했다. 그리고 실제로 그렇게 했다.

다행스럽게도 고매한 월터 미셸과 사람들은 웃음을 터트렸다. 이는 부적절한 외골수의 공격성을 표현하는 완벽한 이미지였다. 주위에서 일어나는 사건을 보면 운이 얼마나 큰 영향을 미치는지 생각하지 못하는 사람들에게서 그런 공격성을 볼 수 있다.

이것이 처음 앉은 결승 테이블에서 지금 내가 하는 생각이다. 모든 게 크게 휘두르는 거시기 때문이다. 그들에게 돈과 지지 그리고 칭찬이 쏟아진다. 가장 비합리적으로 설치는 사람들이 가장 많은 책임을 떠맡는다. 그들은 허세로 다른 사람들을 밀어내는 일에 익숙하다. 칩에 동의해서 더 많은 돈을 갖게 해줄 세상의 모든 나 같은 사람에게 익숙하다. 그들은 내가 주눅이 들어서 "맞아요. 난 칩을 딸 때처럼 금세 잃어버릴 거예요."라고 수긍하리라 생각한다. 물론 마음 한구석으로는 그들이 맞을 수도 있다는 생각이 든다. 하지만 다른 한구석으로는 거시기를 조금 휘둘러봐야겠다고 생각한다.

남은 사람이 세 명으로 줄어들었다. 참? 싫어요. 뒤이어 두 명, 뒤이어 기적 중의 기적처럼 한 명만 남았다. 나는 라이브 토너먼트에서 최초의 우승을 맛보며 900달러 정도를 땄다. 날아갈 듯한 기분이었다.

나는 상금을 세는 사람에게 "이거 헨든 몹Hendon Mob에 통보하나요?"라고 물었다. 헨든 몹은 모든 포커 플레이어의 토너먼트 상금 내역을 기록하는 웹사이트다. 내 이름이 헨든 공식 기록에 올라간다고 생각하니 짜릿했다. 드디어 한 걸음 진전을 이뤄냈다. 상금 세는 사람이 약간 동정 어린 눈길로 나를 바라봤다.

"미안하지만 데일리 토너먼트 기록은 통보하지 않아요."

나는 잠시 슬퍼졌다. 하지만 900달러가 넘는 돈을 손에 쥔 느낌과 첫 승리를 거뒀다는 사실은 그런 무시를 잊어버리기에 충분했다. 한 번의 우승으로 여행 경비를 전부 충당했다. 뱅크롤이 생겼다! 나도 어엿한 플레이어다! 왠지 모르지만 온라인에서 우승했을 때보다 훨씬 기분이 좋았다. 햇빛이 쏟아지는 거리로 나와 에릭과 남편에게 문자를 보냈다. '토너먼트 첫 우승!!!' 그리고 에릭에게는 이렇게 덧붙였다. '이제 아리아 토너먼트에 참가해도 되죠?' 그러자 에릭이 답을 보냈다. '네가 따낸 거야.'

그날 저녁 나는 아리아의 테이블에 앉았다. 그냥 구경하는 게 아니라 마침내 앉았다! 의욕이 마구 넘쳤다. 이 자리는 내가 따낸 것이다. 에릭이 그렇게 말했다. 그러나 금방 탈락했다. 패배에서 승리로 가는 기적 같은 전환은 일어나지 않았다. 하지만 다음 날 다시 플레이했다. 그다음 날도. 그리고 마침내 해냈다. 헨든 몹에 첫 수상 기록을 올렸다. 나는 2등을 했고 상금은 900달러보다 훨씬 많았다. 내 이름으로 2,215달러가 추가되었다. 그렇다. 나는 잘나가는 중이다!

돈만 의미 있는 게 아니었다. 물론 좋기는 하다. 포커로 3,000달러 넘게 벌다니! 월드 시리즈 오브 포커에 참가하려면 상금은 필수이고 뱅크롤을 늘리는 진정한 출발이다. 이제 이번 여행길에서 더 큰 정거장으로 가 여름을 대비해 길을 닦는 것을 고려할 수 있다. 지금까지 그곳들은 내가 감당할 수 있는 범위 밖에 있었다. 하지만 지금은 고려 대상이다. 에릭이 말했다.

"바이인이 조금 더 많은 토너먼트에 들어가서 느낌이 어떤지 보는 게 좋을 거야."

50달러 또는 150달러 바이인 토너먼트에서 바로 1만 달러 바이인 토너먼트로 가는 건 합리적인 경로가 아니다. 그 사이에 수많은 단계가 있고 각각의 플레이어와 난도가 있다. 나도 내 수준에서 플레이하는 게임이 더 높은 바이인에서 치러지는 게임과 같다고 생각할 만큼 순진하지는 않다. 기술 수준이 올라가고 복잡성이 늘어나며 난도가 높다. 데일리 토너먼트에서 거둔 작은 성공들이 다른 곳에서의 성공을 보장해주는 건 아니다. 그리고 더 큰 판으로 올라가기 위한 자금을 확보하기에도 충분치 않다. 그래도 출발점은 된다. 애초의 내 목적에 비춰 보면 그걸로 충분하다.

지금 생각해보면 에릭이 처음에 100달러 이하 바이인으로 제한을 둔 게 정말 고마운 일이었다. 나는 거의 두 달 동안 라스베이거스를 돌아다녔다. 여기까지 오는 데 그만큼이나 걸린 것이다. 그동안 50달러짜리 토너먼트를 숱하게 뛰었다. 그러다 보면 들어가는 돈이 금세 50달러보다 훨씬 많아진다. 내세울 만한 성과 없이 계속 토너먼트를 뛰다 보면 낙담한다. 의욕이 줄어든다. 모든 게 쓸데없는 짓 같고 어떻게 해도 실력이 나아지지 않을 것처럼 보인다.

돈 말고도 이번 우승은 자신감을 회복하는 데 대단히 중요했다. 그 모든 공부, 그 모든 시간, 그 모든 노력 끝에 마침내 성과의 신호가 보이기 시작했다는 사실. 그것이야말로 내게 필요한 동력이었다. 아무런 결과도 얻지 못했다면 포기했을지도 모른다. 머리를 흔들며 이 실험을 실패로 간주했을지 모른다.

아직도 내가 더 높은 수준에서 경쟁할 만한 소질이 있는지는 모른다. 하지만 적어도 나 자신, 나의 학습 능력, 낯선 이 세계에서 주눅 들지 않는 법에 대한 새로운 믿음을 갖기 시작했다. 게다가 생각해보면 두 달은 사실 그렇게 긴 시간이 아니었다. 처음 토너먼트에 참가한 후 우승하기까지 그 정도밖에 걸리지 않았다. 물론 작은 토너먼트이기는 하다. 그래도 우승은 우승이다.

어쩌면 그동안 했던 훈련의 효과가 모두 통합되고 있는지도 모른다. 플레이의 바탕이 된 댄의 전략과 하이 롤러들이 전해준 기술적 통찰, 명상을 통해 얻은 츄이의 지혜 그리고 에릭의 지도가 필의 스토리텔링과 함께 마침내 하나로 섞이고 있는지도 모른다. 플래닛 할리우드와 아리아에서 빠르게 결승 테이블까지 오르고 나니 확실히 그런 생각이 든다. 물론 그냥 운이 좋았을 수도 있다. 아직 판단하기에는 너무 이르다. 하지만 어느 쪽인지 알아보고 싶다는 의욕이 갑자기 샘솟았다.

라스베이거스를 떠나기 전에 에릭과 함께 이후 몇 달에 대한 계획을 세웠다. 한 달 반 후인 4월에 몬테카를로에서 유러피언 포커 투어의 연례 이벤트가 열린다. 에릭은 가보는 것도 나쁘지 않다고 말했다. 이 정도면 에릭으로서는 최대한 강하게 지지한 셈이다. 나는 그가 '나쁘지 않은 생각이야', '말이 되는 것 같아'라고 말하면 공책에 여러 개의 느낌표와 함께 기록했다. 그건 '그렇게 해'라는 뜻이기 때문이다.

에릭은 절대 밀어붙이는 것처럼 보이고 싶어 하지 않는다. 이런 일 혹은 저런 일을 하라고 강요하지 않는다. 어차피 포커에 확실한 건 없다. 하지만 그가 '도움이 될 것 같다'라는 식으로 말하면 꼭 해야 한다는 의미인 경우가 많다. 그는 절대 내가 나아갈 방향을 가리키지 않는다. 하지만 잘 들어보면 내가 다음 수준으로 올라가기 위해 무엇을 해야 하는지 자기 생각을 들려준다.

"대개 규모가 작은 여러 사이드 이벤트를 열고 플레이어들도 훨씬 강해. 월드 시리즈 오브 포커 전에 좋은 테스트가 될 거고 시기도 좋아."

그는 내가 이미 많은 진전을 이뤘다고 했다. 상금을 딴 게 전부가 아니었다. 나는 지난 판들을 설명하는 방식도 달라졌다. 이제는 중요한 정보를 빠트리지 않는다. 이전에는 완전히 놓쳤던 것들을 자연스럽게 인지한다. 스택 사이즈? 알고 있다! VPIP? 당연하다(처음에 생각했던 VIP와는 아무 관계가 없다. 그냥 플레이어가 프리플랍에 자발적으로 돈을 집어넣은 비율로 공격성을 가늠하는 지표다). 일반적인 베팅 크기로부터의 편차? 확인했다. 알고 보니 나는 모든 것을 파악하고 있었다. 단지 이를 뒷받침할 성과가 없어서 그렇게 느끼지 못했을 뿐이었다.

몬테카를로는 중요한 시험 무대가 될 것이다. 에릭은 시간이 얼마 남지 않았지만 한 달 반은 테이블을 떠나 있기에 너무 길다고 했다. 그래서 우리는 그사이에 작은 정거장들을 방문하기로 했다. 에릭은 뉴욕과 가까운 폭스우드와 새로 개장한 메릴랜드 라이브 카지노에서 두어 번 토너먼트에 참가하면 될 것 같다고 했다(결국 한 곳에서는 상금 순위권에 들었고 다른 한 곳에서는 실패했다. 하지만 결과와 무관하게 몇 주에 한 번씩 플레이하면서 여러 판에 참여하고 각각의 판을 거치며 제대로 플레이하고 있는지 확인했다). 더불어 온라인 훈련도 하고 런 잇 원스에서 약간의 전략 공부도 하기로 했다.

또한 우리는 매주 만나서 내가 잘하고 있는지, 느낌이 좋은지 점검하기로 했다. 즉 내가 돈을 따고 있는지가 아니라 내가 올바른 방식으로 생각하고 올바른 결정을 내리고 플레이를 잘하는지 검토하기로 한 것이다. 4월이 되면 나는 바다를 건너 중대한 정거장에서 플레이를 할 것이다. 거기서 일이 잘 풀리면? 유러피언 포커 투어가 끝나고 한 달만 있으면 월드 시리즈 오브 포커의 첫 이벤트가 열린다. 또한 본 대회인 메인이벤트까지 두 달밖에 남지 않는다. 내가 모든 장애물을 잘 넘을 수 있다면 아직은 약간 먼 미래의 일이기는 하지만 어쨌든 계속 나아가고 싶다.

라스베이거스로 돌아왔을 때 이미 내게는 변화가 일어난 듯했다. 몇 주 후 강연 에이전시와 통화한 뒤였다. 남편이 나를 조용히 지켜보고 있었다. 막 강연 요청을 거절한 참이었다. 강연을 시작한 후 지금까지 한 번도 그런 적이 없었다. 나는 내 가치가 그쪽에서 제시한 금액보다 높다고 말했다.

"무슨 일 있어?"

내가 묻자 남편은 존경심이 느껴지는 신중한 말투로 말했다.

"있잖아, 당신이 이제는 전보다 사람들에게 덜 당하는 것 같아. 정말 잘된 일이야."

입가에 미소가 지어졌다. 어쩌면 나는 크게 휘두르는 거시기가 된 건지도 모른다.

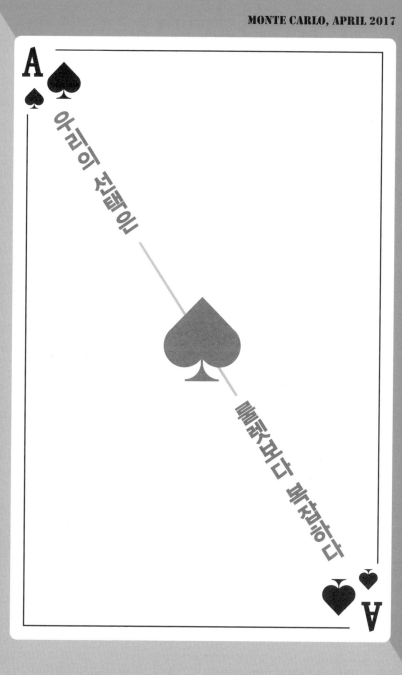

# 몬테카를로, 2017년 4월

강력하지만 변덕스러운 숙녀 '운'에게 찬사를 보낸다.
그녀는 자신이 존재하지 않는다는 사실을 증명하려고
수학자로서 일생을 보낸 내게 은혜를 베푸는 쪽을 선택했다.
—
마크 칵, 《운의 수수께끼Enigmas of Chance》

나는 제임스 퍽킹 본드다. 니스에서 몬테카를로로까지 헬리콥터를 타고 간다. 코니코바. 마리아 코니코바. 좀처럼 그맛이 안 나기는 하지만 그래도 괜찮다. 또한 제임스 본드는 겁을 먹지 않겠지만 나는 부고를 생각하고 있다. 실제로 헬리콥터의 추락률은 놀라울 정도다. 미국 연방항공청FAA 웹사이트에서 확인한 바에 따르면 10만 비행시간당 3.19건이나 된다. 몇 주 전 '헬리콥터 추락률'을 구글로 검색해본 결과다. 이게 높은 걸까? 작은 걸까? 모르겠다. 어쨌든 3.19퍼센트는 내가 보기에는 너무 높다. 애초에 어떤 새디스트가 헬리콥터를 발명한 걸까? 날카로운 날개가 눈 깜박할 사이에 머리를 잘라버릴 만큼 빠르게 돌아간다.

뉴욕에서 오느라 충혈된 눈으로 보내는 마지막 시간 동안 마음의 평온을 얻기 위해 무던히도 애썼다. 이것은 나의 거창한 입장이 될 것이다. 말하자면 진정한 포커 씬scene으로 뛰어드는 것이다. 나 혼자만의 생각이겠지만 말이다. 몬테카를로는 빅 리그다. 지금까지는 타격 훈련에 지나지 않았다. 라스베이거스에서 참가한 데일리 토너먼트들, 폭스우드와 메릴랜드 라이브로 갔던 견학은 소규모 지역 대회에 불과하다. 반면 몬테카를로는 국제 대회다. 이렇게 겁먹은 모습을 보여서 좋을 게 없다.

하지만 마음을 안정시키려던 노력은 니스 공항에 착륙한 다음부터 헤매느라 물거품으로 돌아갔다. 겨우 헬리콥터 환승 데스크를 찾았는데 비행 여건이 너무 위험해서 전체 모나케어Monacair 비행편이 잠시 중단되었다고 했다. 그러면 차를 타고 가겠다고 하니 직원들이 기다렸다가 헬리콥터를 타는 게 좋다고 했다.

한 직원이 내게로 급히 뛰어와 "Bref éclaircissement des nuages(잠시 구름이 걷혔어요)"라고 했다. 그녀는 "Vite, vite, sîl vous plaît(빨리, 빨리 오세요)"라며 놓치고 싶지 않으면 서두르라고 재촉했다. 구름이 걷힌 틈을 놓치면 안 된다는 말이었다. 나는 두려움을 안은 채 그녀 뒤에서 여행 가방을 끌고 달렸다. 내가 'vite'하지 않아서 혹시 헬리콥터를 놓치면 어떨까? 아직 제임스 본드 흉내를 내며 죽을 준비가 되지 않았다. 무엇보다 나의 눈-손 협응·hand-eye coordination 능력은 본드보다 훨씬 덜 발달했다.

그러나 두려움은 곧 경탄으로 바뀌었다. 구름이 걷히자 완벽하게 푸른 지중해의 하늘이 보였다. 주위에는 눈부신 색을 지닌 산들이 둘러서 있었다. 점점이 수 놓인 황토색, 밝은 노란색, 짙은 녹색의 산들. 삐죽삐죽한 암석이 파도 속으로 사라졌다. 너무나 아름다워서 곧 닥칠 종말을 잊을 지경이었다. 나는 바람에 휘날리는 머릿결, 차분한 시선, 위업을 이룰 준비가 된 내 모습을 상상했다. 그리고 만족스러운 미소를 짓는 제임스 퍽킹 본드(나중에 사진을 보니 시차에 시달린 내 꼴은 오스틴 파워에 더 가까웠다). 헬리콥터가 착륙했다. 나는 살아남았다. 몬테카를로가 나를 기다리고 있었다.

첫날 밤, 언덕길을 올라 한 유명한 카지노로 갔다. 아직 플레이할 계획은 없었다. 내가 참가할 유러피언 포커 투어는 해안에 인접

우리의 선택은 룰렛보다 복잡하다

한 다른 카지노에서 열렸다. 에릭은 비행기에서 내리자마자 플레이하면 절대로 안 된다고 경고했다. 시차증과 맑은 생각은 절친이 아니다. 다만 나는 모든 일이 일어난 곳, 어떤 의미에서 나의 이야기가 태어난 곳을 보고 싶었다.

몇 개의 계단과 굽은 길을 지나니 눈부신 조명 아래 보석과 가운, 흰 치맛자락, 짙게 태운 피부, 돈이 나를 둘러쌌다. 숨을 크게 들이마셨다. 수월하게 쌓은 부의 냄새. 은행 계좌를 열 수 있는 최소 금액이 100만 유로인 나라의 심장이 풍기는 냄새. 다른 곳에서는 하이 롤러 토너먼트에서 우승하면 지역의 영웅이 된다. 하지만 여기 주민들은 불쌍하다는 눈길로 바라본다. '겨우 100만, 200만 유로를 벌었다고 흥분하는 거야? 유난스럽군!'

나는 카지노 드 몬테카를로 Casino de Monte-Carlo에 있었다. 금박을 입힌 카펫 위를 걸어가는 동안 일어났을 법한 일이 머릿속에 그려졌다. 저기 왼편에 한 사물이 눈에 들어왔다. 1936년의 룰렛 테이블이었다.


이상한 사람이 룰렛 테이블에 앉아 있었다. 눈에 띄는 것은 그의 외모가 아니었다. 관자놀이에서 벗겨지기 시작한 매끄러운 짙은 머리, 집중하는 표정, 무성한 눈썹은 그의 주위에 있는 기대에 찬 도박꾼들과 다르지 않았다. 그보다 그의 앞에 놓인 커다란 종이가 눈에 띄었다. 그 종이는 무엇인지 알아볼 수 없지만 깔끔하게 정돈된 도형과 숫자로 덮여 있었다. 마치 도박장의 혼돈 속에서 엿보이는 정돈된 질서 같았다. 클라리는 이 종이에 거부할 수 없는 흡인력을 느꼈다. 그녀는 언제나 수학적인 것에 끌렸다. 그녀는 더 자세히 보기로 했다. 그래서 남편 프랜시스가 자기 테이블로 가는 동안 그녀는 작은 칩 무더기에 인상적인 종이 더미를 앞에 둔 신사에게 다가갔다.

존은 갑작스러운 방해에 오히려 기뻐하는 듯했다. 그는 언제나 군중과 대화하기를 좋아했다. 클라리가 젊고 예쁘다는 사실도 나쁠 건 없었다. 곱슬한 짙은 갈색 머리, 작은 몸집, 몸 전체를 밝히는 듯한 눈부신 미소(그는 언제나 여자들의 관심을 즐겼다). 게다가 그녀는 자신의 이론에 관심이 있었다. 그는 자신을 존으로 소개했다(나중에 그녀는 그를 조니라 불렀다). 그리고 자신이 확률을 정교하게 계산하는 통계 시스템을 고안했다고 말했다. 룰렛 같은 확률 기반 게임을 정복할 수 있는 시스템이라는 것이다. 이 시스템은 심지어 카지노가 속임수를 써서 눈치채지 못하게 게임을 조작할 가능성까지 고려하는 변수를 포함한다.

조니는 아직 결함이 있어서 오늘 밤 철저하게 테스트할 작정이라고 설명했다. 클라리는 미소 짓고 돌아서서 발길 닿는 대로 카지노를 헤매다 바에 앉아 칵테일을 마셨다. 그녀는 수학을 사랑할 뿐 도박은 아무리 체계적이라고 해도 도저히 성미에 맞지 않았다.

몇 잔의 칵테일을 마신 그녀는 조니가 다가오는 걸 알아차렸다. 훗날 그녀는 "내 테이블로 와서 같이 앉아도 되겠냐고 물을 때 그가 보였던 온순하고 미안한 듯한 태도는 결코 잊지 못할 것"이라고 썼다. 그녀는 괜찮다는 표시로 고개를 끄덕였다. "그럼요. 의자 갖고 와요. 혼자 술 마시는 거 싫어해요."

우리의 선택은 룰렛보다 복잡하다

존은 "술이라, 좋은 생각이네요. 같이 마시고 싶긴 한데 그럴 형편이 돼요?"라고 대답했다. 그는 그 시스템이 계획대로 통하지 않았다고 설명했다. 빈털터리가 된 것이다.

장소는 몬테카를로다. 존 폰 노이만의 시스템은 실제로 결함이 있었지만 결국에는 당대의 가장 강력한 응용수학 이론 중 하나를 탄생시켰다. 그리고 클라리는 평범한 남편과 이혼하고 존과 결혼했다(또한 그녀는 세계 최초이자 최고의 여성 컴퓨터 프로그래머가 되었다).

운이라는 건 웃기는 구석이 있다. 한 남자가 돈을 전부 잃고 바로 다음 순간에 아내를 만난다. 그 남자는 운을 리버스 엔지니어링reverse engineering(완성품을 분해해 설계 개념과 제작 기술을 역으로 파악하는 것-옮긴이)으로 해체하려 한다. 그는 지금은 불가능하다는 걸 깨닫지만 도박에서 돈을 따는 비결은 가장 복잡한 확률 분포, 20세기의 가장 난해하고 중대한 미적분 문제를 푸는 비결임을 발견한다. 아마 그는 할 수 없겠지만 언젠가 그의 발명품, 나중에 컴퓨터로 알려질 계산기 중의 계산기는 할 수 있을지 모른다. 그렇게 현대성의 핵심은 연구실이 아니라 카지노에서 고안되었다.

나는 바로 폰 노이만이 통찰을 얻은 장소에 있었다. 포커에 관심을 불러일으킨 연구를 한 남자가 자신의 핵심 이론을 적용하기 위해 플레이했던 곳이다. 이곳이 나의 첫 시험을 치를 곳이라는 게 적절하게 느껴졌다. 국제 프로 포커 씬에 들어서는 나의 첫 시도. 더 이상 지역 데일리 토너먼트는 없다. 이제는 전 세계에서 사람들이 모여드는 대규모 국제 이벤트다. 포커는 쿠바 미사일 위기 같은 건 아닐지 모르지만 지금 내게는 심각한 문제다. 어쩌면 폰 노이만이 깨달음을 얻은 이곳에서 나는 그 암호를 풀어내는 일에 더 가까이 다가갈지도 모른다.

원대한 야망을 품고 유러피언 포커 투어가 열리는 살 데 에트왈Salle des Étoiles, 즉 별들의 홀로 향했다. 살 데 에트왈은 세계에서 가장 아름다운 포커룸 중 하나로 꼽힌다. 직접 보니 그 이유를 알 것 같았다. 이전에도, 이후에도 그만한 곳을 본 적이 없었다.

메인 토너먼트 대회장은 원형을 이루고 있고 지붕은 개폐식으로 되어 있어서 하늘을 보여준다. 그래서 플레이어들은 잠시 세상과 약간 덜 단절된 듯한 느낌을 받는다. 벽은 유리로 되어 있어서 어디를 보든지 탁 트인 바다 풍경이 눈에 들어왔다. 모든 포커 게임을 별들 아래서 할 수 있다면 얼마나 좋을까. 그편이 적절해 보인다. 운, 운명, 천상의 힘.

첫 이벤트인 1,100달러 바이인 내셔널 챔피언십National Championship 대회에 약간 일찍 도착했다. 에리이 잘하고 있는지 살펴보고(그는 며칠 전에 하이 롤러 게임을 하려고 들어왔다) 길을 파악하고 싶어서다. 서두르는 건 딱 질색이다. 무슨 일을 하든 서두르면 중심을 잃고 첫발을 완전히 헛디디고 만다. 문제의 토너먼트가 지금까지 플레이했던 토너먼트들보다 다섯 배나 더 참가비가 많이 들고, 선수들의 실력이 지금까지 경험한 수준보다 월등할 때는 더더욱 그렇다.

여기는 모든 측면에서 다른 동네이므로 1초라도 늦어서는 안 된다. 나는 일찍 도착해서 여유를 갖고 현장의 공기를 느끼며 분위기

우리의 선택은 룰렛보다 복잡하다

에 익숙해지고 싶었다. 그렇게 중심을 잡고 중대한 순간이 왔을 때 집중하고 싶었다.

대회장의 왼쪽 구석에서 벌어진 소동이 처음 눈에 들어왔을 때 약간 당황한 이유가 거기에 있었다. 그곳은 에릭이 플레이하는 곳으로 10만 달러 바이인 토너먼트(줄여서 $100K라 부른다. 바이인이 1,000 달러 이상인 토너먼트는 포커계에서 대회명이 아니라 바이인 금액으로 불린다)를 위해 따로 지정된 구역 혹은 '장난하냐? 넌 절대로, 영원히, 100만 년이 지나도 여기서 플레이하지 못해' 구역이다. 나는 지금까지 슈퍼 하이 롤러 게임을 본 적이 없다. 하지만 하찮은 $1K보다는 아마 100배는 더 진지할 것이다. 여기는 진짜 플레이어들이 플레이하는 곳이다.

에릭을 찾으러 가는 동안 다소 이상한 광경을 마주했다. 두 포커 테이블 사이에 목욕 가운을 입은 사람이 엎드려 있었다. 그 위로 누군가가 초시계를 손에 들고 서 있었는데, 바로 우리 동네 브루클린 지하철역의 영화 포스터에 얼굴이 나오는 코미디언 케빈 하트였다. 그가 갑자기 소리쳤다.

"시간이 가고 있어! 이건 절대 못 이겨."

그러자 엎드린 사람이 살아 있는 기척을 내며 몸을 일으켜 플랭크 자세를 취했다. 그제야 그가 댄 콜먼(그의 토너먼트 누적 총상금은 2,800만 달러다. 그중 100만 달러 바이인 '빅 원 포 원 드롭Big One for One Drop' 우승 상금이 15퍼센트 이상을 차지한다)임을 알아봤다.

"하나, 둘⋯."

무슨 일이 일어나고 있는지가 점점 분명해졌다. 케빈은 팔굽혀펴기 횟수를 셌고 사람들은 환호성을 질렀다. 어떤 플레이어는 자리에서 일어나 건너다보기도 했다. 댄은 다시 팔굽혀펴기한 후 자기 테이블로 달려가 카드를 확인했다. 플레이도 같이 하는 모양이었다. 그는 카드를 버리고 급히 플로어로 돌아왔다.

지금 내가 목격한 것은 프랍 벳prop bet이었다. 프랍 벳은 구체적인 조건을 건 내기다. 가령 $100K 와중에 22분 동안 팔굽혀펴기를 105회 한다는 식이다. 이런 내기에 대해 읽어본 적은 있지만 직접 보는 건 처음이었다.

"야, 적당히 해. 열, 열하나. 너, 무리하고 있어!"

케빈이 소리를 질렀다.

"두 개 더! 해봐, 해보라고. 자! 열둘, 열셋. 지금 너 쓰러지려고 하잖아! 이제 엄청 힘들 거야!"

댄은 쓰러지지 않았다. 그러면 베팅이 무효가 되기 때문이다. 그는 일어나 귀중한 몇 초 동안 휴식을 취했다.

"신경 쓰지 말라고. 파이팅!"

프로 포커 플레이어인 이고르 쿠르가노프가 달렸다. 댄 쪽에 베팅한 모양이었다. 댄은 다시 엎드렸다.

"여기서 결판나! 하나, 둘, 셋…. 그래!"

케빈은 질 것 같은데도 신나게 세트를 셌다.

"그래, 자식아! 거의 다 왔어. 아홉, 열. 젠장, 이 자식 진짜 기운 좋네. 쓰러져. 쓰러지라고. 지금 당장 쓰러지라고. 제발!"

이번에도 댄은 쓰러지지 않았다. 그는 105번까지 해냈다. 타이머에 표시된 시간은 21분 52초. 그가 이겼다.

"자식, 잘했어!"

케빈이 댄에게 악수를 청했다. 과연, 슈퍼 하이 롤러의 예의란.

나는 처음 본 프랍 벳이었지만 이런 내기는 포커계에서 흔히 이뤄진다. 그리고 사실 홀덤보다 훨씬 오래되었다. 대개는 댄 콜먼과 케빈 하트의 대결보다 더 확실한 상황에서 내기가 붙는다. 〈아가씨와 건달들〉에서 가상의 도박꾼 스카이 매스터슨은 아버지의 교훈을 이렇게 전한다. "여행하다 보면 어떤 사내가 아직 포장을 뜯지 않은 새 카드를 보여줄 거야. 그리고 잭 스페이드가 튀어나와서 당신 귀에 사이다를 뿜게 할 테니 내기를 하자고 말할 거야. 그래도 절대 내기를 받아들이면 안 돼. 그랬다가는 틀림없이 네 귀에 사이다가 가득 찰 테니까."

본명이 앨빈 클라렌스 토머스인 '타이타닉 톰슨'이 바로 이 매스터슨이라는 캐릭터에 영향을 미쳤을 것이다. 그의 별명이 타이타닉인 이유는 지나가는 길에 있는 모든 것을 침몰시키기 때문이다. 그는 포커만큼, 때로는 포커보다 온갖 내기에 관심이 많았던 전설의 플레이어들 중에서도 조상으로 여겨진다. 그는 골프 내기에서 자주 사기를 쳤다. 한번은 알 카포네를 상대로 거리 건너편에 있는 건물 옥상까지 레몬을 던질 수 있다고 내기를 걸어서 이기기도 했다(그는 미리 레몬에 납을 넣어서 무겁게 만들었다).

전하는 이야기에 따르면 그가 타이타닉이라는 별명을 얻은 계기는 137센티미터 높이의 당구대를 뛰어넘은 일이었다. 당구장 주인은 누구든 새 당구대를 뛰어넘는 사람에게 200달러를 주겠다고 제안했다. 누구도 육상 선수급 점프를 할 수 없을 것이고, 설령 하더라도 크게 다칠 것으로 생각했기 때문이다. 하지만 타이타닉은 내 기를 받아들였다. 그는 당구대 옆으로 매트리스를 끌어온 다음 당구대를 넘어 그 위로 착지했다.

현대의 프랍 벳은 성격이 좀 다르다. 어떤 의미에서 과거의 내기꾼들은 사기꾼들이었다. 물론 대놓고 사기를 친 건 아니었다. 하지만 상황을 유리하게 조성해놓고 피해자를 끌어들였다. 정보가 비대칭이었기 때문에 전적으로 공정한 내기가 아니었다. 그들은 상대가 모르는 걸 알았고, 그래서 질 일이 없었다.

반면 신세대 내기꾼들은 도박의 불확실성에 더 관심이 있다. 그래서 통제의 한계를 시험하려 한다. 팔굽혀펴기, 48시간 안에 로스앤젤레스에서 라스베이거스까지 자전거 타고 가기, 한 달 동안 깜깜한 욕실에서 휴대폰이나 음악 없이 버티기, 카리브해의 두 섬 사이를 헤엄치기 등 자신을 한계까지 밀어붙일 조건을 찾는다.

이는 어떤 의미에서 폰 노이만의 접근법과 상반된다. 말하자면 너드nerd(머리는 좋은데 사회성이 부족한 유형-옮긴이)와 카우보이 같다. 수학자는 운을 통제하고 싶어 한다. 하지만 도박꾼은 포커 판에서 그렇게 할 수 없다는 걸 안다. 그래서 자신이 설정한 조건에서 한계를 시험하는 새로운 게임을 창조한다. 계산 대 인간의 대결이다. 둘 사이의 결투는 멈추지 않는다. 승자는 아직 밝혀지지 않았다.

에릭은 나의 놀란 모습을 보고 '꼴통 짓degenning'에 신경 쓰지 말라며 웃었다. 알고 보니 꼴통 도박꾼degenerate gambler이 하는 일을 뜻하는 꼴통 짓은 명사뿐 아니라 동사로도 쓰일 수 있다(degen). 꼴통 짓은 타당한 수준보다 약간 심하게, 실제 경계를 약간 넘어서서 도박을 일삼는 것이다. 토너먼트 대회장에서 나오는 길에 크랩스를 하는 것은 꼴통 짓이다. 감당할 수 있는 수준을 약간 넘어서는 터보 토너먼트를 뛰는 것도 꼴통 짓이다(터보 토너먼트에서는 빠른 진행 속도 때문에 기술의 가치가 떨어진다). 포커에서 딴 돈으로 스포츠 베팅을 하는 것은 꼴통 짓이다.

"몬테카를로에서는 그러고 싶은 유혹이 들 수 있어. 그래도 맑은 머리를 유지하고 이겨야 해."

에릭의 말에 나는 고개를 끄덕였다. 그건 가장 쉬운 축에 속했다. 꼴통 짓은 하고 싶지 않다. 프랍 베팅과 슬롯머신, 스포츠 베팅의 세계는 무섭기만 하다. 지금보다 더 도박에 가까이 다가가고 싶은 생각은 없다.

"휴식 시간에 확인하러 올게. 흥미로운 판은 꼭 기록해둬."

그 말과 함께 에릭은 나를 첫 €1K로 출정시켰다.

새벽 2시 무렵, 나는 둘째 날까지 살아남았을 뿐만 아니라 공식적으로 상금 순위권에 들어갔다. 토너먼트 구조상 첫날은 12퍼센트의 플레이어들이 남을 때까지 진행되며 남은 사람들은 모두 최소 상금, 즉 가장 적은 액수의 상금을 보장받는다. 이 토너먼트의 최소 상금은 1,540유로다. 바이인을 빼면 440유로를 버는 셈이다. 플레이어 1,252명이 이 토너먼트에 참가했다(탈락 후 재참가를 허용하기 때문에 실제 참가자 수는 더 많다. 여러 번 참가하는 사람도 있기 때문이다. 나는 그럴 형편이 안 되기 때문에 거기에 포함되지 않는다). 그중 293명이 둘째 날까지 살아남았다. 그리고 나도 포함되었다. 에릭에게 문자로 기쁜 소식을 전한 후 길 아래쪽에 있는 호텔을 찾아 밖으로 나섰다.

해안가에 있는 조용한 도로를 혼자 걷는 건 무섭다. 에릭이 한밤중에 수천 달러를 들고 한 카지노에서 다른 카지노로 이동했던 이야기를 해준 적이 있었다. 그가 보안요원을 붙여줄 수 있는지 묻자 카지노 담당자는 웃음을 터트렸다. 몬테카를로는 코딱지만큼 작은 동네라서 어디든 현금다발을 놓아둬도 누구 하나 건드리지 않는 모양이었다. 나는 침대로 들어가면서 그럴 수 있으면 좋겠다고 생각했다.

다음 날, 나는 금방 탈락했다. 정확하게는 193등으로 최소 상금을 받게 됐다. 두 명만 더 탈락할 때까지 버텼다면 상금이 올랐을 것이다. 그러면 320유로를 더 받는다. 내게는 쏠쏠한 금액이다. 하지만 그런 부분까지 미리 챙길 만큼 아직은 토너먼트 전략에 밝지 않다. 큰 판에서 졌더니 빅 블라인드를 두 번 낼 칩만 남았다. 그래서 상금을 더 받을 수 있도록 몇 판 더 기다리지 않고 바로 다음 판에 칩을 전부 올인해버렸다. 에릭은 그날 밤 나의 첫 '대형' 상금을 축하하기 위해 저녁을 먹으러 가며 말했다.

"차차 배울 거야. 잘했어. 자부심을 가져."

우리는 몬테카를로 만에서 절벽 옆으로 난 바람 부는 길을 거슬러 걸어갔다. 목적지는 에릭이 몇 년 전에 발견한 이탈리아 레스토랑이었다. 여기 몬테카를로는 엄청나게 비싼데도 슬플 만큼 맛없는 음식들로 넘쳐난다. 우리 동네에서 파는 피자보다 훨씬 못한 피자가 26유로에, 쉐이크쉑을 그립게 만드는 햄버거가 30유로라고? 이름만 들어도 군침 도는 '차가운 스프링 롤'이 18유로라고? 에릭은 이 정도면 뉴욕에서도 유별난 가격이라고 했다.

우리가 걸어가는 길의 왼쪽에서는 파도 소리가 들렸다. 해안이 커다란 광고판 뒤에 가려져 있어 어떤 풍경일지는 상상할 수밖에 없었다. 현재 모나코는 땅이 부족해서 해안 바로 옆에 섬을 만들고 있다. 광고판은 보기 흉한 크레인과 건설 현장을 가리기 위해 설치되었지만 모든 풍경을 더 구슬프게 만들 뿐이다.

모퉁이를 돌아 더 높은 곳으로 올라서자 바다가 나타났다. 저기에 만灣이 있다. 아까 봤던, 추상표현주의적인 요트들도 보였다. 검색해보니 필립 스타크가 디자인한 러시아 재벌 소유의 요트였다. 포커스타즈가 플레이어들을 초청해 파티를 여는 지미즈Jimmy'z라는 나이트클럽도 보였다. 별표와 z는 1970년 처음 생길 때부터 있었던 것이다.

"저기는 내가 여기 처음 왔을 때도 있었어. 참, 내가 그 이야기한 적이 있던가?"

에릭의 말에 나는 고개를 저었다.

"아니요. 포커 때문에 온 거였어요?"

"아니. 백개먼 대회에 참가하러 왔었지. 그때는 아직 어릴 때라 돈이 없었어. 그래서 나한텐 엄청난 일이었지. 대회에 참가하기 위해 턱시도를 빌려야 했어."

에릭이 정장을 입은 모습은 한 번도 본 적이 없었다. 나는 눈썹을 치켜올렸다.

"그때는 엄청나게 화려했지. 턱시도를 입지 않으면 대회에 참가할 수 없었어. 여기 온 첫날에 몇 명이 지미즈로 갔어. 나는 술을 잘마시지 않는 데다가 돈도 없어서 그냥 오렌지주스만 주문했지."

젊은 에릭이 클러버들에게 둘러싸인 채 오렌지주스를 홀짝이는 모습을 떠올렸다. 그다운 모습이다.

"계산서가 왔는데 정확한 액수는 기억나지 않지만 25유로 정도였어. 믿을 수가 없었지. 나한테는 거금이었거든. 다행인 건 그때보다 물가가 많이 오르지 않았다는 거야. 오렌지주스 가격은 지금도 비슷할 거야."

나는 플레이어 파티는 거르기로 했다. 오른쪽으로 한 번 더 돌아서 주유소와 아시아 식당을 지나자 왼쪽에 라 피아자La Piazza가 있었다. 네온 핑크 간판이 야외 테이블을 가리는 흰색 차양 위로 밝게 비쳤고 야외 테이블 주위에는 투명한 가림막이 드리워져 있었다. 4월이라 아직 날씨가 쌀쌀했다. 단순한 테이블에 분홍색과 베이지색으로 된 테이블보, 색상을 맞춘 의자가 있었고 바닥은 체크 패턴이었다.

"마음에 들 거야. 여기는 내가 세상에서 제일 좋아하는 곳 중 하나야."

우리는 안쪽 테이블로 안내되었다. 실내는 사람들로 가득했다. 내가 앉은 왼쪽에는 창이 있었고 오른쪽에는 최신판 〈보그〉 룩북 lookbook에서 방금 쇼핑한 듯한 차림의 모녀가 앉아 있었다. 그들은 똑같이 곧게 편 금발을 하고 똑같은 빨간색 립스틱을 바르고(이 색상에 특정한 명칭이 있다는 건 아는데 개인적, 직업적으로 내 영역 밖이라 잘 모른다) 똑같이 뾰족한 분홍색 하이힐을 신었다. 피부조차 똑같이 황금색이다. 그들은 러시아어를 했다. 여기 온 지 48시간밖에 안 되었지만 러시아 사람이 프랑스 사람보다 많다는 걸 알았다. 그들이 무

우리의 선택은 룰렛보다 복잡하다

슨 대화를 하는지 알게 된 후부터는 내가 러시아어를 할 줄 안다는 사실을 잊으려고 최선을 다했다. 아무래도 가장이 그다지 합법적이지 않은 사업에 관여하는 모양이었다.

나는 최대한 포커페이스를 하고 메뉴판에 집중하려고 애썼다. 누군가 "에릭!" 하고 우렁찬 목소리로 불렀다. 고개를 드니 덩치 큰 사내가 웃으며 이쪽으로 오고 있었다.

"다시 돌아와서 기쁘군. 그런데 우리는 지금 막 나가는 중이야. 아니면 같이 먹자고 했을 텐데."

그가 에릭을 보며 말했다. 그의 뒤에 또 다른 덩치 큰 사내가 웃고 있었다. 그러자 이제는 에릭이 일어섰다.

"어이, 팔라펠! 여기 온 줄 몰랐어!"

세 사람은 잠시 대화를 나눴다. 얼마 후 쾌활한 제로 모스텔(뚱뚱한 미국 코믹 배우-옮긴이)을 닮은 두 사람이 밖으로 나갔다.

"저녁값은 내가 낼게! 바닷가재 파스타 먹어. 최고야."

팔라펠이 아닌 사내가 뒤를 돌아보며 소리쳤다. 에릭이 나를 보며 말했다.

"저 사람은 슬로보야. 여길 나한테 알려준 사람이지. 매일 밤 저녁을 여기서 먹는 것 같아. 팔라펠은 들어본 적 있지? 백개면 때문에 알게 된 사람이야."

내가 팔라펠(병아리콩을 갈아서 튀긴 요리-옮긴이)을 모를 리가. 에릭이 '백개먼'이라고 말하는 걸 들으니 그 이름을 처음 알게 된 때의 기억이 되살아났다. 몇 년 전 〈뉴요커〉에 소개된 프로필을 보고 그를 알게 됐다. 그는 노숙자로 사는 백개먼 천재로서 워싱턴 광장에서 세상을 사로잡은 인물이었다. 이 바닥에서는 모두가 별명으로 불리는 듯하다.

"그 사람 맞아. 멋진 사람이지. 같이 이야기해보면 재미있을 거야. 몬테카를로에 돌아온 줄은 몰랐네."

우리가 주문한 음식이 도착했다. 멋진 바닷가재와 아보카도 샐러드 그리고 슬로보가 몬테카를로에 왔으니 반드시 먹어야 한다며 강권한 바닷가재와 토마토 파스타가 나왔다. 에릭은 백개먼을 하던 시절에 알게 된 친구들 이야기를 해주었다. 그들은 꼴통 짓을 상당히 심하게 하는 모양이었다. 나는 살 빼기와 살찌우기 그리고 그 중간의 모든 것에 내기를 거는 과거의 프랍 베팅 이야기를 들었다. (실제로 그 중간에 무엇을 먹는지, 어떻게 먹는지, 언제 먹는지, 언제 다른 사람이 먹는지, 언제 어떻게 화장실에 가는지를 두고 내기가 벌어졌다고 한다. 한번은 걸을 때마다 무조건 런지 자세를 취해야 한다는 조건으로 내기가 벌어졌다. 이 내기 때문에 한 플레이어가 토너먼트에서 실격했다. 화장실까지 런지 자세로 가느니 병에 소변을 보기로 했기 때문이다.)

"이왕 프랍 베팅 이야기가 나왔으니 물어보고 싶은 게 있어요."

그렇지 않아도 에릭에게 물어보고 싶은 이상한 게임(적어도 나는 게임이라고 생각한다)이 있었다. 전날 휴식 시간에 에릭이 잘하고 있는지 보려고 하이 롤러 테이블을 지나다 사람들이 이 게임을 하는 소리를 엿들었다. 그들은 자신이 생각하는 수치를 대고 있었다. 지구에서 목성까지의 거리를 맞히고 있는 것 같았다. 에릭에게 최대한 설명을 잘하려고 애썼다. 다행히 그는 내가 무슨 말을 하는 건지 알아챘다.

"그거, 로든 싱크스Lodden Thinks야! 정말 대단한 게임이지. 너무 재미있기도 하고 생각하는 데도 좋아. 너도 좋아할 거야."

로든 싱크스는 2000년대 중반 프로 포커 플레이어 두 명이 포커 방송을 하다 따분한 나머지 개발한 게임이다. 두 사람은 바로 매지션Magician으로 불리는 안토니오 에스판디아리와 유너바머Unabomber로 불리는 필 라크다. 안토니오는 전직이 마술사여서 그런 별명이 붙었고, 필은 항상 후디를 뒤집어쓰고 선글라스로 눈을 가려서 그런 별명이 붙었다.

두 사람은 시간을 보낼 방법을 떠올리고 있었는데 당시 같은 테이블에 노르웨이 출신의 포커 플레이어이자 친구였던 조니 로든이 있었다. 두 사람은 번갈아 그에게 질문을 던졌고 그다음 그가 어떤 대답을 할지를 두고 내기를 벌였다. 조니가 대답했을 때 가장 가까운 예측을 한 사람이 이기는 식이었다. 이 게임은 인기를 끌었다. 곧 전 세계의 플레이어들이 질문 하나에 1, 2달러부터 수만 달러를 걸기 시작했다.

로든 싱크스 게임의 재미는 질문에 대한 실제 정답은 전혀 의미가 없다는 데 있다. 핵심은 인식과 심리다. 로든(혹은 지목된 사람)은 답이 무엇이라고 생각할까? 누가 더 그의 관점에서 세상을 바라볼까? 어떤 의미에서 이 문제는 포커뿐 아니라 수많은 사회적 상황의 핵심을 반영한다. 우리는 타인이 세상을 바라보는 방식을 얼마나 잘 알아낼까? 그리고 그에 따른 행동을 얼마나 잘 맞힐까? 이때 객관적 현실은 중요치 않다는 점을 명심해야 한다. 주관적 인식과 거기에 정확하게 동조할 수 있는 능력이 승리의 비결이다.

인기 포커 방송 〈포커 애프터 다크Poker After Dark〉의 한 에피소드에서 유명 플레이어 필 아이비와 도일 브런슨은 1만 달러를 걸고 로든 싱크스 게임을 했다. 도일은 "클린트 이스트우드의 나이로 내기를 걸고 싶어"라며 게임을 시작했다. 대니얼 네그리누가 나이를 추정하는 역할을 맡았다. 즉 그가 '로든'이다. 그가 어떤 답을 할지 머릿속으로 결정하고 나면 게임이 시작된다.

"제가 할게요."

필이 도일을 보고 말했다.

"저랑 하실래요? 1만 달러 어때요?"

"좋아."

도일이 고개를 끄덕였다. 도일은 21세에서 시작했다. 필은 그보다 낮은 나이를 받아들이거나 더 높은 숫자를 제시할 수 있다. 그는 40세로 맞받아쳤다. 이제는 도일이 더 낮은 나이를 받아들이거나 더 높은 숫자를 댈 수 있다. 그는 즉시 60세로 맞받아쳤다. 이제부터 분위기가 더 진지해지기 시작했다. 필은 도일을 약간 노려보다가 62세라고 말했다. 도일은 피식대며 64세라고 맞받아쳤다. 66세, 68세. 필은 생각했다. '대니얼은 얼마나 멍청할까….' 로든의 머릿속을 잘 읽어야 이길 수 있다. 이스트우드의 실제 나이는 전혀 알 필요가 없다.

"신호 주는 거 아니지?"

도일이 물었다. 필은 어떤 의미에서는 그렇다며 대꾸했다. 당연히 로든의 반응을 보고 거기서 단서를 얻어내는 게 이 게임의 방식이기 때문이다. 인생의 다른 많은 것처럼 이 게임도 진실이 아니라

우리의 선택은 룰렛보다 복잡하다

사람을 파악하는 게 핵심이다.

잠시 후 필이 포켓 7페어를 들고 모든 칩을 중앙으로 밀어 넣었다. 그들은 하이 스테이크 게임을 하는 중이었다. 현재 팟은 8,000달러를 넘었다. 뒤이어 필이 69세라고 맞받아쳤다. 도일은 72세라고 말했다. 필은 상대의 패가 자신의 패보다 센 8페어임을 확인했다. 그는 73세라고 반격했고 도일은 74세로 올렸다. 그제야 필은 그보다 아래를 선택했다. 두 사람은 대니얼을 쳐다봤다. 답을 기다리는 동안 도일은 필에게 자신이 이겼다고 말했다. 대니얼이 웃음을 터뜨렸다.

"제가 생각한 건 73세예요."

필은 올인한 판에서 졌지만 그래도 1만 달러를 땄다. 도일은 믿을 수 없다는 듯 고개를 저었다.

"진짜 나이는 77세야."

그는 그걸 모르는 사람이 있다는 사실을 믿을 수 없다는 표정을 지었다. 필은 자리를 떠났다. 올인한 판에서 지면서 2만 달러 바이인을 다 잃었기 때문이다. 그때 필 헬무스가 불쑥 말했다. 앞서 다른 로든 싱크스 게임에서 져서 자기한테 줄 돈이 있다고. 그 금액은 1다임dime이었다. 은어가 아니라 진짜 10센트다. 필은 호주머니를 뒤져서 테이블 위로 10센트를 던졌다. 이번 로든 싱크스 게임은 그렇게 끝을 맺었다. 도일은 답을 알았지만 필은 사람을 알았다.

때로는 상호작용의 구체적인 측면을 세심하게 관찰하지 않으면 사람을 아는 것으로도 충분치 않다. 또한 개인적인 지식이 너무 많아도 이기는 데 방해가 될 수 있다. 에릭은 가장 뼈아팠던 로든 게임 이야기를 내게 들려주었다. 상대는 바로 로든 마스터인 안토니오 에스판디아리였다.

때는 2014년, 에릭은 $100K 토너먼트에 참가하려고 남아프리카공화국으로 갔다. 사실 그는 이 토너먼트에 참가할 마음이 별로 없었다. 하지만 댄 해링턴이 50개국을 여행한다는 목표를 세웠고, 두 사람은 마침 오지 밀리언스Aussie Millions에 참가하려고 호주까지 간 상황이었다. 그래서 타이밍이 괜찮아 보였다. 결국 두 사람은 요하네스버그까지 갔다. 토너먼트는 망했다. 겨우 아홉 명만 참가했고, 모두 프로였다. 하지만 여행 자체는 매우 다채로웠다. 그들은 사파리를 체험할 계획으로 케이프타운에 묵으며 인근의 관광지를 돌아다녔다.

그날 아침 에릭과 댄, 정글맨Jungleman(프로 포커 플레이어 댄 케이츠의 별명이다. 마침 그는 며칠 전 $100K에서 우승했다) 그리고 안토니오는 사자공원으로 가는 버스를 탔다. 곧 로든 싱크스 게임이 벌어졌다. 당시 안토니오는 자신이 창안한 게임을 사람들과 즐길 기회를 놓치지 않았다.

이번 게임의 로든은 댄 해링턴이었다. 내기에 나선 사람은 에릭과 안토니오였다. 질문은 '댄이 다시는 양말을 신지 않는 대가로 받을 금액은 얼마일까?'였다. 곧 추정치가 연거푸 오갔다. 에릭은 금세 50만 달러 선까지 다다랐다. 그는 자신이 있었다. 그와 댄은 오랜 친구였다. 내기에 걸린 돈도 적지 않았다.

"아마 5,000달러 넘게 걸었을 거야. 하지만 1만 1,000달러 또는 1만 2,000달러였어도 놀라지 않았을 거야."

안토니오는 재빨리 그 아래 금액을 말했다. 두 사람은 기대에 찬 눈길로 댄을 바라봤다. 승자는 안토니오였다. 댄이 말한 금액은 16만 달러였다.

"말도 안 돼! 절대 다시 양말을 신을 수 없는데도?"

지금도 에릭은 그때를 떠올리며 고개를 세차게 저었다.

"너무 화가 났어. 헬스장에 운동하러 가는데도 양말을 안 신는다고? 정말?"

에릭은 오랜 친구인 댄이 그런 불편을 감수하려면 그 대가가 상당히 비쌀 것으로 판단했다. 그리고 댄은 그렇게 돈에 쪼들리지 않았다. 하지만 단순히 사람을 아는 것으로는 충분치 않았다.

"댄의 반응을 자세히 살피지 않았어. 안토니오는 살폈고."

에릭은 후회했다. 아무리 초상화를 잘 그려도 현재의 상태를 살피지 않으면 소용이 없다. 중요한 것은 순간이다. 현재 마음가짐이다. 알고 보니 에릭은 댄이 자신을 아는 것보다 더 댄을 잘 알았다. 댄은 약간 더 생각해보더니 자신이 제시한 금액이 너무 낮은 것 같다고 인정했다. 하지만 이미 에릭은 게임에서 졌다.

"솔직히 그냥 댄에게 16만 달러를 주고 다시는 양말을 못 신는 고통을 주고 싶었어. 아마 안토니오는 로든 싱크스로 수백만 달러를 벌었을 거야."

여행이 끝날 때까지 머릿속으로 계속해서 로든 싱크스 게임을 해봤다. 이 게임은 포커의 복잡성 그리고 포커에 담긴 의사결정의 복잡성에 대해 내가 말하려던 많은 부분을 깔끔하게 정리해준다. 그것은 끝없는 원이다. 거기에는 수학, 계산, 게임이론에 따른 해답을 찾아내기 위해 수많은 몬테카를로 시뮬레이션에서 도출한 전략이 있다. 그러나 그 외에도 많은 것이 있었다. 폰 노이만이 알게 된 것처럼 인간은 언제나 수학적 모델이 나아가는 길을 막아선다. 그가 완벽한 모델을 구축하지 못한 이유가 거기에 있었다.

인간의 선택은 우리가 생각하지 못할 정도로 놀라울 때가 있다. 우선은 기본 전략을 알아야 하고 그런 다음에는 개인에 맞춰 전략을 조정해야 한다. 그리고 특정한 개인이 특정한 순간 갖는 감정에 따라 추가로 전략을 조정해야 한다. 그러고도 그들이 모든 것을 충분히 분석하지 않는다면 어떻게 될까? 댄처럼 잠시 그 의미를 잊어버리고 자신이 원하는 바를 잘못 추정한 채로 자신 있게 말해버리면 어떻게 될까? 이런 부분까지 고려해야 한다. 그렇지 않으면 로든 게임에서, 포커에서, 전술적 협상에서 지고 만다. 누군가는 자기 자신의 생각에 대해서도 아주 당당하게 틀릴 수 있다.

나는 계속 플레이했다. 그리고 30유로짜리 피자를 먹었다. 그나마도 그날 저녁 모나코 왕자가 여기서 식사를 하기로 하는 바람에 일행과 함께 레스토랑에서 쫓겨났다(대신 무료 식사권을 받았다. 그런 경우라면 언제든 쫓겨날 용의가 있다). 나는 해안가의 고급 레스토랑에서 접시에 담긴 간장을 하나밖에 없는 스웨터에 쏟았다. 그리고 파업 때문에 사흘 동안 세탁할 수 없다는 말을 들었다. 모나코에서 살아남는 비결은 모나코를 떠나는 것뿐이다. 10분만 걸으면 프랑스다. 거기서는 15유로에 저녁을 먹을 수 있다. 오렌지주스도 대충 예상한 가격이다. 이젠 친구가 된 다른 플레이어들로부터 1.6킬로미터

우리의 선택은 룰렛보다 복잡하다

만 가면 지금 묵는 호텔보다 훨씬 싼 에어비앤비 숙소가 있다는 이야기를 들었다. 그들은 내년에 내 자리를 하나 주겠다고 제안했다. 며칠만 더 있으면 나는 곧 현지인이 될지도 모른다. 투어를 돌며 살아남는 방법을 배우고 있다.

열흘에 걸쳐 총 여섯 개 토너먼트에 참가해 그중 세 개에서 상금 순위권에 들었다. 구체적으로는 두 번 더 최소 상금을 딴 후 €1K에 데뷔했다. 440유로 컵에서는 624명 중 93등으로 730유로를 따서 290유로를 벌었다. 또한 식스 맥스six-max, 즉 한 테이블에 아홉 명이나 10명이 아니라 최대 여섯 명이 앉는 1,100유로 토너먼트에서는 624명 중 93등을 했다. 상금은 1,840유로로 무려 740유로를 벌었다! 느낌표를 다는 걸 이해해주길 바란다. 그만큼 짜릿했다는 뜻이다. 포커 토너먼트에서 실제로 돈을 번다는 걸 믿기 힘들었다. 일주일 남짓한 기간에 1,470유로를 벌었다. 이런 수준이라면 얼마 안가 성공할 것 같다. 월드 시리즈 오브 포커 메인이벤트에서 영광을 누릴 날이 그리 멀지 않았다.

하지만 이곳에서 배워야 할 교훈이 몇 가지 더 있었다. 나는 뉴욕으로 돌아가기 전 에릭과 마지막 아침을 먹으며 높은 확률로 상금을 딴 사실을 흥분된 목소리로 말했다. 사실 에릭이 기립 박수를 치거나 차분하게라도 흥분해주기를 기대했다. 그가 나를 얼마나 잘 가르쳤는지 보라는 듯이. 하지만 내게 돌아온 것은 "그게…"라는 미적지근한 반응이었다. 그는 내가 완전히 망친 판에서 긍정적인 교훈을 뽑아내지 못할 때 주로 이런 반응을 보이곤 했다. 지금 그가 짓는 표정은 어린아이가 처음 구워서 자랑스레 건넨 쿠키를 먹었는데 설탕이 아니라 소금을 들이부었다는 걸 깨달은 부모의 표정 아닌가? 솔직히 혼란스러웠다. 좋아하지 않을 게 뭐가 있어?

"일반적으로 네가 토너먼트에서 상금을 따는 확률은 20~25퍼센트 정도여야 해. 50퍼센트가 아니라."

뭐? 그럼 내가 상금을 너무 자주 딴다는 건가? 그게 왜 나쁘지?

"수학적으로 보면 돈은 막판에 집중돼. 이 바닥에서 정말 돈을 버는 사람들은 결승 테이블까지 가는 사람들이야."

말은 된다. 하지만 왜 내가 상금을 자주 따는 게 잘못된 건지 아직 모르겠다.

"최소 상금이 아니라 우승을 노려야 해. 이렇게 자주 상금 순위권에 겨우 들었다가 바로 탈락하는 건 뭔가 잘못하고 있다는 거야. 버블bubble(상금 순위권과 탈락의 경계-옮긴이)까지 작은 스택으로 간다는 거지."

지난 토너먼트를 돌아보며 그의 말이 옳다는 걸 깨달았다. 매번 나는 상금 순위권에 들 때까지 버티려고 애썼다. 그리고 순위권에 가까워지면 몇 시간에 걸쳐 신중하게 플레이했다. 그러다 압박이 들어오면 거기에 굴하여 폴드하고 말았다. 버블, 즉 순위권에 들기 직전에 탈락하는 사람은 되고 싶지 않았다. 상금을 타고 싶었다. 상금을 바라는 건 우승을 바라는 것과 다르다.

"대체로 자주 상금을 타는 사람들이 실제로는 돈을 잃어. 최소 상금만 받아서는 돈을 벌 수 없어."

그는 계산해보라고 다그쳤다. 항공 요금은 얼마였어? 호텔은? 식비는? 상금을 타지 못한 토너먼트의 참가비는 또 얼마나 됐어?

우리의 선택은 룰렛보다 복잡하다

이 모든 걸 따지면 이번 여행에서 번 돈이 얼마나 돼?

나는 1,470유로를 벌기는커녕 실제로는 돈을 잃었다는 사실을 깨닫고 풀이 죽었다. 라스베이거스와 비교해보자. 라스베이거스는 규모가 작다. 그래도 나는 65달러 바이인 토너먼트에서 900달러 넘게 땄다. 투자 대비 14배가 넘는 수익이다. 그런 토너먼트는 판이 너무 적어서 상금을 받으려면 결승 테이블까지 가야 한다. 여기처럼 돈이 막판에 몰리기 때문이다. 그래도 나는 결승 테이블까지 갔다.

여기는 플레이어들만 뛰어난 게 아니다. 판도 훨씬 크다. 13명 혹은 100명이 아니라 수백 명, 때로는 수천 명을 이겨야 한다. 계산이 달라지고 고려할 사항이 달라진다. 물론 너무 빨리 탈락하지 않고, 서서히 칩을 쌓아나가고, 탄탄하게 플레이하는 방법은 배웠을지 모른다. 하지만 며칠 동안 치러지는 토너먼트의 역학에 대해, 버블에 대해, 높은 순위까지 오르려면 드러내야 할(드러내지 않을 수 없다) 공격성의 유형에 대해서는 제대로 배우지 못했다. 이 수준에서 포커는 완전히 다른 게임이 된다. 잠시 압도당하는 기분을 느꼈다. 포커의 세계가 더 가까워진 게 아니라 갑자기 훨씬 더 멀어진 것 같았다.

"오해하지는 마. 상금을 탄 건 정말 잘한 거야. 4개월 전에는 라이브 게임을 해본 적도 없었잖아. 자랑스러워할 만해. 이제 이런 수준에서도 상금을 딸 수 있다는 걸 알았으니까 순위권에 들 때까지 잘못한 게 뭔지 파악해야 해. 상금을 자주 따지 못하더라도 더 오래가는 게 좋아."

기꺼이 더 자주 탈락하고, 모든 칩을 다 잃더라도 분산 정도가 더 심해지는 방식을 취하라는 말이다. 그래도 이기기만 하면 더 멀리 가고 더 오래 버텨서 결승 테이블까지 갈 수 있다. 더 많이 지더라도 더 공격적으로 플레이해야 한다. 포커 판에는 블러핑을 치다가 걸린 적이 한 번도 없으면 블러핑을 충분히 하지 않은 것이라는 말이 있다. 지난주 블러핑을 해서 누군가가 콜을 하고 자랑스럽고 자신 있게 카드를 깐 적이 있는지 생각해봤다. 아무 패도 없다는 사실을 알면서 최후의 베팅을 한 적이 있었던가? 아무리 생각해도 그런 적은 없었다.

"뛰어난 플레이어는 네가 최소 상금에 연연한다는 걸 눈치채. 그래서 그 점을 이용하지. 정말로 심하게 널 괴롭힐 거야."

연구실에서 자주 구현했던 학습 과정을 포커 판에서 경험하고 있었다. 더 많이 배울수록 더 어려워진다. 더 나아질수록 더 나빠진다. 이전에는 보려는 생각도 하지 않았던 문제가 지금은 눈에 보여서 고쳐야 하기 때문이다. 성장하고 싶다면, 진전을 이루고 싶다면 더 깊이 파고들어야 한다.

국제 대회에서 상금을 따는 것 같은 중요한 기점에서 자부심을 느끼는 건 좋다. 하지만 더 큰 그림에 계속해서 집중하고 아직 갈 길이 멀다는 사실을 인지하는 일도 중요하다. 이전보다 조금 나아졌을 뿐 정말로 성공했다고 말하기에는 아직 부족한데도 작은 승리에 도취해서 자만에 빠진다면 앞으로 더 나아갈 수 없다. 우리는 성과를 알리는 작은 징표에 너무나 쉽게 안주한다. 시상대에 서보지도 못하고 참가상을 받았을 뿐인데 말이다. 그럭저럭 괜찮은 수

우리의 선택은 룰렛보다 복잡하다

준이면 충분하다고 생각한다. 때로는 그럴지도 모른다. 하지만 지금 여기 내게는 그렇지 않다.

에릭은 나의 기를 꺾으려는 게 아니다. 오히려 그 반대다. 그는 내가 노려야 할 표적을 더 높이 올리고 있다. 그는 내가 안주할 수 있다는 사실을 깨닫기도 전에 안주하지 못하도록 만들고 있다. 최소 상금은 나쁘지 않다. 이전에는 내가 실제로 이 판에서 비빌 수 있는지를 확인하는 좋은 목표였다. 하지만 이미 나는 그럴 수 있다는 사실을 증명했다. 이제는 목표를 높여야 한다. 표적을 더 멀리 옮겨야 한다. 참가상은 필요 없다. 우승을 향해 가야 한다.

몬테카를로는 내가 더 큰 테이블에서 플레이할 수 있음을 확인한 자리였다. 하지만 뉴저지에서 처음 온라인 포커를 할 때 드러난 패턴이 지금까지 이어진다는 사실을 확인한 자리이기도 했다. 나는 겁먹은 채 플레이하고 있었다. 그때만큼 자주는 아니어도 여전히 도박을 감행하기보다 폴드해버렸다. 진짜로 큰돈을 노리고 칩을 공격적으로 쌓기보다 은근슬쩍 최소 상금을 타려고 했다.

그런 나를 뛰어난 플레이어들은 어떻게 상대했을까? 아마 나는 나도 모르는 사이에 괴롭힘을 당하고, 블러핑에 물러나고, 팟에서 밀려났을 것이다. 내가 버틸 수 있음을, 상금을 탈 수 있음을, 헨든 몹 페이지의 내 이름 밑에 작은 모나코 국기를 붙일 수 있음을 증명하기 위해 폴드하지 말아야 할 자리에서 폴드했을 것이다.

내가 자주 그랬을까? 삶의 여러 결정에서 나는 겨우 최소 상금을 타려고 애썼을까? 불확실하지만 궁극적으로 더 매력적인 선택지를 위해 위험을 감수하지 않고 안전하고 확실한 길을 고수했을까? 내 삶에 도박이 부족했을까? 내 눈에서 두려움을 감지한 사람들이 나를 이용하게 내버려두었을까? 내가 그 답을 알 준비가 되었는지 아직 모르겠다.

나는 거의 속삭이듯 에릭에게 물었다.

"2개월 안에 메인이벤트에서 플레이할 준비가 될까요?"

"어떻게 되나 보자고. 예선 일정을 확인해보고 네가 어떻게 하나 보자."

그는 우선 작은 이벤트부터 참가할 것을 제안했다. 한두 개의 위성 이벤트에서 지금까지 배운 게 잘 통하는지 확인하자는 것이었다. 내가 짧은 기간에 먼 길을 온 건 맞다. 하지만 애초에 에릭이 나를 제자로 받아주었을 때 우리는 준비 시간을 1년으로 하자고 논의했다. 그가 생각한 1년은 전체 플레이 시간을 합쳐서 1년이었다. 1년의 3분의 1이 아니다. 4개월 만에 준비하는 건 누구에게라도 무리한 요구다.

나는 고개를 끄덕였다. 나는 할 수 있는 모든 일을 할 것이다.

"어떻게 될지는 몰라. 책을 쓰는 데 중요한 일이라는 거 알아. 하지만 진지하게 생각해야 해. 1만 달러는 큰돈이야. 그냥 책에 써야 하니까 하는 것도 나쁘진 않아. 하지만 제대로 해보고 싶다면 네가 어디까지 올라왔는지, 진짜 실력을 갖췄는지 알아야 해. 임의로 정한 기한에 얽매이지 마. 항상 내년이 있으니까."

하지만 나는 지금까지 살면서 한 번도 기한을 어긴 적이 없었다. 그 사실을 그에게 말하고 싶다. 그리고 앞으로도 어길 생각이 없다.

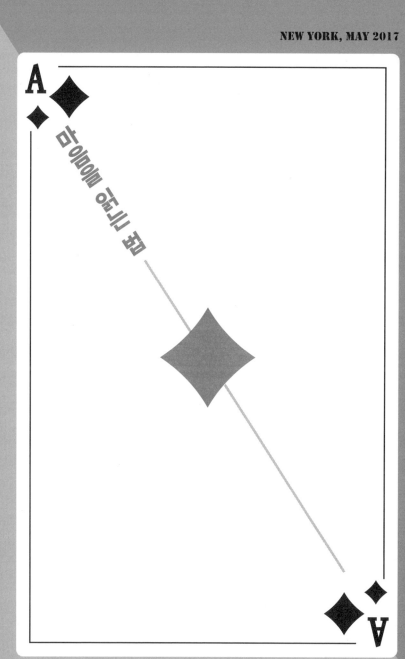

마이애미 돈세탁 펌

## 뉴욕, 2017년 5월

훌륭한 미국식 게임 드로 포커Draw Poker에서 오직 배짱과
자신감으로 상대를 이기려는 블러핑은 대단히 중요한 역할을 한다.
그 심리적 효과는 매우 커서 블러핑을 하는 사람은 플레이를
더 잘하게 되고 상대는 더 못하게 된다.
일상생활에서 이뤄지는 블러핑의 심리적 효과는 말할 필요도 없다.

——
클레멘스 프랜스, 《도박 충동》

"혹시 카드 카운팅을 하세요?"

니스발 비행기의 옆자리에 앉은 사람이 내가 몬테카를로에서 포커 토너먼트에 참가했다는 말을 듣고 내게 물었다. 나는 블랙잭과 혼동한 모양이라고 설명했다. 그리고 그런 실수를 하는 사람이 많다고 덧붙였다. 이런 경우 불가피하게 뒤따르는 질문이 있다. '텔'은요? 상대를 보기만 해도 블러핑이라는 걸 알 수 있어요? 심리학자로서, 그것도 속임수를 연구한 사람으로서 여러 해 동안 사기꾼들을 상대했으니 분명 플레이어의 속마음을 들여다볼 방법을 고안했을 거 아니에요? 다음에 카지노에 가면 써먹게 한두 가지 가르쳐줄 수 있어요?

나는 몬테카를로에서 다른 누구도 아닌 나 자신에 관해 많은 것을 배웠다. 그중에서도 단연 두드러지는 사실은 내가 사람 속을 상당히 잘 들여다본다는 거였다. 잊을 수 없는 순간이었다. 나는 최초의 대규모 토너먼트에서 공식적으로 첫 상금을 땄다.

둘째 날, 테이블에 앉을 때 프랍 벳에 대한 생각은 이미 잊어버렸다. 토너먼트에서 맞는 최초의 둘째 날이었다! 내가 며칠에 걸쳐 진행되는 토너먼트에서 플레이하고 있다는 사실을 믿기 어려웠다. 중대한 돌파구를 연 느낌이었다. 1,000명이 넘는 참가자 중에서 200~300명만 남았다. 그리고 내가 그중 한 명이었다! 의욕이 넘쳤다. 느낌이 아주 분명하게 오고 있었다.

내 테이블에 새 플레이어가 왔다. 흰 줄이 들어간 탱크톱을 입은 남자는 문신으로 뒤덮인 거대한 이두근에 머리는 깔끔하게 밀었다. '아하, 어떤 타입인지 알겠다.' 내 머릿속에서 나는 이미 그에게 레이즈하면서 누가 대장인지 보여주고 있었다. 저 공격적인 미치광이가 날 갖고 놀지 못하도록 하자. 이것은 힘들게 배운 교훈이다. 저런 친구들한테 내가 어떤 사람인지 보여줘야 한다. 그러려고 여기 앉아 있는 것 아닌가 말이다.

처음 한두 번 그가 레이즈할 때 나는 맞서 싸울 처지가 아니었다. 하지만 세 번째에는 정확히 내가 원하는 그림대로 진행되었다. 미치광이가 레이즈하자 내 앞 사람들이 전부 폴드했다. 내가 들고 있는 건 아름다운 A, Q였고 무늬가 달라서 사실 엄청 좋은 패는 아니었다. 그래도 블로커로서는 괜찮았다(필 갤폰드가 옳았다. 플레이를 많이 하다 보니 이런 용어들이 훨씬 자연스럽게 다가온다). 우선 내가 A를 들고 있으니 그도 들고 있을 확률이 현저히 낮았다. 또한 내가 Q를 들고 있으니 그가 퀸 페어나 강한 퀸 조합을 들고 있을 확률 역시 낮았다. 레이즈로 블러핑하기 완벽한 기회다.

나는 쓰리 베팅을 했다. 미치광이는 자기 차례가 되자 다시 레이즈를 했다. 배짱 한번 좋으시군! 나는 그가 나를 밀어붙이려 한다는 걸 알았다. 공격적인 플레이가 아니라면 저렇게 많은 칩을 어떻게 끌어모았을까? 나는 버티기로 하고 남은 칩을 중앙으로 밀어 넣었다. 그가 곧바로 콜했다. 이른바 스냅 콜snap call은 대개 A, Q 같은 패에게는 사망 선고나 다름없다. 실제로 그는 내가 은밀하게 '블록'

마음을 읽는 법

했다고 분석했던 패인 퀸 페어를 깠다. 나는 엄청 불리한 지경에 처했다. 여기서 지면(질 확률이 약 70퍼센트다) 게임 끝이다. 어머나.

보드가 깔리고 기적의 카드가 나왔다. 내게 승리를 안길 유일한 카드인 에이스가 나온 것이다. 미치광이는 내게 칩을 넘긴 후 두 판 뒤에 고개를 저으며 떠났다. 나는 부당하게 딴 칩을 쌓으며 뛰어난 플레이를 자축했다. 이런 석 아웃suck-outs(이길 확률이 낮은 상황에서 운 좋게 카드가 잘 떠서 이기는 것-옮긴이)은 바로 기억에서 삭제한다(그리고 에릭과 이 판을 검토하는 것도 편리하게 잊어버린다). 우선은 살아남아서 다행이라며 안도하는 게 먼저다.

"왜 그랬어요?"

내 왼쪽에 앉은 아일랜드 신사가 놀란 눈으로 나를 바라봤다.

"저 사람, 이 바닥에서 제일 타이트한 플레이어로 꼽혀요. 저 사람이 리레이즈하면 포켓 잭 페어도 폴드해야 한다고요!"

정말 왜 그랬을까 싶다. 그래도 무슨 생각으로 그랬는지는 잘 안다. 나는 고정관념과 불완전한 지식을 토대로 행동했다. 애초에 전혀 읽을 필요가 없는 사람을 제대로 읽었다고 착각하면서 말이다. 나는 단서를 활용하지 않았다. 대신 암묵적인 편견에 이끌렸다. 물론 그중 일부는 경험에서 형성된 것이다. 지난 몇 달 동안 나를 완력으로 밀어내려는 근육질 문신남을 많이 만났다. 애틀랜틱시티에서는 그들이 테이블을 장악했다. 하지만 이런 인식은 특정 플레이어를 접한 경험에서 나온 게 아니며 너무 폭넓어서(편견에 치우쳐서) 유용하지 않다.

어쩌면 엄청나게 운이 좋았던 건지 모른다. 그래도 이 경우는 교훈으로 삼을 만큼 중요하다. 나는 내가 안다고 생각하는 것을 너무 과신한다. 물론 라스베이거스 스트립에서 40달러짜리 토너먼트를 뛰면서 일반적인 플레이어들의 경향에 대해 어느 정도 감을 잡았을 수는 있다. 하지만 여기는 다르다. 여기는 더 큰 판이다. 플레이어들도 더 뛰어나다. 게다가 그들은 전 세계에서 왔다. 여기서 성공하려면 내가 너무나 잘 안다고 확신하는 대상, 바로 사람을 더 잘 다뤄야 한다. 어쩌면 수학은 쉬운 부분이었는지 모른다. 그 고비를 넘어서고 있는 지금은 사람을 파악하는 일이 더 어렵다. 지금까지 로든 싱크스 게임으로 도전받지 않아서 다행이다. 그랬다면 처참하게 졌을 것이다.

우리는 누군가를 처음 만나는 순간부터 그 사람에 대한 인상을 파악한다. 20세기의 뛰어난 심리학자 솔로몬 애시Solomon Asch는 이렇게 썼다. "어떤 사람을 바라보면 그의 성격에 대한 특정한 인상이 즉시 우리 안에서 저절로 형성된다. 잠깐의 시선, 몇 마디 말도 매우 복잡한 문제에 관한 이야기를 들려주기에 충분하다. 우리는 이런 인상이 매우 빠르고 수월하게 형성된다는 사실을 안다. 이어지는 관찰은 우리의 시각을 강화하거나 뒤집을 수 있다. 그러나 눈앞의 대상을 지각하고 관찰하는 것보다 첫인상이 우리 머릿속에 자리 잡는 게 훨씬 더 빠르다."

사실은 몇 마디 말이나 제대로 된 흘긋거림도 필요 없다. 눈 깜박할 사이보다 짧은 0.034초 만에 믿을 만한지 아닌지 판가름이 난다. 심리학자 알렉산더 토도로프Alexander Todorov는 우리가 어떤 사람을 바라보는 시간이 길수록 이런 판단에 대한 확신이 깊어지는 반

마음을 읽는 법

면 처음 판단한 내용을 잘 바꾸지 않는다고 했다. 이 과정은 사고보다 지각의 차원에서 진행된다. 즉 논리적 평가를 담당하는 뇌 부위가 아니라 시각 체계를 통해 무의식적으로 처리되며 매우 강력한 힘을 지닌다.

그래서 나는 삭발한 머리에 문신을 보면 '빙고!' 하며 공격성을 떠올리고 미치광이가 아니면 틀림없이 불리일 거라고 단정한다. 반면 내가 러시아어를 할 줄 안다는 사실을 알고 자기는 영어를 모른다며 부드러운 미소로 통역을 부탁하는 70대 할아버지는 다르다. 이런 경우 당연히 도우려고 하며, 그가 큰 판에서 내게 레이즈를 하면 이길 게 분명하므로 투 페어라도 폴드해야 한다고 생각한다. 물론 나중에 그는 자랑스레 아무것도 없는 패를 보여준다. 결국나는 칩 부족에 시달리며 내가 도와준 인상 좋은 할아버지가 그렇게 블러핑을 쳤다는 사실에 깊은 슬픔을 느낀다. 포커 테이블에는친구가 없다는 말이 있지만 그래도 감정이 상하는 건 어쩔 수 없다. 군이 저렇게 활짝 웃으면서 블러핑이었다고 깔 필요는 없잖아? 적어도 좋은 패였던 것처럼 꾸미는 예의는 없는 걸까?

사실 뇌는 진정한 예측 기계다. 우리는 계속 환경을 파악하고 무슨 일이 생길지 예측한다. 이를 '예측 처리predictive processing'라고 부른다. 우리는 적극적으로 한발 앞서 생각하고 여기에 맞춰 환경을 바라본다. 그래서 뇌는 수동적이기보다 능동적이다. 물론 예측이 정확한지는 입력되는 정보와 예측 과정에 좌우된다. 또한 예측의 정확성이 점차 개선되는지는 우리의 능력과 학습 의지에 따라 달라진다.

나는 새로운 사람이 테이블에 앉는 순간 이미 그가 어떻게 플레이할지 예측하고 그에 따라 내 움직임을 미리 조정한다. 단순히 첫인상을 토대로 가장 무의식적 차원에서도 전략을 이미 변경한다. 이는 의도하는 것이 아니다. 내가 적극적으로 이런 일을 하는 게 아니다. 그냥 그렇게 된다. 그 사실을 인지하고 틀렸을 경우 바꾸는 것은 나의 몫이다. 그렇지 않으면 미처 깨닫기 전에 행동하고 만다.

이런 박편薄片적 판단thin-slice judgments(심리학자인 낼리니 앰버디Nalini Ambady가 고안한 용어로 뇌가 만드는 일시적 지각을 가리킨다)이 이뤄질 때 잘못된 정보가 입력되는 경우가 많다. 우리는 0.034초 만에 판단할 때 얼굴형이나 표정 등에 의존한다. 또한 대개 현재 상황과 무관한 과거의 경험에 영향을 받는다. 즉 과거에 나를 괴롭힌 사람처럼 이두근에 문신했다는 이유로 공격적일 거라고 판단한다. 하지만 사실은 그 사람에 대해 제대로 아는 것은 없다(앞서 나와 같은 경험을 하지 않은 다른 사람들도 나처럼 판단했을 가능성이 크다. 두툼한 이두근 같은 남성성의 징표는 높은 테스토스테론 수치와 연계되어 지배적이고 공격적인 인상을 주는 것으로 밝혀졌다).

이처럼 우리의 판단은 객관적 현실이 아니라 우리 머릿속에서 이뤄지는 무의식적이고 편견에 치우친 처리 과정에서 나온다. 그러나 이 사실에도 불구하고 우리는 깊고 체계적인 사고가 필요한 결정까지 즉흥적인 인상에 따라 내리곤 한다.

박편적 판단의 특징은 직관적이며 대량의 샘플을 토대로 삼는다는 것이다. 통계를 따르는 모든 것과 같이 박편적 판단은 개인 수준에서는 정확도가 많이 떨어진다. 기울어진 눈썹은 대개 신뢰를

주는 인상으로 여겨진다. 그러나 실제로 그 사람이 믿을 만하다는 근거는 못 된다. 실제로 포커 판에서 인상의 신뢰성을 구체적으로 살핀 연구가 진행된 적이 있었다. 그 결과 플레이어들은 상대의 인상이 신뢰성에 대한 직관적 시각과 부합할 때 자신의 판단을 과하게 고민하고 베팅에서 더 많은 실수를 저질렀다. 이 경우 텔이 빗나갔을 뿐 아니라 사람들의 플레이도 더 나빠졌다.

나도 믿을 만한 사람처럼 보이는 유형을 꽤 만났다. 몬테카를로에서 당했던 러시아 할아버지가 유일한 사례는 아니었다. 라스베이거스에서는 더 가슴 아픈 일도 겪었다. 그때 나는 상대와 정말로 친구가 되었다고 생각했다. 처음으로 여성과 같은 테이블에 앉았는데 그녀는 토너먼트가 시작된 지 두어 시간 후에야 나타났다.

"앤티가 크게 오르기 전에는 진짜 토너먼트가 아니죠!"

그녀는 자리에 앉더니 나를 보며 따뜻한 미소를 지었다.

"우리 같은 편 먹어요. 남자들한테 본때를 보여주자고요."

나는 미소로 화답했다. 그녀는 아이들의 사진을 보여주었다. 몇 년 전 라스베이거스로 이사 왔다는 그녀는 자기가 아는 괜찮은 장소들을 알려주겠다고 했다. 또 줄어드는 나의 칩을 보면서는 안타깝다는 듯 고개를 끄덕였다.

"언제든 리바이해서 다시 시작할 수 있어요."

나는 리바이를 할 형편이 못 되어 이게 마지막 기회라고 고백했다. 그녀는 가슴 깊이 이해한다는 듯 한숨을 내쉬었다. 그러더니 바로 블러핑을 쳐서 빅 블라인드를 여덟 번밖에 낼 수 없는 칩만 남기고 전부 가져갔다.

나는 퀸 페어로 레이즈했고 그녀는 콜했다. 플랍은 잭 하이로 깔렸다. 내가 베팅하자 그녀가 다시 콜했다. 턴은 내가 절대 보고 싶어 하지 않던 카드, 바로 에이스였다. 나는 체크했다. 그러자 그녀는 상당한 액수로 베팅했다. 나는 조금 생각하다가 콜했다. 리버는 10이었다. 나는 체크했다. 이번에는 토너먼트에서 탈락할 위험을 걸어야 했다. 나는 낙담한 채 폴드하며 '분명 에이스를 가졌을 거야. 아니면 스트레이트거나'라고 생각했다. 그녀는 무늬가 다른 킹, 10을 깠다. 킹이 상당히 좋은 블로커의 가치를 지닐 뿐 겨우 10페어에 불과한 패였다.

"에이스가 깔렸을 때 블러핑을 치는 게 정말 재미있지 않아요? 남자들은 항상 여자가 에이스를 들고 있다고 생각하죠."

그녀가 다른 사람들에게 말했다. 물론 나는 남자가 아니었다. 그리고 플레이도 형편없었다. 그래도 속이 쓰렸다. 내가 폴드한 이유 중 하나는 그녀가 나한테 대놓고 블러핑을 치지는 않으리라고 생각했기 때문이다. 그녀는 내가 리바이를 할 수 없다는 걸 알았다. 여성 단결 같은 소리 하고 앉아 있네! 결국은 내가 호구였던 셈이다. 몇 년 동안 사기꾼을 연구했던 게 허사였을까? 나는 절대 교훈을 얻지 못하는 걸까? 믿을 만하게 보이는 건 정말로 믿을 만한 것과 거리가 멀다.

게다가 피상적인 특징이 특정한 성격을 나타낸다고 모두가 동의해도 이는 타당한 증거가 아니다. 능력의 경우를 보자. 예를 들어 교사 평가 결과는 실제 학생들의 학업 성과와 연관성이 그다지 높지 않은 것으로 드러났다. 가장 인기 있는 교사가 최고의 교사가 아닐 때도 있고, 낮은 평가를 받은 교사가 사실은 훨씬 유능하고 학생들을 훨씬 잘 가르칠 때도 있다.

만약 사람들 사이의 공통된 합의가 정확성을 의미한다면 금융기관 경영진이 사기를 치는 일은 없을 것이다. 사람들은 믿을 수 있고 유능한 사람에게만 돈을 맡길 것이기 때문이다. 또한 길을 가다 사이코패스와 마주치는 일도 없을 것이다. 멀리서도 사이코패스를 알아보고 피할 수 있기 때문이다. 그리고 처음에 카리스마에 매료되었다가 나중에 착각이었던 것으로 드러나 우정이나 관계가 끝장나는 일도 없을 것이다.

현실은 그렇지 않다. 우리는 그 사실을 확실히 안다. 그러나 여전히 즉흥적인 판단을 토대로 결정을 내린다는 사실을 우리는 완강하게 부인한다. 누가 나한테 순간적인 인상을 토대로 플레이한다고 하면 나는 그렇지 않다고 말할 것이다. 다정한 만남이 좋아서 투자상담사를 선택했다고 하면 여러 객관적 데이터를 보고 결정했다고 말할 것이다. 턱선을 보고 데이트 상대를 골랐다고 하면 그 얼굴에 대고 웃어줄 것이다.

그러나 이런 부인은 우리가 종종 어떤 결정을 내리는 이유를 모른다는 사실을 설명하지 못한다. 우리는 사실 잘못된 직관적 판독을 토대로 행동했을 때도 객관적으로 보이는 이유를 들어 행동을 정당화한다. 이런 잘못을 바로잡는 말을 들으면 그래도 크게 나쁘지는 않다. 하지만 우리는 종종 진실을 반박한다. 누군가 우리의 실제 사고 과정이 이러이러하다고 제시하면 우리는 스스로 만든 버전을 내세우며 무시한다.

심리학자 리처드 니스벳Richard Nisbett과 티머시 윌슨Timothy Wilson
은 지금은 고전이 된 여러 연구를 통해 사람들이 증거를 제시한 후
에도 자신이 결정한 이유를 체계적으로 부인한다는 사실을 발견했
다. 먼저 그들은 학생들에게 한 교수가 유럽 억양으로 교육철학을
강의하는 동영상을 보여주었다. 이때 한 집단은 그 교수가 따뜻하
고 친절하게 질문에 대답하는 모습을 봤고, 다른 집단은 권위적이
고 신뢰가 가지 않는 모습을 봤다. 그 후 학생들은 그 교수의 호감
도, 외양, 태도, 억양을 평가했다.

평가 결과 따뜻한 모습을 본 학생들은 더 호감을 보였을 뿐 아니
라(타당한 반응) 외양, 태도, 억양까지 매력적으로 평가했다. 반면에
차가운 모습을 본 학생들은 그를 싫어할 뿐 아니라 나머지 세 요소
도 불쾌하다고 평가했다. 교수와 강의 내용은 똑같았는데 그런 결
과가 나온 것이다. 게다가 학생들의 머릿속에서는 선택의 인과관
계가 뒤바뀌었다. 그들은 그들이 평가한 외양, 태도, 억양 때문에
그 교수를 좋아하게 되었다고 확신했다. 실제로는 그 반대인데도
말이다.

여기서 잠깐 몬테카를로 포커 테이블에서 사랑스럽게 헤매던 러
시아 할아버지에 대한 나의 의견을 바로잡고 넘어가려 한다. 그가
정말로 영어를 못해서 내게 살갑게 굴었던 걸까? 장담컨대 그 늙은
이는 영어를 잘 알면서도 그냥 나를 자기편으로 끌어들이려고 그
랬던 것이다. 이는 사기꾼의 세계를 탐구하면서 내가 아주 잘 알게
된 벤저민 프랭클린Benjamin Franklin의 검증된 수법이다. 즉 어떤 사
람이 자신에게 작은 호의를 베풀게 만들면(벤저민의 경우는 책을 빌려

마음을 읽는 법

주는 것, 내 경우는 영어를 통역해주는 것) 긍정적인 시선으로 자신을 바라보게 된다.

나는 골든 너겟에서 여우에게 당하고도 배운 게 없는 모양이다. 맞다. 이번 것은 앵글 슈팅은 아니다. 하지만 겨우 몇 달 전에 멋모르고 여우를 도우려 나서던 사람과 아직도 크게 다를 바 없다. 지금까지 그렇게 경험을 쌓았는데도 말이다. 나이 든 사람은 소극적으로 플레이한다고? 웃기는 소리다. 이 사건으로 나는 노인들의 레이즈를 존중하는 법을 배웠다. 다음에는 상황이 어떻게 돌아가는지 정확하게 간파하고 장담컨대 그 베팅을 받을 것이다.

참, 그 노인이 손자에게 보여준다며 사진을 찍어달라고 내게 부탁했고, 여기서 플레이하려고 아주 멀리서(무려 시베리아!) 왔기 때문에 이 자리가 정말 중요하다고 말했다는 걸 내가 언급했던가? 나는 이 말을 듣고 그가 블러핑으로 많은 위험을 감수할 수는 없다고 생각했다. 상대가 콜하면 시베리아로 돌아가야 하니까! 다음에 만나면 내 손으로 얼어붙은 초원으로 보내버릴 테다.

하지만 종종 우리는 잘못된 판독을 바로잡으려고 생각하지 않고 사람을 잘 알아본다는 과장된 자신감을 안고 살아간다. 결국 우리는 사회적 동물이니까! 우리는 세상에서 온갖 연습을 했다. 그리고 언제나 오판에 대한 책임을 다른 사람에게 돌릴 수 있다. 원래는 정말 잘하는데 이번은 예외였다고 치부한다. 우리가 정말로 잘하는 일은 자신에게 핑계를 대고 왜 자신이 잘하는지에 대한 근거를 만드는 것이다. (나중에 알고 보니 나는 교정을 좀 심하게 한 듯하다. 서투르게 행동하는 또 다른 70대 러시아 할아버지를 만났을 때 아예 러시아어를 모르는 척

할 만큼 냉담하게 대했다. 그는 자신의 베팅을 사람들이 자꾸만 오해하는 바람에 거의 울음을 터뜨릴 지경이었다. 결국 러시아어를 할 줄 아는 직원이 호출되었다. 나는 그날 종일 죄책감을 느꼈다. 그리고 러시아어를 모르는 것처럼 속였다는 사실이 들통나지 않도록 러시아어를 하는 지인들을 계속 못 본 척했다. 한번은 그중 한 명이 내가 있는 테이블로 다가와 아슬아슬한 위기를 맞았다. 나는 정체가 탄로 나지 않도록 휴대폰을 떨어뜨리고 그가 자리를 떠날 때까지 의자 밑을 기어 다녔다. 참고로 카지노 바닥에서 기어 다닐 생각은 하지도 말기 바란다.)

정확한 예측이 목표라면 이런 사실은 절망하기에 충분하다. 우리는 사람의 속마음을 읽을 수 있을까? 이 질문에 대한 진짜 답은 떠오르는 생각과 달리 '아니다'이다. 심리학과 사기꾼들의 심리를 공부했다고 해서 내가 사람들의 속마음을 판단할 수 있다고 생각했다면 실망시켜서 미안하다. 그동안 사기꾼들을 연구하면서 배운 게 있다면 사기를 잘 칠수록 간파하기 어렵다는 것이다.

기만을 분별하는 방법에 관한 연구로 잘 알려진 심리학자 폴 에크먼Paul Ekman은 대다수 사람이 상대가 거짓을 말하는지, 진신을 말하는지 판단할 때는 동전 던지기만큼이나 맞히지 못한다는 사실을 발견했다. 심지어 상당한 훈련을 받은 후에도 능숙한 속임수는 쉽게 포착하지 못했다. 무엇보다 얼굴은 그렇게 좋은 지표가 아니다. 또한 눈은 영혼을 들여다보는 창이 아니다. 상대의 눈을 들여다보고 진실을 말하는지 알아내려 한다면 크게 실망할 것이다. 그렇다면 우리는 패배를 인정하고 속마음을 읽으려는 노력을 포기해야 할까?

알고 보면 이 질문에 대한 답 역시 '아니다'이다. 앞서 이두근에

마음을 읽는 법

문신한 미치광이인 줄 알았는데 매우 타이트한 플레이어였던 경우처럼 인상은 특정한 외양에 기반한 것이든, 아니면 특정한 행동에 기반한 것이든(매 판 나한테 레이즈를 하네!) 분명 참고할 가치가 있다. 나는 로든 싱크스 게임을 많이 보면서 어떤 사람들은 잘 보이지 않는 정보를 정말로 포착할 수 있다는 걸 알았다. 물론 속임수는 포착하기 어려울 수 있다. 하지만 구체적인 요건을 충족시킨다면 가능한 지점은 있다. 즉 수많은 데이터가 뒷받침되어야 한다.

포커의 경우 수백 판의 플레이와 수천 개의 행동 관찰 지점이 필요하다. 수많은 시간, 반복된 상호작용이 필요하다. 우리는 기존 인식과 일치한다는 이유로 어떤 판단을 내리기 쉽다. 그러나 전문성으로 보완하지 않으면 모든 정보의 타당성은 매우 의심스럽다. 또한 그 자체로는 문제가 많은 인지적 지름길도 충분한 데이터와 관찰이 뒷받침되면 강력해진다. 문제는 토너먼트 테이블에서는 그런 정보를 수집할 시간이 부족하다는 것이다. 같은 사람을 여러 차례 상대했거나 텔레비전으로 그들의 플레이를 여러 번 보지 않았다면 말이다.

다행히 일부 연구자들이 수백 시간에 해당하는 자료를 보고 거기서 얻을 수 있는 정보가 있는지 살폈다. 그들의 연구는 새로 테이블에 들어온 상대를 보고 빠르게 내리는 판단보다 훨씬 유용할 것이다. 나는 몬테카를로에서 낭패를 당한 후(그리고 이제야 깨달은 사실이지만 다른 판독도 숱하게 틀린 후) 전문가의 도움을 받기로 했다. 즉 과거에 만난 적이 없는 상대를 평가하는 과학적인 접근법을 마련하기로 했다.

하지만 메인이벤트를 두 달 앞둔 지금, 판독에 대한 데이터를 수집한다고 해서 나의 부족한 기술이 보완될 수 있을까? 수학적 측면에서는 노회한 프로들을 이길 수 없다. 그래도 나는 포커와 관련된 기술적 요소들을 습득하기 위해 많이 노력했다. 심지어 절대 쓴 적은 없지만 솔버 프로그램 중 하나인 피오솔버PioSolver까지 샀다. 하지만 그러다 보니 나의 가장 큰 장점까지 간과하게 되었다. 내 전공인 심리학을 지금보다 좀 더 잘 활용할 순 없을까? 지금까지 나의 '판독'을 믿다가 얼마나 많은 낭패를 당했는지 생각해보면 약간 더 잘하는 게 어렵지는 않을 것이다. 하지만 나는 속마음을 정말로 들여다보는 듯한 플레이어들처럼 되고 싶다. 거기에 과학적 요소가 있다면 찾아내고야 말겠다.

컬럼비아 경영대학원의 마이클 슬레피언은 비밀, 구체적으로는 우리가 비밀을 지키려 할 때 일어나는 일들을 연구한다. 비밀은 우리의 행동에 어떤 영향을 미칠까? 비밀을 숨길 때 우리는 어떻게 보일까? 우리의 몸은 어떻게 움직일까?

슬레피언은 터프츠 대학원에 다니던 2013년에 낼리니 앰버디 교수 밑에서 박편적 판단에 관한 연구를 진행했다. 그와 동료들은 학생들에게 몇 초 정도의 동영상을 보여주고 거기에 나오는 특정한 행동의 의도를 추정하게 했다. 왜 저 사람은 팔을 움직일까? 어떤 물체를 집어 드는 동작의 의도는 무엇일까? 나중에 슬레피언은 "사람에 대한 인식을 가장 기본적인 요소로 분해하고 싶었어요"라고 내게 말했다.

그들은 몇 가지 긍정적인 결과를 얻은 후 한발 더 나아가기로 했다. 이번에는 실제 현실에서 사람들이 단순한 팔 동작을 통해 물건을 집거나 내려놓는 모습을 담은 동영상을 보여주기로 했다. 그들은 이런 모습을 촬영할 방법을 고민하다가 비밀을 숨기려는 동작과 관련된 데이터가 이미 존재한다는 사실을 깨달았다. 바로 프로 포커 플레이어들이 베팅하는 모습을 담은 영상이었다. 그렇게 해서 새로운 연구 방식이 탄생했다. 슬레피언은 "포커 연구가 너무 흥미로워서 결국 그 부분에만 집중하기로 했어요"라고 했다. 사실 나는 포커와 관련된 연구를 통해 슬레피언을 알게 되었다. 그 연구 결과는 한정된 시간에 실력을 향상시키려는 내게 약간의 힘을 보태줄지도 몰랐다.

슬레피언과 동료들은 3회에 걸쳐 대학생들에게 2009년 월드 시리즈 오브 포커에 참가한 플레이어들의 동영상을 보여주었다. 그중 일부 학생들에게는 플레이어가 베팅할 때 아무런 편집 없이 테이블 위로 드러난 상반신과 얼굴을 그대로 보여주었다. 다른 학생들에게는 얼굴 부위만 보여주었다. 가슴과 머리만 볼 수 있고 그 아래는 볼 수 없었다. 나머지 학생들에게는 팔만 보여주었다. 그래서 플레이어가 어떻게 생겼는지 알 수 없고 칩을 다룰 때 팔과 손이 어떻게 움직이는지만 볼 수 있었다. 첫 두 번의 실험에서 학생들은 플레이어가 가졌을 법한 패를 아주 나쁜 패부터 아주 좋은 패까지 판단해야 했다.

결과는 아주 흥미로웠다. 우리가 흔히 접하는 모습과 동일하게 편집되지 않은 영상을 본 학생들의 적중률은 우연히 맞히는 수준보다 크게 높지 않았다. 또한 얼굴만 본 학생들의 적중률은 우연히 맞히는 수준보다 낮았다. 그들이 패를 예측하는 능력은 동전을 던져서 맞히는 것보다 떨어졌다. 이는 얼굴에서 얻는 정보가 틀릴 경우가 많다는 걸 의미한다(생각해보면 지금까지 내가 상대의 얼굴을 보고 판단한 결과를 볼 때 이 말이 맞는 것 같다. 차라리 모두가 스키 마스크를 쓰는 편이 더 도움이 될지도 모른다). 반면 손동작만 본 경우에는 적중률이 급상승했다. 포커를 잘 모르는 학생들조차 갑자기 해당 플레이어의 패가 강한지 약한지 비교적 정확하게 맞혔다.

손의 어떤 부분이 이런 신호를 보내는 걸까? 의문을 풀기 위해 마지막 실험에서는 패와 관련된 질문이 아니라 플레이어의 자신감 및 동작의 부드러움을 묻는 질문이 제시되었다. 그 결과 두 경우 모두 강한 패를 가진 플레이어를 골라낼 확률이 우연히 맞히는 수준보다 높았다. 학생들이 자신감이 넘치고 동작이 부드럽다고 평가한 플레이어들은 이기는 패를 들고 있었다(다만 슬레피언은 '부드러움'에 대한 평가에 약간 문제가 있음을 바로 지적했다. 학생들이 그 개념을 어떻게 해석했는지 알 길이 없기 때문이다. 가령 전반적인 유연함이 아니라 동작의 속도를 살폈을 수도 있다).

이후 슬레피언은 손동작에 관한 추가 연구를 진행했다. 그러나 관련 논문을 발표하지는 않았다. 다만 일부 연구 결과는 시사하는 바가 있었다. 예를 들어 포커에 대한 전반적인 지식이 있으면 상대의 패를 맞힐 가능성이 더 컸다. 반면 실제 플레이 경험은 중요하지 않았다. 즉 포커가 어떤 게임인지 알고 있는 것은 도움이 되지만, 손동작을 보고 패를 추정하는 일은 더 근원적이고 직관적인 차원에서 이뤄지는 듯했다. 또한 비언어적 지각 능력이 뛰어난 경우 추정을 더 잘했다. 습관적으로 주의를 기울이는 사람, 휴대폰을 치우라는 에릭의 조언을 따를 뿐 아니라 사람들이 드러내는 신체적 단서에 민감한 사람들은 그 단서를 그만큼 잘 포착했다.

슬레피언의 연구는 그 무엇보다 텔의 힘을 믿게 한다. 맞다. 우리의 직관적 판단은 종종 정확하지 않은 정보를 토대로 삼으며 심한 결함이 있다. 하지만 누군가가 힘든 일을 대신 해주고 어디를 봐야 하는지(대부분 사람은 그냥 놔두면 보지 않을 곳을 보라고) 말해주면 우리는 더 뛰어난 지각 능력을 발휘할 수 있다.

포커만 그런 게 아니다. 사실 우리는 여러 가지 행동에 대해 온갖 정확한 예측을 할 수 있다. 사람을 판단하는 일뿐 아니라 우리가 받은 인상과 무관하게 그들이 할 행동을 예측하는 일도 마찬가지다. 다만 그러기 위해서는 우리가 흔히 보는 단서(얼굴)를 무시하고 몸을 봐야 한다.

우리는 다른 사람이 레고 조각에 손을 뻗는 모습을 보고 그가 자신과 협력할지 아니면 경쟁할지 예측할 수 있다. 럭비 선수가 상대를 속이기 위해 방향을 바꾸려 할 때도 밖에서 바라보는 사람은 우연히 맞히는 수준보다 높은 적중률로 그 의도를 예측할 수 있다. 어쨌든 우리는 예측을 한다. 그러니 우리의 자존심과 확신을 제쳐두고 우리보다 훨씬 신중하게 실질적인 데이터를 걸러낼 수 있는 사람에게 우리를 안내하게 하면 어떨까?

이후 2개월 동안 나는 속마음보다 손을 더 자세히 들여다보리라 다짐했다. 셔플(두 더미의 칩을 하나로 합치는 손재주-옮긴이), 베팅, 카드 확인, 콜, 레이즈를 할 때 손 모양이 어떤지 추적할 것이다. 그리고 내가 어디서 당하는지 살필 것이다. 그러면 나의 판독이 나아질까? 더 나빠질 구석은 없지만 라이브 플레이에서 어느 정도 돌파구가 열렸으면 좋겠다. 그래서 단 몇 퍼센트라도 실력이 나아진다면 좋겠다. 단 몇 퍼센트가 결과에 얼마나 큰 영향을 미치는지는 이미 힘들게 배웠다. 아무리 작을지라도 모든 우위는 시간과 기운이 있다면 추구할 가치가 있다. 이제부터는 다른 일을 하지 않을 것이다. 나는 말 그대로 손 판독술의 전문가가 될 것이다.

슬레피언의 연구는 그저 내게 다른 목표만을 준 게 아니다. 내가 판단에 자신감을 가진다고 해도 직관이 얼마나 부실한지 깨닫게 해주었다. 그뿐 아니라 나 자신의 행동에도 주의를 기울이지 않는다는 사실을 깨달았다. 포커페이스를 유지해야 한다고 매번 생각하지만 기본적으로 기계적인 동작에서는 경계심을 풀어버린다. 그래서 얼굴이 붉어지는 것만 걱정할 뿐 내 손이 얼굴과 똑같은 표현을 하고 있는 것을 걱정하지 않는다.

만약 사람들이 공격적인 멍청이라서가 아니라 나의 신체 언어, 나도 모르게 드러내는 행동 신호를 읽었기 때문에 블러핑을 치는 것이라면? 러시아 할아버지가 내가 주저하고 있다는 걸 눈치챘을 뿐이라면? 여자 악당이 에이스가 나온 후 내가 체크하는 모습, 내가 콜하면서 칩을 밀어 넣는 모습을 보고 에이스에 대한 두려움을 읽었던 거라면?

그동안 포커를 배우는 데 열중한 나머지 내가 온갖 단서를 남발하고 있을지 모른다는 생각은 못 했다. 통제해야 한다는 사실조차

마음을 읽는 법

몰랐던 것을 어떻게 통제할 수 있을까? 이 문제도 노력이 필요할 것이다. 그것도 시급히. 월드 시리즈 오브 포커는 프로들이 득시글하다. 아주 작은 단서라도 노출한다면 분명 간파당하고 만다.

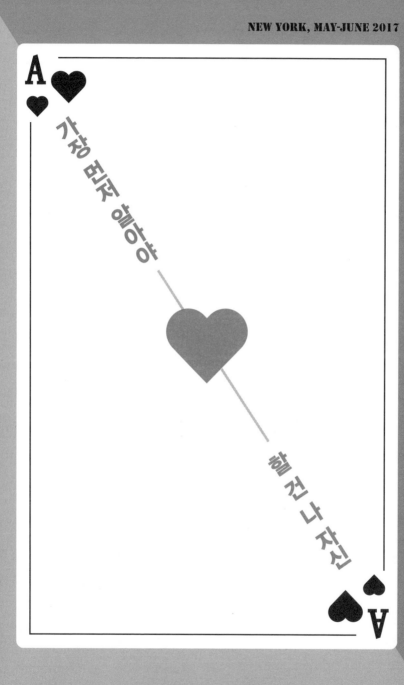

## 뉴욕, 2017년 5~6월

뱃사람들은 날씨에 관한 특별한 표현을 씁니다.
그들은 날씨가 블러핑을 잘 친다고 말하죠.
제 생각에는 인간 사회도 똑같습니다.
상황이 어둡다가도 구름 사이로 햇살이 비칩니다.
모든 것은 변하기 마련입니다. 때로는 갑작스럽게 말이죠.

—

E. B. 화이트, 네이도Nadeau 씨에게 보낸 편지 중에서

나는 베팅과 속임수로 가득한 몬테카를로에서 아주 멀리 떨어진 브루클린의 한 카페에 앉아 있었다. 맞은편에는 블레이크 이스트먼이 있었다. 마이클 슬레피언이 포커에 관심이 생겨 그 비밀을 연구한 심리학자라면 그는 심리학자에서 프로 포커 플레이어를 거쳐 행동분석학자가 된 사람이었다.

아직 여름이 되지 않았고 월드 시리즈 오브 포커는 시작되지 않았다. 별로 시간이 많지 않지만 이 짧은 기간으로도 충분하기를 바란다. 어차피 그날이 되기까지는 언제 어떤 토너먼트에서 플레이할지 결정을 내리지 않아도 된다. 일찍 결정할 필요도, 일찍 패배할 필요도 없다.

블레이크는 성격 좋고 다정한 사람이었다. 활짝 웃는 모습은 짧게 자른 금발, 푸른 눈과 더불어 전형적인 미국인의 인상이었다. 그리고 각진 턱, 두 눈의 간격, 달걀형 얼굴은 알렉산더 토도로프가 제시한 자극제 중에서도 가장 '신뢰할 만한' 쪽이었다. 그는 말할 때 몸을 앞으로 기울이면서 손으로 간결하게 요점을 나타낸다. 또한 상대와 완벽하게 시선을 맞추고 표정으로 전문성과 자신감을 표현한다. 지난 10년 동안 논버벌 그룹Nonverbal Group이라는 연구 조직을 이끈 사람답다고 생각했다.

그곳에서 그는 응용 환경에서 이뤄지는 비언어적 의사소통에 관한 연구를 실행했다. 오랜 기간 그가 집중한 연구 대상은 우리가 데이트할 때 하는 행동이었다. 가령 첫 데이트 때 보이는 몸짓은 우리가 어떤 사람인지, 무엇을 원하는지, 어떤 의도를 가졌는지 어떻게 말해줄까? 그중에서도 나와 가장 관련이 깊은 연구는 비욘드 텔Beyond Tells에 대한 것이다. 이는 포커 플레이어들을 그들의 자연 서식지인 포커 테이블에서 살핀 역대 최대의 연구다.

블레이크는 포커 플레이어들이 캐시 게임에서 1,500시간 동안 플레이한 수십만 판을 관찰했다. RFID 리더(카드에 심은 칩에서 나오는 신호를 감지하는 무선주파수 인식 장치)로 각 플레이어가 들고 있는 패를 파악한 후 소프트웨어를 통해 주변 행동을 코드화했다. 그런 후 이 데이터를 취합하고 연관 지어 플레이어의 행동과 패 사이에 존재하는 잠재적 패턴을 도출했다.

그런데 블레이크는 포커 이야기를 하기 전에 한 가지 문제를 짚고 넘어가고자 했다.

"전 '텔'이라는 말을 싫어해요."

우선 이 용어는 마치 거짓말을 하면 커지는 피노키오의 코처럼 오해를 초래한다. 텔을 찾아내면 곧바로 상대의 마음을 읽을 수 있다는 듯한 느낌을 준다. 그뿐 아니라 텔에 대한 연구를 실제보다 훨씬 단순한 것으로 만든다(그의 불만에도 불구하고 나는 이 용어를 계속 쓸 것이다).

정보를 제공하는 것은 하나의 제스처, 떨림, 행위가 아니라 전체적으로 반복되는 패턴과 행동이다. 텔이 항상 완벽한 상관성을 갖는 것은 아니다. 특정한 결과에 호응하는 어떤 것을 포착하더라도 항상 그 결과가 나오는 것은 아니며, 반대로 그런 것이 없더라도 그 결과가 나오지 않는 것은 아니다.

블레이크는 이렇게 말했다.

"대부분 경우에서 우리는 어떤 행동이 특정한 맥락 안에서 제시되는 이야기를 보조하는 양상을 살핍니다."

즉 텔은 커다란 퍼즐의 한 조각일 뿐이다. 그리고 얼굴에 대한 건 잊어야 한다. 그는 '포커페이스'라는 표현이 멍청하다고 했다. 초보 플레이어들도 정보를 숨겨야 한다는 사실은 알고 있다. 상대를 노려보느라 시간을 다 써버리면 기껏해야 주변 사람들을 불편하게 만들 뿐이다.

"포커 테이블에서 이뤄지는 움직임은 대부분 소음입니다. 물론 정보 처리에 추가할 수는 있지만 포커 테이블에서는 신경 쓸 게 너무 많아요. 그래서 대체로 주의를 분산시킬 뿐이죠."

그렇다면 무엇을 살펴야 할까? 손은 어떨까? 그가 슬레피언의 연구를 어떻게 보는지 궁금했다. 그는 고개를 끄덕이며 손을 살피는 것은 타당하다고 했다. 그의 연구팀은 제스처에서도 상당한 정보를 얻을 수 있다는 사실을 발견했다. 슬레피언이 인지한 부드러움과 유연함도 그중 일부다.

"자신 있는 사람은 A 지점에서 B 지점까지 빠르게 움직여요. 별로 주저하지 않아요. 포커에서 레인지의 꼭대기(나올 수 있는 카드 조합의 범위에서 가장 높은 자리)에 있으면 종종 그렇게 행동하죠."

또한 블레이크의 연구팀은 확고한 베팅 동작을 넘어서는 사실을 발견했다. 오랜 시간에 걸쳐 많은 판을 살펴보다 보면 의미 있는 데이터를 제공하는 패턴을 감지할 수 있다. 이 패턴은 두 가지 형태를 지닌다. 하나는 사고 과정, 즉 포커라는 게임에 대해 어떻게 접근하고 생각하는지와 관련이 있다. 그의 말에 따르면 우리는 망설일 때 칩을 다루는 방식이나 레인지의 꼭대기에서 베팅하는 방식 같은 것들에 주목한다.

그는 포켓 에이스 페어와 7, 9를 예로 든다. 에이스 페어를 들고 있으면 뭘 해야 하는지 확실하다. 레이즈다. 이 경우 사고 과정은 분명하고 간결하다. 또한 동작이 곧바로 뒤따른다. 반면 7, 9는 애매한 패라서 어느 방향으로도 갈 수 있다. 앞에서 레이즈가 나오면 폴드하거나 콜할 수 있고 쓰리 베팅도 할 수 있다. 이 세 전략 모두 진지하게 고려할 수 있다. 동작도 그에 따라 달라진다. 즉 확실한 최강 패를 들었을 때와 달리 주저하거나 행동하는 데 걸리는 시간이 길어질 수 있다. 무엇을 하든 뜻하지 않게 행동을 통해 사고 과정을 드러낼 수 있다.

"항상 플레이어의 손동작에서 이런 게 보여요. 세계에서 가장 판돈이 높은 판에서도 볼 수 있죠. 때로는 플레이어들이 너무 오래 플레이하다 보니 제스처에서 은근한 패턴이 생겼는데도 자신은 모르는 경우가 있어요."

가장 많은 것을 말해주는 순간은 종종 판이 시작되고 플레이어들이 자신의 홀 카드를 처음 확인할 때다. 대체로 그들이 홀 카드를 확인하는 방식과 그 직후에 하는 일은 전체 판에서 보이는 행동 중 가장 정직하다. 아직은 이르다. 걸린 돈이 많지 않아서 아직은 위험부담이 낮고 그래서 경계심이 약해진다. 큰 블러핑을 칠 때

가장 먼저 알아야 할 건 나 자신

는 모두가 숨겨야 한다는 사실을 안다. 하지만 이 단계에서는 아직 큰 블러핑을 칠 일이 없다. 그래서 은폐는 급선무가 아니다. (나는 포커 테이블뿐 아니라 그 바깥에서도 어쩔 수 없이 블러핑에 당할 때 그 신호를 보지 못했던 순간들을 떠올렸다. 나는 제대로 보지 않았거나 어디를 어떻게 봐야 하는지 몰랐다. 이런 기억은 너무나 불편해서 딱히 떠올리고 싶지 않다. 내가 호구라고 생각하는 건 싫다.)

은폐 혹은 단서를 드러낸다고 생각하는 행동을 적극적으로 숨기는 양상은 비욘드 텔 연구팀이 발견한 두 번째 패턴에 해당한다.

"이건 처리하고 이해하기가 훨씬 어려워요. 사실 이건 순수한 감정을 처리하는 것과는 관계가 없어요."

이는 포커페이스를 말하는 것이다.

"그보다는 플레이어의 은폐 수준 그리고 어떻게 은폐하는지를 이해하는 게 핵심이죠."

가령 얼마나 가만히 있는가? 블러핑을 칠 때는 전혀 꼼짝하지 않다가 너트를 가졌을 때는 조금만 꼼짝하지 않을 수도 있다. 블레이크는 같은 전략이지만 정도가 다르다고 말한다. 혹은 손의 위치나 호흡이 달라질 수도 있다. 상대의 은폐 방식을 파악하면 리버스 엔지니어링을 통해 무엇을 숨기고 있는지 유추할 수 있다.

블레이크는 더 자세한 내용을 말하기를 주저했다. 그를 탓할 수는 없었다. 텔이라는 게 그렇다. 일단 내용이 알려지면 더 통하지 않는 경우가 많다. 간파당한 행동이 구체적일수록 그 사실을 안 플레이어는 많은 것을 드러내지 않을 것이다. 그래도 한 플레이어에 대한 구체적인 내용은 듣고 싶다. 바로 나다. 블레이크가 나의 비언

어적 단서를 분석해줄까? 나는 내가 생각하는 것보다 더 많은 단서를 노출할까? 만약 그렇다면 상대가 쉽게 읽어내지 못하도록 그가 한두 가지 요점을 알려줄 수 있을까? 여름철 상어들을 상대하기 전에 열린 책이 아니라 닫힌 책으로 만들어줄 수 있을까?

"그건 좋아요. 해봅시다."

이후 2개월에 걸쳐 블레이크는 지난 6년 동안 하던 일을 했다. 홀 카드가 공개된 가운데 내가 플레이하는 모습을 담은 몇 시간 분량의 영상을 본 것이다. 그리고 다른 플레이어들에게서 본 수천 판의 플레이와 상관관계가 있는지 밝혀 보고서를 작성했다.

블레이크가 연구 내용을 전부 공개하기를 꺼렸듯이 나도 내 행동의 모든 것을 그가 자세히 분석하는 게 그다지 탐탁지 않았다. 하지만 자존심이 상하더라도 대의를 위해 감수해야 했다. 예측대로 내 행동에서 가장 풍부한 분석 대상이 나온 영역은 플롭 이전에 처음 카드를 확인할 때였다. 블레이크가 특히 마음에 들어 하지 않는 한 가지 행동이 있었다. 바로 내가 카드를 여러 번 재확인하는 것이었다.

"카드를 재확인하는 순간 패턴에 빠질 위험이 있어요."

그는 지적했다. 어떤 플레이어들은 어중간한 패만 재확인한다. 포켓 킹 페어는 기억하기 쉽다. 반면 무늬가 같은 5, 6이나 6, 7은 재차 확인할 필요가 있다. 어떤 플레이어들은 확인하는 타이밍을 달리한다. 즉 어떨 때는 짧은 간격으로 확인하고 어떨 때는 한 번 멈춘 후 확인한다. 이 역시 패의 강약과 관련이 있다.

가장 먼저 알아야 할 건 나 자신

"이런 패턴은 정말 깨야 해요. 상대가 당신에 대한 정보를 적게 얻을수록 좋아요. 당신이 행동을 줄일수록 상대가 얻는 정보가 적어지죠."

그는 꼭 카드를 재확인하고 싶다면(피곤하거나 기운이 없는 경우) 플랍이 깔리기 직전에 두 번째로 확인하라고 권한다. 그러면 적어도 매번 같은 때 그렇게 할 수 있다. 그래서 일종의 행동 양식으로 만들 수 있다.

나의 두 번째 나쁜 행동은 카드에 손을 얹는 것이다. 블레이크는 절대 카드에 손을 얹지 말라고 말했다. 사람들은 패의 강약에 따라 다른 방식으로 카드에 손을 얹는다. 즉 강할 때는 이렇게 얹고, 약할 때는 저렇게 얹는다. 블레이크는 아예 카드에 아무것도 얹지 말아야 한다고 했다. 카드 위에 칩을 놓는 것도 거의 언제나 텔이 된다. 칩을 놓는 것 자체는 문제가 아니다. 칩을 놓는 스타일이 문제다.

"바로 놓는 스타일이 있고, 어깨를 으쓱하며 '해보지 뭐'라는 식으로 놓는 스타일이 있어요. 각 스타일은 각각 다른 의미가 있죠."

나의 세 번째 나쁜 행동은 홀 카드를 재확인하는 것 말고는 너무 일관된다는 것이다. 특히 초반에 더욱 그렇다. 그러다 밤이 깊어지고 피로가 쌓이면 그 일관성에서 벗어나기 시작한다. 이전까지는 너무 철저했기 때문에 이런 편차가 눈에 띄면서 상대에게 정보를 드러낸다. 나는 몸을 더 움직이기 시작하고, 나의 제스처는 더 역동적으로 변한다. 그 결과 더 많은 단서를 내보인다.

"많은 사람이 테이블에서 로봇처럼 행동하는 게 단서를 숨기는 최선의 방법이라고 생각해요. 사실은 최악의 방법인데 말이죠. 은폐를 위한 인지적 처리가 과할수록 결국에는 무너져서 더 많은 것을 드러낼 가능성이 커요."

그는 동작을 일관되게 유지하기보다 더 깊은 차원에서 실행의 일관성을 가지라고 제안했다. 이는 피로와 맞서 싸우고 더 오래, 더 잘 플레이하는 데 도움이 된다. 추가로 다른 것에(예를 들면 내가 베팅을 같은 방식으로 했는지, 손을 같은 자리에 두었는지) 주의를 기울이도록 강요하는 것이 아니라 사고 과정의 핵심에 가닿기 때문이다.

블레이크는 행동하기 전에 잠시 멈춰서 무엇을 하고 싶은지 생각한 다음 실행하라고 조언했다. 그렇게 하는 한 에이스 페어든, 무늬가 같고 번호가 이어진 패든, 쓰레기 패든 레인지의 모든 영역에 속하는 모든 패를 심사숙고하게 된다. 또한 행동하기 전에 생각했기 때문에 항상 자신 있게 행동한다. 그리고 매번 약간의 지체 후에 행동하게 된다. 그러면 확실한 결정일 때 즉각 행동하고 복잡한 결정일 때 지체하는 문제가 사라진다. 또한 전체 과정은 자연스럽게 간소화되고 유연해진다. 물론 손동작이 항상 같을 수는 없다. 하지만 의미 있는 정보를 담을 가능성은 적다.

이는 포커 테이블을 넘어서는 유용한 조언이었다. 간소한 결정. 즉각적인 행동이나 반응은 금물. 표준화된 과정. 이런 것들은 즉흥적으로 행동하기보다 차분한 태도를 유지하는 데 도움을 준다. 또한 합리적인 관점에서 더 멀리 내다보도록 도움을 준다. 사고 과정을 간소화하면 상대가 나를 읽어내기 어려울 뿐 아니라 내가 나의 사고 과정을 인식하는 데도 도움이 된다.

가장 먼저 알아야 할 건 나 자신

이런 표준화를 연습할 계획을 세워본다. 에릭과 나는 5월에 참가할 소규모 토너먼트들을 정할 것이고, 6월이 되면 월드 시리즈 오브 포커 대회 개막에 맞춰 라스베이거스로 가서 더 훈련할 것이다. 7월 1일이 되면 이 부분은 완료할 수 있겠지. 툰드라에서 온 바보도, 사막에서 온 팜므파탈도 나를 읽어내지 못할 것이다. 나는 더없이 탄탄해질 것이다. 의욕이 불타오른다.

블레이크는 끝으로 하나 더 지적할 게 있다고 했다. 내가 너무 많이 말하고 웃는다는 것이다.

"저절로 그렇게 되는 것 같아요. 그래도 조심하는 게 좋아요. 당신은 아주 역동적인 플레이어예요. 내가 당신과 플레이한다면 분명 대화에 끌어들여서 단서를 포착하려 할 거예요."

일리가 있는 말이다. 아니, 일리 이상이다. 나를 속인 여성 포커 플레이어, 러시아 할아버지. 세상에, 나는 그들이 수작을 부리기 전에 그들과 깊은 대화를 나눴다. 그들은 내가 그들에게서 얻어낸 단서보다 훨씬 좋은 단서를 내게서 얻어낸 게 분명했다. 나는 솔직했다. 그들도 그랬을지 모른다. 하지만 그들은 나를 간파했다. 결국 순진하게 대화에 빠져든 쪽은 나였다.

한숨이 절로 나왔다. 그런 대화는 큰 약점이 될 수 있었다. 그렇다 해도 여전히 고민이 되었다. 내 행동에서 그 부분을 완전히 잘라낼 수 있을지 모르겠다. 내게 대화는 포커의 일부다. 포커를 흥미롭고 활기차게 만드는 요소다. 판이 진행되는 동안 말을 걸어 정보를 알아내는 말 플레이speech play는 과대평가되었다. 대개는 상대로부터 끌어내려는 정보보다 더 많은 정보를 내주게 된다.

하지만 판과 판 사이에 이야기를 나누고, 사람들에게 진짜 관심을 보이는 것은 완전히 다르다. 나는 종종 같은 테이블에 앉은 플레이어들에게 그들의 이야기를 들으며 시간을 보낸다. 왜 여기 왔는지, 어떤 생각을 하는지, 포커를 치지 않을 때는 어떤 사람인지 등등. 이런 대화는 역학을 바꿔 살벌할 수도 있는 분위기를 훨씬 즐겁게 만들어준다. 또한 그들이 어떤 사람이고 어디서 동기를 얻는지에 대해 중요한 통찰을 제공한다. 행동 이면의 이유를 말해줄 뿐 아니라 우리가 포착할 수 있는 가장 진실한 단서인 경우가 많다. 다만 내가 같은 수법에 당하지 않도록 조심해야 한다.

대학원생일 때 나는 월터 미셸 밑에서 심리학을 공부하며 한 가지 행동 분석 모델을 깊이 연구했었다. 바로 인지감정성격체계Cognitive-Affective Personality System, CAPS라는 것이었다. 월터는 성격 5요인, 즉 모든 사람을 경험에 대한 개방성, 성실성, 외향성, 신경증, 친화성이라는 다섯 가지 주요 특성에 따라 평가할 수 있다는 이론에 근본적인 결함이 있다고 주장했다. 이 이론은 인간성의 미묘함을 받아들이지 못하고 여러 속성을 맥락으로부터 떼어냈으며, 타당치 않은 근거로 뭉뚱그려 사람들의 점수를 매긴다고 말이다.

어떤 사람은 직장에서는 성실한데 집에서는 게으를 수 있고, 권위가 있는 사람 앞에서는 친화적이지만 친구들에게는 못되게 굴수 있다. 성격은 전적으로 맥락과 역학에 좌우된다. 그래서 엄격한 분석 과정을 거치지 않으면 그 퍼즐을 풀 수 없다. 월터와 유이치 쇼다는 1995년에 CAPS 개념을 제시하면서 이렇게 썼다.

우리가 제시한 이론에서 개인은 상황의 다른 특징에 선택적으로 초점을 맞추고 이를 인지적, 정서적 차원에서 범주화 및 부호화한다. 이런 부호화가 성격 체계의 다른 인식 및 감정을 활성화하고 상호작용하는 양상은 저마다 다르다. 이 이론은 우리가 상황에 수동적으로 반응하거나 그 은근한 특징과 무관하게 행동하는 것이 아니라 적극적이고 목표 지향적으로 계획과 스스로 이룬 변화를 수립하며, 부분적으로 상황 자체를 창출한다고 본다.

사람은 속성의 조합이 아니라 상황에 대한 반응과 상호작용의 모자이크다. 그래서 행동 프로필, 즉 '위협받는다고 느끼면 공격한다' 처럼 조건 행동 if-then 형태로 반응 양상을 정리한 카탈로그를 확보하면 속성 순위만 매겼을 때보다 그 사람이 어떤 사람이고 특정한 환경에서 어떻게 행동할지 훨씬 잘 파악할 수 있다.

텔은 포커에서 가장 터득하기 어려운 기술이다. 경험, 다시 말해 플레이어의 경향에 대한 정확한 정보를 얻기 위한 시간과 분석을 대체할 지름길이 없기 때문이다. 테이블을 바꿀 때마다, 상대가 바뀔 때마다, 같은 상대라도 맥락이 바뀔 때마다 계산법이 달라져야 한다. 이와 달리 CAPS는 신체적 패턴에 의존하지 않는다. 심리적, 정서적 역학이 핵심이다. 어차피 나의 목표는 구체적인 상황에서 행동을 예측하는 것, 바로 CAPS 이론이 추구하는 바가 아닌가?

포커는 CAPS 이론가에게는 꿈 같은 게임이다. 역학이 모든 것이기 때문이다. 포커 테이블에서는 현실에서 접하려면 몇 달이 걸리는 다양한 상황을 볼 수 있다. 마치 현실에서 전개되는 드라마와 같다. 포커는 수많은 상황의 정수를 집약해서 플레이어들에게 종일 펼쳐놓는 게임이다. 포커 테이블에서 우리는 잘나가다 무너지고, 활기에 넘치다가 피곤함에 절고, 강한 위치에 있다가 수세에 몰린다. 이런 드라마가 모든 게임마다 반복적으로 전개된다. 모든 토너먼트의 경과는 전개 속도가 아주 빠르고, 여러 장으로 구성된 미니어처 인생담과 같다.

큰 판을 이겼을 때 어떻게 반응하는가? 큰 판에서 졌을 때는? 블러핑에 당했을 때는? 블러핑에 성공했을 때는? 계속 나쁜 패가 들어오는 상황에 어떻게 대처하는가? 계속 좋은 결과가 나오는 상황에는 어떻게 반응하는가? 반반 상황에서 이기면 어떤 감정을 보이는가? 반반 상황에서 지면 어떤 감정을 보이는가? 다른 플레이어들이 자신을 어떻게 볼지 신경 쓰는 유형인가? 약해 보일까 두려운가? 블러핑을 하는 것이 더 두려운가, 블러핑에 당하는 것이 더 두려운가? 레이즈를 하는 것이 더 두려운가, 레이즈를 당하는 것이 더 두려운가?

이는 행동이 아니라 반응이 중요한 단서들이다. 역동적인 반응 말이다. 에릭은 수업 시간에 내게 설명했다.

"네가 상대하는 각 플레이어는 다른 국면을 거쳐 가. 큰 판에서 지면 갑자기 만회할 길을 찾으려 애쓰고 판단이 이전보다 나빠지는 경우가 많아. 그런 일은 아주 흔해."

혹은 반대의 경우도 있다. 즉 조심스러워지는 것이다. 그들은 남은 칩을 지키고 싶어 한다. 그래서 크게 블러핑을 치거나 큰 판에 끼는 것을 두려워한다. 이는 갑자기 눈을 찡그리거나 코를 찡긋하는 모습 같은 패턴이 아니라 조건 행동 패턴이다. 이런 패턴을 포착하기 위해 수천 시간을 들일 필요는 없다. 월터가 말한 '진단적 상황'만 살피면 된다. 포커 테이블에서는 우리가 어떤 사람인지 드러난다. 응어리, 경험, 자신감, 고정관념까지 고스란히. 결국에는 자신도 모르게 어떤 역학이 발생한다.

한 장면이 떠올랐다. 여섯 살 때 일이다. 나는 공공임대주택으로 막 이사 와서 놀이터를 찾는다. 별것 없는 놀이터라서 그네와 미끄럼틀, 철봉뿐이다. 그중 기어오르고, 매달리고, 원숭이처럼 놀 수 있는 철봉은 나의 숙적이다. 철봉에 무릎을 걸고 아래로 매달리고 싶다. 자유롭게 두 손을 아래로 늘어트리고 세상을 거꾸로 보고 싶다. 언니들은 수월하게 해낸다. 나는 언니들과 같이 놀고 싶어 죽을 것 같다(한 번도 분명하게 말한 적은 없다). 내가 바보 같고 멍청하게 느껴진다.

한 언니가 해보라며 나를 도발한다. 나는 철봉 위에 앉는다. 그리고 언니들이 하는 것처럼 무릎이 철봉에 걸리도록 천천히 미끄러진다. 몸을 뒤로 기울인다. 하지만 완전히 매달릴 수가 없다. 손이 떨어지지 않는다. 엉거주춤 웅크린 자세로 버티는 꼴이다. 결국 다시 한번 패배를 인정하며 몸을 일으킬 수밖에 없다. 도저히 못하겠다. 다리에 힘이 빠져 머리부터 땅에 떨어질까 봐 무섭다. 그렇게 목이 부러져서 죽기에는 너무나 쓸데없는 짓이라는 생각만 머릿속에 떠오른다.

"겁쟁이!"

한 아이가 소리친다. 맞다. 나도 안다. 하지만 아무리 해도 손을 놓을 수 없다. 지금까지도 나는 철봉에 거꾸로 매달린 적이 없다. 물구나무서기, 다이빙, 균형 잡기는 해봤어도 놀이터는 정복하지 못했다. 나는 겁쟁이다. 위험을 감수하는 일에 점수를 매긴다면 아마 마이너스 2점을 받지 않을까.

하지만 그게 다가 아니다. 대학 시절 졸업논문을 쓰기 위해 조지아에 가기로 했다. 당시 조지아에서는 내전이 벌어지고 있었다. 나는 의사결정과 관련된 심리가 작동하는 양상을 관찰하고 싶었다. 연구소에서 만들어진 게 아니라 실제 위기 상황에서 사람과 리더들이 어떻게 반응하는지 경험하고 싶었다. 그래서 기어이 노트를 손에 들고 세상 맞은편으로 날아갔다. 이 경우 위험 감수 점수는 어떻게 될까?

포커를 하려고 〈뉴요커〉에서 쌓던 경력을 중단한 건 어떨까? 무서워서 오토바이나 헬리콥터를 타기를 꺼리는 건? 만난 지 두 달 만에 지금의 남편과 동거를 시작한 건? 뉴런이 영원히 손상될까 봐 마약은 대마초조차 단 한 번도 시도하지 않은 건? 이 모든 걸 고려할 때 나는 위험을 추구하는 유형일까, 아니면 회피하는 유형일까?

월터라면 그 답은 전적으로 상황에 좌우된다고 말할 것이다. 개략적으로 말하는 것은 불가능하다. 하지만 포커 테이블에서는 나의 프로필 혹은 월터가 말한 행동적 특징이 전면에 부상한다. 블레이크는 정보를 제공하는 나의 사소한 신체적 습관들을 집어냈다.

가장 먼저 알아야 할 건 나 자신

나는 이런 습관들을 없애기 위해 모든 노력을 기울일 것이다. 하지만 심리적인 단서가 더 강력할 수 있다. 나는 작은 위험을 꺼린다. 그래서 어중간한 위치일 때 공격적인 플레이어가 콜하거나 레이즈하면 그냥 폴드해버린다. 하지만 적절한 상황이 되면 토너먼트에서 살아남기 위해 과감한 블러핑을 날린다.

내가 하루 동안 플레이하는 모습을 지켜보면 아마 나를 오랫동안 안 사람보다 나의 위험 감수 성향을 더 잘 알 것이다. 포커 테이블에서는 완전한 인생 드라마가 펼쳐진다. 바깥세상에서는 수년에 걸쳐 나타날 상황과 맥락이 포커 토너먼트에서는 하루 동안 압축적으로 전개된다.

이 역학에서 흥미로운 점은 역동성이다. 즉 단순히 판에 참가하는 플레이어들 때문에 상황이 계속해서 바뀔 수 있다. 심리적 상황은 안정되지 않는다. 카드와 액션이 전부가 아니기 때문이다. 판에 참가한 사람과 감정적 경험도 중요하다. 그래서 반복적으로 조정이 이뤄진다. 예를 들어 나는 상대의 반응이 달라졌다고 생각하면 다르게 행동할 수 있다. 그 반대의 상황도 마찬가지다. 또한 나는 비슷해 보이는 상황에서 위험을 다르게 계산할 수 있다. 이는 끝없는 조정 과정이다.

프랭크 란츠는 '동키 스페이스donkey space'라는 포커 관련 개념을 만들어냈다. 이는 포커를 높은 수준으로 이해하는 두 명의 고수가 헤즈업 매치, 즉 일대일 대결을 할 때 전개되는 역학을 말한다. 우선 어떤 상대도 이용할 수 없는 완벽한 이론적인 플레이가 있다. 그리고 상대의 전략에 따라 그 플레이를 맞추는 조정이 있다. 조정할 필요가 없는 유일한 경우는 둘 다 완벽하게 플레이할 때뿐이다. 물론 포커 테이블의 어지러운 현실에서는 이런 일이 일어나지 않는다. 프랭크는 이렇게 말했다.

"이 수준에서 어려운 점은 사실 완벽한 플레이가 무엇인지 파악하는 것이 아닙니다. 실제로는 체스 같은 게임에서만큼 어렵긴 하지만요. 어려운 점은 상대의 행동을 토대로 상대가 전략 공간 어디에 있는지 파악하는 겁니다."

특정한 사람을 상대하면서 최대한의 이익을 보려면 그가 여러 상황에서 어떻게 행동하고 반응하는지 지켜보고 그 행동을 토대로 플레이를 조정해야 한다. 하지만 상대가 뛰어나다면 당신이 무엇을 하는지 알고 자신도 플레이를 조정할 것이다. 프랭크는 상대가 의도적으로 전략 공간의 특정한 지점으로 이동했을 수도 있다고 말한다. 그러면 당신을 더 잘 이용할 수 있기 때문이다. 상대는 당신이 따라 이동하면 혼내주려고 약간의 에퀴티equity(승리 확률에 따른 팟 지분을 가리키며 퍼센트로 표시된다-옮긴이)를 포기한다.

"저는 이걸 '동키 스페이스'라고 부릅니다. 동키는 완벽하게 플레이하지 못하는 피시를 가리키니까요. 하지만 이 두 사람은 전투기 조종사처럼 서로 꼬리를 뭅니다. 공중전에서는 상대의 뒤쪽에 있어야 합니다. 그래야 격추하기 쉽죠. 그들은 비행기를 돌리고 뒤집으면서 계속 상대의 뒤를 잡으려 해요."

어떤 의미에서 이는 존 보이드의 우다 루프OODA loop를 하늘이 아니라 포커 테이블에서 실행하는 것과 같다. 전투기 조종사인 보이드는 오랜 참전을 통해 익힌 역학을 설명하기 위해 우다를 고안했다. 성공하려면 계속 관찰하고Observe, 방향을 설정하고Orient, 결정하고Decide, 행동해야Act 한다는 것이다. 그것이 우다다. 상대를 앞서는 방법은 그의 우다 루프 안으로 들어가는 것이다. 그래서 그가 무엇을 관찰하는지, 어떻게 방향을 설정하고 결정하는지, 그 결과 어떻게 행동하는지 파악해야 한다. 그러면 예측이 가능해진다. 결국 포커 테이블에서와 마찬가지로 싸움은 정보로 귀결되기 때문이다. 프랭크는 이렇게 말했다.

"플레이를 하다 보면 신호를 얻기도 하고 내보내기도 합니다. 특정한 판에서 결과로 이어지는 행동과 상대가 해석할 신호를 모두 아울러서 전략을 구성하죠. 상대는 그걸 보고 당신이 활용하는 전략을 거꾸로 유추할 수 있어요. 이는 정보 처리에서 깊고도 다층적인 문제죠."

사람들이 내게서 얻는 첫 번째 단서는 단순하다. 바로 내가 여자라는 것이다. 이 단서가 만약 바뀐다면 그들의 CAPS를 어떻게 바꿀까? 어떤 남성들은 신사가 되고 싶어 한다. 그들은 나의 칩을 가져가는 걸 거북스러워한다. 또한 내가 폴드를 잘했다는 걸 알려주려고 종종 자신의 카드를 보여준다. 이런 사실을 알면 내게 유리하게 활용할 수 있다. 예를 들어 다른 경우라면 콜할 상황에서도 더 많이 폴드하는 것이다.

어떤 남자들은 여자가 포커 판에 끼면 안 된다고 생각한다. 설거지하거나 기저귀나 갈고 있어야 마땅하다는 것이다. 그들은 내가 꺼져주기를 바란다. 그래서 괴롭히고, 블러핑을 치고, 밀어붙인다. 이런 사실을 알면 보다 수동적으로 플레이하면서 그들의 칩을 가져올 수 있다.

또 어떤 남자들은 여자는 큰 블러핑을 칠 수 없다고 생각한다. 그래서 내가 강한 패를 든 것처럼 레이즈하면 폴드한다. 이 경우 다른 때보다 많이 블러핑을 할 수 있다. 여자한테 블러핑을 당하느니 차라리 죽겠다는 남자들도 있다. 그들은 내가 이기는 것을 보고 만족하려고 아무것도 아닌 패로 콜한다. 이런 남자들을 상대할 때는 더 약하게 베팅해서 조금이라도 칩을 더 가져오되 섣불리 속이려 해서는 안 된다.

하지만 이 모든 것은 첫 번째 단서에 불과하다. 이제 CAPS에서 상호작용과 관련된 부분, 바로 동키 스페이스로 들어가야 한다. 상대는 내가 그의 행동을 관찰하면서 플레이를 조정하고 있다는 사실을 알까? 아니면 내가 특정한 방식으로 반응하도록 일부러 이런 행동을 하는 걸까?

지금 나는 몬테카를로에서 중대한 판을 플레이하고 있다. 마지막 토너먼트인 식스 맥스에서 막판까지 살아남은 지금 칩 대부분이 걸린 결정을 내려야 한다. 오늘 종일 나이 많은 러시아 신사를 상대했다(아까 말한 사람은 아니다. 이 사람은 나중에 들어왔다. 그래도 앞서 당한 시베리아 노인의 인상이 여전히 생생하게 남아 있다).

그는 그런 신사들에 대해 내가 새롭게 품은 고정관념에 잘 들어맞았다. 그들은 내가 있을 곳은 카지노가 아니라 주방이라고 생각한다. 그는 나를 속였던 그 시베리아 노인처럼 앞서 나를 비참한 지경으로 몰아넣은 후 기쁜 얼굴로 블러핑한 패를 여러 번 보여주었다. 또한 휴식 시간에 그가 친구에게 "저 여자를 혼내줬어"라고 자랑하는 말을 들었다(이때까지 그는 내가 러시아어를 안다는 사실을 몰랐다). 또한 그가 A, K로 에이스 페어에 진 후 상대에게 욕하는 것도 들었다. 그는 패배를 잘 받아들일 줄 모른다.

리버가 깔리고 그가 올인했다. 콜했는데 틀리면 칩의 3분의 2 이상을 잃는다. 내 패는 '블러프 캐처bluff catcher'였다. 즉 블러핑만 잡을 수 있는 패다. 톱 페어도 물론 나쁘진 않다. 하지만 지금까지 격렬한 액션이 오갔다는 점을 고려할 때 그가 최대한 내 칩을 가져가려고 올인했다면 진 게 틀림없다. 어떻게 해야 할지 모르겠다. 고민하고 있는데 그가 의자에서 일어나더니 살짝살짝 춤을 추기 시작했다. 콜하라고 자극하는 것이다.

"뭐해요, 빨리 콜해요!"

그가 소리쳤다. 뒤이어 타이머를 불렀다. 상대가 시간을 너무 오래 잡아먹고 있으니 직원을 불러 카운트다운을 시키는 것이다. 지금까지 이런 적은 한 번도 없었다. 비참했다. 마침내 나는 콜하기로 결정했다. 그는 세트를 까고 나는 칩을 건네주었다.

그가 그 순간을 위해 덫을 놓은 걸까? 아무래도 걸려든 것 같다는 느낌이 들었다. 끔찍한 실수를 했다. 내가 형성한 패턴이 더 강력한 신호를 가려버렸다. 그는 춤추고 노래했다. 그러니 아마도 좋은 패를 가졌을 것이다. 텔의 대가로서 포커계에서 관련 책을 처음 쓴 마이크 카로조차 이런 행동은 확실하게 강한 패를 뜻한다고 말했을 것이다. 내가 '카로조차'라고 한 이유는 그의 연구가 별다른 분석 기술 없이 이뤄졌으며, 일부 연구 결과는 시간의 시험을 이겨내지 못했기 때문이다. 하지만 이건 정말 기초적인 부분이다. 이 판에서 나는 얼간이였다.

그렇다면 이제 어떻게 해야 할까? 분명 나의 CAPS는 내가 생각한 것보다 더 역동적이고 복잡하다. 오랫동안 CAPS 체계를 다뤘는데도 불구하고 나는 힘들다는 이유로 나 자신의 고유한 노드node와 역학을 더 깊이 파고들지 않았다. 다른 플레이어들의 동기를 읽어내는 일에 집중하느라 나 자신을 생각하는 것을 잊어버렸다.

모든 수준에서 초보적인 플레이와 잘하는 플레이어를 넘어 탁월한 플레이어가 되려면 상대를 정확하게 읽는 것이 대단히 중요하다. 소극적인 플레이어를 상대할 때처럼 공격적인 플레이어를 상대해서는 안 된다. 실력이 약하고 블러핑을 잘 치는 플레이어를 상대할 때처럼 실력이 강한 플레이어를 상대해서는 안 된다. 상대를 제대로 읽는 건 정말로 어려운 일이다. 그러기 위해서는 세심한 관찰을 통해 잘못된 직관과 진짜 데이터를 구분하는 법을 배워야 한다. 또한 관찰한 내용을 활용하는 방법과 함께 반대로 자신이 이용당하고 있는지를 알아야 한다.

나는 이 마지막 부분을 잠시 간과한 듯하다. 다른 사람들을 읽느라 너무 바빠서 나 자신을 읽는 단계를 빠트리고 만 것이다. 블레이크는 내가 신체적으로 드러내는 단서만 알려주었을 뿐이다. 그는 나의 심리를 파헤치고 나의 행동을 좌우하는 내면의 줄다리기를 이해할 만큼 데이터를 갖고 있지 않다. 그가 분석한 각 판에서 내가 미처 깨닫지 못했지만 내 머릿속에 떠올랐을 온갖 생각들을 상상해보라. 신체적 분석 작업은 마쳤다. 하지만 심리적 분석 작업은 어떻게 해야 할까? 이유를 이해하는 일은 어떻게 해야 할까?

포커 공부의 이 단계에서 단서와 판독에 주의를 기울이는 동안 아주 중요한 사실을 간과했는지 모른다. 신체적인 부분보다 심리적인 측면에서 누구보다 먼저 분석해야 할 사람이 바로 나 자신이라는 사실 말이다. 이 사실을 진작 깨달았다면 아름다운 절벽과 별빛이 비치는 포커룸이 있는 몬테카를로를 다녀온 직후 리오 호텔의 화장실 바닥에서 1만 달러를 토해내는 일은 없었을 것이다.

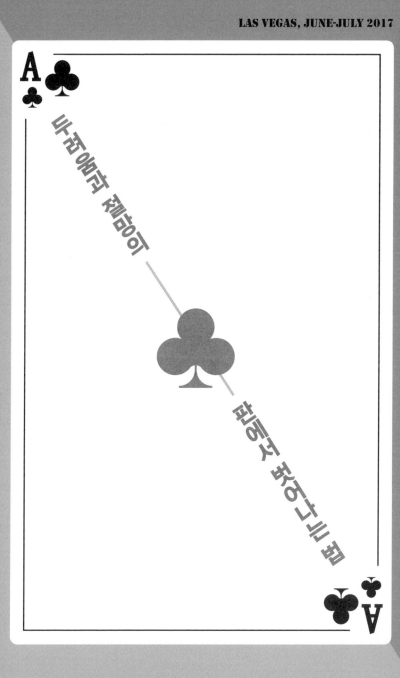

## 라스베이거스, 2017년 6~7월

노름은 사람을 홀리는 마법이다.
… (노름꾼은) 돈을 따서 미칠 듯한 기쁨의 절정까지 올라가거나
불운으로 절망의 바닥까지 떨어진다.
언제나 극단적이고 격정적이다.
때로 너무나 평온하고 차분해서 어떤 것에도 흔들리지 않을 것처럼 보이다가도
곧 너무나 소란스럽고 흉포해서 자신과 다른 사람까지 해칠 것 같다.
이길 때 황홀한 기쁨에 사로잡히는 만큼 질 때도
사나운 분노의 격랑에 휩쓸려서 분별과 이성을 잃고 만다.

───
찰스 코튼, 《베테랑 노름꾼 The Compleat Gamester》

6월은 미처 준비하지 못한 사이에 와버렸다. 어제 막 몬테카를로에서 작은 승리를 거두고 미국으로 돌아온 기분이다. (생각해보니 그 일에 더 자부심을 품을 만하다. 물론 지금은 목표가 바뀌었다. 하지만 달성하기 어려운 새로운 목표가 생겼다고 해서 첫 목표를 달성한 성과가 무색해지는 것은 아니다. 게다가 나는 긍정적인 마음가짐을 갖추는 비결이 나보다 못한 포커 플레이어들을 만나는 것이라는 사실을 깨달았다. 최소 상금조차 한 번도 타지 못한 사람과 이야기를 해보면 그래도 만족감을 느낄 수 있다.)

나는 최선을 다해 상대를 읽어내는 능력뿐 아니라 상대가 나를 읽어내지 못하게 막는 능력도 키우기로 작정했다. 또한 메인이벤트에 대비하기 위해 할 수 있는 모든 일을 하기로 작정했다. 하지만 지금 나의 상태는 어떤가?

5월은 예정대로 진행되지 않았다. 에릭과 나는 내가 참가할 몇 개의 지역 이벤트를 물색했다. 그러나 막상 브루클린으로 돌아오니 떠나고 싶지 않았다. 생각해보면 1월부터 계속 여행을 다녔다. 라스베이거스에서 2~3주씩 머물렀고 메릴랜드에서 일주일을 보냈다. 코네티컷주 폭스우드에서 일주일을 보냈고 몬테카를로에서는 약 2주일을 보냈다. 심지어 뉴욕에 있을 때도 자주 뉴저지로 갔다. 호보켄 카페는 사실상 나의 사무실이 되었고 포커는 나의 삶이 되었다. 그리고 나의 실제 삶은 자연스럽게 뒷전으로 밀려났다.

물론 나는 운이 좋다. 남편은 나를 전적으로 지원하면서 이번 프로젝트에 모든 것을 쏟아부어 어떤 성과를 얻을 수 있을지 알아보라고 했다. 하지만 이틀 넘게 집에 있다 보니 여행길에 내가 얼마나 외로웠는지 알았다. 또한 애초에 포커를 시작한 이유를 잊었다는 사실도 알았다.

나는 통제의 한계, 운의 속성을 파악하려고 이 일에 나섰다. 내 삶을 더 풍요롭게, 더 나은 것으로 만들고 싶었다. 그러나 엄청나게 짧은 기간에 월드 시리즈 오브 포커 메인이벤트라는 정상에 오르려고 쉼 없이 나아가다 보니 잠시 멈춰서 그 과정을 즐기는 법을 잊어버렸다. 포커라는 게임, 포커를 터득하기 위한 여정, 나의 사고 과정에 빠르게 스며드는 새로운 기술을 즐기는 법 말이다.

이제 나는 집에 머물며 또다시 새로운 모험에 나서는 남편과 시간을 보내고 싶다. 뉴욕에서 내가 가장 좋아하는 계절인 초봄의 풍경을 보고 싶다. 마침내 건강이 회복되어 밖에 나갈 수 있게 된 것을 즐기고 싶다. 몇 달 동안 보지 못한 가족을 보고 싶다. 나는 잠시 멈추고 싶다.

어떤 것을 터득하는 일은 늘 균형을 잡아야 하는 노력을 수반한다. 얼마나 많은 시간을 공부와 나 자신에게 할애할 것인가? 하나 없이 다른 하나를 제대로 할 수 있을까? 내겐 이중의 목표가 있었다. 포커를 공부하기 위한 여정도 중요하지만 포커를 통해 가려는 더 커다란 여정도 중요하다. 이 둘은 분리할 수 없다. 그리고 배움의 과정에서 포커라는 것은 나에 대한 지식, 나를 보살피는 일, 나에 대한 성찰이 없으면 결코 터득할 수 없다. 머리와 가슴이 안정되

두려움과 절망의 판에서 벗어나는 법

지 않으면 모든 기술적 역량은 증발해버린다. 그리고 몬테카를로 여행에서 한 가지 분명해진 게 있었다. 바로 재충전이 필요하다는 사실이었다.

그렇게 5월을 보냈다. 그래도 매일 동영상을 보고, 공책에 메모하고, 전략을 생각하면서 포커를 공부했다. 플레이어들을 지켜보며 블레이크와 함께 살폈던 작은 신호와 제스처들을 찾아내고, 내 동영상을 보며 어떤 부분을 주의해야 하는지 찾아내기도 했다. 에릭은 라스베이거스에 있었다. 우리는 일주일에 몇 번씩 통화하며 공부할 내용, 즉 내가 플레이한 판이 아니라 다른 사람들이 플레이하는 판에 관해 이야기했다. 스트리밍으로 포커고PokerGo 방송을 보고, 런 잇 원스에 올라온 전략 동영상을 보고 토론했다.

나는 집에서 누구에게도 보여주지 않고 칩 셔플을 연습했다(이 칩들에는 정체불명의 물질들이 묻어 있지 않고 서로 달라붙지 않는다). 그리고 스스로 용기를 불어넣었다. 6월은 멋진 달이 될 것이다. 내게 필요한 추진력을 주고 메인이벤트에서 플레이할 수 있는 자신감을 안겨줄 것이다. 기삿거리를 찾기 위한 값비싼 장난에 돈을 낭비하는 게 아니라 충분히 가치 있는 도전이라는 믿음을 줄 것이다.

5월 30일, 나는 비행기에 앉아 있었다. 2주 동안 예선 이벤트에 참가한 후 다음 2주 동안은 뉴욕으로 돌아가야 한다. 나의 절친이 뻔뻔하게도 대회 기간에 결혼식 일정을 잡아버렸기 때문이다. 에릭도 내가 지금 단계에 라스베이거스에서 한 달 반을 보내는 건 정신 건강에 좋지 않을 거라고 경고했다. 자극은 넘치는데 성찰, 흡수, 조정에 필요한 시간은 부족하기 때문이다. 뉴욕에서 2주를 보낸 다음에는 독립기념일 다음 날 메인이벤트를 위해 라스베이거스로 돌아갈 것이다. 물론 앞으로 2주 동안 일이 잘 풀린다는 전제 아래 말이다.

에릭은 참가비가 적당하고 가성비가 좋은 이벤트들이 많다고 말했다. 실제로 레이디스 이벤트만 있는 게 아니다. 콜로서스Colossus, 밀리어네어 메이커Millionaire Maker, 자이언트Giant라는 이벤트도 있다. 이 대회들이 이름을 참 잘 지었다는 건 인정한다. 자신을 백만장자로 만들어주겠다거나 거상 혹은 거인처럼 느끼게 해주겠다는데 참가하고 싶지 않은 사람이 있을까?

월드 시리즈 오브 포커에서는 의외로 많은 사람이 메인이벤트에 참가하지 않는다. 대신 그들은 주변에서 열리는 소규모 토너먼트에 집중한다. 뱅크롤의 관점에서 보면 그게 현명한 선택이다. 우선 콜로서스를 보면 참가비가 565달러로 대회 팔찌가 걸린 이벤트 중에서도 가장 저렴한 축이다. 그런데도 해마다 100만 달러 수준에 이르는 우승 상금을 자랑한다. 흥분된다. 긴장된다. 동시에 온갖 감정이 든다. 나의 첫 월드 시리즈 이벤트다. 내가 지금까지 열심히 노력한 이유다.

리오에 오는 건 처음이었다. 이곳에서 유일하게 낯설지 않은 건 호텔 외벽에 걸린 거대한 펜 앤드 텔러의 사진뿐이었다. 그걸 보니 첫 여행과 인상적인 탱크가 생각났다. 드디어 호텔 안으로 들어섰다. 그리고 곧바로 헤맸다. 알고 보니 엉뚱한 입구로 들어왔다. 호텔 본관이 있고, 대회 주최 측에서 1년에 한 번 이벤트를 열기 위해 빌려 쓰는 컨벤션 센터가 따로 있었다. 경험 많은 플레이어들은 뒤쪽에 있는 컨벤션 센터로 바로 가는데 에릭이 내게 그 사실을 알려주는 걸 깜박한 모양이었다. 아니면 알려줬는데 내가 너무 들떠서 깜박했거나.

나는 카니발 월드Carnival World라는 곳과 매스커레이드 빌리지 Masquerade Village라는 곳 사이에 갇혔다. 오른쪽에 키스KISS 매장이 있었다. 저길 정말 가는 사람이 있을까? 문득 궁금해졌다. 이건 대회에 임하는 올바른 마음가짐이 아니고 좋은 출발도 아니다. 마치 전에 골든 너겟에서 처음 느꼈던 것 같은 기분이 들었다. 베트남 레스토랑을 지나니 오른쪽에 옅은 노란색의 대회 배너가 보였다. 나는 스타벅스를 지나 급히 그쪽으로 향했다. 그리고 빨간 화살표를 따라 모퉁이를 돌았다.

왼쪽에는 해시하우스어고고Hash House A Go Go가 있었고 오른쪽에는 가이 피에리Guy Fieri가 커다란 얼굴로 웃고 있는 네온 간판을 단 멕시코 레스토랑이 있었다. 이 길이 맞나? 내 머리 위에 달린 화살표는 맞다고 말했다. 그리고 대회장이 오른쪽에 나타났다. 오른쪽에 유리 벽이 있고 왼쪽에 작은 매장들이 있는 긴 복도를 걸어가니 점점 사람들이 늘어났다. 복도 끝에는 사람들이 붐비는 원형 공간이 있었다. 목소리와 몸들이 소란스레 뒤섞이는 장면이 펼쳐졌다.

천장에는 48회 월드 시리즈 오브 포커에 참가한 것을 환영한다는 대형 배너가 매달려 있었다. 전방에는 포커 테이블로 가득한 대회장으로 들어가는 대형 출입구가 보이고 한복판에 기념품을 파는 개방형 매장이 있었다. 오른쪽에는 시저스 리워드Caesars Rewards에 등록하기 위한 줄이 있었다. 나도 앞으로는 온라인으로 등록할 수 있도록 줄을 서서 계정 확인을 받아야 한다. 정신없이 대회를 준비하면서 이런 내용들을 미리 웹사이트에서 읽었다.

나는 안내를 받아 등록 창구로 갔다. 거기로 가려면 메인 원형홀에 연결된 다른 복도를 지나야 한다. 왼쪽으로 모퉁이를 돌아서니 어안이 벙벙해졌다. 복도는 수많은 부스로 넘쳐나고 있었고 부스마다 뭔가를 팔고 있었다. 게다가 각 부스에는 최소한 세 명이 복도를 가로막고 서서 지나가는 사람을 붙잡고 안으로 끌고 가려고 했다. 내가 기대한 건 시장판이 아니라 포커 판이었다. 하지만 여기는 시장판에 더 가까웠다. 그것도 약장수들이 득시글한 시장판. 영화 〈백 투 더 퓨처〉에 나오는 브라운 박사의 실험실에서 가져온 듯한 색색의 거품이 흘러나오는 원통이 달린 바도 있었다.

누군가 내 오른쪽 귀에 대고 "머리를 맑게 해주는 순수한 산소를 마셔보지 않으시겠어요?"라고 재잘댔다. 나는 산소바oxygen bars가 사기이고 머리가 맑아지기는커녕 기분이 더 나빠질 거라고 쏘아댈 준비를 하고 고개를 돌렸다. 그러나 더 중요한 일이 있다는 걸 깨닫고 그냥 고개를 흔들었다.

"충전기! 헤드폰! 충전기! 헤드폰! 저기, 헤드폰 필요해요? 이거 최고예요."

나는 충전기와 헤드폰을 정말로 사랑하는 듯한 두 남자를 밀치고 지나가려 애썼다. 그들은 세상의 종말이 오면 충전기와 헤드폰을 구명 뗏목처럼 붙잡을 것이다. 정말로 그 충전기들이 생명을 구하기를. 잠깐 봤는데 가격이 내가 알던 것보다 약 다섯 배는 높았다. 토너먼트 중간에 휴대폰 배터리가 방전되는 가여운 사람들에게

두려움과 절망의 판에서 벗어나는 법

화 있을진저(다행히 에릭은 나를 토너먼트 생존 키트로 무장시켰다. 거기에는 물, 에너지 바, 휴대폰 충전기가 들어 있다. 나는 따로 산업용 소독제도 추가했다).

수정을 파는 매대도 있었다. 각 수정이 고유한 기를 발산한다는 광고 문구가 붙어 있었다. 준비되지 않은 채로 절대 포커 테이블에 앉지 말란다. 맞다. 미처 챙기지 못한 게 있었구나. 나는 에릭에게 문자를 보냈다. 이제는 걱정할 게 없다고. 수정만 갖고 있으면 팔찌를 딸 게 분명하다고. 에릭은 '좋은 계획이야'라고 답장을 보내왔다.

이보다 괜찮은 것들을 파는 부스도 있었다. 포커 도서를 출판하는 D&B포커는 크리스 무어먼이 '역대 가장 성공한 온라인 포커 플레이어'가 되는 과정을 쓴 새 책을 광고하고 있었다. 무어먼일 것으로 추정되는 커다란 등신대가 전시된 책들 옆에 서 있었다. 호텔에 돌아가면 그를 찾아봐야겠다. 포커 전문 회계사의 부스도 보였다. 큰돈을 따는 사람들이 모두 모이는 곳에 부스를 차리는 건 영리한 생각이다. 일을 잘하는지는 모르겠지만 수완은 있는 게 확실하다. 마침내 등록하는 줄이 보인다. 나는 뒤로 가서 플레이하기 위한 기다림을 시작했다.


다섯 발의 총알. 이건 다섯 번 따로 토너먼트에 참가한다는 뜻이다. 적어도 $1K, $3K, $5K, $10K 대회에 비하면 너무나 저렴해 보이는 565달러의 참가비를 다섯 번 낸다는 뜻이다. 나는 콜로서스 대회에 다섯 번이나 참가하게 되었다. 원래는 한 번만 참가할 예정이었다. 그런데 어떻게 하다 보니 탈락할 때마다 한 번만 더 해보자며 줄을 서게 되었다. 다음 날도, 그다음 날도 그랬다. 결국 참가비는 565달러에서 2,825달러로 불어났다. 겨우 3일 있었을 뿐인데 벌써 2주 동안 써야 할 예산의 상당 부분이 날아갔다. 어떻게 이런 일이 일어났을까? 나한테 무슨 일이 생긴 거지? 나는 합리적이고 건실한 사람이다. 게다가 합리적이고 현명한 멘토가 뱅크롤을 잘 관리하라고 몇 번이고 주의까지 주었다. 그런데 내가 무슨 짓을 한 거지?

콜로서스 마지막 예선이 끝난 후 멍한 표정으로 리오를 나오면서 믿을 수 없다는 듯 이런 생각을 했다. 지금 나는 한 번도 경험하지 못한 상황이다. 콜로서스는 여러 번 재참가할 수 있는 대회로서 3일에 걸쳐 여섯 번의 예선이 진행된다. 또한 각 예선에 최대 두 번 참가할 수 있다. 그러니까 탈락한 후에도 그날의 참가 시한이 아직 남아 있으면 다시 참가할 수 있다. 포커 용어로는 총알을 '발사'한다고 한다. 참가 시한이 지났어도 다음 예선이 남아 있다면? 최대 12번까지 다시 총알을 발사할 수 있다. 그래서 참가 기록을 세우고 싶다면 6,780달러를 써서 칩 리드의 자리를 노릴 수 있다. 하지만 나는 그렇게까지는 하지 않았다. 그래도 가능하다고 생각했던 수준보다 훨씬 가까이 그런 지경에 다가갔다.

나는 축 처진 어깨로 계속 고개를 저으며 숙소인 아리아로 돌아와 상처를 핥았다. 생각했던 것과 달리 아직 이 대회의 회오리바람을 견딜 준비가 되지 않았다는 게 엄연한 진실인 것 같았다. 대회장의 열기와 흥분에 너무나도 쉽게 휩쓸려버렸다. 며칠 후면 팔찌를 거머쥘 수 있을 거라는 모든 사람의 기대에 휩쓸려버렸다.

대회에 참가하는 사람들은 모두 꿈을 갖고 있다. 칩들이 서로 부

두려움과 절망의 판에서 벗어나는 법

딪힐 때마다 '내가 우승할지도 몰라, 내가 우승할지도 몰라, 내가 우승할지도 몰라'라는 노래가 리듬을 타고 울린다. 카드가 테이블 위를 미끄러질 때마다 '이번이 기회야, 이번이 기회야, 이번이 기회야'라는 소리가 휘파람처럼 울린다. 그러다 불운한 순간이 온다. 톱 세트를 들고 있는데 상대가 플러시를 맞춘다. 결국 줄 끝에 서서 문밖으로 나가는 수치스러운 행진을 해야 한다.

하지만 생각해보면 이게 끝은 아니다. 이번에는 운이 나빴을 뿐이다. 자신에게 공정한 기회를 주고 다시 시도하는 게 마땅하다. 문밖으로 나가는 동안 마주치는 프로 플레이어들은 "다시 도전할 거죠?"라고 합창하듯 말한다. 그들은 이 일을 몇 년 동안 해왔고 당신의 연봉보다 훨씬 많은 뱅크롤을 갖고 있다. "다시 도전해요. 이렇게 물 좋은 대회가 없어요." 당신은 '맞아, 못할 게 뭐 있어'라고 생각하며 다시 도전한다. 적어도 지금 이 대회의 물을 좋게 만드는 건 당신이라는 사실을 깨닫지 못한 채. 당신이 바로 그 물고기다. 프로들에게 낚일 그 물고기다. 그것도 몇 번이나. 그래서 나도 다섯 번씩이나 낚였다.

결국 이 지경이 되었다. 월드 시리즈 오브 포커는 독특한 마력이 있다. 이전에는 접하지 못했던 마력이다. 거의 무한하게 재참가할 수 있다는 점(내게는 이것도 새로운 것이기는 하지만)에서만 그런 게 아니다. 이곳에는 독특한 아우라, 에너지, 나보다 훨씬 센 플레이어들 그래서 불운하게 떨어진 후에 다시 참가하는 게 얼마든지 타당한 플레이어들이 가하는 압력이 있다.

나는 내가 준비되었다고 생각했다. 전략적인 측면에서는 정말로 그렇게 뒤처지지 않았을지 모른다. 하지만 정신적, 감정적 측면은 어떨까? 나는 그게 나의 약점이 되리라는 걸 깨닫지 못했다. 지금 은 그렇다는 게 명백하다.

머릿속의 소음이 잦아든 후 리오의 복도를 지나 타이 레스토랑 에서 포장해온 음식을 호텔방 테이블에 놓고 노트북을 열어서 엑 셀 스프레드시트로 예산을 따져보니 창피함이 올라왔다. 너무나 쉽게 휩쓸린 게 분하다. 나 자신의 한계를 알 만큼 강하지 못한 게 분하다. 프로들의 부추김에 넘어가 내키지 않은 일을 저지른 게 화 가 난다. 내가 멍청한 아마추어들보다 낫다고 착각한 게 더 화가 난다. 멍청한 아마추어는 바로 나였다. 나는 다를 것이라는 망상에 빠지지 말았어야 했다.

노트북을 닫고 앞으로는 더 잘하리라 다짐했다. 그리고 다음 날 아침 에릭과 복기를 하면서 그 개선의 여정을 시작했다. 나는 다음 공부를 위해 콜로서스에서 플레이한 판들을 그에게 제시했다. 그 는 내가 흥미로운 지점을 많이 기록했다며 칭찬했다.

"아주 많이 기록했네! 이야기할 게 많겠어."

나는 그가 말한 흥미로운 판들을 하나의 그럴듯한 이야기로 엮 어내기 위해 몇 번이나 재참가했는지 알리는 걸 잊어버렸다.

라스베이거스에서 보낼 2주 중 남은 기간이 1분처럼 지나갔다. 나는 식스 맥스 대회에 참가해 첫 월드 시리즈 오브 포커 공식 상 금을 따냈다. 그리고 식스 맥스 대회를 사랑하게 됐다(지금까지 플레 이한 유일한 다른 식스 맥스 대회에서 또 상금을 따면서 이제 나는 식스 맥스 대회 를 공식적으로 사랑하게 됐다). 순위는 237위, 상금은 2,247달러였다. 거의 2,000명이 참가한 대회였다. 물론 이번에도 상금 순위권에 들자마자 탈락하는 바람에 최소 상금밖에 받지 못했다. 더 공격적인 새로운 접근법을 시도하겠다고 에릭과 이야기했는데도 작은 스택으로 버블에 이르렀다. 어떻게 해야 하는지 아는 것과 실제로 그 자리에서 그렇게 하는 건 다른 문제다. 에릭은 나의 최애 스시 레스토랑이 된 카부토Kabuto에서 식사하면서 그것 역시 하나의 기점이라고 했다.

"월드 시리즈 오브 포커에서 처음 상금을 땄잖아. 그건 정말 대단한 거야. 중요한 건 네가 위협적인 존재가 되었다는 거지."

여기서 위협적이라는 의미는 내가 동물원에서 갓 탈출한 사자처럼 보인다는 게 아니다. 그보다 내가 높은 순위를 위협하고 있다는 뜻이다. 나는 더 가까이 다가가고 있었다. 몇 걸음만 더 나아가면, 몇 번만 더 돌진하면 돌파구를 열어 번듯한 상금을 딸 수 있다.

나는 밀리어네어 메이커 대회에 참가했다. 두 번 참가했다. 다른 1,500달러짜리 대회에서 상금을 땄으니 재참가를 한 번 더 한다고 크게 해가 될까? 그 결과 백만장자가 되지는 못했지만 1,063위로 상금 2,249달러를 땄다. 그다지 인상적이지 않은 순위인 건 안다. 그래도 참가자가 거의 8,000명이었다. 여전히 적자이기는 하지만 적어도 두 번의 참가비를 건졌다.

마지막 상금은 첫 번째로 참가한 밀리어네어 메이커에서 탈락한 날 저녁에 365달러를 내고 참가한 자이언트 대회에서 땄다. 거기서는 1만 15명 중 595위를 해서 1,252달러를 땄다. 최소 상금보다는 많은 금액이다. 덕분에 아무 상금도 따지 못한 마라톤Marathon(이 대회는 참가비가 2,620달러로 나의 한계치보다 높다. 그러나 내 머릿속에서는 대회 구조가 메인이벤트와 비슷해서 속도가 느리고 오래 진행된다는 이유로 금방 합리화가 이뤄졌다)과 다른 1,500달러짜리 팔찌 대회에서 입은 상처를 치유하는 데 도움이 되었다.

2주 동안의 최종 손익을 따져보면 참가비로 1만 1,810달러를 쓰고 상금으로 5,748달러를 따서 6,062달러의 손해가 났다. 여기에 호텔비, 식비, 항공료 그리고 매일 리오를 오가며 쓴 리프트 요금까지 더해야 한다.

라스베이거스에 도착할 때보다 활기가 사그라진 채로 친구의 결혼식에 참석하러 뉴욕으로 돌아갔다. 프로 토너먼트 플레이어들은 어떻게 그렇게 살 수 있을까? 나는 지쳤다. 침대와 남편과 집밥이 그리웠다. 아드레날린은 사라졌고 빈 호주머니만 생생하게 느껴졌다.

내가 이룬 성과는 처음 참가한 월드 시리즈 오브 포커 대회에서 세 번 상금을 딴 게 전부였다. 에릭은 절대 비웃을 일이 아니라고 거듭 말했다. 실제로 기술적으로는 나아지고 있었다. 또한 블레이크의 텔을 터득하지는 못했어도 그 부분에서도 나아지고 있는 것 같았다. 최소한 내게 절대 블러핑을 안 칠 것처럼 살갑게 굴던 이웃에게 블러핑을 당하는 일은 없었다. 나는 말과 제스처에서 방어를 강화했고 그 효과를 보고 있었다. 내가 위협적인 것도 맞다. 하지만 정말 실질적인 위협을 가할 수 있을까?

왜 최소 상금만 타서는 안 되는지 알겠다. 내가 더 멀리까지 갈 수 있는지, 장애물을 넘어서 정말 모든 노력을 가치 있게 만들 수 있는지 진지하게 나 자신을 평가할 필요가 있었다. 예선전은 치렀다. 하지만 정말로 메인이벤트를 뛸 준비가 된 걸까? 그렇지 않다면 '그냥 하기로 했으니까' 플레이해도 되는 걸까? 이야기와 꿈을위해 1만 달러를 쓴다고?

지난여름 이 프로젝트를 구상하던 때의 나였다면 두 번 생각하지 않고 바로 뛰어들었을 것이다. 애초에 그게 목적 아니었나? 조지 플림턴이나 보다 가깝게는 콜슨 화이트헤드처럼 저널리스트로서 빛나는 취재 수첩을 들고 미지의 영역으로 들어가는 것이? (플림턴은 기사를 쓰기 위해 라스베이거스에서 코미디 공연까지 할 만큼 '참여 저널리즘'으로 유명하다. 화이트헤드는 《고귀한 소동The Noble Hustle》이라는 책을 쓰기 위해 월드 시리즈 오브 포커 메인이벤트에 참가했다.) 하지만 여기까지 오자다른 생각을 하지 않을 수 없었다.

나의 여정이 운을 이해하기 위한 것, 통제의 경계를 느껴보기 위한 것, 우리가 어쩔 수 없는 우연의 피해를 최소화하는 한편 어쩔수 있는 것에 대한 권한을 되찾고 최적화하는 방법을 알아내기 위한 것이라면 포커는 이미 그 역할을 다했다. 포커는 도박의 위험을알려주었다. 우위를 누릴 수 있도록, 통계적 이점을 확보할 수 있도록, 나의 기술이 이길 수 있도록 게임을 선택하는 일의 필요성을알려주었다. 기술이 중도에 무너지는 상황, 실력이 부족해서 돌파구를 열기 위해 분산에만 의존해야 하는 상황을 피해야 한다는 걸알려주었다.

'그냥 하기로 했으니까' 메인이벤트에 참가하는 건 복권을 사는것만큼 나쁘지는 않지만 분명 좋지도 않다. 여기서 삶의 교훈을 하나 공짜로 알려주겠다. 당신이 이길 가능성이 큰 상황을 찾고 열세에 놓이는 상황을 피하라. 그렇다고 아예 위험을 감수하지 말라는 것은 아니다. 위험 감수는 포커 판에서는 검증된 방식이다. 사람들은 위험을 이겨낼 수 있는지 보려고 이전보다 높은 수준의 토너먼트에서 플레이하고, 이전보다 판돈이 큰 캐시 게임에 들어간다. 위험을 감수하지 않으면 더 높은 단계로 올라갈 준비가 되었는지 알 길이 없다.

어떤 의미에서 지난 2주 동안 나는 위험을 감수했다. 참가비가 더 많았고 액션은 더 격렬했으며 플레이어 풀은 더 컸다. 그리고 거기서 나는 성공의 씨앗은 심었으나 아직 준비되지 않았다는 사실을 발견했다. 그렇다면 여기서 물러나 더 작게 플레이하고, 전열을 정비하고, 실력을 길러 재도전하는 것이 현명하다. 그게 포커 전략과 정신력 양면에서 더 나을 뿐 아니라 똑똑하고 요령 있는 선택이다.

내가 다른 무엇보다 책을 내기 위한 수단으로 만든 자의적인 최종 목표가 아닌, 애초에 품었던 여정의 의도를 따른다면 결론은 명확하다. 메인이벤트에 참가하는 일을 미뤄야 한다. 물론 7월에 라스베이거스로 돌아가기는 하겠지만 메인이벤트가 아니라 더 작은 규모의 대회에 참가하는 게 맞다. 그래서 뱅크롤을 다시 쌓고 기술을 연마해야 한다. 메인이벤트는 1년 뒤에 시도해야 한다. 우연의 품으로 뛰어들며 이 기회를 놓칠 수 없다고 스스로를 밀어붙여서는 안 된다. 펀치를 맞고 쓰러진 지 얼마 되지도 않았는데 상위 체급에서 뛰면 안 된다.

이는 단지 포커라는 게임뿐 아니라 모든 게임에 대한 존중의 문제다. 단순한 저널리스트의 호기심을 넘어서는 문제다. 필 갤폰드가 항상 모든 움직임, 모든 결정, 모든 행동의 이면에 있는 이유를 찾으라고 상기시킨 게 불과 몇 개월 전이다. 내가 확실하게 아는 게 하나 있다. 어떤 결정이든 그저 어떤 일을 해봤다고 말할 수 있는 영광이 그 일을 하는 이유가 되어서는 안 된다는 것이다. 적어도 지금 내게는 그것만으로는 충분치 않다.

물론 일어난 일에 관한 판단은 완벽하다. 또한 사후확증 편향 hindsight bias(이미 일어난 결과를 마치 예측했던 것처럼 확신하는 경향-옮긴이)은 강력하다. 둘째 날 첫 토너먼트에서 탈락할 것이라는 사실을 알았다면 더 나은 토너먼트를 위해 소중한 돈을 아꼈어야 했다. 문제는 사후확증 편향이 아니다. 현실적으로 나는 참가하기 전에 이 사실을 알았어야 했다. 그런데도 나는 이미 아는 사실을 무시해버렸다. 도대체 왜?

대니얼 카너먼은 이스라엘의 실패한 교육개혁 프로젝트에 참가한 이야기를 즐겨 말하곤 했다. 그는 다른 교육 전문가들과 함께 학교에서 의사결정을 가르치기 위한 새로운 교과과정을 만드는 일을 맡았다. 그리고 한 회의에서 그들이 다루고 있던 예측 전술 중 하나를 시도해보기로 했다. 그는 모든 위원에게 교과서를 완성하는 데 얼마나 걸릴지 예측해보라고 했다. 추정치를 모아보니 1년 반에서 2년 반이었다. 그런 다음 그는 이전에 비슷한 프로젝트를 진행한 교과과정 전문가에게 비슷한 일을 끝내는 데 얼마나 걸렸는지 물었다. 알고 보니 무려 40퍼센트는 완료되지 않았으며, 완료된 프로젝트도 7년에서 10년이 걸렸다.

《생각에 관한 생각》에서 그는 "그날 우리는 포기했어야 했다. 누구도 실패 확률이 40퍼센트나 되는 프로젝트에 6년 이상의 시간을 투자할 의지가 없었다"라고 말했다. 그러나 그들은 포기하지 않았다. 카너먼은 이를 '비합리적 끈기'라고 불렀다. 그들은 "선택의 갈림길에 서자 프로젝트가 아니라 합리성을 포기했다."

우리는 이른바 계획 오류planning fallacy라는 것 때문에 시한, 목적지, 목표 등을 정할 때 과도하게 낙관적인 경향이 있다. 우리는 과거를 돌아보고 현실적인 시나리오가 무엇인지 판단하지 않고 최선의 시나리오를 살핀다. 사실 나는 이 문제로 비판받을 이유가 없다. 내가 하는 일에는 기준으로 삼을 시나리오가 없기 때문이다. 한 번도 실제로 플레이해본 적이 없고 아무것도 모르는 상태에서 월드 시리즈를 목표로 포커를 배운 다른 사례를 나는 알지 못한다. 내가 바로 기준이다.

그래도 잘못은 있다. 시작하는 것부터가 너무 낙관적이라는 사실을 알면서도 처음 이 아이디어를 떠올렸을 때 기간을 1년으로 정했기 때문이다. 그로부터 1년 후는 조만간 아무 대회도 열리지 않는 한겨울일 것이다. 이렇게 시작부터 어긋났으니 훈련 자체도 어긋날 것임은 쉽게 상상할 수 있다. 그런데 어떻게 지난 7개월이 괜찮았다고 결론지을 수 있을까?

나는 그렇지 않아도 짧은 일정을 거의 반년이나 앞당겨서 목표를 세운 애초의 계획 오류로부터 아무런 교훈을 얻지 못했다. 그리

두려움과 절망의 판에서 벗어나는 법

고 지금은 생각을 바꾸지 않으려고 고집을 부리면서 문제를 악화시키고 있다. 원래의 계획, 구체적인 목표가 있었으니 상황이 바뀌었어도(그것도 크게) 고수하겠다는 것이다. 이는 새로운 정보와 무관하게 이미 결정한 행동을 계속하는 현상 유지 편향status quo bias이다.

에릭은 뛰어난 포커 플레이어가 되기 위해 갖춰야 할 가장 중요한 것 중 하나가 유연성이라고 말했다. 자신이 틀렸음을 인정할 줄 아는, 모든 결정에 내재된 불확실성을 받아들일 줄 아는 유연성 말이다. 확신은 줄이고 질문을 늘리라는 그의 말은 더없이 명확했다. 어떤 판을 플레이하는 단 하나의 올바른 길 같은 건 없다. 목표에 도달하는 단 하나의 올바른 길도 없다. 그러니 1년을 미루는 게 어떨까? 아니면 6개월 뒤에 도달할 목표를 바꿔 기한을 고수하되 참가할 대회를 바꾸면 어떨까? 내 여정이 어떻게 전개될지 창의적인 생각을 좀 해보면 어떨까?

나는 모든 일이 '어때야' 한다는 데 너무 얽매인다. 또한 이전에 불완전한 정보를 토대로 결정을 내렸다는 사실을 충분히 반성하지 않는다. 이제는 더 많은 것을 알게 되었으니 방향을 바꿔야 한다. 누구도 그저 지금 나의 위치를 재평가하기 위해 포커를 그만두라고 말하지 않는다.

하지만 경로 수정은 나의 적응력과 유연한 사고를 증명하지 못할 것이다. 오히려 실패와 능력 부족의 증거로서 명성에 타격을 입힐 것이다. 이런 생각은 전형적인 매몰 비용 오류의 사례다. 즉 이미 투자한 자원 때문에 경로를 계속 유지하는 것이다. 나는 이 문제에 대해 여러 글을 썼다. 하지만 정작 내가 그런 상황이 되자 제대로 대처하지 못하고 있었다. 내 머릿속에서 매몰 비용은 물리적인 것이어야 한다. 비가시적인 것도 해당된다는 생각은 들지 않는다. 나 자신을 정확하게 재평가한다면 이전에 계획한 일을 할 준비가 전혀 되지 않았으며, 이미 정한 경로로 계속 나아가는 게 명성에 더 큰 타격을 입히리라는 사실을 알 것이다. 그래도 상관없다.

다른 사람들이 매몰 비용에 얽매이는 경우는 쉽게 포착할 수 있다. 투자한 상품을 너무 오래 끌어안고 있었다거나, 새로운 시장 환경에 맞춰 경영 전략을 바꾸지 않았다거나, 스타 상품이 시대에 뒤처지고 있다는 걸 파악하지 못했다는 식으로 말이다. 하지만 자신이 얽매이는 매몰 비용을 포착하는 일은 훨씬 어렵다. 분명한 행동이 아니라 행동의 결여가 문제일 때는 더욱 그렇다.

자기평가와 밀접한 관계가 있는 포커 전략의 중요한 교훈은 때로는 판에서 발을 빼야 우승할 수 있다는 것이다. 우리는 히어로 콜hero calls(상대의 블러핑에 물러서지 않고 강하지 않은 패로 콜하는 것-옮긴이)을 알고 있다. 하지만 히어로 폴드는 알고 있는가? 어떤 일을 하기보다 하지 않는 것이 더 대단할 수 있다. 포기의 기술은 실로 강력하다. 나쁜 패에 계속 돈을 걸기보다 패배를 인정하는 것, 상황이 바뀌었으니 자신도 바뀌어야 한다는 사실을 인정하는 것.

이런 일은 삶에서 항상 일어난다. 가령 어떤 매력적인 상황을 맞이한 후 객관적인 외부 관찰자가 그 매력은 오래전에 사라졌다고 말해도 계속 거기에 매달리는 경우다. 또한 유망한 일자리를 얻은 후 여러 번 승진에서 물을 먹음에도 일자리가 좋다는 생각에 집착하기도 한다. 괜찮은 관계를 시작했다가 갈수록 상대와 공통점이 적다는 사실을 알게 돼도, 과거에는 너무나 옳게 보였던 것이 지금은 틀렸다는 사실을 알게 돼도 인정하지 않고 계속 나아간다. 때로는 플레이를 멈추는 것이 가장 어렵다. 우리는 너무나 자주, 진작 발을 뺐어야 하는 판에 머무른다.

시작 패가 아무리 좋아도 놓아줘야 할 때라는 신호를 기꺼이 읽을 줄 알아야 한다. 우리는 혼자 플레이하는 게 아니다. 우리에게는 상대가 있다. 게임의 흐름을 따라가야 한다. 나의 시작 패는 이 이상 좋을 수 없었다. 에릭 사이델이 코치가 되어주었고, 의사결정에 대한 심리학을 연구했다는 배경이 연료를 제공했으며, 내가 바라는 온갖 조언과 자원을 얻을 수 있었다. 하지만 6월에 대회를 경험한 후 평가 과정을 거치며 게임이 바뀌었다는 걸 깨달았다.

이제는 단순히 내가 얼마나 멀리까지 갈 수 있는지 알아보는 게 중요치 않다. 그 여정에서 나는 이미 플레이를 잘하는 것의 중요성을 배웠다. 그리고 플레이를 잘한다는 건 어떤 전투에 임할지 정확하게 선택하는 것임을 배웠다. 적어도 지금은 판돈을 늘릴 때가 아니라 폴드할 때다. 나는 이 사실을 알았고, 심사숙고했다. 하지만 어떻게 된 일인지 지금 나 자신에게 말로 설득할 수 없다. 그래서 그만 판돈을 늘려버린다.

대학원에서 했던 실험에서도 투자에 실패한 사람들은 똑같이 잘못되고 고집스러운 생각을 놓지 못했다. 그들은 어떤 전략을 정하고 나면 상황이 악화된 후에도 계속 그 전략을 따랐다. 자신은 똑똑하다고, 능력이 있고 쉽게 포기하는 사람이 아니라고 생각했기 때문이다. 지금 나도 똑같은 짓을 하고 있다.

물론 대니얼 카너먼은 나의 행동에 별로 놀라지 않을 것이다. 그는 1977년 아모스 트버스키와 함께 방위고등연구계획국DARPA을 위해 구체적인 군사적 목표에 도달하는 최선에 대한 보고서를 썼다. 그는 이 보고서에서 어떤 편향이 있는지 안다고 해서 이를 막을 수 있는 건 아니라고 경고했다. 이 경우에도 편향은 여전히 매우 매력적으로 보일 수 있다. "잘못된 직관은 주요 측면에서 착시와 비슷하다. 두 오류는 모두 그 속성을 완전히 인식하고 있어도 여전히 강력한 매력을 지닌다."

나는 내 생각이 잘못되었음을 깨달을지도 모른다. 하지만 여전히 내 계획이 좋다면 그래도 좋은 아이디어라고 나 자신을 속일 수 있다. 당연히 계획 오류와 현상 유지 편향 같은 것들이 개입할지 모른다. 나는 그 사실을 알고 고려했지만 여전히 좋은 아이디어라고 생각한다. 물론 아무리 좋아 보여도 내 착각을 쉽게 바로잡을 수 있다. 카너먼은 이렇게 말했다. "우리는 시각적으로나 직관적으로 착각할 수 있는 상황에서 아무리 강렬하다고 해도 즉각적인 인상보다는 비판적이고 현실적인 평가에 따라 믿음과 행동을 결정해야 한다." 하지만 내가 받은 즉각적인 인상이 너무나 강렬해서 바로잡고 싶지 않다면?

내 생각은 이렇다. 나는 이미 최고의 플레이어들을 상대할 수 있다는 걸 증명했다. 그게 몬테카를로에서 얻은 교훈이 아니었던가? (맞다. 여러 교훈 중 하나다. 하지만 그런 걸 일일이 따지는 사람이 어디 있는가?) 나는 망하지 않았다. 오히려 상금을 땄다. 여섯 개 대회에 참가해 그중 절반의 대회에서 상금을 땄다. 그게 잘한 게 아니라면 뭐가 잘한 걸까? 그리고 몬테카를로 이전에도 토너먼트에서 우승까지 하지 않았는가? 다른 토너먼트에서는 결승 테이블까지 가지 않았는가? 단기간에 모두의 예상을 뛰어넘지 않았는가? 나는 정말 열심히 노력했다. 그래서 그럴 만한 자격이 있다. 심지어 나는 월드 시리즈 오브 포커 대회에서도 세 번이나 상금을 땄다(손실은 편리하게 잊고 말았다).

이런 생각이 얼마나 과신의 냄새를 심하게 풍기는지 더 일찍 알아야 했다. 바로 내가 연구하던 주제이기 때문이다. 이 주제는 실제로 나의 전문 분야다. 그런데도 나는 비합리적인 활기로 가득했다. 데이터는 나의 자신감을 뒷받침하지 않았다. 엑셀로 정리한 내용이 확실하게 보여주고 있었다. 지금까지 나는 돈을 잃었다. 하지만 이 부분에서 더닝크루거 효과 비슷한 것이 은근하게 작용했다. 어떤 영역에서 능력이 부족할수록 자신의 능력을 과대평가할 가능성이 커지는 것. 어떤 주제를 잘 모를수록 잘 안다고 생각하는 것. 관련 어휘에 조금 능숙하다고 느낄 만큼만 아는 경우 말이다. 설마 내가 이런 편향에 넘어갈 줄은 꿈에도 몰랐다. 나는 무려 심리학 박사 아닌가! 하지만 지금은 이렇게 되었다. 성공 같지도 않은 성공의 맛을 조금 보자 갑자기 세상이 만만해 보였다.

달리 설득당하고 싶지 않다. 2018년 케이틀린 울리Kaitlin Woolley와 제인 리즌Jane Risen은 사람들이 직관 혹은 내적 선호가 이미 정해지면 더 타당한 결정을 내리게 해주는 정보를 적극적으로 피하는 경우가 많다는 사실을 증명했다. 사람들은 맛있어 보이는 디저트의 칼로리가 얼마나 되는지, 흥미로운 일 대신 지루한 일을 선택하면 얼마를 받는지 알고 싶어 하지 않는다. 그 정보를 알면 결정을 바꿔야 할지도 모른다는 사실을 알기 때문에 애써 무시해버리는 것이다.

사실은 지금 메인이벤트에 참가해야 할지 에릭의 의견을 구하는 게 합리적이지 않을까? 물론 그렇다. 그리고 콜로서스 대회에서 플레이한 흥미로운 판만 전할 게 아니라 다섯 번이나 재참가했다고 이실직고하는 게 옳다. 하지만 내 안의 비합리적인 자아는 내가 선택한 판에 대한 칭찬, 내가 딴 상금과 내가 이룬 진전에 대한 칭찬만 듣고 싶을 뿐이다. 최소 상금을 따는 것으로는 부족하고 재참가를 하지 말아야 하며 메인이벤트 참가를 재고해야 한다는 합리적인 목소리는 듣고 싶지 않다. 그래서 나는 듣고 싶지 않은 현명한 조언을 구하지 않고 에릭에게 참가 사실만 전하기로 한다.

또한 에릭이 이미 내게 준 도구들을 활용해 뱅크롤이 어떤지, 결과가 어떤지, 투자 대비 수익은 어떤지 객관적으로 평가하는 게 합리적이지 않을까? 하지만 그런 수치는 크게 의미 없다고 판단한다. 느낌이 좋은데 그 느낌을 쭉 이어가야 하지 않을까?

메인이벤트가 열리는 날 아침에도 아직 취소할 기회는 있었다. 에릭이 내게 거듭 강조했던 한 가지는 절대로 어떤 대회에 무조건 참가해야 한다고 생각하지 말라는 것이었다. "아침에 기분이 어떤지 봐"라는 게 그에게 자주 들은 주의 사항이다. 그가 말하는 요점은 단순하다. 최고의 게임을 해야만 우위를 제대로 누릴 수 있다는 것이다. 최고의 게임을 하려면 먼저 자신이 최고가 되어야 한다. 휴식을 통해 머리를 맑게 하고 집중력을 확보해야 한다. 당일 컨디션이 나쁘면 이길 수 있는 게임도 지기 쉽다. 거의 확실한 선택도 도박이 된다.

나는 이 말이 그저 큰 대회를 앞두고 초조해하는 나를 위한 가벼운 훈계라고 생각했다. 하지만 아니었다. 에릭도 그 말대로 행동했다. 그는 컨디션이 최선이 아니라는 이유로 상당히 권위 있는 타이틀이 붙은 50만 달러짜리 대형 토너먼트를 건너뛰었다. 자기평가를 한 후 컨디션을 원하는 수준까지 끌어올리지 못했다고 판단했기 때문이다. 그래서 차분하게 뉴욕행 비행기표를 사고 토너먼트가 진행되는 일주일 동안 브로드웨이 최신 뮤지컬을 보고 휘트니 미술관에서 작품을 감상했다. 그리고 자신의 결정을 후회하지 않았다.

에릭은 내게 말한 대로 살았다. 누군가가 기대하는 일이라는 이유로 무조건 해야 한다고 절대 생각하지 마라. 그 누군가가 너 자신이라고 해도. 물러설 때를 알아라. 재조정이 필요한 때를 알아라. 이전의 계획들은 무시하고 전략을 재평가해야 할 때를 알아라. 모두가 그가 참가할 것이라고 생각했다. 나도 그렇게 생각했다. 그도 그렇게 생각했다. 하지만 그러지 않았다. 그래도 괜찮았다. 그는 다음 해에 그 대회에 참가했다. 이번에는 느낌이 좋았기 때문이다. 그는 4위에 올라 120만 달러를 땄다.

"아침에 기분이 어떤지 봐." 이 말이 내 머릿속에서 울렸다. 나갈 준비를 하는 동안 뒤통수 오른쪽 윗부분이 약간 따끔거렸다. 편두통이 시작되는 부위였다. 정확하게 같은 자리였고 따끔거리는 느낌도 똑같았다. 오랫동안 편두통에 시달리면서 이제는 그 기미를 잘 포착하는데, 그렇지 않으면 아주 불쾌한 상황을 맞이할 수 있기 때문이다. 그래도 나는 무시했다. 잠을 잘 잤다. 운동했고 밥도 먹었다. 그러니 편두통이 올 리가 없다. 물론 더 큰 문제는 내가 편두통이 오기를 원치 않는다는 것이었다. 그래서 그런 일은 일어나지 않는다고 판단해버렸다. 바람이 현실과 뒤섞였다. 그렇게 나는 리오를 향해 터벅터벅 걸어갔다.

꾸미지 않은 진실은 이것이다. 나는 할 수 없어서가 아니라 원치 않아서 나의 판단을 바로잡지 않았다.

일정보다 빨리, 헛된 포부에 가득 차서 메인이벤트에 참가했다. 나만 잔뜩 희망에 부풀어 있는 게 아니었다. 주위의 모든 사람이 꿈을 겨냥하고 있었다. 어떤 사람은 꽤 그럴듯한 이유가 있었다. 같은 테이블에 앉은 한 남자가 사진이 들어간 티셔츠를 입고 있었는데, 친구가 올해 암으로 죽었다고 말했다. 그 친구의 꿈이 메인이벤트에서 플레이하는 것이었다고 했다. 그 친구는 메인이벤트에 참가할 수 없다는 사실을 깨달은 후 평소 집에서 같이 포커를 치던 친구들이 라스베이거스에 가서 자신을 기억하며 플레이할 수 있도록 참가비를 내주겠다는 유언을 남겼다. 이 남자는 자신이 좋은 성적을 낼 가능성이 별로 없다는 사실을 알고 있었다. 그래도 참가할 명분이 충분한 것만은 분명했다.

지금 이 공간에서 꿈은 엄청나게 생생하다. 나는 초반 몇 판을 플레이하고 작은 팟을 몇 번 먹으면서 나 역시 어쩌면, 정말로 어쩌면 진짜 높은 순위까지 오를지 모른다는 헛된 희망을 품고 있음

두려움과 절망의 판에서 벗어나는 법

을 깨달았다. 하지만 시간이 흐르며 통증이 극심해졌다. 느리기는 하지만 조금씩 쌓여가던 칩은 홀로 남아 자신을 지켜야 하는 신세가 되었다. 나는 화장실 바닥에 쓰러진 채 절망에 빠져 휴대폰을 손에 쥐고 있었다. 그리고 나를 믿어준 사람에게 지금 내 상태를 숨겼다. '힘내요'라고 그에게 문자를 보냈다. 그리고 그가 행운을 빌어줄 때 내가 실패하고 있음을 깨달았다.

대회가 끝나기 전에 겨우 테이블로 돌아왔다. 그리고 내일 아침에 쓸 칩을 담을 매직백을 찾았다. 아침에 5만 개였던 칩이 2만 9,500개로 줄었다. 우리 조에서 둘째 날까지 살아남은 1,643명 중 나의 순위는 1,351위다. 별로 좋은 상황이 아니다. 나도 그 정도는 알았다. 그래도 어쨌든 아직은 버티고 있었다.

"둘째 날까지 진출했네. 정말 잘했어."

에릭은 들뜬 표정으로 나를 격려했다. 나도 들떠 있었지만 조금 죄책감이 들었다. 결국 나는 최고의 게임을 하고 있는 게 아니었다. 편두통과 화장실 이야기는 언급하지 않고 넘어가기로 했다. 에릭이 말을 이었다.

"첫날을 못 넘기는 사람들이 많아. 넌 처음인데도 통과했으니까 정말 대단한 거야."

"그렇긴 한데 칩이 엄청 작아요."

"아직 30 빅 블라인드는 넘잖아. 그 정도면 충분해. 잘될 거야."

나는 통증과 긴장으로 녹초가 되어 잠에 빠져들며 그의 말이 옳다고 생각했다. 분명 많은 사람이 하지 못한 일을 해냈다. 이건 어떤 징조가 아닐까? 내가 실력을 제대로 발휘했다면 얼마나 잘했을

지 상상해보자. 메인이벤트에 참가한다는 판단이 정말로 그렇게 나빴을까? 내일은 내일의 해가 뜬다. 내게는 아직 빛을 발할 기회가 남아 있다. 머릿속으로 내가 성공하는 동화 같은 모습을 그리며 잠에 빠져들었다.

그 동화가 실현되었다고 말할 수 있으면 좋겠다. 안타깝게도 대회 둘째 날, 결국은 경험 부족이 발목을 잡았다. 나는 인내심을 잃었다. 30 빅 블라인드면 충분하다는 에릭의 장담에도 불구하고 나는 칩이 부족하니 일을 벌여야 한다며 초조해했다. 그리고 에릭이 하지 말라고 한 짓을 해버렸다. 내가 어떻게 하고 있는지에 집중하지 않고 다른 사람들과 비교한 것이다.

모든 토너먼트에는 시계 전광판이 설치된다. 남은 플레이어가 몇 명인지와 평균 칩 스택 같은, 그러니까 남은 플레이어들이 가진 평균 칩 수가 몇 개인지 같은 정보가 게시된다. 이런 정보는 유용한 지표지만 동시에 집중력을 흩트리기도 한다. 에릭은 전에도 당부한 적이 있었다.

"평균은 무시해. 네게 빅 블라인드가 얼마나 남았는지에만 집중해. 평균은 네 전략과 아무런 관계가 없어. 중요한 건 네 칩 스택이 얼마나 되는지야."

우리는 내가 칩이 많을 때(딥deep 스택), 중간 수준일 때, 적을 때(숏short 스택) 어떤 행동을 하는지 살폈다. 내가 알아야 할 것은 블라인드 대비 얼마나 많은 칩이 있는지다. 아직은 플레이할 수 있었다. 다른 사람들, 같은 테이블에 앉아 있지 않은 사람들이 얼마나 많이 가졌는지는 신경 쓰지 말아야 한다. 물론 같은 테이블에 있는 칩에는 신경 써야 한다. 하지만 토너먼트 참가자의 칩 평균치는 아무 상관이 없다. 에릭은 나도 잘 모르는 나의 중요한 문제점을 알았다. 나는 평균치와 비교되기 시작하면 그때부터 당황하고 만다. 에릭은 내게 무의미한 소음이 아니라 스스로 통제할 수 있는 것에 집중하라고 했다.

하지만 나는 내가 갈망해야 할 대상을 보고 싶었다. 그래서 자꾸만 시계 쪽으로 시선을 돌렸다. 아이고. 내 칩이 평균치보다 너무 적어서 헛웃음조차 나오지 않았다. 나는 끔찍하게도 못하는 중이었다. 그래서 아직 블라인드가 다음 단계로 오르려면 시간이 많이 남은 상태에서 아주 멍청한 짓을 해버렸다.

내 자리가 빅 블라인드일 때 무늬가 다른 킹, 잭이 들어왔다(에릭이 "난 대다수 플레이어보다 킹, 잭을 들고 플레이하는 경우가 적어. 별로 좋은 패가 아냐"라고 말하는 게 들리는 듯하다). 이른 자리에 있는 한 플레이어가 먼저 베팅을 했다. 플롭에 킹 하이가 떨어졌다. 톱 페어를 맞췄다. 원래는 칩이 30 빅 블라인드보다 적을 때 톱 페어는 엄청나게 강한 패다. 안심하고 모든 칩을 중앙으로 밀어 넣어도 큰 실수를 하는 게 아니다. 하지만 메인이벤트에서 '원래'는 통하지 않는다.

메인이벤트는 여러 측면에서 다르다. 첫째, 대회 진행 속도가 가장 느리다. 블라인드 단계가 두 시간 동안 이어지는 토너먼트는 어디에도 없다. 그래서 천천히 플레이해도 된다. 절대 조바심을 낼 필요가 없다. 이 점은 캐시 게임과 아주 비슷하다. 블라인드가 금방 오르지 않을 것이기 때문에 30 빅 블라인드가 한 시간 만에 빠르게 줄어들 일은 없다.

둘째, 말 그대로 '메인'이벤트다. 그래서 많은 사람이 도전한다. 그들은 이 대회에 참가하려고 돈을 모았다. 그들이 기다리는 것은 이 대회다. 그래서 평균적인 플레이어, 그러니까 노련한 프로가 아니라 1년 내내 이 대회에 참가하려고 계획을 세운 취미형 플레이어들은 토너먼트에서 탈락할 위험이 있는 행동을 하거나 블러핑을 칠 가능성이 별로 없다. 대개 대담하게 칩을 쌓아나가는 사람들에게도 메인이벤트는 1년 중에서 최소 상금만 받아도 충분한 대회다. 그들의 목표는 메인이벤트에서 상금을 땄다고 자랑하는 것이다. 그래서 어쩔 수 없는 경우가 아니면 굳이 탈락할 위험을 감수하고 싶어 하지 않는다.

그러니까 이길 수 있을지 불확실할 때 메인이벤트 자리에 있다면 약간 더 조심해야 한다. 일반적으로는 목숨이 걸렸을 때 가볍게 콜하는 것, 즉 탈락할 수도 있는 상황에서 어중간한 패로 콜하는 것을 조금 자제해야 한다. 사람들이 가볍게 그런 결정을 강요하지 않을 것이기 때문이다.

그래서 지금 이 상황을 맞았다. 다시 테이블로 돌아가 보자. 나는 잭 키커kicker에 톱 페어를 맞췄다. 키커는 다른 플레이어도 같은 페어를 맞췄을 때 승부를 가리는 두 번째 카드다. 키커가 높을수록 이길 확률이 높다. 대개 잭 정도면 좋은 키커다. 하지만 이른 자리에서 레이즈한 사람이 나오면 어중간한 키커가 된다. 에이스, 킹이나 킹, 퀸 같은 조합으로 레이즈했을 가능성이 크기 때문이다. 만약 그렇다면 정말 상황이 불리해진다.

그러면 나머지 보드를 보자. 10과 9가 떨어졌다. 둘 다 스페이드다. 이건 내게 무슨 의미를 지닐까? 레이즈한 사람이 무늬가 같은 킹, 10을 들어서 투 페어를 맞췄을 수도 있다. 이 경우에도 상황이 좋지 않다. 나는 카드를 다시 확인했다. 스페이드가 없었다. 그가 스페이드를 두 장 들었다면 한 장이 더 나오는 경우 나의 톱 페어는 죽은 목숨이다.

물론 내 패보다 낮은 퀸 페어나 잭 페어일 수도 있다. 10페어라면 세트가 된다. 9페어도 마찬가지다. 이 두 페어를 들었을 가능성도 분명히 있다. 그리고 보드와 완전히 엇나가는 패를 들었을 수도 있다. 하트나 다이아몬드 에이스, 퀸 같은 패 말이다.

하지만 문제는 이것이다. 나는 이미 톱 페어를 맞췄다. 그가 아무 패도 맞추지 못했거나 더 낮은 페어를 가졌다면 블러핑을 유도해서 칩을 토해내게 만들어야 한다. 딱히 나의 킹을 보호할 필요는 없다. 그의 패를 더 좋게 만들 수 있는 유일한 카드는 에이스다. 에이스가 나온다면 어쩔 수 없다. 또한 만약 그가 드로 상태라면 지금 모든 것을 걸기보다 기다렸다가 일이 어떻게 전개되는지 보는 게 낫지 않을까?

이런 생각을 했어야 옳다. 하지만 나는 톱 페어를 보고 플랍에서 패가 맞았다는 데 희희낙락했다. 그리고 이 게임으로 칩이 두 배로 늘어나 60 블라인드라는 훨씬 편안한 입장이 될 거라고 계산했다. 나는 체크했다. 그는 베팅했다. 나는 배운 대로, 즉 모든 결정을 하기 전에 잠시 멈춰서 생각하지 않고 레이즈를 했다. 체크하기 전부터 나의 마음은 체크 레이즈를 하리라 이미 결심했던 것 같다. 칩을 두 배로 늘릴 생각에 너무 들뜬 나머지 잠깐 멈춰서 다른 대안들을 검토하지 않았다. 상대는 나만큼 빠르게 행동하지 않았다. 그는 잠시 생각하더니 아주 신중하게 리레이즈를 했다. 여기서 콜할 경우 지면 나의 목숨이 위험해진다.

잠시 멈춰서 우리가 아는 내용을 검토해보자. 대다수 사람은 이 단계에서 아무 패도 없이 30 빅 블라인드를 따려고 위험하게 나서지 않을 것이다. 나는 같은 테이블에 앉은 모든 사람의 사진을 에릭과 다른 프로 플레이어 친구들에게 보냈다. 누구도 지금 나와 맞붙은 상대를 몰랐다. 유명한 프로가 아니라는 뜻이다. 즉 나를 아마추어로 보고 내가 대다수 패를 폴드하리라고 생각했다면 30 블라인드를 잃어도 크게 신경 쓰지 않을 사람은 아니라는 뜻이다. 그는 나 같은 아마추어로서 자신의 칩 그리고 이 테이블에서 플레이하는 시간을 소중히 여길 가능성이 크다. 그는 선불리 이런 행동에 나서지 않을 것이다.

그의 손동작과 사전 숙고도 고려했어야 했다. 내가 내 안의 마이클 슬레피언과 블레이크 이스트먼에게 조금 더 주의를 기울였다면 그 제스처가 의미로 가득하다는 사실을 알았을 것이다. 이 플레이어는 자신의 패가 아주 강하다고 생각한다. 그는 막무가내로 나를 밀어붙이는 게 아니다. 그렇다면 나의 어중간한 톱 페어는 강한 패에 맞설 수 있을까? 가망이 없다. 이 단계에서 나는 체크 레이즈가 잘못된 실수임을 깨닫고 폴드해야 한다. 그래도 20 빅 블라인드 정도는 남으니까 더 나은 기회를 기다릴 수 있다.

하지만 나는 잠시 멈춰서 생각하지 않았다. 새로운 정보를 토대로 상황을 재평가하기보다 그냥 콜하기로 했다. 그러지 말았어야 했다. 더 잘 플레이했어야 했다. 하지만 그 순간 나는 '더 잘'하기가 힘들었다. 그렇게 해서 나는 너트 플러시에 나가떨어졌다. 나는 칩을 중앙으로 밀어 넣는 와중에도 이러지 말아야 한다는 사실을 알았다. 합리적인 나라면 그렇게 하지 않았을 것이다. 하지만 당황하고, 약간 과도한 자신감에 휩싸여 내가 실제보다 많이 안다고 생각하는 나는? 이 결과에 너무나 감정적으로 매몰되어 실패의 가능성을 헤아릴 수 없는 나는? 그건 다른 이야기다. 지금은 잘못된 결정을 탓할 편두통도 없다. 여기서 유일한 범인은 나다.

몇 달 전 재러드 텐들러라는 사람이 보낸 편지를 받았다. 그는 자신이 심리학자이자 멘털 게임 코치라고 말했다. 그는 내 프로젝트 이야기를 들은 모양이었다. 그래서 자신과 두어 번 상담한 후 자신의 접근법에 관해 이야기해보자고 연락한 것이었다. 당시 나는 그냥 고맙다며 나중에 연락하겠다고 답했다.

　그가 자격이 부족해 보여서 그런 건 아니었다. 오히려 반대였다. 그는 상담심리학 석사였고, 세계 최고의 운동선수(그는 포커계로 방향을 돌리기 전에 골퍼들을 상담했다)와 포커 플레이어들을 고객으로 두고 있었다. 그의 웹사이트에는 상당히 많은 체험담이 올라와 있었다. 그는 그 분야에 아주 뛰어난 것 같았다. 다만 그런 도움이 필요하다는 생각이 들지 않았다. 당시엔 '나도 심리학자인데 뭘'이라고 생각했다. 나는 어떤 일로도 상담받을 필요가 없었다. 나는 의사결정을 이해한다. 나의 정신 건강을 관리할 줄 안다. 그런데 왜 코치가 필요할까?

메인이벤트에서 초라하게 탈락한 지금(메인이벤트의 꿈이 끝장났다는 사실을 깨달았을 때 머리끝에서 발끝까지 온몸을 뒤덮은 깊은 실망감은 차마 묘사하기 어렵다) 그 멘털 코치가 어쩌면 정말로 필요한 사람이었는지 모른다는 생각이 들었다. 솔버 시뮬레이션을 돌리거나 블러핑 빈도 및 베팅 크기와 관련된 구체적인 내용을 이야기하며 시간을 보내는 사람이 아니라 한발 물러서서 비판적으로 나 자신을 평가할 수 있도록 도와줄 코치 말이다. 머릿속에서 마구 헝클어진 데이터를 정돈하도록 도와줄 사람 말이다.

메인이벤트에서 나쁜 성적을 거뒀다고 해서 내 여정이 끝난 건 아니라는 사실을 너무 늦게 깨달았다. 누구도 메인이벤트를 끝으로 포커를 그만둬야 한다고 내게 말하지 않았다. 그 기한은 언제나 내 결정에 달려 있었다. 나는 그 사실을 잊었다. 이건 나를 깨우는 자명종과 같다. 반성하고, 재평가하고, 앞으로 나아질 방법을 찾을 기회다. 메인이벤트에서는 탈락했을지 몰라도 그 과정은 분명 내 마음을 열어놓았다. 나는 의사결정 전략을 도와주는 코치를 두고 있다. 그렇다면 지금까지 혼자 감당하도록 놔둔 나의 멘털을 도와줄 코치를 두지 못할 이유가 있을까?

재러드를 일단 스카이프를 통해 만났다. 라스베이거스에서 돌아온 후 그가 있는 도시와는 시간대가 달라졌기 때문이다. 재러드는 컴퓨터 화면으로도 쉽게 호감이 가는 사람이었다. 그는 편안한 자신감과 온화함에서 나오는 말끔하고 건강한 인상을 지녔다. 그는 자주 그리고 진심으로 웃는다. 그는 다른 사람의 말을 잘 들어준다. 그는 공감하고 성찰한다. 나를 실망시키지 않을 사람처럼 보인다.

두려움과 절망의 판에서 벗어나는 법

그가 나를 위해 무엇을 해줄 수 있을지 알고 싶어졌다. 그는 다른 사람들을 위해 어떤 일을 해주는 걸까?

재러드는 바로 요점으로 들어갔다.

"단도직입적으로 말하자면 자신감, 자존감, 정체성, 사람들이 에고라고 부르는 것이 핵심입니다."

그것이 그가 파악하고자 하는 핵심이다. 당신은 누구인가? 당신에게 중요한 것은 무엇인가?

"포커 판에 들어가면 당신 자신을 걸게 됩니다. 당신이 이해해야 할 것은 언제나 개인성이 먼저이고 포커 플레이어로서의 면모는 둘째라는 겁니다."

플레이어로서 감정적 허점을 파악하는 비결은 인간으로서 그들이 어떤 사람이고 애초에 포커 판으로 들어선 이유가 무엇인지 파악하는 것이다.

"당신에 대해 어떤 감정을 느끼세요? 당신이 멍청하지 않다는 걸 증명하고 싶은가요? 고통을 극복하고 싶은가요? 아니면 최고의 플레이어가 되어 비전과 꿈을 이루고 싶은가요?"

재러드는 포커 테이블이 내가 이미 품고 있는 두려움을 끄집어내 밖으로 밀어낸다고 설명했다. 게임하는 동안 실패에 대한 두려움, 압박감, 이 모든 것이 크게 부풀어서 밖으로 나온다.

"저는 그 모든 것을 더 깊은 결함의 증상으로 봅니다. 그리고 우리는 함께 그 깊은 결함을 살필 겁니다."

약점을 파악하면 일이 터진 후가 아니라 그 순간에 대응하는 과정을 시작하게 된다.

"포커 테이블에서 극도의 압박감을 받으면 피하고 싶은 실수로 퇴보하는 경우가 많습니다. 그 사실을 의식적으로 깨달았다고 해도 말입니다. 그래서 훈련을 통해 그 순간에 그런 감정적 반응이 나오지 않도록 촉발제를 제거해야 합니다."

재러드가 제안한 것은 이랬다. 그는 내 마음의 이면에 있는 감정적 구멍들을 메우고 내가 1인 폭탄 제거반이 될 수 있도록 가르쳐 주겠다고 했다. 그러면 감정적 폭탄이 나타나 판단력을 흐리기 전에 해체하고 제거할 수 있다는 것이다. 우리는 대화를 나눴다. 나는 그에게 나의 최종 목표에 대해 말했다.

"이번 대회는 바라던 만큼 잘되지 않았어요. 그래서 감정적으로 어떤 부분에서 잘못했는지 파악하고 싶어요. 그래서 내년에는 더 잘하면 좋겠어요."

재러드는 내 말을 끊는다.

"방금 한 말이요."

무슨 말?

"좋겠다는 말이요. 희망은 다른 곳에서는 괜찮아도 포커 판에서는 품으면 안 돼요. 포커 판에서 희망은 쓰레기예요."

흥미롭다. 나는 희망이 정신 건강의 근간이라고 생각했다. 어떤 측면에서는 그렇다. 하지만 멘털이 강한 플레이어가 되려는 측면에서는 그렇지 않다.

"대비라는 개념을 기준으로 생각해야 해요. 희망은 신경 쓰지 말아요. 그냥 해요."

공감이 가는 말이다. 에릭이 배드 비트에 대해 충고하면서 나한테 전하려던 것이기도 하다. 그것은 일어날 수 있었고 일어나야 마땅했던 일에 대한 근심, 분석과 실질적인 성찰을 대체하는 희망에 대한 충고다. 재러드의 말은 내가 올해 메인이벤트에 참가하지 말았어야 할 이유를 바로 보여주었다. 그것은 희망을 바탕으로 한 결정이었다. 내 안의 행동하는 자아는 준비를 완료하기까지 이뤄야 할 일이 많다는 걸 알았다. 나는 고개를 끄덕였다. 이제는 희망을 멈추고 행동을 시작할 때다.

그렇게 우리는 일을 시작했다.

포커에서 틸트라는 개념은 엄청나게 유연하다. 그래서 온갖 상황에 쓸 수 있다. 기본적으로는 감정(결정 과정과 결부되지 않은 부수적 감정)이 의사결정에 영향을 미치도록 방치하는 것을 뜻한다. 이렇게 되면 우리는 더 이상 합리적으로 생각하지 않는다. 틸트는 명사("나 틸트 중이야")나 동사("나 틸트했어") 혹은 형용사("저 사람 엄청 틸트해")로 쓸 수 있으며, 올바른 방식으로 결정하지 못하는 상황을 간결하게 나타낸다.

우리는 틸트된 플레이어라고 하면 분통을 터트리는 카우보이를 상상하는 경향이 있다. 앤드루 스타인메츠Andrew Steinmetz는 1870년에 쓴 도박 관련 논문 〈도박판The Gaming Table〉에서 "(도박꾼들이) 카드를 씹어 먹고 주사위를 밟아 뭉개고 테이블을 부수고 가구를 파손하고 결국에 서로 싸우는 일은 일반적이다"라고 썼다. 스타인메츠가 회고한 바에 따르면 사람들은 감정에 휩쓸리면 무슨 짓이든 할 수 있다. 어떤 사람은 당구공을 너무 깊이 입속으로 밀어 넣은 나머지 수술로 꺼내야 했고, 어떤 사람은 극심한 분노에 나무 테이블을 물었다가 이빨이 박히기도 했다.

하지만 모든 사람은 다르게 틸트한다. 틸트는 대체로 분노나 좌절 등 부정적인 감정이지만 판을 이겨서 아주 기쁘거나 같은 테이블에 있는 사람을 좋아하는 것 같은 긍정적인 감정일 수도 있다. 틸트는 엄격하게 말해서 결정과 연계되지 않은 감정을 경험하는 중임을 뜻한다.

타당한 결정을 내리는 문제에서 감정이 본질적으로 나쁜 것은 아니다. 올바른 선택을 하기 위한 유용한 표지가 될 수도 있다. 서던캘리포니아 대학교의 신경과학자 안토니오 다마지오Antonio Damasio는 감정의 결여(복내측시상하핵 전전두엽 피질VMPFC이라는 뇌 부위에 생긴 병변 때문에 감정을 느끼지 못하는 임상적 불능)로 도박에서 돈을 다 잃을 수 있다는 사실을 확인했다. 이 경우 사람들은 큰 손실이 감정에 미치는 부정적 효과를 신경 쓰지 않는다. 그래서 더 나은 결정을 분간하는 법을 배우지 못하고 더 큰 승리와 등락을 추구한다. (더 최근에 실시된 연구는 다마지오가 활용한 척도인 아이오와 갬블링 과제Iowa gambling task의 타당성에 의문을 제기했다. 그러나 다른 연구자들은 타당성에 관해 더 많이 합의된 과제에서도 비슷한 의사결정 과정의 결함을 확인했다.)

마찬가지로 기분이 우리의 생각과 성과에 미치는 다양한 효과를 수십 년에 걸쳐 연구한 사회심리학자 노버트 슈와츠Norbert Schwarz와 제럴드 클로어Gerald Clore는 올바른 맥락에서 감정은 정확한 선택을 이끄는 강력한 동력이 된다고 주장했다. 다만 그러기 위해서는 감정이 결정에 부수적인 것이 아니라 통합되어야 한다. 뜨거운 난

두려움과 절망의 판에서 벗어나는 법

로를 만지면 고통과 분노가 발생한다. 그래서 이후로는 난로를 만지지 않게 된다. 고통이 초래한 부정적 감정을 예상함으로써 다음에는 더 신중한 선택을 하는 것이다. 우리가 감정을 경험하는 데는 이유가 있다. 우리의 목표는 감정을 경험하는 것을 막는 게 아니다.

우리의 목표는 감정을 파악하고 그 원인을 분석하는 것이다. 그리고 감정이 실제로 합리적인 결정 과정의 일부가 아니라면(대개 아닌 경우가 많다) 정보를 얻을 출처로 삼지 않는 것이다.

슈와츠와 클로어는 이 현상에 관한 중요한 연구에서 '정보로서의 기분'이라는 용어를 만들어냈다. 그들은 다양한 지역에 사는 사람들에게 연락해 삶의 만족도에 관해 질문했다. 이는 정교한 작업 과제가 아닌 단순한 질문이었고 대상 지역은 일기 예보에 따라 선정되었다. 그래서 날씨가 화창한 지역에 있는 사람도 있었고, 비가 오는 지역에 있는 사람도 있었다. 평균적으로 사람들은 날씨가 좋을 때 더 높은 삶의 만족도를 드러냈다. 그러나 연구진이 "거기 날씨는 어때요?"라고 물으며 날씨로 주의를 돌리면 그 효과가 사라졌다. 다시 말해서 기분의 실제 원인으로 주의를 돌리면 효과가 중단되었다.

슈와츠와 클로어의 연구 결과는 여러 환경에서 재현되었다. 가령 구름이 많이 낀 날에는 주식투자 수익률이 더 낮았고, 좋아하는 스포츠팀이 이긴 날에는 수익률이 더 높았다. 이처럼 우연한 사건은 실제로 영향을 미치지 말아야 할 결정에 거듭 영향을 미친다. 우리의 감정에 영향을 미치기 때문이다. 다만 이런 문제를 사람들에게 알려주면 극복할 수 있는 경우가 많다.

이는 틸트에 대응하려 할 때 매우 유용한 정보다. 적어도 어느 정도는 그렇다. 틸트의 원천을 이해하기 시작하면 내가 느끼는 감정을 다른 일에 전가하는 것을 멈추고, 그 감정을 무관한 것으로 여기게 된다. 이번 판에서 져서 화가 난다면 그 사실을 인식하고, 그것이 다음 판과는 무관하다는 것을 깨달을 수 있다.

하지만 안타깝게도 이 요법은 폭풍처럼 몰아치기보다 점화 효과priming effect(앞선 자극이 이후의 자극을 처리하는 양상에 영향을 미치는 것-옮긴이)를 초래하는 은근한 종류의 감정에만 통하는 것 같다. 더 강한 감정의 경우 그 영향을 벗어나기 힘든 경우가 많다. 분노, 승리감 등 본능적이고 강렬한 힘을 지니는 감정들은 어떻게든 영향을 미치는 경향이 있다. 자신이 감정적으로 행동한다는 사실을 아는 것으로는 부족하다. 지식은 우리의 폭주를 막지 못한다. 도박꾼이 나무 테이블을 물기 전에 화가 많이 난 것 같다고 말한다고 해서 나무 테이블이나 그의 이빨이 부서지는 것을 막을 수는 없다. 그저 애꿎게 소란에 휘말릴 뿐이다.

이런 경우 사전에 그런 감정이 생길 것을 예측하는 법을 익혀서 미리 싹을 잘라버리는 게 도움이 된다. 월터 미셸은 집에 초콜릿을 둘 수 없다고 종종 말했다. 자신을 너무 잘 알기 때문이다. 그는 평생 자제력을 연마했는데도 불구하고 초콜릿이 눈에 띄면 참지 못했다. 초콜릿은 긍정적인 틸트를 가져왔고 그 갈망은 너무나 강해서 거부할 수 없었다. 따라서 애초에 그런 감정이 생길 여지를 없애는 게 중요하다. 나중에 어떤 일이 감정을 자극할 양상을 예측하고 지금 그에 맞춰서 행동하는 법을 배워야 한다.

두려움과 절망의 판에서 벗어나는 법

포커를 공부하던 초기에 《모든 판을 해부하다Every Hand Revealed》라는 책을 읽었다. 거스 핸슨Gus Hansen이 쓴 이 책은 대형 포커 토너먼트인 오지 밀리언스에서 우승하기까지 거쳤던 모든 판을 되짚는 내용을 담고 있다. 거스는 도박꾼으로 아주 유명하다. 그는 극도로 공격적이며 과거 수차례 모든 뱅크롤(그리고 그보다 많은 돈)을 잃었다. 그가 했던 한 포커 판이 유독 내 머릿속에 강하게 각인되었는데, 이 판은 전형적인 거스의 스타일에서 너무 많이 벗어나 있어서 내가 그 의미를 이해하기 훨씬 전부터 눈길이 갔다.

거스는 토너먼트의 극적인 순간에 최강 패 중 하나인 A, K를 들고 크게 레이즈를 했다. 그리고 다소 곤경에 처했다. 바로 뒤에 앉은 플레이어가 올인했기 때문이다. 거스는 그 플레이어를 커버했다. 즉 그 플레이어보다 칩이 많았다. 그는 자신의 공격적인 이미지를 고려할 때 상대가 대개 올인하는 패보다 나쁜 패를 들었을 수도 있다는 걸 알았다(사람들은 거스가 공격적이며 어중간한 패로도 레이즈할 가능성이 크다는 걸 알기 때문에 더 폭넓은 패로도 플레이했다. 이른바 우다 루프가 전개되는 것이다).

그래서 콜을 하면 이길 가능성이 컸다. 다만 한 가지 걸리는 게 있었다. 그는 콜하기 전에 질 경우의 파장을 따졌다. 만약 지면 더는 이 테이블의 칩 리더가 아니다. 그러면 원하는 대로 플레이할 수 없고, 보다 수비적으로 나가야 한다. 결국 남은 시간 동안 마음가짐이 흐트러져 다른 때보다 나쁜 플레이를 할 것이다. 그래서 거스는 대다수 사람이라면 절대 하지 못할 일을 했다. 바로 최강 패 중 하나를 폴드한 것이다.

이 대목에서 플레이어로서 그의 진정한 경험이 빛을 발한다. 대부분 우리는 감정을 예측하는 능력이 형편없다. 우리는 우리가 어떤 감정을 느낄지 잘 모른다. 무엇을 더 후회할지 잘 모른다. 자기 인식은 습득하는 능력이다. 앞서 말한 순간에 거스는 자기 인식 측면에서 일반적인 수준보다 훨씬 높은 인식을 보였다. 분명 나의 수준보다는 훨씬 높은 수준을 보였다. 내가 불운한 킹, 잭을 들었을 때 시간여행을 해서 거스와 조금이라도 정신이 통할 수 있었다면 얼마나 좋을까(돌이켜 보니 이 패는 첫 라이브 이벤트에서 나를 탈락시킨 패이기도 하다).

틸트는 최악의 상태로 퇴보하게 만든다. 재러드는 게임을 A, B, C, 세 부분으로 나뉜, 쉬고 있는 자벌레라고 생각하라고 했다. A는 최고의 게임이다. 이런 게임은 자주 나오지 않으며 최고의 상태여야만 달성할 수 있다. C는 최악의 게임이다. 적어도 이론적으로는 이 역시 자주 나오지 말아야 한다. B는 자벌레의 종형 곡선 부분에 해당한다. 그래서 가장 길고 가장 눈에 띈다.

나의 게임을 개선하려면 자벌레처럼 종형 곡선을 천천히 밀어서 C 게임을 B 게임으로 만들어야 한다. 또한 A 게임은 B 게임으로 옮겨 가고 더 나은 A 게임이 그 자리를 잇도록 만들어야 한다. 틸트는 이 과정을 막을 뿐 아니라 되돌린다. 이 문제를 해결하지 않으면 내게 필요한 실력 향상을 이룰 수 없다.

"정말로 예측할 수 있는 유일한 것은 최악의 상태뿐이에요. 다른 모든 부분은 매일 노력해야 해요."

우리가 해야 할 일은 즉각적인 나의 사고 과정을 최적화하는 것이다. 에릭은 플레이하기 전후에 필요한 실질적인 전략적 조언을 해줄 수 있다. 그래서 플레이할 준비를 갖추게 해주고, 플레이한 판들을 분석하도록 해준다. 심지어 내가 틸트에도 대비하도록 해줄 수 있다. 그는 이전에 내게 "큰 판에서 지거나 이겼다는 사실에 영향받는 일 없이 분명하게 생각하고 착실하게 사고해야 해"라고 말했다.

하지만 막상 결정적인 순간에 열기가 오르면 불가피하게 나타날 감정에 대비해야 한다. 어떻게 해야 그 감정들을 통제해서 에릭과 내가 구성한 합리적인 과정으로 돌아갈 수 있을까? 그러기 위해서는 약간의 감정 분석이 필요하다. 나는 나의 감정을 자극하는 촉발제가 있다는 걸 이미 안다. 그 점은 앞서 말했다. 그렇다면 과거를 돌아보고 내게 영향을 미친 구체적인 상황들을 파악해야 한다. 그리고 거기서 교훈을 얻어내야 한다.

재러드는 숙제를 내주었다. 각각의 문제를 해결할 방법을 찾을 수 있도록 감정이 개입하는 과정을 그려보라는 것이었다. 이 숙제를 하려면 도표를 만들어야 한다. 그리고 어떤 일이 생길 때마다 상황 혹은 촉발제 칸에 그 사실을 기록한다. 다음 칸에는 해당 상황이나 촉발제가 초래한 생각, 감정적 반응, 행동을 기록한다. 그다음 칸에는 나타난 감정 또는 행동 이면에 있는 결함이나 문제를 최대한 자세히 분석해서 기록한다. 마지막으로 해당 이슈에 약간의 합리성을 주입할 수 있도록 즉석에서 활용할 수 있는 논리적 진술을 기록한다.

그날 밤늦게 나는 지난 6개월을 돌아보기 시작했다. 내 마음을 뒤흔든 것은 무엇일까? 언제가 가장 불편하게 기억될까? 분노? 속상함? 곧 여러 패턴이 보이기 시작했다. 첫 번째 패턴은 그다지 깊게 파지 않아도 드러났다. 그래서 오래전부터 명확하게 보였다. 다만 그게 어디에서나 강력하게 작용한다는 사실을 깨닫지 못했을 뿐이다.

라스베이거스의 대형 카지노에서 처음으로 큰 이벤트에 참가했던 기억이 난다. 밝은 녹색에 반들거리는 운동복을 입은 남자가 내 오른쪽에 앉았다. 그는 중국과 텍사스의 억양이 섞인 강한 말투로 내가 묻지도 않았는데 자신은 중국 출신 사업가이며 텍사스에서 산 지 오래됐다고 설명했다. 그러고는 "아주 예쁘시네요"라고 나를 보며 말했다.

나는 애매하게 반만 웃었다. 경험상 이런 말을 깡그리 무시하는 건 좋지 않다는 걸 알기 때문이다. 무시는 상대를 화나게 만들 수 있다. 상대가 가까운 곳에 앉아서 같은 게임을 하고 있다면 그다지 좋지 않을 것이다. 그렇다고 계속 대화할 마음도 없다.

"술 한잔할래요?"

나는 그에게 결혼했으며 플레이할 때는 술을 마시지 않는다고 말했다. 어차피 그와 상관없는 일이지만.

"그럼 끝나고 한잔 어때요?"

나는 고개를 저었다. 어찌 된 영문인지 결혼했다는 말이 먹히지 않은 듯했다. 그는 내 쪽으로 몸을 기울였다. 나는 의자를 움직이려 애썼지만 포커 테이블에는 움직일 공간이 많지 않았다. 집중력이 흐트러지기 시작했다. 그는 멈출 기미를 보이지 않았다.

두려움과 절망의 판에서 벗어나는 법

"나도 결혼했어요!"

그가 휴대폰을 꺼내 아기 사진을 보여주었다.

"아들이에요. 죽었어요."

"안된 일이네요."

달리 할 말이 없었다.

"진짜 의미 있는 유일한 배드 비트죠. 아들을 잃는 거요."

나는 고개를 끄덕였다.

"그래서, 술은요?"

이건 도가 지나치다. 죽은 아들을 이용해서 나한테 술을 먹이려는 건 생전 처음 본 저열한 수법이다. 나는 완전 무시 모드로 들어가기로 작정했다. 전혀 효과가 없었다. 그는 계속 말을 걸었고 자기가 마실 두 번째 잔을 주문했다.

결국 나는 큰 팟을 잃었다. 내가 속상해 보였는지 아니면 무슨 핑계든 이용하려고 그랬는지 모르겠지만 싸구려 럼 냄새와 독한 담배 냄새가 느껴질 만큼 그가 가깝게 다가왔다. 그리고 웃으며 이렇게 말했다.

"아이, 참. 예쁘신 분이 졌다고 그렇게 슬퍼하면 안 되죠. 제가 몇 바이인 정도는 기꺼이 줄게요. 제 방은 여기 바로 위에 3205호예요."

이게 무슨 일이지? 이 작자가 방금 나를 유혹한 건가? 절로 입이 벌어졌다. 순간 테이블이 조용해졌다. 나는 분노와 울음 사이의 경계선에 있었다.

"진행 요원 좀 불러줄래요?"

나는 겨우 입을 열어 말했다. 그리고 그를 다른 테이블로 옮겨 달라고 요구했다. 이런 상태로는 플레이할 수 없다고 말했다. 그런데 안 된단다. 그가 한 짓이 그렇게 심하지 않다는 것이었다. 진행 요원은 직접적으로 그 말을 입에 올리지는 않았으나 그가 나를 '쌍년'이라고 부른 것도 아니지 않냐고 했다(사실 그는 진행 요원이 돌려서 말한 여러 단어 중 하나도 말했지만 별로 문제가 되지 않았다). 누구도 나를 위해 나서주지 않았다. 곧 나는 토너먼트에서 탈락했다.

이런 일도 있었다. 훈련을 시작한 지 몇 달 후 코네티컷주 폭스우드에서 플레이할 때였다. 늦은 오후라 나는 지쳐 있었다. 테이블 맞은편에 있는 남자가 나를 가만히 놔두지 않았다. 내가 자리에 앉을 때 그가 소리쳤다.

"어이, 소녀. 빅 리그에서 플레이할 준비가 됐어?"

조금 후에는 이렇게 말했다.

"소녀, 아주 좋은 패를 가진 것 같네."

"남편도 플레이해, 소녀? 그래서 여기 온 거야?"

소녀, 소녀, 소녀. 그가 그렇게 말할 때마다 손발이 오그라들었다. '내가 잡아줄게. 두고 봐.' 나는 속으로 생각했다.

"체크할게, 소녀. 어떻게 할 거야?"

우리가 같은 판에서 맞붙었을 때 그가 말했다. 나는 잡았다고 생각하고 중앙에 칩을 밀어 넣었다. 하지만 그는 너트를 들었고 내가 그를 잡는 게 아니라 그가 나를 잡았다.

두려움과 절망의 판에서 벗어나는 법

볼티모어에 새로 문을 연 라이브 카지노에 있을 때였다. 나는 좋은 시간을 보내고 있었다. 여기는 담배 연기가 없고 이전에도 없었다. 모든 게 반짝이는 새것이었다. 사람들은 다정했다. 모두가 수다를 떨었다. 그중 지역 토너먼트에 자주 참가하는데 오늘은 두 다리가 부러져서 오지 못한 사람의 이야기를 들었다. 몇 주 전 내기를 걸고 새로 설치된 흡연 발코니에서 뛰어내린 모양이다. 다쳤으니 내기에서 진 건지는 아직 확정되지 않았다. 모두가 웃음을 터트렸다. 모든 게 좋았다.

내 오른쪽에 앉은 남자가 공모하듯 내 쪽으로 몸을 기울이며 말했다.

"저기요, 조언 좀 해도 될까요?"

"네?"

"칩을 쌓는 방법이 틀렸어요. 그렇게 쌓으면 당신이 아마추어라는 걸 바로 알 수 있어요. 나처럼 이렇게 쌓아야죠. 도와주려고 말해주는 거예요."

분명 좋은 의도로 한 말이다. 하지만 그의 말 때문에 나는 그날 저녁을 망쳤다. 누가 조언을 해달래? 아마추어처럼 보이는 게 뭐 어때서? 지금은 그렇게 보였으면 좋겠는데 말이지.

알고 보니 이 특정한 촉발제는 사실 가장 대응하기 쉬웠다. 나는 플레이를 할 때 모자나 선글라스를 쓰지 않는다. 그러면 숨기는 것보다 놓치는 정보가 더 많다고 생각하기 때문이다. 게다가 벗을 때나 쓸 때처럼 모자나 선글라스를 다루는 방식을 통해 단서를 제공할 가능성도 있다. 그래서 폭스우드 사건 이후 '소녀' 같은 소리를 묻어버리려고 산 보스Bose 노이즈 캔슬링 헤드폰을 쓴다.

내가 해야 할 것은 사후 대응이 아니라 사전 대응이다. 사후 대응은 이미 너무 늦어서 틸트가 온다. 나의 반응이 우발적인 감정에 따른 것임을 알아도 틸트를 멈추지는 못한다. 감정이 너무 격렬하기 때문이다. 나쁜 방향으로 흐를 상황을 접하면(솔직히 많은 상황이 그렇다) 환경을 통제하는 방법으로 헤드폰을 써야 한다. 실제로 음악을 들을 필요는 없다. 그래도 이제는 다른 사람의 말을 선택적으로 묻어버릴 수 있는 사회적으로 용인되는 수단이 생겼다. 여전히 테이블에서 오가는 말은 모두 들을 수 있다. 그래서 중요한 정보를 놓칠 일은 없다. 하지만 내가 듣고 있다는 걸 더는 알리지 않아도 된다. 덕분에 다른 경우에는 얻을 수 없는 어느 정도의 통제력을 제공하는 탈출 수단이 생긴다.

원치 않는 제안이든, 얕보는 듯한 말이든, 좋은 의도로 내는 생색이든 모든 불쾌한 상황(명백히 성적 의미를 지니는 것은 제외하고)의 공통점은 내게 행위성agency(사회학에서 개인의 선택에 영향을 미치는 구조 structure와 맞서는 개념으로 개인이 독립적으로 행동할 수 있는 능력을 가리킴-옮긴이)이 없다는 상대의 일방적인 인식이다. 그래서 나는 사후 대응을 할 수밖에 없는 지경으로 몰린다. 이때 헤드폰을 쓰면 내가 움직일 약간의 공간을 찾을 수 있다.

다른 감정적 영역들은 대응하기 더 힘들 것이다. 이후 몇 달 동안 재러드와 나는 내가 느낀다고 깨닫지 못했던 감정들을 체계적으로 살폈다. 자신감의 외피 아래에는 끈질긴 가면 증후군impostor syndrome(자신이 이룬 업적을 스스로 받아들이지 못하는 현상-옮긴이), 즉 나는 이런 대회에서 플레이할 자격이 없는 사기꾼이라는 생각이 도사리고 있었다. 그래서 계속 여기가 내가 있을 곳이 아니라고 느꼈던 것이다.

우리는 마침내 이런 심리의 근원(진짜 근원)에 도달했다. 내가 유치원에 처음 등교했을 때였다. 당시 다섯 살이었던 나는 이름표를 받지 못했다. 다른 아이들은 모두 이름표가 있는데 내 이름표만 책상에 없었다. 남은 이름표가 하나 있어서 교사가 자꾸 내 목에 걸어주려 했다. 나는 고개를 저었다. '내 이름이 아니에요!'라고 소리치고 싶었다. 왜 내가 다른 아이라는 거예요? 하지만 나는 그렇게 하지 못했다. 할 말이 생각나지 않았고 영어를 할 줄 몰랐다. 내가 할 줄 아는 건 내 이름을 쓰는 것뿐이었다. 유일하게 확실한 나의 정체성이 의문의 대상이 되었다.

물론 나는 이런 사실을 말하지 못하기에 그냥 울었다. 목놓아 마구 울어버렸다. 나는 지금도 잘못된 자리에 있다는 느낌을 받을 때마다 울어버리고 싶다. 내게 일어나는 일을 통제할 수 없다는 듯이. 하지만 이제 우는 건 사회적으로 덜 용인되는 반응이 되었다. 재러드는 이 순간을 나의 프로이드적 돌파구라고 불렀다.


나는 사람들을 실망시킬지 모른다는 지속적인 불안에 시달렸다. 나를 믿었던 플레이어, 나를 지지한 사람들, 나 자신까지 모두. 이는 내가 뒤엎지 못하는 높은 기대에 대한 불안이다. 절대 확실하게 없앨 수 없는 실수에 대한 불안이다. 나는 종종 플레이할 때 파리처럼 높은 곳에서 나 자신을 본다. 그러면 블러핑을 할 때와 방법을 알지만 방아쇠를 당길 배짱이 없는 내가 보였다. 육감으로 느껴지지 않으면 나는 방아쇠를 당길 수 없다. 블러핑이 통하려면 머리와 가슴이 뒷받침되어야 한다. 그렇지 않으면 사람들이 속임수, 약점, 머뭇거림을 알아챈다. 그러나 그건 내가 상대에게서 간파해야 하지 그 반대가 되면 안 된다. 그런 불안을 극복하고 그냥 저지를 때가 가장 좋은 플레이를 할 때, 내가 이기기 시작할 때다. 하지만 나는 그 내면의 힘을 마음대로 부리지 못한다.

재러드는 이를 '맞은 개 증후군beaten dog syndrome'이라 불렀다.

"미래의 마리아에게 심하게 혼나는 게 싫은 겁니다. 그래서 본능적으로 그 힘에 굴복하는 거죠."

내가 배짱이 없는 이유는 아직도 바보처럼 보이는 것, 실수를 저지르는 것, 남에게 비판받고 나 자신을 비판하는 것을 두려워하기 때문이다. 재러드는 이런 문제에 대응하는 방법을 알려주었다.

"물론 내가 틀릴 수도 있지만 미래의 마리아에게 굴복하는 건 더 큰 실수라고 자신에게 말해요. 틀릴지라도 공격적인 자세를 취하지 않는 게 더 큰 실수예요. 미래의 마리아는 그것을 용인하는 법을 배워야 해요."

나는 재러드에게 미래의 마리아는 진짜 나쁜 년 같다고 말했다.

우리는 서서히 모든 문제를 해결해나갔다. 우리는 시각화를 진행했다. 어떻게 플레이하고 싶은지 계획하면 내 머릿속에 있는 미래의 자신을 미리 통제해서 행동에 옮기기가 쉬워진다. 우리는 최적의 스트레스 수준을 논의했다. 그래서 플레이를 잘할 정도로만

스트레스를 받도록 나를 밀어붙이되 자신감을 모두 잃을 만큼 너무 세게 밀어붙이지 않는 방법을 찾았다.

또한 나는 똑바로 앉고 머리를 곧게 세워서 자신감을 뿜어내는 법을 배웠다. 이런 자기기만 기법은 종종 부족한 자신감을 느끼기 위한 첫 단계다. 이는 체화된 인지embodied cognition로 알려진 과정이다. 표현하고 싶은 감정을 체화하면 몸과 마음이 그렇게 조정되는 경우가 많다. 외면의 전사와 접신하면 머지않아 내면의 전사가 등장할 수 있다.

이 모든 노력의 결과가 나타나기 시작했다. 나는 재러드와 상담하는 중에도 에릭과 같이 새로운 공격 계획을 세웠다. 우리는 약간 후퇴해서 소규모 대회로 돌아갈 필요가 있다는 결론을 내렸다. 거물들이 많이 참가하지 않고 대개 바이인이 몇백 달러 수준인 대회 말이다. 또한 포커에 올인하려면 정서적 웰빙에도 올인해야 한다는 사실을 깨달았다. 그래서 뉴욕에서 몇 주를 보낼 수 있도록 대회 일정을 짰다.

이 일에는 미묘한 균형이 필요하다. 포커 판에서 너무 멀리 떨어지면 지금까지 이룬 모든 노력과 진전이 무위로 돌아갈 수 있다. 반대로 포커 판에 너무 오래 머물러도 같은 일이 일어날 수 있다. 콜로서스 토너먼트에 미친 듯이 참가했던 때처럼 말이다. 이런 경우 객관적 관점, 정서적 안정성, 실제로 결정을 얼마나 잘 조정했는지 정확하게 가늠하는 능력을 잃는다.

이는 처음 온라인 포커를 할 때 계속 돌아가던 빌어먹을 타이머와 같다. 나는 타이머가 앞에 있으면 압박감 때문에 결정에서 실수하기 쉽다는 사실을 깨달았다. 그런데도 메인이벤트가 가까워질 무렵 내 머릿속에 빨간색의 커다란 타이머를 만들었다는 사실을 깨닫지 못했다. 그러니 생각을 제대로 못 할 밖에. 나는 나 자신의 실험 대상이었다.

우리는 3주 이상 플레이를 쉬는 일이 없도록 계획을 세웠다. 그리고 그사이에 충분히 휴식을 취하기로 했다. 재충전도 포커를 배우는 데 대단히 중요하다. 플레이를 잘하는 한 방법이다. 멘털 코치를 만나서야 이런 사실을 깨달았다는 사실이 웃기다. 예전에 나는 모든 일을 할 때 잠시 물러서는 시간이 필요하다고 생각했다. 휴식을 취하고, 한숨을 돌리는 시간 말이다. 심지어 〈뉴요커〉에 주4일제(혹은 주3일제) 근무의 혜택에 대한 글을 쓰기도 했다. 하지만 새로운 일에 뛰어들다 보면 객관적 관점을 잃어버리고, 그 과정에서 자기 자신과 그 일을 하는 이유를 잃어버리기 쉽다.

지난 6개월 동안 느끼고 있었던, 엉뚱한 곳에 있다는 느낌이 사라지기 시작했다. 물론 여전히 후진 호텔방과 카지노의 낡은 카펫을 접하기는 했지만 보다 안정된 느낌이 들었다. 나는 라스베이거스로 돌아갔다. 뉴저지로 갔다. 심지어 여름 휴가 기간에는 바르셀로나에서 열리는 유러피언 포커 투어에 잠깐 참여하기도 했다. 상금을 딴 것은 한 번으로, 바르셀로나에서 109위를 해서 3,790유로를 땄다.

그래도 전보다 훨씬 낙관적인 기분이 들었다. 내가 더 잘 플레이하고, 더 잘 생각하고, 선택을 할 때도 사후 대응보다 사전 대응을 더 많이 한다고 느꼈다. 시간 압박이 사라지니 머릿속의 안개도 사라졌다. 이제는 생각할 여지가 있었다. 처음에는 재러드의 조언 덕분에, 나중에는 반복적인 훈련 덕분에 생각하는 습관이 생겼다.

이 판에서 더 편안해지기 시작했다는 것도 도움이 되었다. 더 많이 플레이할수록 사람들의 얼굴이 더 익숙해졌다. 곧 친구들을 사귀기 시작했다. 사람들은 내게 저녁을 같이 먹거나 술을 같이 마시자고 제안해왔다. 일부 포커 미디어에서 내 프로젝트에 관한 이야기를 듣고 기사나 동영상으로 소개하기도 했다. 사람들은 거기서 나를 보고 내 책이 어떻게 진행되고 있는지 물어왔다. 이런 일들은 기분이 좋았다. 애초에 계획했던 것보다 이 여정을 더 의미 있게 만들겠다는 새로운 결의가 솟았다.

이후 더블린에서 열린 국제 대회인 포커스타즈 페스티벌에 참가해 처음으로 결승 테이블까지 올라갔다. 이 대회의 바이인은 에릭과 내가 같이 정한 수준에 해당하는 170유로였다. 나는 감정적 촉발제를 정리한 도표로 무장했고 그동안 나의 자벌레는 계속 전진했다. 기분이 좋았다. 물론 술에 취해서 떠들어대는 스웨덴 사람을 상대했다. 그는 기회가 생길 때마다 욕설 따위를 날려댔다. 물론 그가 생각을 제대로 못 한다는 점을 고려하면 최종적으로 둘만 남았을 때 이겼어야 마땅했다. 그러나 나는 그의 도발에 흔들리지 않았으며 애초에 여기까지 왔다는 데 자부심을 느꼈다. 과거의 나였다면 그가 몇 시간 전 우리 테이블에 앉는 순간 완전히 틸트되어 탈락했을 것이다.

나는 페이스타임으로 에릭에게 연락해서 결과를 알렸다(더블린 대회는 규모가 너무 작아서 그는 라스베이거스로 돌아갔다). 그에게 2위에 오를 때까지 플레이한 거의 모든 판을 보고했다. "잘했어!"라는 그의 말에는 진심으로 대견해하는 마음이 담겨 있었다. 물론 약간의 문제점을 지적했지만 뿌듯해한 건 확실하다.

그날 밤 나는 아일랜드 플레이어들과 술을 마셨다. 그 자리에 상당히 중요한 사람이라는 스티븐 헨드리도 동석했다. 그는 스누커 snooker 챔피언 출신으로서 전설적인 인물이라고 했다. 나는 스누커가 어떤 게임인지 모르고 한 번도 들어본 적이 없었다. 그래도 그 사실을 밝히지 않기로 했다. 검색해보니 스누커가 이상한 당구 게임처럼 보인다는 말도 마찬가지로 입 밖에 꺼내지 않았다. 이 여행은 밝고, 재미나고, 돈까지 안겨주었다. 뉴욕으로 돌아왔을 때도 전처럼 피로가 느껴지지 않았다. 점점 더 이 일을 즐기는 요령을 터득하기 시작했다.

곧이어 라스베이거스에서도 2위에 올랐다. 상금이 약 6,000달러로 지금까지 딴 상금 중에서는 최고액이었다. 그리고 이 상금을 따기 위해 플래닛 할리우드에서는 자존심에 상처를 입혔던 참까지 동의했다. 이미 새벽 4시였고, 나는 지쳐 있었다. 또한 객관적으로 볼 때 분산이 내게 안 좋은 방향으로 흐를지도 몰랐다. 조금 전까지 칩 리더였지만 지금은 2위였고 칩이 빠르게 줄고 있었다. 그래서 여섯 명이 상금을 나누자는 제안이 들어왔을 때 동의했다. 전혀 모욕이라고 느껴지지 않았다.

나는 전보다 훨씬 편향적이지 않은 관점으로 나 자신을 평가했고 최종적으로 수익을 늘리는 데 더 도움이 되는 결정을 내렸다. 물론 트로피는 포기해야 했다. 그러나 칩 수가 더 줄어드는 하락세

두려움과 절망의 판에서 벗어나는 법

로부터 나 자신을 보호하기도 했다. 이는 자존심에 상처를 입히는 게 아니라 심한 피로도를 고려해 위험을 줄인 현명한 전략이었다.

프라하로 가서는 2,200유로 바이인 대회에서 20위에 올랐다. 결승 테이블은 아니었지만 이전에 유러피언 포커 투어에 참가했을 때보다 훨씬 나은 성적이었다. 그리고 지금까지 이 정도 규모의 대회에서 올린 최고의 성과이기도 했다. 이제 나는 더 잘하지 못했다고 자책하지 않는다. 마침내 진정한 대규모 국제 대회에서 거의 결승 테이블까지 간 것에 자부심이 든다. 이전에는 이 정도 규모의 대회에서 100위 안에 들어간 적도 없었다. 중대한 진전이다.

자신감, 실질적인 자신감이 서서히 쌓이고 있었다. 다음 대회가 기다려진다. 몇 달 동안 이야기를 들었던 대회, 바로 포커스타즈 캐리비언 어드벤처 PokerStars Caribbean Adventure, PCA 다. 13년 된 아주 오래된 라이브 포커 투어로 대단히 명망 높은 대회로 성장했다. 무대가 바하마라는 점도 나쁘지 않다. 너무나 상징적인 대회에서 플레이할 기회가 생겨 마음이 들뜬다. 시기도 내가 포커 판에 들어선 지 1주년이 되는 때다. 원래 월드 시리즈 오브 포커 대회에 참가하려고 계획했다가 현실적인 일정상 불가능해졌지만 말이다. 이제 진짜 1년째가 되어가는 지금 내가 얼마나 멀리까지 왔는지 알아보고 싶다.

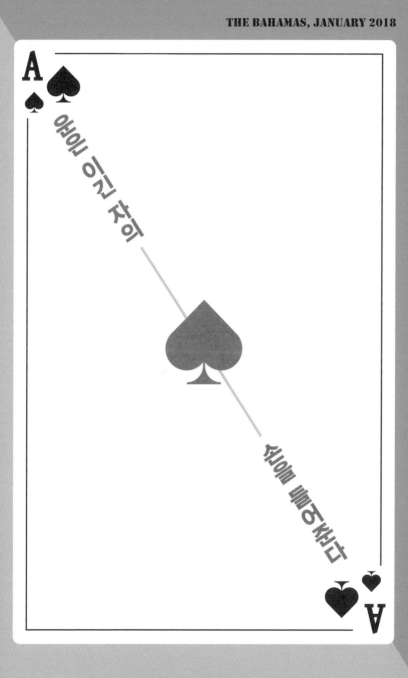

## 바하마, 2018년 1월

운명은 언제나 무가치하게 가치의 아우라를 부여하며,
이 세계에서는 운 좋은 사람이 천재로 받아들여진다.

———
에우리피데스, 〈헤라클레스의 자녀들The Hercleidae〉

♠

바하마는 아름답다. 내 방과 카지노 사이를 잠깐 걸어가는 동안에는 그렇게 보인다. 사실 지금까지 거센 비가 내려서 기쁘다. 해변을 즐길 시간이 없었는데 기분이 조금 나아졌다. 물론 대회에 참가해 관광을 많이 할수록 성적이 나쁠 가능성이 크다. 잘하고 있으면 밖에서 즐길 시간이 없다. 기쁘게도 지금 내게 그런 일이 일어나고 있다.

이틀 전 뉴욕에서 비행기를 타고 이리로 왔다. 잠시 숨을 고르고 다음 날 아침 첫 포커스타즈 캐리비언 어드벤처 토너먼트인 내셔널 챔피언십에 참가했다. 그러나 슬프게도 그날 늦게 탈락하고 말았다. 다행히 그날 저녁에 다른 터보 대회가 있었고, 어찌어찌해서 끝까지 버텼다. 그날의 플레이는 무려 16시간 동안 지속되었다. 곧바로 침대에 쓰러졌지만 두어 시간밖에 잘 수 없었다. 아드레날린이 과도하게 분비된 탓이었다. 나는 불면증에 시달린 사람이라면 아주 잘 아는 '플레이를 잘하려면 잠을 자야 해. 안 돼. 잠이 안 와. 이건 끔찍해'의 악순환에 빠졌다. 자야 한다는 생각이 드는 순간 잠은 영원히 달아나버린다.

오늘은 카페인 기운으로 버틴 혼돈의 시간이었다. 수면 부족에 시달리는 내 머리는 몽롱한 상태로 아슬아슬하게 버텼다. 그래도 나의 자벌레는 앞으로 나아갔고 나는 상금 순위권에 들었다. 몇 판을 이겼다. 그리고 어찌어찌해서 탈락하지 않았다. 그러니까 결승 테이블까지 올라갔다는 말이다. 말로 표현할 수 없을 만큼 들떴고 상상할 수 없을 만큼 지쳤다. 또 몇 가지 걱정거리가 있었다. 이번 대회가 얼마나 중요한지 안다. 그리고 나는 잠을 자야 한다. 종일 아드레날린과 카페인이 내 몸을 질주하고 있었다. 이 세 가지는 숙면과 그다지 어울리지 않는다. 그 점이 계속 신경 쓰였다. "아침에 기분이 어떤지 봐"라는 에릭의 조언은 의욕이 있든 없든 플레이해야 하는 장기 토너먼트에는 잘 통하지 않는다.

대회장에서 나와 아틀란티스 호텔의 라운지 중 하나인 플라토스Plato's를 지났다. 익숙한 얼굴들이 보였다. 여기는 내가 안면을 튼 플레이어들이 자주 모이는 곳이다. 알고 보니 캐시 플레이어로서 토너먼트에는 잘 참가하지 않는 스콧 시버가 토너먼트 참가를 축하하려고 작은 모임을 열었다.

"이리 와요!"

그가 내게 손을 흔들며 말했다. 빨리 침대로 가고 싶었지만 어차피 잠을 자지 못할 거라는 생각이 들었다. 그렇다면 세계 최고의 포커 플레이어들에게 극복 전략을 물어보는 게 나을 것 같다. 이런 경우는 난생처음이다. 위스키 시음회 비슷한 자리가 된 이곳에 모인 10여 명의 하이 롤러들에게는 아마도 익숙할 것이다. 그들은 포커 경력 내내 연이어 상위권까지 진출한 것처럼 보인다.

"잠을 못 자겠어요."

나는 텀블러를 건네받으며 딱히 누구에게랄 것도 없이 말했다. 어쩌면 (물을 타지 않은) 이 숙성 버번이 도움이 될지도 모른다.

"아드레날린이 넘치는 이런 상황을 어떻게 해요? 머리가 멈추지 않아요."

"여기, 이거 먹으면 돼요!"

한 하이 롤러가 도와주겠다는 듯 알약 병을 건넸다. '멜라토닌'이라고 적혀 있었다. 흥미로운 생각이다. 하지만 너무나 중요한 대회를 앞두고 새로운 걸 시도해도 될지 잘 모르겠다.

"사실 난 이걸 정말로 좋아해요."

이번에는 내 옆에 있던 사람이 두 번째 약병을 마술처럼 꺼냈다. CBD(칸나비디올이라는 대마 성분 약품-옮긴이)다. 분명 나와는 맞지 않지만 그래도 생각해주는 마음은 고맙다. 또 다른 플레이어가 조언을 건넸다.

"내 방에 발륨 Valium(신경안정제의 한 종류-옮긴이)이 좀 있는데 필요하면 드려요? 마음을 안정시키는 데는 정말 좋아요."

네 번째 제안이 나왔다.

"지금 피우러 나갈 건데 같이 갈래요? 노곤해져서 잠이 아주 잘와요."

물론 대마초를 말하는 것이다. 거짓말 같은 장면이었다. 그런 게 실제로 가능하다는 생각을 한 번도 해본 적이 없다. 나는 믿을 수 없다는 듯 고개를 저었다. 포커 판에서 할 수 있는 거의 모든 것을 배우고 있다고 생각했는데, 나는 내가 발을 들인 세계의 수준을 과소평가했던 모양이다.

알고 보니 포커 플레이어들은 대부분 경우에 쓸 수 있는 약들을 빈틈없이 구비하고 있었다. 활력을 북돋아야 하는가? 온갖 용량의 카페인 알약이 있다. 그보다 더 많이 북돋아야 하는가? 니코틴 알약이 있다. 장시간 플레이하느라 집중력이 흐트러지는가? 애더럴Adderall, 리탈린Ritalin 등 말만 하면 다 있다. 온갖 형태로 제조된 마리화나와 수많은 환각제는 말할 것도 없다. ("미량 섭취하면 최고예요"라고 여기서 이름을 밝히지 않은 한 플레이어가 말해주었다. "지난 월드 챔피언십 오브 온라인 포커World Championship of Online Poker 타이틀도 그렇게 땄어요." 이 타이틀은 약간의 실로시빈psilocybin을 쓰든 안 쓰든 따기 어렵다.)

수준급 포커 플레이어들이 딱히 그러고 싶어서 약물을 가지고 다니는 것은 아니다. 이 끝없는 약물 목록은 더 폭넓은 사실을 말해준다. 이들은 거의 모든 것에서 게임이론에 따른 최적화를 추구한다. 진지한 플레이어들에게 포커는 스포츠와 다를 바 없다. 그래서 그들은 모든 수단을 동원해 싸울 태세를 갖춘다.

그들이 하려는 일은 몸 상태를 최적화하는 것이다. 그것도 가장 최적의 방식으로. 한 예로 아이크 핵스턴(철학을 전공하고 해리 포터처럼 생긴 그 사람)이 매일 아침 카페인 알약을 먹는다고 해서 크게 놀랐던 적이 있었다. 큰 토너먼트 전에 일과를 어떻게 보내는지 묻자 그는 이렇게 말했다.

"카페인 알약을 먹어요. 그다음에 30~40분 정도 몽롱한 상태로 침대에서 뒹굴어요. 이후 8분 동안 명상을 하고 샤워한 다음 대회장으로 가죠."

"카페인 알약을요? 정말요?"

나는 명상을 하는 정확한 시점과 아침을 거르는 결정에 관해 물어봐야겠다고 생각했다. 하지만 가장 놀라운 사실은 카페인 알약을 먹는다는 것이었다. 나는 아침에 차를 마시는 걸 좋아한다. 그걸 포기하고 알약을 먹고 싶은 마음은 없다. 내게 차를 마시는 것은 명상과 같다. 그래서 내가 개인적으로 하는 행동과 너무나 다른 행동을 접하니 믿기가 힘들었다.

"저도 옛날에는 커피를 마셨죠. 그러다 커피를 만들려고 호텔방에서 너무 오랜 시간을 들이는 게 노력 대비 경험의 즐거움 측면에서 그다지 효율적이지 않다고 생각했어요. 그래서 그냥 카페인 알약을 먹기로 했죠."

효율이라. 편익과 비용을 따지는 것. 시간을 최대한 잘 활용하는 방법을 계산하는 것. 삶의 질과 여러 조정된 요소들을 평가하는 것. 이런 것들은 진정한 포커 플레이어들이 대다수 결정을 내릴 때 머릿속에서 하는 일이다. 이런 접근법은 심리학 실험에서 참가자들에게 명시적인 편익 비용 계산을 요구했을 때 말고는 생각해본 적이 없었다. 우리는 그들이 이런저런 편향을 드러내는 부실한 결정들을 내린 후 편향을 제거하기 위해 그런 요구를 했다. 대개는 실험이 끝나자마자 오랜 사고방식이 다시 영향을 발휘했다.

그러나 열성적인 포커 플레이어들 사이에서는 그런 종류의 신체 최적화가 당연하게 여겨진다. 그들은 전문적으로 조정된 식단을 따른다. 일부는 개인 요리사를 데리고 다니기도 한다. 저탄고지는 흔하다. 엄격한 채식과 명상, 체계적 운동도 필수다. 에릭은 나와 알게 된 해에 요가를 시작했다. 근래의 한 연구 결과에 따르면 체스 플레이어들은 대회 기간에 하루에 최대 6,000칼로리를 소모한다. 이는 엘리트 운동선수들을 연상시키는 신진대사 패턴이다. 내 생각에는 프로 포커 플레이어들도 비슷할 것 같다. (이번 여행에서 나는 별다른 노력 없이 일주일 만에 3.6킬로그램을 뺐다. 나는 에릭에게 "아무래도 책 내용을 바꾸고 '포커 다이어트'라고 제목을 붙여야겠어요"라고 했다. 에릭은 "그럼 바로 베스트셀러가 될 거야"라고 맞장구쳤다.)

내일 중요한 일을 앞두고 나의 수면을 도와주려는 사람들에게 고마움을 표했다. 하지만 차마 그런 방법을 쓰지는 못하겠다. 지금까지 잠을 자려고 약의 도움을 받은 적은 한 번도 없다. 그냥 명상을 시도해보고 잠이 오기를 바라야겠다.

방에 돌아온 후 한 번에 몇 분씩밖에 자지 못했다. 설핏 잠에 빠져드는 순간 끔찍한 악몽이 안기는 불안감 때문에 깜짝 놀라 깨어났다. 무엇 때문에 이런 걸까? 곰곰이 되짚어봤다. 그리고 그 악몽이 실은 머릿속에서 재현되는 배드 비트라는 걸 깨닫고는 웃기 시작했다. 내 머릿속에 히스테리가 스며들고 있다는 징조였다. 어쩌면 멜라토닌을 먹으라는 말을 들었어야 했는지도 모른다.


오전 11시. 휴대폰이 울렸다. 에릭이었다.

'오늘 할 일: 긴장하지 말고, 집중하고, 생각할 것. 오늘을 위해 지금까지 열심히 노력했잖아. 정신이 산만해지면 안 돼.'

나는 그가 나를 보지 못한다는 사실을 깜박하고 고개를 끄덕였다. 다시 휴대폰이 울렸다.

'너무 흥분돼. 루도 그래.'

나도 너무 긴장된다. 그래도 최선을 다할 것이다. 소지품을 챙겨 카지노로 내려갔다. 내가 여기 있다는 게 믿기지 않았다. 결승 테이

운은 이긴 자의 손을 들어준다

블. 남은 여덟 명 중 한 명. 전에도 결승 테이블까지 간 적은 있지만 큰 대회에서는 아니었다. 이런 적은 처음이었다. 주위를 둘러보니 다른 세상에 들어선 것 같았다.

딜러 왼쪽에 크리스 무어먼이 앉아 있었다. 부스에 등신대가 세워져 있던 그 사람이었다. 아직 서로 아는 사이는 아니지만 이제 그의 명성을 익히 알게 되었다. 과거 세계 1위 온라인 토너먼트 플레이어에 오른 무시무시한 토너먼트 파괴자. 그 부스는 거짓말을 하는 게 아니었다. 나의 왼쪽 두 번째 자리에는 해리슨 김블이 있었다. 그 역시 나와 아는 사이는 아니지만 나는 그가 포커계에서 대망의 트리플 크라운으로 불리는 월드 시리즈 오브 포커 팔찌, 월드 포커 투어 타이틀, 유러피언 포커 투어 타이틀을 획득했다는 걸 알고 있다. 사실 그는 바로 이 자리에서 메인이벤트 타이틀을 땄다. 그는 자기 앞마당에 있다.

내 오른쪽에 앉은 사람도 이제는 안다. 전날 밤에 검색해보니 체스 그랜드마스터로서 네덜란드 체스 챔피언인 루크 판 벨리였다. 그는 한때 체스 세계 10위권에 들었던 적이 있다. 그 밖에 누적 상금이 거의 100만 달러인 캐나다 프로, 100만 달러가 넘는 시카고 출신 프로도 있었다. 아주 힘들 것 같다고 말하고 싶지만 사실 그 말도 옳지 않다. 나는 그야말로 사기꾼, 운이 좋아 절대 있어서는 안 될 자리에 온 바보가 된 기분이다.

재러드는 이런 생각을 허용하지 않을 것이다. 그래도 어쩔 수 없다. 우리는 바로 이런 문제에 대응했다.

"명심해요. 그들도 정상에 오르기까지 같은 과정을 거쳤어요. 그들도 첫 10만 달러짜리 대회에서 후원을 받았어요. 그들도 거기에 오르기까지 운의 도움을 많이 받았어요."

테이블을 둘러보며 그의 말을 기억하려 애썼다. 하지만 나만 빼고 모두가 이 자리에 올 자격이 있는 것 같았다.

"누구나 운이 좋을 때가 있어요. 명성을 둘러싼 허울을 벗겨내요. 그들에게도 약점이 있어요. 그들도 플레이어이기 이전에 인간이에요."

마음을 가라앉히려 애썼다. 심호흡을 했다. 지금 내가 얼마나 멀리까지 왔는지 되돌아봤다. 믿을 수 없게도 내가 칩 수로 2위였다. 70 빅 블라인드가 넘었다. 결승 테이블에 앉을 때 누구나 원하는 상황이다. 게다가 방금 깜짝 놀랄 일이 있었다. 대회장으로 들어서니 에릭이 나를 반겨주었다. 그는 여기 올 거라는 말을 하지 않았다. 나를 응원하고 격려해주려고 아침 일찍 와준 것이다. 그도 몇 시간 있다가 결승 테이블에 가야 한다. 그래서 쉴 수도 있었는데 내가 토너먼트에서 거둘 첫 승리를 축하해주고 싶었던 모양이다. 설령 결승 테이블에서 잘하지 못해도 여기까지 온 것만 해도 이미 승리한 것이라며. 그 말을 들으니 기뻤다. 불안해서 아침도 먹지 못했다. 무슨 시도라도 했다가는 토할 것 같다고 그에게 말했다.

"그 판에만 집중해. 플레이에 집중하면 긴장감은 사라져. 할 수 있어."

그는 수없이 결승 테이블에 진출하고 타이틀을 땄으니 쉽게 할 수 있는 말이다. 억지로 용감한 미소를 지으며 마지막으로 조언할 게 있는지 물었다.

운은 이긴 자의 손을 들어준다

"피시가 되지 마."

그는 그 말을 남기고 하루를 시작하러 갔다. 그는 멀리서 이 판을 지켜볼 것이다. 결승 테이블은 직접 관람하면 정말 재미없다. 카드는 화면에서 전개되는 액션을 지켜봐야만 알 수 있다. 라이브로 보면 홀 카드를 알 수 없어 더없이 지루하다. 그리고 플레이어에게 어떤 전략적 조언도 주어지지 않는다.

'피시가 되지 마'라는 말을 조용히 반복하며 나는 자리에 앉아 카메라를 향해 미소를 지었다. 피시가 되지 마. 피시가 되지 마. 하지만 지금 바로 그 피시가 된 기분이다. 그것도 물 밖으로 나온.

머지않아 나는 곧바로 피시임을 증명했다. 나의 짧은 포커 경력에서 가장 중요한 테이블이 시작된 지 30분도 채 되지 않았다. 언더 더 건 자리에서 아름다운 두 장의 빨간 에이스가 들어왔다. 나는 2 빅 블라인드 조금 넘게 레이즈했다. 슬프게도 뒤이어 모두가 폴드했다. 하지만 빅 블라인드 자리에 있는 체스 챔피언 판 벨리가 방어에 나섰다. 날아갈 듯한 기분이다. 최강 패를 들었으니 크게 먹을 수 있을 것 같다.

플랍이 떨어졌다. 킹 하트, 퀸 클로버, 잭 하트다. 포켓 에이스 페어를 든 상황에서 크게 반가운 플랍은 아니다. 이런 플랍은 웻 보드라고 부른다. 여러 가지 드로가 나올 수 있다는 뜻이다. 또한 프리플랍에서는 내가 이기는 패를 더 세게 만드는 보드이기도 하다. 언더 더 건(아주 강한 포지션)에서 레이즈했을 때 빅 블라인드가 콜했다면 적어도 토너먼트의 이 단계에서는 상당히 강한 패를 들었을 가능성이 크다. 높은 카드를 들었을 수도 있고, 수티드 커넥터를 들었을 수도 있고, 보드에 깔린 패와 잘 맞는 패를 들었을 수도 있다. 하지만 나는 이런 걸 전혀 생각하지 않았다. 대신 내가 들고 있는 예쁜 에이스 페어만 생각했다. 나는 팟 절반 가까이 베팅했다. 판 벨리는 콜했다. 지금까지는 아주 좋다.

턴이 나올 차례였다. 전혀 상관없는 카드인 6 다이아몬드가 나왔다. 이 카드로는 어떤 드로도 완성되지 않는다. 판 벨리가 다시 체크한 후 나는 다시 크게 베팅하기로 했다. '에이스 페어, 에이스 페어, 라, 라, 라.' 그런데 이번에는 그가 콜을 하는 게 아니라 레이즈했다. 그것도 꽤 많이. 어라?

이 대목에서 빨간 깃발이 휘날리고 나팔이 울렸어야 맞다. 그리고 나는 폴드했어야 했다. 내가 가진 패는 그가 가졌을 법한 강한 패, 즉 다양한 종류의 스트레이트나 투 페어, 심지어 세트도 이기지 못한다. 정말 그가 블러핑을 치는 걸까? 나는 블러핑 레인지의 중요한 부분을 차지하는 너트 플러시 드로를 막는 에이스 하트를 들고 있었다. 내가 정말로 보고 싶지 않은 패를 든 게 아니라면 곧 상금이 크게 오를 시점에 칩의 절반을 잃을 위험을 감수하게 하는 게 무엇인지 알기 어렵다. 하지만 이런 생각은 전혀 떠오르지 않았다. 나는 거의 숨도 쉬지 않고 콜했다. '에이스 페어, 에이스 페어, 에이스 페어!!!'

리버에 킹이 한 장 더 나오면서 페어가 되었다. 판 벨리는 다시 체크했다. 이유는 모르지만 내 머릿속 한쪽에서 어쩌면, 정말로 어쩌면 계획대로 일이 진행되지 않을지도 모른다는 생각이 들었다. 나도 뒤이어 체크했다. 그가 깐 패는 9, 10이었다. 플랍에서 스트레

운은 이긴 자의 손을 들어준다

이트를 맞춘 것이다. 내 칩들이 떠나갔다. 단 한 판에 스택의 3분의 1 이상을 잃었다. 나는 칩 수 상위권에서 숏 스택 중 한 명으로 전락했다.

곧 에릭이 문자를 보내서(그는 온라인으로 대회를 지켜보는 중이다) 내가 이미 아는 사실에 확인 도장을 찍었다. 내가 큰 실수를 저질렀다고. 하지만 뒤이어 잊어버리라고 했다. '머릿속에서 지우고 다시 집중해.' 전략은 나중에 토론할 것이니 지금은 다음 판에 집중하고 잃은 칩은 잊으라고 했다. 마음을 다잡고 숏 스택에 맞게 게임하라고, 그 판에 집중하라고.

앤 라모트의 《쓰기의 감각》은 글쓰기와 관련해 내가 좋아하는 책이다. 책의 제목(원제는 'Bird by Bird'로 '새 한 마리씩'을 뜻한다-옮긴이)은 그녀의 동생에 관한 이야기에서 따온 것이다. 앤의 동생은 초등학교에 다닐 때 새와 관련된 숙제를 받았다. 몇 주의 시간이 있었으나 마지막 날까지 미루며 하지 않았다. 다음 날 아침까지 숙제를 내야 하는 상황이 되자 동생은 식탁에서 울음을 터뜨리며 말했다. "어떻게 숙제를 끝내지?" "한 마리씩 해." 아빠가 말했다. "그냥, 한 마리씩 해."

'한 마리씩'이라는 말은 벅찬 상황이 될 때마다 내가 외우는 일종의 주문이 되었다. 어떤 일을 감당할 수 없을 것 같을 때 나는 눈을 감고 '한 마리씩'이라고 나 자신에게 말한다. 그리고 목록에 있는 다음 새에게로 나아간다. 한 마리씩. 한 판씩. 벅차 보이지만 해낼 수 있어. 재러드와 이야기했던 것처럼 심호흡하고, 눈을 감고, 재설정 버튼을 누른다.

한 번에 한 판씩. 재설정. 전략적인 재설정('숏 스택으로 어떻게 플레이해야 할까?')뿐 아니라 감정적 재설정(나 자신에게 화내거나 짜증 내지 않고 기운을 모은 후 앞을 보며 나아가기. 실수할지라도 내가 할 수 있다고 믿기)도 필요하다. 나는 천천히 호흡하려 최선을 다하면서 실수를 떨치고 앞을 내다보려고 했다.

두 시간이 빠르게 지나갔다. 나는 큰 판을 많이 플레이하지 않았다. 천천히 가자고 생각했다. 전에는 이쯤에서 칩을 다시 가져오려고 공격성을 높였을지도 모른다. 하지만 멘털 게임을 할 줄 아는 지금은 적절한 때를 기다린다. 칩이 줄고 있지만 당황해서는 안 된다. 특히 토너먼트의 이런 단계에서는 인내가 핵심이다.

내가 가장 두려워하는 상대 중 하나인 크리스 무어먼이 나의 에이스 페어보다 잘 풀린 에이스 페어에게 당해서 8위로 탈락했다. 이 작은 피시가 싸울 샤크가 하나 줄었다. '무어먼 탈락!' 나는 들떠서 에릭에게 문자를 보냈다. '야호!'라고 답장이 왔다. 그는 내가 무어먼을 두려워한다는 사실을 안다. '야호'라고 할 만한 일이지만 거기에 안주해서는 안 된다. 아직 갈 길이 멀다.

안타깝게도 무어먼의 칩은 막강한 라인업에서 그나마 최약체로 꼽은 내 오른쪽의 나이 많은 신사가 아니라 내가 가장 두려워하는 해리슨 김블에게 갔다. 나는 어제 종일 그를 상대하면서 공격적인 노인이라는 딱지를 붙였다. 내가 보기에 그는 나이 많은 신사라는 카드를 너무 곧이곧대로 활용하면서 지나치게 공격적으로 플레이한다. 사람들은 대개 나이가 많은 플레이어는 엄격하고 소극적으로 플레이할 거라고 생각한다. 그러나 내가 확인한 바에 따르면 일

운은 이긴 자의 손을 들어준다

부 노인들은 공격성을 높여서 그런 인식을 이용한다. 이 사람은 우리, 특히 나를 밀어붙이는 자신의 능력을 너무 과신하는 것 같다. 때를 기다리자. 감정적일 필요는 없다.

20분 휴식 시간이다. 재러드는 내게 루틴을 만들어줬다. 나는 이제 그 루틴을 분 단위로 따르고 있다. 휴식 시간 첫 5분 동안은 부담을 털어내고 머리를 비운다. 그리고 앞으로 머릿속을 차지하지 않도록 몇몇 중요한 판을 기록한다. 이 판들은 나중에 에릭과 같이 분석할 것이다. 지금 중요한 일은 새로운 정보를 받아들일 수 있도록 머리를 비우는 것이다. 그다음 몇 분 동안은 지난 의사결정을 되돌아본다. '생각은 어땠지? 감정의 영향을 받은 결정이 있었나?' 이번에도 분석은 하지 않고 살피기만 한다. 그다음 10분은 아무것도 하지 않는다. 포커 이야기도 하지 않는다. 생각도 하지 않는다. 그냥 걸으며 긴장을 푼다.

휴식 시간이 끝나기 직전에 몇 분 동안 다음 블라인드 레벨을 위한 워밍업을 한다. 마음의 대비, 무장, 채비를 한다. 목표는 머리를 최대한 맑고 신선하게, 최대한 오래 유지하는 것이다. 휴식 시간이 될 때마다 피로가 쌓이면서 그렇게 하기가 갈수록 어려워질 것이다. 하지만 지금 나는 준비가 되었다.

다시 자리에 앉았다. 게임에 집중하기 위해 마음을 제대로 정리할 틈도 없이 달콤 쌉싸름한 에이스 페어가 다시 들어왔다. 하지만 이번에는 이야기가 다르게 전개되었다. 브라질 플레이어(화려한 브라질 국기가 그려진 티셔츠를 입고 있어서 국적을 추정할 필요도 없다)가 남은 칩을 중앙으로 밀어 넣었다. 나는 문제를 일으켰던, 아니 그보다 내가 문제를 만들었던 패를 내려다봤다. 그리고 콜했다. 안투네스라는 브라질 플레이어는 8, 10 클로버를 보여주었다. 느낌이 좋았다. 플랍으로 두 장의 퀸과 6이 깔렸다. 언뜻 보면 안전하다. 그런데 다시보니 6과 퀸 한 장이 클로버였다. 이런. 그가 이길 확률이 급등한다. 나는 에이스 클로버를 들고 있지 않았다. 클로버가 한 장 더 나오면 칩을 상당수 잃는다.

'제발 버티자.' 조용히 나 자신에게 말했다. 이런 상황에서 많은 포커 플레이어가 머릿속에서 외울 주문이다. 포커의 신이 공정하기를. 덜 요란하게 표현하자면 분산이 나의 편이기를. 이번에는 그랬다. 나는 오프수트 10이 나온 턴(하지만 이제는 세트를 맞출 수 있다! 그만큼 아웃, 그러니까 더 강한 패를 만들 수 있는 카드가 더 생긴다)과 9가 나온 리버까지 버텨냈다. 그는 7위로 탈락했다. 나는 소중한 칩을 쓸어 담았다. 나는 두 명의 숏 스택 중 한 명이지만 계속 올라가고 있었다.

'AA 전략을 더 써'라고 에릭이 문자를 보냈다. 나는 웃었다. 긴장된 순간에 약간의 유머는 합당하다. 'KK도 좋아'라고 다른 메시지가 왔다. '하지만 AA가 더 현명해.' 나는 다시 웃으며 휴대폰을 내려놓았다. 집중, 집중, 집중.

한 시간이 흘렀다. 나의 스택은 다시 20 빅 블라인드가 조금 넘는 수준으로 줄어들었다. 여전히 플레이하는 건 가능하지만 그다지 안심할 만한 상황은 아니었다. 큰 패가 나오지 않았다. 그냥 나쁜 카드, 나쁜 보드뿐이다. 폴드하고 기다리는 것 말고 딱히 플레이

운은 이긴 자의 손을 들어준다

할 판이 많지 않았다. 하지만 이제는 그렇게 하는 게 한결 편하다. 기다리는 것. 에릭이 항상 말한 것처럼 내가 들어갈 자리를 고르는 것. 그의 이론은 언제나 타당했다. 마침내 나의 자제심도 그를 따라 잡았다.

머릿속에서 내가 루크 판 벨리를 부르는 명칭인 그랜드마스터가 레이즈를 했다. 나는 A, 5 스페이드로 콜했다. 어중간한 패다. 폴드할 수도 있고 올인할 수도 있다. 하지만 칩 수를 고려한 후 덜 공격적인 길을 택하고 판이 어떻게 전개되는지 보기로 했다. 마침 빅 블라인드, 즉 공격적인 노인도 콜했다. 우리 세 명은 플랍이 깔리기를 기다렸다. 9 하트, 6 하트, 5 다이아몬드다. 바텀bottom 페어(보드에서 가장 낮은 카드와 맞춰진 페어-옮긴이)다. 나쁘지 않다. 포커 방송을 볼 때마다 많은 아나운서가 자주 상기시키듯 홀덤에서는 페어를 맞추기가 어렵다.

게다가 내가 유리한 자리에 있어서 더 좋다. 내 차례가 마지막이기 때문에 결정을 내리기 전에 다른 플레이어들이 어떻게 나오는지 볼 수 있다. 행동하기 전에 최대한의 정보를 얻는 것은 의사결정에 큰 도움이 된다. 공격적인 노인과 그랜드마스터는 체크했다. 나도 같이 체크하기로 했다. 굳이 블러핑을 치는 것처럼 보일 이유가 없다. 충분한 승산이 있다. 내 패는 블러핑을 치지 않아도 쉽게 이길지 모른다. 게다가 레이즈가 나오면 어떻게 해야 할까? 레이즈를 매력적으로 만들 수많은 카드가 있다. 그러면 이기는 패를 던지기는 싫을 것이다. 차라리 체크하고 어떻게 될지 보는 게 낫다.

다음 카드로 또 6이 나왔다. 공격적인 노인이 베팅했고 그랜드

마스터는 물러났다. 내가 결정할 차례였다. 콜할까, 아니면 폴드하는 게 나을까? 칩이 별로 없었다. 18 빅 블라인드뿐이다. 콜하면 3 빅 블라인드가 날아간다. 그는 폴드를 잘 하지 않는 편이다. 그래서 6을 들고 있을 가능성이 있다. 많은 판을 플레이하지 않는 엄격한 플레이어라면 앞서 두 명이 팟에 들어온 후에 6을 들고 따라 들어오지는 않았겠지만 말이다. 물론 그는 7, 8을 들고 플롭에서 스트레이트를 맞췄을 수도 있다. 하지만 그렇다면 왠지 더 일찍 베팅했을 것 같다. 그는 슬로 플레이를 하는 사람이 아니다. 또한 플롭에서 모두가 체크할 때마다 그가 턴에서 베팅하는 것을 봤다. 그래서 아무 패도 아니거나 그냥 드로일 가능성도 얼마든지 있다.

지금까지 본 것들을 고려할 때 위험을 감수하고 콜하는 게 좋겠다고 생각했다. 리버는 잭 다이아몬드였다. 플러시, 스트레이트 같은 명백한 드로는 모두 빗나갔다. 그가 크게 베팅했다. 내게 남은 칩의 3분의 1 이상이다. 콜했는데 틀리면 10 빅 블라인드도 채 남지 않는다. 그러면 정말 위험해진다. 칩이 적을수록 운신의 폭이 줄어든다. 사실상 올인이라는 하나의 무기밖에 남지 않는다. 플레이어의 복잡성은 모두 사라진다.

고민이 되었다. 두 결정의 논리를 분석할 필요가 있었다. 정말 강한 패를 이런 식으로 플레이할까? 내가 이미 두 번이나 콜했는데 어중간한 패를 이런 식으로 플레이할까? 어차피 바텀 페어로는 어중간한 패에게도 진다. 9페어나 잭 페어도 내 패를 이긴다. 아무래도 폴드해야 할 것 같다.

그때 뭔가가 나를 경계선 너머로 밀어냈다. 몇 달 전, 필 갤폰드

운은 이긴 자의 손을 들어준다

가 라스베이거스에서 저녁을 먹으며 했던 말이 떠올랐다. 처음부터 이야기를 다시 써보라는 말. 이야기가 자연스러운가? 아니면 논리적 간극이 있는가? 나는 탐정이다. 스토리텔러다. 포커 판 바깥에서 내가 들여온 전문가는 지금 내게 무슨 말을 하는가? 속도를 늦추고 되감기를 해본다. 이 판의 이야기뿐 아니라 지난 세 시간 동안 저 신사의 플레이가 들려준 이야기도. 그는 강한 패를 들었을 때 어떻게 플레이했는가? 블러핑을 칠 때는 어떻게 했는가? 포커 전략에 대한 내 지식은 모두 소진되었다. 그러니 내가 가장 잘 아는 일로 돌아가야 한다. 바로 내게 도움이 될 만한 행동의 비일관성을 찾는 것이다.

내 머릿속은 역시 여러 명이 들어오면서 시작된 앞서의 판으로 돌아갔다. 지금처럼 나의 상대는 플랍에서 모두가 체크한 후 턴에서 베팅했고, 콜이 나왔다. 별로 의미 없는 리버가 나오자 그는 잠시 에헴 하더니 "좋아요, 좋아. 체크"라고 말했다. 그의 상대도 체크했다. 그러자 그는 눈에 띄게 짜증 난 표정으로 플러시 패를 보여주었다. "왜 베팅 안 하는 거요?"라고 그가 따졌다. "분명 약해 보였잖소!"

물론 하나의 데이터 포인트로는 패턴이 만들어지지 않는다. 하지만 그는 사람들을 밀어붙이는 걸 좋아한다. 나한테만 그러는 게 아니다. 그가 나보다 훨씬 강한 플레이어인 김블 그리고 아직 게임에 참여하고 있을 때 무어먼에게 몇 차례나 폴드를 강요하는 걸 봤다. 이 공격적인 노인은 노인 이미지를 활용하는 걸 즐긴다. 이런 사실들을 종합한 데이터는 나를 경계선 너머로 밀어냈다. 나는 콜했다. 그가 페어도 없는 에이스 하이를 보여주고 나는 팟을 먹었다. 안도의 한숨이 나왔다. 스택은 30 빅 블라인드를 약간 넘겼고, 나는 아직 살아 있었다.

두 판 뒤에는 플랍에서 트리플 잭(아주 강한 패)이 맞춰졌다. 덕분에 다시 팟을 먹고 45 빅 블라인드까지 스택을 불렸다. 마침내 가장 작은 스택에서 벗어났다. 이제는 약간 과감하게, 보다 모험적으로 플레이할 수 있다. 심지어 게임을 즐길 여지도 생겼다.

다음 한 시간 동안은 별다른 일이 생기지 않았다. 나는 몇 번 작은 판에서 졌고, 크게 이기지 못했으며, 테이블 평균 정도에 머물렀다. 그래도 운 좋게 포켓 잭 페어를 상대로 포켓 퀸 페어를 잡아서 또 다른 플레이어를 탈락시켰다(이건 기술과 아무 관계도 없다). 이제 남은 사람은 다섯 명이다.

나이 든 신사가 곧 나를 이겼다. 내가 플랍에서 체크한 후 그는 턴과 리버에서 베팅했다. 나는 그냥 그에게 팟을 넘기기로 했다. 오후 5시였고, 피로가 쌓였다. 나는 지쳤다. 게다가 아직 아무것도 먹지 못했다. 순전히 아드레날린의 힘으로 버티고 있었다. 모든 전투에서 전력으로 싸울 수는 없다. 다음 공격 기회를 기다리자. 전략적으로는 의심스러워도 개인적으로는 필요한 결정이다. 서둘러 재충전해야 한다. 나의 스택은 다시 한번 밑에서 두 번째까지 떨어졌다가 한 시간 뒤 해리슨 김블이 그랜드마스터에게 당하면서 최하위가 되었다.

드디어 기다리던 휴식 시간이 되었다. 나는 걷기를 생략하고 녹차와 에너지 바를 섭취했다. 뇌에 연료가 필요하다. 토너먼트 내내

운은 이긴 자의 손을 들어준다

굶는 플레이어들을 아는데 도대체 어떻게 버티는지 모르겠다. 그들의 노하우는 과학적 근거를 뛰어넘는다.

현대의 생산성 문화에서는 금식이 유행이다. 많은 생산성 전문가들도 그 방식을 지지한다. 트위터 CEO 잭 도시Jack Dorsey는 그게 뭔지는 모르겠지만 '정신의 집중점focused point of mind'과 금식에서 나오는 추진력을 강조했다. 하지만 과학적 입장은 의사결정 능력에서 금식의 효과에 대해 확연히 부정적이다. 금식은 지연 할인delay discounting 능력에 영향을 미친다. 그래서 우리는 나중에 얻는 큰 보상보다 지금 얻는 작은 보상을 선호한다. 즉 더욱 충동적으로 변하는 것이다. 실제로 특정 작업에서 금식이 도움을 준다는 사실을 밝힌 연구도 거기에 수반된 사고 과정이 '육감'에 의존한다는 것을 인정했다. 육감은 결정이 위장에 좌우된다는 점을 말해주는 적절한 단어다.

이 모든 것은 에릭 같은 사람에게는 문제가 없다. 그의 직관은 의식적으로 접근할 필요가 없을 만큼 수십 년에 걸쳐 쌓은 신중한 전문성에서 나오니까. 하지만 우리 같은 사람들의 육감은 맞을 가능성만큼 틀릴 가능성도 크며 그 차이를 분간할 방법이 없다. 이처럼 우리는 냉정하고 신중한 성찰이 아니라 반사적 사고에 더 의존한다. 또한 더욱 감정적으로 변해서 우리 몸이 보내는 배고픔의 신호를 종종 부정적인 감정 상태로 해석한다. 이를 가리키는 단어가 '행그리hangry(hungry와 angry를 결합한 조어-옮긴이)'다. 이처럼 기분을 정보로 착각할 때 발생하는 모든 부정적인 결정 효과는 사고 과정에 영향을 미칠 수 있다.

모리스 애슐리는 체스계의 전설로 사상 최초의 흑인 그랜드마스터였다. 근래에 그는 헌터 칼리지 고등학교에서 학생들에게 체스를 가르치고 있다. 주말에는 다른 그랜드마스터들과 모여서 8세 아동들의 플레이를 지켜보고 그들의 수를 분석한다. 프랭크 란츠와 함께 게임 디자인 회사 에이리어/코드Area/Code를 설립한 케빈 슬라빈은 어느 날 애슐리가 수를 분석하는 모습을 지켜봤다. 그리고 한 가지 놀라운 사실을 발견했다. 애슐리는 게임 기록지만 보고도 아이의 속마음을 추론할 수 있었다. 그중에서도 특히 인상적이었던 애슐리와 한 소녀의 대화를 살펴보면 다음과 같다.

"이 게임은 너답지 않아."

애슐리가 기록지를 훑어본 후 소녀에게 말했다. 그러자 소녀가 대답했다.

"아니에요."

"그렇구나. 아침에 뭐 먹었니?"

"굶었어요. 늦어서 시간이 없었어요."

"그럴 줄 알았어. 넌 배고픈 사람처럼 플레이했어. 다음에는 아침을 먹어."

나는 이렇게 중요한 순간에 허기가 사고 과정에 악영향을 미치는 걸 원치 않는다. 말 그대로 재충전이 필요하다.

몸을 움직여서 그런지, 카페인 때문인지, 아니면 간식 때문인지 몰라도 20분 후 다시 자리에 앉을 때는 다른 사람이 된 기분이 들었다. 할 수 있어. 항복은 그만. 내 스택이 가장 작기는 하지만 그게 힘이 될 수도 있다. 블러핑을 걱정하지 않고 상대에게 압박을 가할 수 있으니까. 내가 할 일은 칩을 중앙으로 밀어 넣는 것뿐이다. 상대는 내가 더 잃을 게 없다는 사실을 안다.

곧 나는 그렇게 했다. 나는 빅 블라인드 자리였고, 그랜드마스터가 스몰 블라인드 자리에서 레이즈했다. 내가 든 패는 7페어였다. 가진 게 12 빅 블라인드와 꿈뿐일 때는 멋진 패다. 여기서 7페어면 그랜드마스터의 레인지보다 훨씬 앞서 있다. 나는 결단을 내리며 크게 흡족해했다. 그가 바로 콜하면서 두 장의 에이스를 보여주기 전까지는. 나는 믿을 수 없다는 듯 고개를 저었다. 그는 나의 에이스 페어를 무너트리면서 오늘 하루를 시작부터 삐끗하게 만든 빌런이었다. 그런데 이제는 같은 패로 나를 끝장내려 하고 있었다.

플롭은 모두 스페이드로 9, 8, 6이 깔렸다. 갑자기 내가 살 가능성이 늘어났다. 10이나 5만 나오면 스트레이트가 된다. 물론 스페이드가 아니어야 한다. 그랜드마스터가 A 스페이드를 들고 있기 때문이다. 턴은 기적 같은 오프수트 10이었다. 리버에서 스페이드만 피하면 살아남을 수 있다. 리버는 아름다운 2 클로버, 전혀 해가 되지 않는 카드다. 상징적 대칭성으로 가득한 순간에 나는 그랜드마스터를 상대로 운 좋게 이겨서 살아남았다. 더없이 나쁜 상황에서 칩을 땄고, 더없이 운이 좋았다. 흔히 말하듯 토너먼트에서 우승하려면 반드시 운이 좋아야 한다. 기술만으로는 결승선을 넘을 수 없다. ("방금 칩을 두 배로 늘린 거예요?"라고 제이슨 쿤이 관람석을 지나가다 내게 소리쳤다. 나는 고개를 끄덕였다. 그는 두 손의 엄지를 위로 올리며 함박웃음을 지었다. "파이팅!")

얼마 후 그랜드마스터가 4위로 작별을 고했다. 남은 사람은 세

명. 나는 새로운 목적의식으로 한껏 고양되었다. 집중력과 자신감이 샘솟았다. 세 명 중에서 내 스택이 가장 작다. 하지만 이렇게 멀리까지 올 수 있으리라고는 상상조차 못 했다. 7페어로 거둔 승리는 남은 판을 그저 보너스로 보게 해주었다.

이번에는 공격적인 노인을 상대로 칩을 두 배로 불렸다. 그는 플랍 전에 나를 겁주려 시도했다. 나는 그의 퀸, 10에 맞서 수티드 킹, 잭으로 끝까지 버텼다. 그러다 그에게 결정타를 먹였다. 그가 스몰 블라인드에서 레이즈했다. 빅 블라인드인 나는 에이스, 킹 하트를 들고 있었다. 어떤 경우에도 막강한 패지만 이번에 특히 더 그렇다. 나는 쓰리 베팅을 했다. 그는 더 상대하기 싫다는 듯 올인했다. 물론 나는 즉시 콜했다. 그의 패는 오프수트 A, 2였다. 내가 상당히 유리한 상황에서 플랍으로 들어갔다. 보드로 잭, 8, 7, 퀸, 10이 깔리고 나는 스트레이트를 맞췄다.

그렇게 해서 두 명만이 남았다. 첫 메이저 결승 테이블에서 나는 첫 메이저 타이틀을 놓고 헤즈업을 하게 되었다. 헤즈업은 어떻게 해야 할까? 헤즈업은 테이블이 가득할 때와 다르다. 다른 자질을 요구한다. 인내는 미덕이 아니다. 인내심을 가질 형편이 안 된다. 빠르게 플레이하고, 잘 플레이하고, 자신 있게 플레이해야 한다. 물러설 여유가 없다.

포커가 시끄러운 바 파티라면 헤즈업은 첫 데이트와 같다. 다만 흔한 첫 데이트와는 다르다. 이건 앱으로 쉽게 성사된 만남이 아니다. 갈수록 드물어지지만, 반드시 상대에게 강한 인상을 남겨야 하는 그런 데이트다. 그래서 지금 맞은편에 앉은 사람이 초대를 수락

운은 이긴 자의 손을 들어준다

하도록 전날 밤부터 올바른 말과 행동을 연습해야 한다. 파티, 즉 테이블 가득 사람들이 앉아 있을 때 치는 포커는 워밍업이었다. 거기에는 친구, 술, 소도구, 지원 시스템이 있다. 그래서 대화가 오가는 도중에도 완벽한 말이 떠오를 때까지 침묵을 지키다가 뛰어난 위트로 모두를 감탄하게 만든다. 들어갈 자리를 골라서 자신이 가장 빛나게 만드는 것이다.

이제 여기 헤즈업에서는 일대일로 상대를 마주해야 한다. 희망으로 가득한 초저녁에 식사 자리로 이어지기를 바라며 음료수를 앞에 놓고 상대와 같이 앉는다. 다만 이번에는 스스로 알아서 해야 한다. 완벽한 말을 생각할 시간이 없기에 더 이상 물러나 앉아서 다른 사람들이 대신 말하게 할 수 없다. 대답하고 싶지 않은 질문이 나와도 바통을 넘길 친구가 옆에 없다. 오직 자신뿐이다. 그래서 계속, 쉼 없이 행동해야 한다.

최선의 모습으로, 최선의 이야기, 최선의 드립을 날린다. 딱히 할 말이 없어도 지어낸다. 재치 있지 않아도 그런 척한다. 첫 데이트에서는 그저 정직하기만 해서는 안 된다. 그냥 어색하게 침묵하고 있을 수 없다. 첫 데이트에서는 상대를 감탄하게 만들어야 한다. 차라리 패배를 인정하면서 폴드하고 집으로 돌아가고 싶을 때도 모든 판을 플레이해야 한다.

헤즈업 플레이에서는 테이블이 가득 찼을 때라면 플레이할 꿈도 꾸지 않을 패로 플레이해야 한다. 쉽게 폴드할 패로도 레이즈해야 한다. 콜이나 레이즈할 패는 올인 대결로 치닫는다. 게임이 부풀려지고 뒤틀린다. 완전히 새로운 기술과 예측이 생겨난다.

다행히 이번에 나는 준비가 되어 있었다. 지난 2개월 동안 이 부분에 집중해 거의 전적으로 헤즈업 플레이만 연습했다. 그 이유가 뭐냐고? 더블린에서 기네스를 손에 들고 선글라스를 쓴 술 취한 스웨덴 출신 상대에게 져서 2위를 했기 때문이다. 져서 화가 나지는 않았지만 필요한 기술만 있었으면 이길 수 있었다는 생각이 들었다. 그래서 이번에는 꼭 이길 생각이다.

플레이를 재개하기 전에 에릭에게 문자를 보냈다. '헤즈업! 제가 칩 리더예요.' 그리고 그냥 상금을 나누자고 제안해야 할지 물었다. '실력이 좋다고 생각하면 그렇게 해'라고 답신이 왔다. 잠시 후 그는 이렇게 덧붙였다. '그래도 지금까지 연습했잖아.' 그의 말이 옳다. 나는 열심히 연습했다. '일단 한번 해볼게요'라고 답신을 보냈다. 느낌이 좋다.

'바로 그거야! 지금 그쪽으로 가는 중이야! 너무 기대가 돼.' 에릭에게 답신이 왔다. 그와 루아가 나를 응원하러 카지노로 오고 있다. 그 생각만 해도 기운이 난다.

이 기운은 몇 판 동안 나를 밀어주었다. 그러다 우승의 향방이 걸린 결정에 마주했다. 나는 에이스 클로버와 킹 스페이드를 들고 레이즈했다. 나의 헤즈업 상대이자 시카고 출신 프로 플레이어인 알렉산더 지스킨이 콜했다. 플랍은 두 장의 10과 7에 스페이드가 두 장이다. 그가 체크했다. 나는 계속 베팅하기로 했다. 나의 패는 여전히 아주 강하다. 설령 그가 페어를 들었어도 내 패가 더 강해질 기회가 많다. 그런데 알렉산더는 쉬운 선택지인 폴드나 콜이 아니라 레이즈를 했다. 그것도 내가 한 베팅의 거의 세 배를. 조금 주저

운은 이긴 자의 손을 들어준다

하지 않을 수 없다. 10을 들었나? 만약 그렇다면 내가 아주 불리하다. 하지만 그 경우 그냥 콜했을 거라는 판단이 든다. 이렇게 보드가 드라이한데 내가 자충수를 두도록 놔두지 않을 이유가 있을까?

나는 두 장의 오버카드overcards(보드에 깔린 카드보다 높은 카드-옮긴이)와 백도어 플러시 드로(턴과 리버에서 연속으로 같은 무늬가 나올 경우 플러시가 완성되는 패-옮긴이)를 들었다. 나는 콜했다. 턴에 2 스페이드가 나오면서 보드에 깔린 스페이드가 세 장이 됐다. 그가 올인을 선언했다. 안 돼. 난 에이스 하이뿐인데. 어떡하지?

나의 뇌가 계산을 시작했다. 콜했는데 틀리면 그가 칩 수에서 앞서면서 탄력을 받는다. 이건 중대한 결정이다. 특히 페어도 없는 패를 들고 있을 때는 더욱. 그래도 내게는 한 장의 스페이드가 있다. 이건 중요하다. 지금은 뒤처졌더라도 최강 패로 발전할 수 있다는 뜻이니까.

나는 몇 분 동안 고민하면서 그가 가졌을 법한 블러핑 패의 조합을 계산했다. 그리고 그 조합을 들었을 가능성이 강한 패를 들었을 가능성보다 큰지 따진 후 절대 폴드할 수 없다고 판단했다. 승리 확률은 내 쪽이 더 높다. 수치가 나의 편이다. 아마 그는 이 결정이 내게 얼마나 어려운지 알 것이다. 그렇다면 블러핑을 시도했을 가능성이 더 크다. 그는 프로다. 나는 아마추어다. 그는 이런 자리를 경험했다. 나는 아니다. 나는 콜했다.

알렉산더는 잭 다이아몬드와 8 스페이드를 보여주었다. 그는 중간이 빠진 스트레이트 드로(카드 한 장이면 스트레이트가 된다)와 플러시 드로를 가졌다. 그래도 내 패가 여전히 더 낫다. 나의 플러시 드로가 그의 플러시 드로를 이긴다. 이제 그에게 승리를 안겨줄 여덟 장의 카드(스페이드가 아닌 8이나 9 혹은 잭)만 피하면서 버티기만 하면 된다. 카메라들이 가깝게 몰려들었다. 리포터들이 주위로 다가왔다. 나는 에릭과 루아를 찾아봤지만 그들은 아직 테이블까지 오지 못했다. 플로어 매니저가 다음 카드를 뒤집어도 좋다고 말할 때까지 딜러가 대기하고 있었다.

우리는 앉아서 기다렸다. 시간이 멈춘 것 같았다. 마침내 딜러에게 신호가 가고 리버가 깔렸다. 킹 하트다. 믿을 수 없다. 알렉산더가 일어나 내게로 걸어와 악수를 청했다. 나는 얼떨떨했다. 우승이다. 8만 4,600달러가 내 것이다. 나는 2018년 포커스타즈 캐리비언 어드벤처 내셔널 챔피언이다.

여기가 이야기를 끝내기에 적절한 대목이다. 나는 포커를 시작한 지 거의 딱 1년이 되는 날에 놀라운 승리를 거두고 트로피를 들었다. 전혀 예상치 못한 승리였다. 그것은 내 삶을 다시 내 손으로 이끌어가기 위한, 행위성에 따른 궁극적인 행동이었다. 나는 운의 한계를 배우기 위한 여정에 나섰다. 그리고 나 자신에게 증명해야 할 사실을 증명했다. 그것은 올바른 마음가짐, 올바른 도구만 있으면 정복하고, 능가하고, 승리할 수 있다는 것이다. 좌절하는 한이 있어도, 처음 그린 로드맵이 잘못되어 교체해야 하는 한이 있어도.

하지만 여기서 끝내면 나를 너무 쉽게 놓아준다는 생각이 든다. 그건 너무 우아하고 깔끔하다. 역경을 딛고 승리하는 고전적인 영웅의 여정처럼. 물론 이건 현실이고, 이런 일이 진짜로 생겼지만 말

운은 이긴 자의 손을 들어준다

이다! 아무리 볼을 꼬집어도 여전히 뭔가 찝찝하다. 내가 사기꾼, 아니 원 히트 원더one hit wonder(한 곡만 크게 인기를 끈 가수-옮긴이), 반짝 스타 혹은 나의 비상이 얼마나 짧을지 곧 깨달을 하루살이라면? 내가 정말로 꾸준한 성과를 보여줄 뭔가를 배웠을까? 장기적으로 분산의 올바른 쪽에 설 수 있을까? 내 실력은 어제까지만 해도 느꼈던 무력감을 넘을 만큼 나아졌을까? 아니면 그저 삶이 나아졌고 운이 좋아서, 만사가 잘 풀릴 때는 상황이 훨씬 낙관적으로 보여서 기분이 좋은 걸까?

나는 정말로 열심히 노력했다. 그리고 빨리 학습할 수 있는 배경이 있었다. 게다가 외부자로서의 관점을 최적화할 수 있도록 최고 중의 최고로부터 지도까지 받았다. 하지만 다른 사람들도 나만큼 열심히, 더 오래 노력했어도 이 같은 정상에 오르지 못하지 않았던가? 7페어를 들었을 때 상황이 다르게 전개되었다면 나는 트로피를 들어 올리는 대신 낙오자, 거의 성공할 뻔했지만 실패한 사람에 머물렀을 것이다. 실제로 타이틀을 따는 것에는 특별한 뭔가가 있다. 내가 운이 좋지 않았다면 우승은 절대 하지 못했을 것이다. 나도 그 사실을 안다.

E. B. 화이트는 제2차 세계대전 동안 "운은 자수성가한 사람 앞에서 언급할 수 있는 게 아니다"라고 썼다. "성공한 사람들의 모임은 실로 오만한 단체로서 그 회원들은 자신의 탁월함과 성공에 대한 전적인 책임을 엄숙하게 받아들인다." 나는 내가 자수성가하지 않았다는 사실 정도는 안다. 내가 얼마나 운이 좋았는지 안다.

마침내 그 퍼즐을 풀려면, 화이트의 표현처럼 "결단pluck과 운luck

사이의 정직한 비율"을 수립하려면 단계를 더 밟아야 한다. 즉 계속 나아가면서 행운의 여신과 정면으로 맞서야 한다. 그렇지 않으면 내가 정말 잘하는 것인지, 아니면 그냥 운이 좋았던 것인지 알 수 없다.

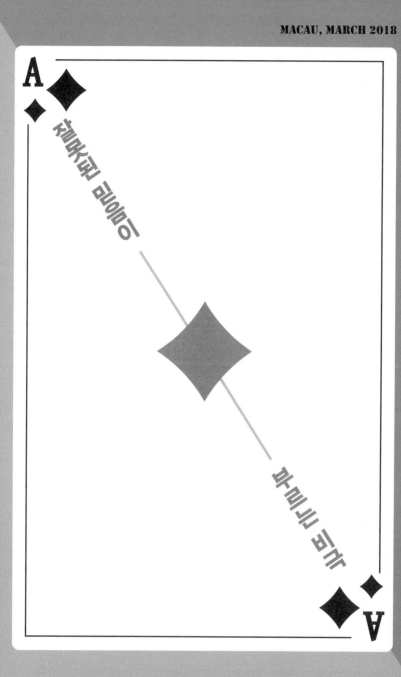

# 마카오, 2018년 3월

미신에 빠지지 않고서야 도박판에 손이라도 댈 수 있을까?

———

도스토옙스키, 《도박사 The Gambler》

여러모로 상서로운 승리의 날이었다. 메이저 국제 대회 타이틀을 땄을 뿐 아니라 우리 부부의 결혼기념일이기도 했기 때문이다. 나는 흥분한 나머지 결혼기념일인 걸 잊고 있었다. 그날 밤 에릭과 루아와 함께 이탈리안 레스토랑에서 우승을 축하하며 저녁을 먹었다. 마침 루아가 결혼기념일이 다가온다는 이야기를 꺼냈는데 그제야 내 머릿속에서 전구가 켜졌다.

"실례해요. 남편에게 전화해야 할 것 같아요."

그들은 웃었다. 나는 전화를 걸었다. 그렇게 재난을 피한다. 그렇지만 돌아갈 때는 아주 특별한 결혼기념일 선물을 들고 갈 것이다.

"너무 자랑스러워. 당신이 해낼 수 있다고 믿었어."

다시 한번 세상에서 가장 운 좋은 사람이 된 기분이 들었다.

그날 밤 이후 여러 일이 빠르게 일어났다. 우승을 한다는 건 2위를 하는 것과는 완전히 다르다. 알고 보니 포커계는 나의 이야기를 아주 좋아했다. 1년 만에 무명에서 챔피언이 되다니. 책을 쓰려고 시작했는데 지금 어떻게 되었는지 봐! 클릭을 유도하는 기사 제목이 저절로 나온다. 에릭이 나의 스승이라는 사실도 사람들의 관심을 끌기 충분했다. 모두가 에릭의 지혜를 조금이라도 나눠 갖고 싶어 했다. (나는 그에게 "당신의 비결을 퍼트리지 않겠다고 약속해요"라고 말했다. 하지만 애초에 퍼트리기가 불가능하다. 에릭은 포커계의 재즈 뮤지션이다. 그는 계속 진화하고, 임기응변하고, 대응한다. 클래식 음악 기법은 가르칠 수 있어도 재즈의 정신은 가르칠 수 없다.)

인터뷰 요청이 들어오기 시작했다. 어느 날 일어나 보니 내 이름이 트위터에서 인기를 끌고 있었다. 〈데드스핀Deadspin〉에서 내 우승에 관한 기사를 썼고 그 기사가 다른 매체로 퍼진 모양이다. 런던 〈타임스〉, 〈르몽드Le Monde〉, 브라질 매체, 〈뉴스위크〉, 〈컬럼비아 저널리즘 리뷰Columbia Journalism Review〉 등 전 세계에서 기자들이 연락해왔다. 내 얼굴이 처음으로 〈블러프 유럽Bluff Europe〉이라는 잡지 표지에 실렸다. 〈글래머Glamour〉 독일판은 사진 촬영을 했다. 그리고 예전에 월드 시리즈 오브 포커 대회 기간에 결혼한 절친이 '〈데일리 메일Daily Mail〉에 소개될 정도면 정말 성공한 거야!'라고 문자를 보냈다.

이렇게 성공한 기쁨을 누리고 있을 때 포커스타즈 캐리비언 어드벤처 주최사인 포커스타즈가 내게 공식 후원을 제안했다. 내가 그들이 후원하는 프로 플레이어 팀에 들어간다고? 이름하여 팀 프로Team pro! 왠지 낯설고 놀랍게 들리는 말이다. 내가 정말 프로가 될 수 있을까? 물론 될 수 있다. 할 수 있을 것 같다.

내 앞에 완전히 새로운 가능성의 세계가 열렸다. 선택지가 넓어졌다. 나는 더 많이 여행할 수 있고 더 높은 바이인에서 플레이할 수 있다. 파산을 걱정하지 않고 리바이를 할 수 있다. 적어도 규모가 작은 이벤트에서는 가능하다. 후원은 내게 정통성을 부여하고 앞으로 뻗어나갈 토대를 제공할 것이다. 나는 계약을 맺고 1년 더 포커를 전업으로 삼기로 했다. 마침내 모든 것이 예상했던 바는 아니지만 너무나 행복하게 받아들일 수 있는 패턴으로 정리되고 있었다.

하지만 여전히 신경 쓰이는 뭔가가 있었다. 첫 우승의 맛을 본 후에도 사라지지 않는 그것은 아직 내 실력이 어느 정도인지 잘 모른다는 불안한 느낌이었다. 나는 원 히트 원더가 되고 싶지 않았다. 순전히 운이 좋아서 국제 대회 타이틀을 딴 사기꾼에 가깝다면 있지도 않은 능력을 내세우고 싶지 않았다. 그래서 작년처럼 스트레스와 압박감에 시달리는 일 없이 포커에 전념할 수 있는 이 기회는 내게 다른 의미로 다가왔다. 내가 존중하고 사랑하게 된 게임의 홍보대사로 활동할 기회일 뿐 아니라 더 넓은 무대에서 나의 역량을 검증할 기회였다.

프로라는 명칭을 받아들이겠다면, 챔피언으로 불릴 자격이 있다고 느끼려면 나 자신에게라도 증명해야 한다. 내가 성공을 이어갈 수 있다는 것을, 내가 계속 승리할 수 있다는 것을. 그래야만 기술이 운보다 우세하다고 말할 수 있다. 그렇지 않으면 행운의 여신에게 허리를 숙이고, 그녀의 도움에 감사를 표하고, 옆으로 물러나야 한다.

케빈 슬라빈은 처음 세운 회사인 에이리어/코드를 매각한 후 베이루트로 이사했다. 때는 2011년으로 베이루트는 기술 부문에서 새롭게 백만장자로 떠오른 사람이 갈 만한 도시가 아니었다. 그렇다면 그는 왜 갔을까?

케빈은 키가 크고 단단한 체구를 지녔다. 또한 입에서 나온 모든 문장에 활기를 불어넣는 소년 같은 흥분과 활력이 있었다. 그가 이 주제에서 저 주제로 건너뛰는 모습을 보면 거의 풍선처럼 부풀어 오른 열정을 느낄 수 있다. 하지만 지금 우리가 나누는 대화는 눈에 띄게 차분하다. 우리는 포커와 운, 불확실성의 속성에 관해 이야기하고 있다. 이 주제는 새로운 방식과 환경에 따라 게임을 설계하고 개발하는 여러 벤처기업을 세운 그에겐 전문 분야다.

그는 회사를 팔 것이라고 예상한 적이 없었다. 회사를 운영하느라 정신이 없어서(8년 동안 정말로 열심히 일하면서 45명의 직원을 보살피다 보면 힘들 수밖에 없다) 그렇게 될 줄 몰랐다. 그는 한 번도 재정적 안정을 누린 적이 없었다.

"뜻밖의 노다지가 떨어진 거죠. 무슨 대단한 사람이 되려고 사업을 시작하진 않았지만 성공할 만한 것을 만들었어요. 덕분에 수백만 달러를 손에 쥐고 회사를 떠날 수 있었죠. 전혀 예상치 못한 일이었어요."

그러나 알고 보니 돈도 딱히 그를 행복하게 만들어주지 못했다.

"갈등이 생기더라고요. 제가 좋아하는 미술관 두 곳과 제가 나온 대학 그리고 자선단체에 기부했지만 사실 부를 나누려는 건 아니었어요. 금전적으로 확 바뀐 이 인생을 제가 누릴 자격이 없다는 생각이 들었어요. 맞아요. 전 소처럼 일했고 혁신적인 걸 만들었죠. 하지만 다른 사람들도 그렇게 했고 저보다 더 열심히 일했지만 아무 일도 일어나지 않았어요."

이런 생각은 기이하게도 내가 트로피를 들었을 때 내 머릿속을 지나간 것과 비슷했다. 정말 내가 실력으로 이걸 얻은 걸까, 아니면

잘못된 믿음이 부르는 비극

운이 좋았던 걸까? 아니 그보다는 운보다 실력이 좋았던 걸까, 아니면 그 반대일까?

그래서 그는 베이루트로 가서 누구도 그를 아는 사람이 없는 싸구려 호텔에 묵었다. 이는 심리적 균형을 다시 잡기 위함이었다. 그는 내면을 살피며 베이루트에서 시간을 보냈다. 다른 한편으로 콰드래디어스Quadradius라는 게임을 했다. 콰드래디어스는 기본적으로 구획된 판에서 하는 체커 게임이지만 두 번 움직이거나 한 줄에 있는 모든 걸 파괴하는 것 같은 특별한 능력이 부여된다는 점이 다르다. 케빈은 이 게임이 깊이 들어가면 머리를 많이 써야 하지만 그냥 놀면 정말 바보 같은 게임이라고 했다. 하지만 그는 이 게임에 빠져들었다.

"게임을 하면서 제게 필요한 건 운이 좋았을 뿐이라는 생각을 정리하는 것임을 깨달았어요. 자주 그런 생각을 하지는 않았지만 운이 좋았다는 생각은 이상하게 저를 초라하게 만들었어요."

케빈은 베이루트의 싸구려 호텔에서 그다지 즐기지도 않는 게임을 하면서 게임에 관한 생각을 하기 시작했다. 특히 운과 기술을 뒤섞어서 게임의 결과가 통제할 수 없는 요소에 따른 무작위적인 소음과 밀접하게 연관된 게임을 많이 생각했다. 그런 생각은 이전에는 고려하지 않았던 부분이었다.

"그때 운과 게임의 관계를 처음으로 진지하게 생각했어요. 게임은 운에 관한 생각을 제대로 정리해서 '맞아, 운은 존재해'라고 말하게 해주죠. 개인적으로만이 아니라 집단적으로도 이런 일은 정말 필요하다고 생각해요. 개인적으로 운을 부정하는 건 삶에서 언는 결과에 대해 우리가 주도할 수 있는 부분이 실제보다 크다고 생각하는 거예요."

게임은 우리에게 운과 직면할 기회를 준다. 그래서 우리가 삶에서 운의 문제를 처리할 수 있도록 해준다. 또한 게임은 운을 가장 명시적으로 받아들인다. 그래서 때로 행위성이 우리를 얼마나 멀리까지 데려갈 수 있는지, 어디에서 행위성이 불가피하게 무너지는지 이해의 한계까지 우리를 밀어붙인다.

운을 숭배하며 두 손으로 붙잡았을 때 운이 어떤 모습을 하고 있는지 알고 싶다면 마카오를 보면 된다. 라스베이거스가 원래 존재하기 어려운 곳이었다면 코타이란 곳은 실제로 존재하지 않았다. 코타이는 바다를 흙과 모래로 메워 처음부터 새로 만든 곳이다. 이제 코타이는 동반구에서 그리고 많은 사람이 주장하는 것처럼 전 세계에서 도박의 중심지가 되었다.

몇 달 동안 나는 세계의 맞은편으로 가보지 않으면 포커의 진정한 핵심을, 그 이면에서 벌어지는 기술과 운의 싸움을 이해할 수 없다는 이야기를 수없이 들었다. 마카오는 과거의 라스베이거스와 같다고 했다. 다만 더 격렬하고 현실적이며 원초적이라고 했다. 나는 그런 말에 귀를 기울이고 싶지 않았다. 어떤 면에서 내가 보게 될 것을 보고 싶지 않았기 때문이다. 내가 익숙해진 높은 수준의 포커가 아닌 도박, 진짜 도박은 왠지 무서웠다. 내가 존경하는 사람들, 일부는 친구라고 부르게 된 수준급 포커 플레이어들이 도박을 종종 거리낌 없이 받아들이는 게 무서웠다.

내게 포커는 운을 넘어서기 위한 의지력을 회복하는 수단이었다. 하지만 마카오는 그 방정식의 다른 면을 보여준다. 즉 삶에서 운의 역할을 인정하는 한 가지 방법은 완전히 자신을 운에 내맡기는 것, 운의 제단에서 목청껏 운을 숭배하는 것임을 보여준다. 마카오는 도박꾼의 세계다. 내가 발견한 의지의 한계를 시험하려면 결국 여기로 오는 게 불가피하다. 마카오는 운이 좋다는 느낌을 풀기 위한 나만의 방식이다. 그 느낌과 직면할 곳이다.

코타이로 가려면 공간뿐 아니라 시간상으로도 상당한 이동을 해야 한다는 건 왠지 적절하단 생각이 들었다. 세계에서 가장 긴 논스톱 비행으로 뉴욕에서 홍콩까지 온 다음 페리를 타고 한 시간 동안 남중국해를 달려서 구舊마카오로 가야 한다. 그다음 다시 내륙으로 들어가야만 코타이에 자리 잡은 새로운 도박장에 도착한다.

대형 단독 건물로 호텔, 레스토랑, 오락 시설이 결합된 시티 오브 드림스City of Dreams는 기이하면서도 외계에 있는 라스베이거스처럼 보였다. 라스베이거스처럼 여러 호텔과 랜드마크가 있지만 모두 화성에 온 듯한 분위기를 풍겼다. 정체되고 습한 공기는 희미한 하수구 냄새까지 섞여서 숨쉬기가 어려울 지경이었다. 길 건너편에 막 새 호텔이 문을 열었는데 장사가 잘 안 되는 모양이었다. 미래주의적인 새 건물들이 늘어서 있었고 그 아래에는 굳이 바깥으로 끌어올리고 싶지 않은 뭔가가 숨어 있는 것처럼 느껴졌다.

이곳은 더 크고 기이하며 라스베이거스를 살 만한 곳으로 만드는 게 하나도 없는 라스베이거스였다. 여기서는 모든 게 거대하다. 베네시안Venetian은 전 세계에서 가장 큰 카지노로서 연간 이익이 몇몇 나라의 GDP보다 많다. 하지만 라스베이거스가 지닌 다른 부분은 이상할 정도로 생략되어 있다. 쇼도 많지 않고 도박 외에 달리 경험할 게 별로 없다. 물론 시도는 했다. 중국은 각 카지노의 재허가 조건(많은 사업권 재허가가 2022년에 이뤄진다)을 도박 외에 다른 사업을 다양화하려는 노력과 연계시키기도 했다. 그들은 마카오를 가족 친화적인 천국으로 바꾸고 싶어 하지만, 가족 친화성은 바로 마카오가 피하려는 것이다. 이곳에서 도박과 직결되지 않은 모든 것은 긴 싸움을 벌여야 한다.

스티브 윈이 마카오로 들여온 트리스트Tryst 나이트클럽은 4개월 후에 문을 닫았다. 현재 그곳에는 바카라 테이블들이 놓여 있다. 또한 샌즈 그룹은 저 유명한 태양의 서커스Cirque du Soleil와 손잡고 수익원을 다각화하려 시도했다. 그러나 10년 계약을 3년 만에 파기하고 말았다. 멜코 크라운 엔터테인먼트가 시도한 카바레 쇼 타부Taboo도 300만 달러가 넘는 연손실을 내고 문을 닫았다. 수십 년 동안 마카오의 도박장 중 다수를 운영한 재벌 호Ho 가문의 로렌스 호Lawrence Ho는 이렇게 말했다. "마카오에서 도박 외의 사업은 어렵다. 그게 진실이다."

마카오가 오직 도박을 위해 만들어졌다는 말은 거짓말이 아니다. 마카오는 매혹적이지만 차갑다. 마치 심장이 없는 것 같다. 여기까지 오는 플레이어들은 돈을 보고 모여든 샤크들이다. 그들은 다른 모든 것을 걸고서라도 최대한 많은 돈을 벌겠다는 정확한 계산 아래 이곳에 온다. 그리고 충동적으로 마카오에 온 피시들을 잡아먹는다. 이 피시들은 마카오에 일단 발을 들인 후에는 떠날 의지

잘못된 믿음이 부르는 비극

를 발휘하지 못한다. 이곳은 다른 뭔가를 할 기운을 앗아가기 때문이다.

여기는 무서운 곳이다. 마치 맹수의 위와도 같아서 포커계의 다른 곳에서는 지나쳐버리는 광경을 직면하게 된다. 겨우 성년이 된 듯한(그렇기를 바란다) 창녀들은 유인 혐의로 체포되지 않도록 걷기를 멈추지 않는다. 계속 걸으며 대면을 피하는 한 처벌받을 일은 없다. 그들은 이곳에서 경마장으로 알려진 그랜드 리스보아Grand Lisboa 지하를 맴돈다. 사람들은 아무 데서나 그들을 고를 수 있다.

그들의 손님 중에는 중국 본토에서 정킷junket을 통해 온 사업가들도 있다. 본토에서는 도박이 불법일 뿐 아니라 이 악의 소굴로 돈을 송금하는 것, 정확하게는 상습 도박꾼이 원하는 만큼 많은 돈을 송금하는 것도 불법이다. 그래서 그들은 그냥 여행을 온다. 현금은 몇 가지 경로로 구할 수 있다. 가령 도박 자금을 빌려주고 나중에 수백만 달러까지 불어난 빚을 받는 정킷이 있다. 전당포도 있다. 중국에서 시계나 보석을 사서 이곳 전당포에 맡기고 현금을 받는 것이다. 그리고 도박을 마친 후 현금(남은 게 있다면)을 주고 물건을 찾은 다음(운이 좋았다면 더 좋은 물건으로 바꾼 다음) 마지막으로 원래 매장에서 환불하면 된다. 혹은 물건을 맡기는 과정을 아예 생략할 수도 있다. 일부 전당포는 아무것도 사지 않아도 거액을 인출할 수 있도록 해준다.

이곳의 모든 것이 꺼림칙하다. 나 혼자 생각으로는 절대 여기에 오지 않았을 것이다. 하지만 여기서는 다른 곳에서 찾을 수 없는 것을 찾을 수 있다는 말을 들었다. 그들의 말이 맞았다. 그리고 지금 나는 여기에 있다. 에릭이 여기에 있다는 사실도 도움이 된다. 나의 새 후원사가 주최하는 아시아 퍼시픽 포커 투어Asia Pacific Poker Tour,APPT는 군침 도는 하이 롤러 대회로 유명하다. 에릭으로서는 놓칠 수 없는 대회다. 게다가 대회를 마친 후 일본으로 여행할 기회까지 생긴다.

아침 7시다. 나는 4시부터(적어도 4시라고 생각했다) 깨어 있었다. 그 어느 때보다 심한 시차증이다. 계속 잠드는 둥 마는 둥 했다. 시간이 몇 시인지도 모르겠다. 마치 윌리 웡카의 공장에 있는 검증되지 않은 시제품에서 자신을 원자 단위로 분해, 재조립한 후 괜찮은 것 같은 모습으로 나타났다가 엄청나게 줄어든 아이가 된 느낌이다. 나도 그 아이처럼 기계가 멋있어 보인다고 생각했다. 그리고 내가 어떤 곳으로 들어가고 있는지 알지 못했다. 모든 게 잘못된 기분이 든다. 조각들이 제대로 맞춰지지 않은 느낌이다.

아무래도 잠자기는 그른 것 같아 새로운 환경을 탐험하러 나갔다. 카지노 안은 심야나 다름없었다. 시간대와 상관없이 라스베이거스 카지노에서 볼 수 있는 것보다 사람들이 많은 것 같았다. 갑자기 사람들이 고함을 질렀다. 알고 보니 올바른 바카라 예절에 따라 그렇게 해야 하는 모양이었다. 크게 고함을 지르지 않으면 카드에 기가 실리지 않아 원하는 대로 바뀌지 않는다나. 귀가 먹먹할 정도였다.

그리고 숫자를 나열하는 모습도 보였다. 포커에서 쓰는 통계 차트나 레인지 계산표가 아니라 특정 휠이나 테이블의 기록 등 세부 내용을 정리해 행운의 숫자를 찾아내려는 것이다. 게다가 주위를

잘못된 믿음이 부르는 비극

둘러보니 사방이 빨간색이었다. 여기서 빨간색 옷을 입지 않는 것은 부주의한 짓이다. 지금까지 한 번도 접한 적이 없는 분위기였다. 이곳에 비하면 라스베이거스 카지노는 정말로 너무나 차분하고 이성적이다.

색깔, 숫자, 움직임, 옷차림, 말, 길한 숫자, 부적, 길한 옷이나 보석, 모자, 선글라스, 테이블의 길한 자리(심지어 길한 테이블까지 있다), 카드를 확인하거나 베팅을 하는 길한 방법, 길한 조짐, 토템, 물건, 기호, 주문 등등. 마카오는 행운의 여신을 모시는 사원이다. 많은 포커 고수가 그녀의 힘을 받아들이러 온다.

아이크 핵스턴은 나와 함께 시티 오브 드림스를 지나며 사실은 일부러 미신을 만들기도 한다고 설명했다. 엄청나게 많은 도박꾼이 빨간색 옷을 입고 있었다. 가는 곳마다 숫자 8(역시 행운의 숫자)이 보였다. 그리고 긴 새끼손가락 손톱처럼 내가 놓친 부분들은 아이크가 친절하게 알려주었다.

"저건 부와 지위를 나타내는 거예요. 노동을 하면 저렇게 새끼손가락 손톱을 길게 기를 수 없거든요. 여기서는 새끼손가락 손톱을 기른 사람을 많이 볼 수 있어요. 도박하러 왔다는 걸 말해주죠."

나는 믿을 수 없다는 듯 고개를 저었다. 주위의 모든 사람이 제정신이 아닌 것 같은 느낌을 떨치려 아이크를 만났다. 하지만 그의 말이 더 당황스러웠다. 아이크 핵스턴이? 포커계 안팎에서 가장 수학적이고 논리적인 사람이 일부러 미신을 만든다고?

"정말로 그걸 모두 믿는 건 아니죠?"

그는 내 얼굴에 드러난 불신과 존재론적인 두려움을 읽어냈다.

"그게, 뇌는 운에 잘 대응하지 못하는 것 같아요. 그리고 행운이나 불운과 연계된 일들을 잘 이해하지 못해요. 그래서 그 문제를 통제하려고 하는 거예요."

그의 말은 노벨상을 받은 물리학자인 닐스 보어와 관련된 출처 불명의 이야기와 비슷하다. 보어의 사무실을 찾은 한 친구가 문 위에 걸린 말발굽을 계속 바라보았다. 결국 그는 호기심을 억누르지 못했다. 보어처럼 탁월한 지성을 지닌 사람도 말발굽이 행운을 가져온다고 믿을까? 보어는 당연히 아니라며 이렇게 대답했다. "그래도 내가 믿든 안 믿든 행운을 가져온다는 건 알아."

아이크는 비합리적이 되기로 합리적인 결정을 내린 걸까? 비합리성을 합리적으로 만들기 위해? 대충 그런 거라고 그가 말했다. 나는 더 설명해달라고 부탁했다.

"대개는 길한 물건을 몸에 지니거나 길한 옷을 입는 거예요. 프라하에서 25K 일일 토너먼트에서 우승할 때 입었던 셔츠를 25K 일일 토너먼트 셔츠로 지정하는 식이죠. 얼마 전에는 약 1년 반 정도 호주머니에 행운의 동전을 넣고 다녔어요. 아마 지금 지갑에도 행운의 지폐가 들어 있을 거예요."

그는 미간을 찌푸리며 호주머니에서 지갑을 꺼내 실제로 그 지폐가 들어 있는지 확인했다. 지폐는 지갑에 고이 들어 있었다.

"왜 그게 행운의 지폐죠?"

그는 프로 플레이어 닉 페트란젤로에게 그 지폐를 얻었다고 말했다. 두 사람은 플로리다에서 열린 토너먼트에서 5퍼센트의 지분을 교환했다. 닉은 한 판 일찍 저녁을 먹으러 테이블을 떠났다.

　　　　　　　　　잘못된 믿음이 부르는 비극

"그는 저를 짜증 나게 하려고 그걸 문자로 알렸어요. 제가 판에 빠지는 것에 엄청 예민하거든요. 그건 용납할 수 없어요."

그래서 닉이 저녁을 먹는 동안 아이크는 재빨리 계산했다. 닉이 일찍 테이블을 떠나서 손해 본 기댓값은 얼마나 될까? 답은 약 1달러였다. 아이크는 닉에게 그 사실을 말했다. 닉은 저녁 휴식 시간이 끝난 후 그에게 거창하게 1달러를 건넸고, 다음 판에 아이크는 상대를 털었다.

"오랜만에 만난 말도 안 되는 판이었죠."

문제의 상대는 저녁을 먹고 오더니 "나 말고 저녁 먹으면서 취한 사람 있어요? 이런 나뿐인 모양이네"라고 말했다.

"그가 앉더니 언더 더 건 자리에서 다섯 배를 하는 거예요."

그 취객이 앞으로 여덟 명이나 플레이할 사람이 남은 상황에서 빅 블라인드의 다섯 배를 베팅했다는 뜻이다. 일반적인 레이즈는 두 배나 2.5배다. 그것도 패가 좋아야 한다. 딜러 버튼 자리에서 아이크가 받은 패는 최강 패 중 하나인 포켓 킹 페어였다. 그는 쓰리 베팅으로 앞서 나온 베팅의 세 배 넘게 레이즈했다. 취객이 콜했다. 플랍으로 킹, 7, 2에 플러시 드로가 깔렸다. 취객이 체크하자 아이크는 상당히 크게 베팅했다(괴물 패인 톱 세트를 맞췄으니 당연하다). 그러자 취객이 레이즈했다. 물론 물러날 아이크가 아니었다. 다음 카드는 에이스였다. 우리의 만취한 영웅은 남은 칩을 중앙으로 밀어 넣기로 했다. 아이크는 콜했다. 알고 보니 취객은 오프수트 9, 3으로 스택 전부를 건 것이었다.

"그 사람은 '리바이해야지'라고 하더니 비틀거리며 떠났어요. 대회가 진행된 지 여섯 시간째에 시작 스택의 2.5배, 150 빅 블라인드나 되는 칩이 들어온 거죠."

아이크는 이후 상위권까지 올랐고 닉이 준 지폐는 상당히 길한 물건이 되었다.

"그때부터 지갑 안에 넣어뒀어요."

나는 지금 확인했더니 그 지폐가 없다면 어떨 것 같냐고 물었다. 혹시 세탁하다가 행운의 셔츠가 찢어진다면?

"지폐의 경우는 몇 분 동안 조금 괴로워하다가 잊어버릴 것 같아요. 셔츠의 경우는 그래도 그냥 입을 거고요."

나는 그가 의도적으로 질문의 요지를 피하고 있다고 반박했다. 자신의 정신적 안정을 임의적인 대상에 의존하는 것은 아무래도 위험하지 않을까? 물론 통제할 수 있다고 느낄지도 모른다. 하지만 사실은 통제할 수 없는 요소를 하나 더 추가하는 게 아닐까?

이탈리아에서 진행된 한 실험을 살펴보자. 학생 700명이 필기시험에서 무작위로 좌석 번호를 지정받았다. 그중 일부는 이탈리아 사람들 사이에서 길하게 여겨지는 번호였다. 실험 결과 '길한' 좌석에 앉은 학생들은 시험 성적에 대해 과도한 자신감을 드러냈다. 반면 '흉한' 좌석에 앉은 학생들은 정말로 성적이 떨어질 거라고 예상했다. 자신감은 플레이 방식에 영향을 미치는 중요한 요소다. 그렇다면 잠재적 교란 변수를 최소화하고 싶지 않을까?

한편으로는 플라시보 효과가 있다. 어떤 것이 효과가 있다고 믿으면 실제로 효과가 날 수 있다. 몸에 지니고 다니는 물건이 행운을 부른다고 생각하면 자신감이 생긴다. 그러나 '길한' 좌석에

잘못된 믿음이 부르는 비극

앉은 이탈리아 학생들이 보인 것은 자신confidence이 아니라 과신 overconfidence이었다. 그들은 자신이 잘하리라고 생각했지만 실제 성적은 그들의 예상과 달랐다. 또한 플라시보 효과의 이면인 노시보 nocebo 효과도 있다. 이는 불길한 징조나 불운에 대한 믿음이다. 실제로 사람은 무서워서 말 그대로 죽기도 한다. 자신이 저주받았거나 병에 걸렸다고 생각하면 정말로 아프거나, 나쁜 건강을 회복하지 못하거나, 아예 죽을 수도 있다.

의학적으로 기록된 사례를 보면 한 남자가 식도 전이성 종양 진단을 받고 살날이 3개월밖에 남지 않았다는 말을 들었다. 그는 얼마 지나지 않아 죽었다. 하지만 사체를 해부한 결과 오진이었음이 드러났다. 종양이 있기는 했지만 간에 작은 비전이성 종양이 있을 뿐이었다. 임상적으로 보면 이 종양으로 죽을 일은 없었다. 그런데도 불치병으로 죽을 것이라는 말이 그런 결과를 불러온 것이다.

다른 사례에서는 부두교 주술사가 자신에게 주술을 걸었다고 생각한 남자가 등장한다. 그는 거의 죽을 지경이 되었다가 기적적으로 되살아났다. 적극적인 의사가 일부러 지어낸 말들로 저주를 되돌렸기 때문이다.

또 다른 사례에서는 한 남자가 약물 과용으로 응급실에서 거의 죽을 뻔했다. 항우울제 임상 실험에 참가 중이던 그는 처방받은 약물로 목숨을 끊으려 했다. 응급실로 실려왔을 때 그의 생체 지표가 너무나 나빠서 의사들은 살지 못하리라고 생각했다. 그의 혈액에 약물이 전혀 없다는 사실을 발견하기 전까지는 말이다. 그는 위약을 먹었던 것이다. 그는 생명을 위협하는 약물을 먹지 않았다는 사실을 알자 빠르게 회복되었다. 이처럼 우리의 마음이 몸에 미치는 영향력은 섬뜩할 정도다.

신념은 강력한 힘을 지닌다. 우리의 정신 상태는 능력에 큰 영향을 미친다. 궁극적으로 미신은 잘못된 자신감의 허울을 입히는 동시에 정신적 평정을 파괴할 힘을 지닌다. 나는 이를 검은 고양이 효과라 부르고 싶다. 예를 들어 대회장으로 가는 길에 주차장 맞은 편에 있는 검은 고양이를 본다고 하자. 불길한 느낌에 시달리다 게임에서 실수한다. 그러면 대부분 고양이를 탓하며 예감이 옳았다고 생각한다. 이처럼 미신 때문에 엉뚱한 대상을 탓하고, 가지고 있는 능력에 대해 잘못된 생각을 하고 종국에는 학습에 실패할 수 있다. 만일 행운의 부적이 하수구로 빠지거나, 승리의 셔츠를 잃어버린다면 어떻게 할 것인가?

아마도 새 셔츠를 사거나 새 부적을 쓰면서 담대하게 대처하겠다고 생각할지 모른다. 하지만 연구 결과는 그렇지 않다. 길한 물건을 잃어버리는 순간 의식적이든 아니든 일정 수준의 정신적 평정도 종종 같이 사라진다. 그래서 게임의 감을 잃을 수 있다. 또한 감을 회복하는 동안 강점을 약간 덜 밀어붙일 수 있다. 심지어 통제력을 잃기도 한다. 자신의 통제력을 벗어난 뭔가가 설령 농담조라고 해도 자신이 힘을 부여한 대상을 없애버렸기 때문이다.

언제나 목에 부적을 걸고 다니는 올림픽 선수가 있었다. 그녀는 좋은 성적을 거두리라 기대했던 동계 올림픽이 시작될 무렵 부적을 잃어버렸다. 곧 모든 것이 잘못되어 간다고 느꼈다. 그녀는 연습 경기에서 넘어졌고, 독감에 걸렸고, 실수했다. 결국 메달을 따

잘못된 믿음이 부르는 비극

지 못했다. 이게 잃어버린 부적 탓일까? 아마 의식적인 수준에서는 그렇지 않을 것이다. 그러나 너무나 많은 도움을 주었고 너무나 많은 의미를 지닌 물건이 더는 같이 있지 않다면 어떻게 될까? 솔직히 그게 정말 아무렇지 않다고 말할 만큼 무의식의 한계를 정확하게 예측할 수 있을까? (일부 올림픽 선수의 경우 그 연관성은 훨씬 명확하다. 2012년에 육상 선수 산야 리처즈-로스는 엄마가 준 행운의 총알 목걸이를 하지 않아서 3등밖에 하지 못했다고 말했다. 실제로 그 목걸이를 걸었을 때는 1등을 했다.)

내 생각에 이는 해롭지 않은 재밋거리가 아니다. 이런 믿음은 장기적으로 최적의 성과를 내는 데 지장을 초래할 수 있다. 아이크는 이런 내 생각에 별로 동의하지 않았다.

"그 관행의 핵심은 어쨌든 내 생각이 그런 연관성을 만들 것임을 인지하고 수용한 후에 그 과정을 주도하는 거예요. 그리고 솔직히 거기에 대해 이야기하는 게 웃겨요. 사람들이 아주 이상하게 볼 거예요. 정말로 믿지는 않지만, 그저 길한 물건을 관리하고 소지하기 위해 어느 정도 노력하는 것뿐이에요."

알고 보니 그의 길한 물건은 그다지 길하지 않았다. 그는 근래에 아끼던 셔츠를 버릴 수밖에 없었다. 그걸 입어도 우승할 수 없었기 때문이다.

"100K 대회의 결승 테이블에 앉을 때 처음 그걸 입었는데 네 판만에 탈락했어요. 두 번째는 다른 100K 대회의 결승 테이블이었는데 1등에서 꼴찌로 바로 떨어졌고 4위로 탈락했어요. 그다음에는 좀 압박감이 덜한 상황에서 입어봐야겠다고 생각했죠. 그래서 포커스타즈 캐리비언 어드벤처 메인이벤트 첫날에 입어봤더니 겨우 여섯 판 만에 탈락했어요. 그 옷에는 커다란 폭탄이 붙어 있어서 입기만 하면 모든 게 터져요."

그래서 아이크가 좋아하던 셔츠는 없어졌다. 수정된 파스칼의 내기Pascal's wager(신의 존재 여부를 둘러싼 내기와 관련해 사후에 받을 보상을 고려하면 일단은 믿는 것이 합리적이라는 파스칼의 주장-옮긴이)에 따르면 정말로 믿지 않는다고 해도 길한 물건을 지녀서 해로울 건 없다. 어쩌면 그럴 수도 있고, 아닐 수도 있다. 어느 쪽이든 아이크는 포커 플레이어가 되기 전부터 그렇게 해왔다.

"중학교 때 축구 경기가 있을 때마다 입는 행운의 팬티가 있었어요. 북극곰이 그려져 있었죠. 그냥 마음에 들었는데 그걸 입고 축구 경기에 나갔다가 이긴 거죠. 그래서 행운을 가져온다고 생각했던 거예요."

아이크가 길들이려 한 건 물건만이 아니었다. 루틴, 액션, 습관도 있었다. 2017년 여름 그는 월드 시리즈 오브 포커에서 가장 권위 있는 대회 중 하나인 5만 달러짜리 플레이어즈 챔피언십 마지막 날까지 진출했다. 당시 그는 모든 토너먼트에서 그날의 경기가 끝나면 리오 근처에 있는 멕시칸 레스토랑 엘도라도El Dorado로 가서 까르니따스carnitas를 주문하곤 했다.

"하루는 그걸 깜박했어요. 그래도 배달시켜서 먹었죠."

이전에 성공으로 이어졌다면 그는 걸어간 경로, 행운의 자리, 행운의 루틴까지 모두 활용하려 했다. 시카고 대학교의 심리학자 제인 리즌은 아이크처럼 똑똑하고 많이 배웠고 정서적으로 안정된 성인이 이런 종류의 생각을 하는 것을 일종의 묵인이라고 부른다.

우리는 어떤 것이 틀렸고 비합리적이라는 걸 안다. 그래도 잘못된 신념을 바로잡기보다 그것이 유지되도록 의식적으로, 의도적으로 허용한다. 리즌은 "사람들은 이성적으로 우월한 행동 경로가 무엇인지 알면서도 다른 행동 경로를 선택한다"라고 말했다.

당신도 알고 있다. 행운의 저지를 입지 않는다고 해서 당신이 응원하는 팀이 지는 것은 아니라는 사실을 안다. 그래도 어쨌든 입는다. 또한 당신은 점성술을 믿지 않는다. 하지만 이달의 운세를 읽는 건 괜찮다고 생각한다. 당신은 셔츠가 앞으로 받을 카드에 실제로 영향을 미치지 않는다는 걸 안다. 그래도 그 셔츠를 입는다(혹은 입지 않는다).

아이크만 그런 게 아니다. 조니 챈은 오렌지를 옆에 두고 플레이하는 것으로 유명하다. 새미 파하는 불을 붙이지 않은 담배를 입에 문다. 도일 브런슨은 〈고스트버스터즈Ghostbusters〉 로고가 새겨진 라이터를 카드 보호용으로 쓴다. 심지어 그는 행운이 필요한 사람들에게 그걸 (30분에 200달러를 내면) 대여해주기도 한다. 2019년 월드 포커 투어 가든스 메인이벤트에서 우승한 프랭크 스테푸친은 닭날개를 테이블에 가져오기 시작했다. 행운의 닭날개가 그에게 우승을 안겨주었기 때문이다.

나는 월드 시리즈 오브 포커에서 모든 토너먼트에 펭귄 인형을 끌고 오는 남자와 플레이했다. 당연히 '끌고 온다'는 표현이 적절한지 의문이 생기겠지만 실제로 끌고 왔다. 그만큼 큰 인형이었다. 그래서 그는 대회장에서 치우지 않으면 실격시키겠다는 말까지 들은 적도 있었다. 내가 아는 한 그는 어떤 이벤트에서도 상위권에 오르지 못했다. 그래도 펭귄은 내내 충직하게 그의 곁을 지켰다. (나중에 알게 된 바에 따르면 문제의 플레이어는 나름 성공한 홍콩 출신의 스패로 청이라고 한다.)

2014년 유러피언 포커 투어 몬테카를로 메인이벤트에서 우승한 안토니오 부오난노라는 플레이어가 있었다. 그는 대단한 성적을 기록하는 동안 인터뷰를 했는데 인터뷰어가 그에게 미신을 믿느냐고 물었다. 그의 대답은 전혀 믿지 않는다는 것이었다. 그는 오랫동안 온갖 미신을 따랐지만 하나도 통하는 게 없어서 포기했다고 밝혔다. 그런데 인터뷰 때 그는 전날 입었던 셔츠를 그대로 입고 있었다. 그 셔츠가 이 이벤트에서 여기까지 오도록 해주었고, 다른 옷을 입어서 굳이 운을 시험하기가 두려웠기 때문이다. 게다가 그는 행운의 안경도 쓰고 있었다. 그건 당연한 일이었다. 그에게 그건 미신이 아니었다.

이후 나는 마카오의 한 토너먼트 대회장에서 세계 최고의 플레이어 중 한 명을 발견했다. 그는 현재 일각에서 최고의 토너먼트 플레이어로 손꼽히는 사람이다. 그는 셔츠 안에 작은 동물 모형이 달린 목걸이를 걸고 있었다. 그의 아내는 중국의 띠 동물이라고 설명했다. 그녀는 남편뿐 아니라 다른 플레이어 친구들에게 주려고 그 목걸이를 샀다.

물론 이 플레이어만큼 수학에 몰두하는 사람은(그는 정확성, 모든 패의 조합에 대한 백과사전적 지식, 오랫동안 피오솔버로 시뮬레이션을 돌리는 능력으로 유명하다) 영향을 받지 않을 것이다. 하지만 이 역시 묵인에 가까운 것일지도 모른다. 나는 그 불합리성을 인식하면서도 같은 일을 하기로 한다. 그리고 이게 실제로 해로울 수 있다는 사실을 거부하기로 한다.

이런 일은 물건뿐만이 아니다. 도저히 수준급 플레이어들이 하리라고 생각하기 힘든 마법적 사고도 있다. 필 헬무스는 상대의 영혼과 홀 카드를 들여다보고 대단한 플레이를 해내는 자신의 '백마법'에 대해 종종 이야기했다. 대니얼 네그리누는 다음에 어떤 카드가 나올지 알 수 있다고 주장했다. 그는 여러 포커 스트림에서 같은 말을 수차례 했다. 심지어 제이슨 쿤도 주요 이벤트에서 자신이 훨씬 불리한데도 올인에서 이길 것 같은 길조를 느낀다고 인정했다. 그는 그냥 필요한 카드가 나올 것임을 알았다. 원하는 바가 실현되도록 보드에 소원을 적어서 붙이는 뉴에이지 느낌의 비전 보드vision board는 주술판이 되었다.

아이크는 나중에 내게 '최고의 부적에 대한 이야기를 깜박했어요!'라고 문자를 보냈다. '6개월 동안 모든 토너먼트에서 스티브 오드와이어(크게 성공한 토너먼트 플레이어다)의 작은 점토 인형을 앞에 두었어요.' 이 인형은 이제 그와 함께하지 않는다. 지금은 그의 밴쿠버 아파트에 있는 모형 벽난로 위에 다른 행운의 인형 및 한국 골동품 도자기와 함께 놓여 있다. 아이크만 행운의 오드와이어 인형에게 매혹된 게 아니다. 스콧 시버도 그렇고, 사업가로서 종종 재미로 하이 롤러 대회에 참가하는 빌 퍼킨스도 그렇다. 빌은 2016년 〈포커뉴스〉 인터뷰에서 "스티브의 능력이 필요해서 인형을 구했어요"라고 말했다. 그 뒤에 그가 우승했는지는 확실치 않다.

성공하지 못한 플레이어들이 미신을 따르는 모습을 보면 눈살이

찌푸려지기는 하지만 그게 다. 어차피 미국 인구의 약 4분의 1은 미신을 다소 혹은 많이 믿는다고 인정한다. 2019년에 실시한 조사에 따르면 27퍼센트가 네 잎 클로버가 행운을 가져온다고 말했고, 23퍼센트가 거울을 깨면 재수가 없다고 생각했다. 또한 22퍼센트는 행운을 바라며 나무를 두드리고, 21퍼센트는 사다리 아래로 지나가지 않는다(사실 이건 명백히 합리적이다. 사다리 아래로 지나가는 사람은 기본적인 안전교육이 필요한 명청이다). 심지어 14퍼센트는 토끼 발이 행운을 가져온다고 믿는다. 약 11퍼센트는 검은 고양이를 보면 하루를 망친다고 생각한다.

숫자 13, 특히 금요일과 묶인 13은 문화권에 따라 흉하기도 하고 길하기도 하다. 호텔과 항공기는 종종 불길한 숫자에 해당하는 층이나 열, 호를 피하려고 애쓴다. 스포츠 저지도 마찬가지다. 어떤 숫자는 절대 사용되지 않는데 영구결번과 같은 숫자는 그 역사 때문에 특별히 숭배된다.

하지만 더 높은 수준에서는 어떤 관행의 이면에 세상의 온갖 합리성이 존재한다고 해도 여전히 부조화를 이룰 수 있다. 최고 수준에서도 마음은 통제를 갈망하기 때문이다. 우리는 우리의 존재를 전혀 신경 쓰지 않는 것에 인장을 찍으려 끝없이 노력한다. 완전히 합리적이지 않더라도 그냥 하는 대로 놔두기를 바란다.

에릭은 딘타이펑Din Tai Fung에서 만두를 먹으며 행운의 물건과 마법적 사고에 대한 나의 말에 "그거 진짜 짜증스러워"라고 대꾸했다. 딘타이펑은 토너먼트 전후에 식사하기 아주 좋은 곳이다. 포커 룸과 가까워서 긴 휴식 시간에 다녀올 수 있고, 하드록 카페에서 매일 오후부터 심야까지 라이브 밴드가 시끄럽게 불러대는 8, 90년대 노래가 들리지 않을 만큼 멀다. 헤드폰을 써도 소음이 차단되지 않는다고 내가 불평하자 아이크는 이렇게 말했다. "리드 싱어가 중국어 억양이 있고 밴드가 악기를 전혀 연주하지 못하는 구구돌스Goo Goo Dolls가 노래를 부르면 어떨지 상상해봐요." 이제는 그게 어떨지 안다.

이 만두 전문점은 신속하고 맛있다. 하지만 마카오에서 쌓인 피로가 제대로 느껴지기 시작했다. 나는 만두를 담은 또 다른 접시가 나오는 동안 다시는 만두를 먹지 못한다 해도 행복하게 죽겠다고 생각했다. 에릭이 나를 보며 말했다.

"딱 마카오에 어울릴 만큼 비참해 보이네."

"쳇. 그게 티가 나요?"

"그럼, 이해해. 마카오를 견디면 최악의 장소에서 살아남은 거야. 여기를 겪고 나면 모든 게 더 좋게 느껴져. 리오는 포시즌스 발리Four Seasons Bali 같을 거야."

나는 국물이 든 만두를 찢었다. 에릭은 생각에 잠긴 얼굴로 데친 채소를 집어 먹다가 이전의 화제로 돌아갔다.

"포커에서 모든 형태의 망상은 처벌받아야 마땅해. 망상이 보상받는 걸 보면 정말 화가 나."

그는 아이크가 옹호하는 행운의 물건보다 가볍게 다룬 감feelings 그리고 '저 카드가 나올 줄 알았어'라는 부분에 대해 더 많이 이야기했다. 행운의 물건에 대해서도 조금은 이야기했다. 그는 그런 것 따위를 결코 용인하지 않는다.

"잘못된 마음가짐을 낳을 뿐이야. 결국에는 어려운 상황이 돼. 그건 포커가 아냐."

어쩌면 에릭은 백개먼을 처음 가르쳐준 오랜 스승이 죽은 지 며칠 되지 않아서 더 신경이 날카로운 것인지도 모른다. 그의 스승은 더없이 합리적인 사람이었지만 망상에 빠져 천수를 다하지 못했다. 폴 마그리엘, 더 유명하게는 X-22로 불렸던 스승은 머릿속에서 64명의 가상의 인물이 참가하는 토너먼트를 벌여 우승한 적도 있었다. 에릭과 다른 제자들 그리고 가까운 친구들은 그를 단순히 X라고 불렀다.

그는 X로 불리기 전에는 그냥 폴이었다. 수학적 재능을 타고난 소년이었던 그는 게임, 놀이, 자신을 둘러싼 세상을 사랑했다. 그리고 그 세상은 특별했다. 미술품 중개인과 건축가였던 그의 부모는 사진작가 워커 에번스, 평론가 에드먼드 윌슨 같은 사람들과 친했다. 그들은 미국과 유럽 전역을 다니며 유명 미술품을 따로 감상했고 케이프에 있는 집과 어퍼이스트사이드에 있는 집에서 여름을 보냈다.

게임은 폴을 수학으로 이끌었다. 그는 확률, 경우의 수, 퍼센트에 관심을 가졌고 일찍이 이 분야에서 상당한 재능을 드러냈다. 달튼 대학교, 엑서터 대학교, 뉴욕 대학교, 프린스턴 대학교 등을 거치며 그는 동전 따먹기 드로 포커를 졸업하고 백개먼에 입문했다. 그는 나중에 에릭을 만나게 될 메이페어 클럽에서 플레이를 시작했고, 곧 뉴저지 공과대학교에서 학생들을 가르치며 받는 쥐꼬리만 한 급여를 보충하기에 충분한 수입을 벌었다.

그는 교수직을 그만두고 아내와 이혼했다. 그리고 백개먼에 몰두해 곧 세계 최고 순위까지 올랐다. 그는 〈뉴욕 타임스〉에 칼럼을 기고하고, 책을 펴내고, 최고의 플레이어들을 가르쳤다. 그중에는 곧 정상에 오를 에릭도 있었다. 그가 눈가리개를 하고 조지 플림턴을 이긴 일화는 유명하다.

나는 처음 라스베이거스에 갔을 때 X를 만났다. 에릭은 스승에게 나를 소개하고 싶어 했다. 두 사람도 서로 오랜만에 만나는 자리였다. 그러나 우리의 만남은 순조롭게 진행되지 않았다. 우리가 만나기로 한 장소는 SLS 호텔에 있는 스포츠 북 바였다. X가 고른 곳이었다. 그는 당황한 모습으로 뒤늦게 나타났다. 택시에 휴대폰을 두고 내린 모양이었다. 그는 내내 어색한 태도와 공격적인 강매 사이를 오갔다. 그동안 힘들게 살아온 게 분명했다.

나는 어느 정도 마음의 준비를 하고 있었다. X가 심각한 마약 중독과 도박 중독 그리고 병에 시달렸다고 에릭이 말해주었기 때문이다. 그래도 손을 떨면서 잘 연결되지도 않는 생각들을 두서없이 내뱉는 사람을 한때 전 세계의 모델들과 사귀던 근사한 바람둥이와 연결 짓기는 어려웠다. 왕족과 같이 전용기를 타고 세계를 화려하게 누비던 서글서글하고 턱시도를 입은 신사는 허리가 굽고 병약한 몸으로 작은 판에서 생활비를 버는 사람과 아무 공통점이 없는 것처럼 보였다.

대화는 그다지 잘 이어지지 않았다. X는 내게 은근한 추파를 던지며 화려했던 과거 이야기를 하거나 약간의 사기꾼 기질을 드러냈다. 그는 나의 책과 관련된 주제로 자신이 구성한 도서 목록에 접근하게 해주겠다며 돈을 받고 싶어 했다. "운과 기술 그리고 삶에서 운과 기술의 관계에 대해 엄청나게 많이, 아주 중요한 책들을 갖고 있어요." 그리고 내 얼굴을 보고 나서는 이렇게 말했다. "당신한테는 무료로 줘야 할 것 같군요."

나는 그 만남을 떠올리고 싶지 않다. 어색하고 이상하고 불편했다. 무엇보다 너무 슬펐다. 포커 판에 들어서고 싶은 마음이 사라질 정도였다. 에릭은 왜 X가 내가 넘어서야 할 특수한 사례인지 거듭 설명해야 했다.

그러나 지금 그는 우리의 마음속에 있다. X가 마카오에서 다시 화두에 오른 것은 적절하다. 그가 말년을 보낸 라스베이거스도, 영광의 날을 보낸 몬테카를로도 아닌 이곳, 그가 방문한 적도 없는 이 섬이 그를 떠올리게 했다.

에릭은 자신이 보기에 묵인이 무해한 맹수가 아닌 이유를 내게 들려주었다. 장소는 카지노였다. 에릭은 X 그리고 둘의 친구인 빌리와 함께 있었다. X와 빌리는 모두 도박에 대한 끝없는 욕구가 있었다. 그러나 그 매혹의 속성은 상당히 달랐다. X는 극도로 합리적이었다. 그는 결국 프린스턴에서 배운 수학자였다. 그래서 도박의 본질을 알았다. 그는 포커나 백개먼과 달리 주위에서 벌어지는 테이블 게임의 결과를 통제할 수 없다는 사실을 알았다. 그럼에도 자신을 억제할 수 없었다. 그는 자신의 어리석음을 알면서도 거기에 굴복했다. 반면 빌리는 테이블이 달아오를 때, 이기기 시작할 때를 포착하는 자신의 능력을 과신했다.

그날 두 사람은 크랩스 테이블에 있었다. 에릭은 지켜보기만 했

잘못된 믿음이 부르는 비극

다. X는 그를 보며 "어느 쪽이 더 미친 걸까? 크랩스 테이블에서 이길 거라고 생각하는 빌리일까, 아니면 이길 수 없다는 걸 알면서도 플레이하는 나일까?"라고 말했다.

라스베이거스에서 만났을 때 에릭은 X에게 그 이야기를 했다. "맞아. 난 액션을 너무 즐겼어. 돈을 많이 날렸지. 실수했어." X는 여기서 잠시 말을 멈췄다. "그건 내가 포커를 플레이하고 싶은 방식, 내가 스스로 훈련한 방식과 상반돼. 난 인생을 제대로 못 살아. 하지만 포커에서는 지더라도 강하게 플레이하면서 좋은 자제력을 유지하려 노력해." 그러나 그는 떠나기 전에 자신이 괜찮다는 사실을 에릭이 알아주기를 원했다. 그는 작별 인사 겸 이렇게 말했다. "그건 그렇고. 에릭, 심각하게 카지노 도박을 한 건 10년도 더 전이야." 에릭은 "그거 잘됐네요"라고 대답했다.

헤어질 때 X는 우리에게 미래에 대한 계획을 말했다. "글을 많이 쓸 거야. 이제 나이가 들었고 향후 5~10년을 위한 계획을 세웠어. 앞으로 10년 동안 해마다 책을 한 권씩 쓸 거야." 그것이 마지막이었다. 삶의 혼돈은 게임의 혼돈보다 훨씬 심하다. X는 죽었고, 그가 쓰려던 미래의 책들은 쓰이지 않은 채로 남았다.

"그는 나뿐만 아니라 다른 많은 사람의 인생을 바꿨어. 오늘 그 사실이 더 절실하게 느껴져. 그는 정말로 특별해. 하지만 마약 때문에 그의 너무나 뛰어난 자질들이 소멸했어."

그리고 도박은? 맞다. 도박도 그랬다. 모두 같은 악마다. 미끄러운 비탈길 논증(작은 발단이 큰 결과로 이어질 수밖에 없다는 논리적 비약-옮긴이)을 쓰는 건 언제나 교묘하다. 그러나 X의 경우에는 그런 일이 실제로 일어난 것 같다. 게임의 천재, 수학의 미묘함에 매료된 두뇌, 절대 속도를 늦추는 법을 배우지 못한 기질, 액션과 흥분을 원하는 마음, 도박이 멍청하고 비합리적이라는 걸 알고 마약도 성공으로 가는 길이 아님을 알면서도 자신의 어리석음을 고스란히 인식하며 그냥 해버리는 사람.

"그의 전성기에 더 많은 사람이 그를 알았으면 좋았을걸. 그는 아주 관대한 사람이었어."

에릭이 말했다.

"너무 외로워 보였어요."

"많이 외로웠을 거야."

우리는 말없이 식사했다.

"그래도 네가 그를 만나서 기뻐. 과거의 X에 대한 느낌을 조금이라도 받았으면 좋겠어."

나도 그를 만나서 기뻤다. 그리고 지금 그를 회상하게 되어서 기쁘다. 포커의 핵심은 정확성이다. 포커는 논리적이고 합리적인 것을 보상한다. 물론 창의적인 것도 보상하지만 그 이면에 근거가 있어야 한다. 반면에 도박의 핵심은 혼돈이다. 도박은 비논리적인 것, 비합리적인 열광을 보상한다. 그리고 도박은 약함을 먹이로 삼는다. 결국 승리를 보장하는 카드 뒷면 판독술(일부 카드에 의도치 않게 생긴 미묘한 패턴의 차이를 알아내는 것)을 이용해 바카라를 하거나 블랙잭 테이블에서 카드 카운팅(해당 덱에서 높은 카드가 몇 장 빠졌는지 계산해 그에 따라 베팅 금액을 조절하는 수법-옮긴이)을 하지 않는 한 돈을 잃을 수밖에 없다.

잘못된 믿음이 부르는 비극

내가 모든 미신을 본능적으로 강하게 배척하는 이유가 거기에 있다. 미신은 혼돈을 부른다. 포커가 통제하려는 바로 그 요소에 당신을 노출시킨다. 묵인은 무해하지 않다. 묵인하는 순간 아무리 조금이라도 약간의 통제력을 미신의 과정에 내주기 때문이다. 그리고 정말로 미신을 믿는다면 진정한 의미의 도박꾼이 된다. 그래서 포커가 삶에 접근하는 방법에 대해 내게 가르친 모든 것에 상반되는 방식으로 운명을 걸고 도박을 하게 된다. 알고 보니 마카오는 내가 생각하는 지옥과 아주 비슷하다.

나는 미신을 믿지 않는다. 그러나 더 폭넓은 의미에서 믿음의 힘을 이해하게 되었다. 실제로 핫 핸드에는 뭔가가 있는지도 모른다. 자신이 흐름을 탔다는 생각은 결국 오류가 아닐지도 모른다. 적어도 항상 그렇지는 않은 것 같다. 근래에 나온 분석 결과를 살펴보자. 맞다. 승운을 탄 것처럼 보이는 농구 선수가 항상 골을 더 많이 넣는 것은 아니다. 그러나 때로는 골을 더 많이 넣는다. 자신감은 특히 짧은 시간에 실행력으로 전이된다.

인간은 로봇이 아니다. 기분은 행동에 영향을 미친다. 카드나 주사위가 흐름을 타는 것은 실제로 가능하지 않다. 도박꾼의 오류는 영원히 오류로 남는다. 그러나 실제 인간의 노력이 요구되는 흐름은 존재할지도 모른다. 마음가짐이 핵심 요소 중 하나인 창작 분야처럼 해당 분야가 개인적 행동과 많이 연계될수록 더욱 그렇다. 2018년 〈네이처Nature〉에 발표된 한 연구 결과는 과학 분야뿐 아니라 미술과 영화 분야에서도 강렬한 흐름의 명확한 증거를 발견했다. 이 흐름은 '무작위적으로 나타나며' 불가피하게 끝난다. 그러나 지속되는 동안에는 자기강화self-reinforcement 효과를 지닌다.

　이 자기강화는 거의 모든 분야에서 성과를 높인다. 포커는 특히 그 사례로서 적절하다. 포커 테이블에서 겉으로 드러나는 자신감은 종종 상대의 부정확한 추정으로 이어지기 때문이다. 즉 당신이 확신에 차서 행동하면 상대가 수긍할 가능성이 크다. 그래서 상대는 더 많이 폴드하고, 당신은 더 자주 이긴다. 이는 일종의 자기충족적 예언self-fulfillment prophecy과 같다.

　마카오에서 나는 승리에 달아올랐다. 이길 수 있고 해낼 수 있다는 생각이 들었다. 물론 내 실력이 얼마나 강한지 의구심을 품기도 했다. 하지만 내가 아주 잘나간다는 사실은 누구도 부정할 수 없다. 이후 10일 동안 나는 한 번도 아니고 두 번이나 결승 테이블까지 진출했다. 그리고 내 이름으로 다른 타이틀을 추가하지는 못했지만 2위 기록을 추가하면서 거의 6만 달러를 땄다. 진 판도 옛날처럼 플레이를 잘못해서 진 게 아니었다. 운이 나빠서 너트 플러시로 풀하우스와 만났을 뿐이다. 헤즈업 대결에서는 보기 드문 강한 패끼리 맞부딪혔다.

　물론 내가 운이 좋은 건지 잘하는 건지, 운이 나쁜 건지 못하는 건지 말하기에는 아직 나의 샘플이 너무 적다. 하지만 지금까지 나온 증거로는 순전히 운이라고 보기는 어렵다. 그리고 나는 행운의 인형이 없어도 해낼 수 있었다. 나는 이곳에 온 목적을 달성했다.

마카오는 당분간 나의 마지막 승전지가 될 것이다. 내가 이룬 영광

　　　　　　　　　　　잘못된 믿음이 부르는 비극

의 순간들은 프로 포커 플레이어로 공인되는 꿈을 향해 나를 밀어 줄지도 모른다. 하지만 당분간은 마카오가 나의 마지막 결승 테이블이 될 것이다. 그래도 이대로 쇠락하는 건 아니다. 단지 평균으로 약간 회귀하는 것일 뿐이다. 나는 핫 핸드를 잃었다. 하지만 그동안 습득한 실력은 유지하고 있다.

우선 마침내 월드 시리즈 오브 포커 메인이벤트에서 상금 순위권에 들었다. 알고 보니 두 번째로 참가하는 느낌은 크게 달랐다. 나는 정확한 입구가 어딘지 알았다. 그래서 리프트 기사에게 자신 있게 뒤쪽으로 가달라고 했다. 심지어 가는 시간을 4분이나 줄일 수 있는 지름길도 알았다. 또한 잡상인들을 피하는 법, 일찍 와서 돈을 온라인 계정에 넣어두면 대회에 참가하려고 줄 서서 기다릴 필요가 없다는 사실도 알았다.

그리고 나는 콜로서스 혹은 내 머릿속에서 부르게 된 이름인 콜래스홀 Colasshole(Colossus와 asshole을 합친 말-옮긴이)을 건너뛰었다. 크레이지 에이츠 Crazy Eight와 다른 모든 무한 재참가 잔치판도 마찬가지다. 이런 대회는 참가할 만해 보인다. 모든 테이블마다 프로들이 앉아 있고 무한히 리바이가 가능하기에 어지간한 패로도 플레이한다는 사실을 알기 전까지는 말이다. 또한 잡담을 피해야 한다는 사실도 이제는 알고 있다. 대화를 나눠봐야 무언의 압박, 배드 비트에 대한 불평, 쓸데없는 참견에 시달릴 뿐이다. 이럴 땐 휴대폰이 최고의 친구다.

내 머리는 그 어느 때보다 맑았다. 여름 동안 지낼 아파트를 빌렸고 그래서 더 이상 호텔을 옮겨 다니지 않아도 되었다. 이젠 낯선 공간에 있다는 느낌을 받지 않는다. 매일 점심을 만들어 먹고 자주 집에서 저녁을 먹으려 애쓴다. 남편은 몇 주씩 와서 머물렀다. 이제 나는 라스베이거스의 진면목을 경험할 수 있는 모든 곳을 알고 있다. 조금 소개하자면, 스시는 유이Yui와 카부토가 좋다. 리오와 가까운 데서 저녁을 먹으려면 팻 그릭Fat Greek, 페루 치킨Peru Chicken, 사존Sazon이 좋다. 우리 동네 크라운 하이츠Crown Heights의 식당에서 파는 저크 치킨jerk chicken이 그리울 때는 빅 저크Big Jerk로 가면 된다. 케이준 요리는 롤라스Lola's가 좋다. 밀로스Milos는 점심만 먹으러 가면 좋다. 엘도라도는 밤늦게 포커를 칠 때 갈 만한 곳이다. 파르타주Partage는 축하할 일이 있을 때 가기 좋다. 로터스 오브 시암Lotus of Siam은 맛있는 타이 음식을 먹으며 슬픔을 삼키기에 좋다.

다시 메인이벤트다. 큰 어려움 없이 처음 이틀을 보냈다. 더 이상의 킹, 잭 오프수트는 없다. 이젠 걱정스런 눈으로 시계를 보지 않는다. 덕분에 상금 순위권 근처까지 왔다. 늦은 저녁이었다. 처음 메인이벤트에서 순위권에 드는 순간까지 거의 다다랐다. 크게 숏 스택이 아니어서 다행이다. 물론 칩이 엄청나게 우위에 있는 것은 아니다. 하지만 위험한 것도 아니었다. 그저 편안한 평균 수준이다.

'잘해!'라고 에릭이 문자를 보냈다. 그는 앞서 재수 없는 판에서 잭 세트를 들고 에이스 세트에게 지는 바람에 탈락했다. 나는 꼬치 꼬치 캐물어서 이 내용을 힘들게 들었다. 그가 배드 비트에 관한 이야기는 피해야 한다고 완고하게 거부했기 때문이다. 그래도 이 판은 결정과 관련된 흥미로운 지점들이 있다. 이제 그는 나를 응원하고 있다.

잘못된 믿음이 부르는 비극

휴식 시간에 잠시 밖으로 나갔다. 항상 신선한 공기를 마셔야 한다. 밖에서 키 큰 패트릭 안토니우스를 만났다. 그는 핀란드 출신의 포커 천재로서 지난 15년 동안 라이브 포커 판을 말 그대로 '씹어먹었다.' 그는 손짓으로 나를 불러 말했다.

"버블은 제가 가장 좋아하는 시간이에요. 미친 것처럼 나가야 해요. 어떤 패라도 플레이해요."

나는 그가 약간 제정신이 아닌 것처럼 바라봤다. 그래도 이건 메인이벤트다.

"농담 아니에요. 누구도 버블에서 탈락하고 싶어 하지 않아요. 지금은 도박해야 할 때예요."

나는 웃었다. 딱히 대답할 말이 없었다.

"에릭이 제 말에 동의할지는 모르겠어요. 하지만 전 그게 최고의 전략이라고 생각해요."

진행자들이 다시 우리를 불렀다. 이번 휴식 시간은 상금 순위권까지 22명의 플레이어가 남도록 미리 시간을 정해두지 않은 것이었다. 패트릭은 나와 같이 대회장으로 걸어가면서 말했다.

"지난달 하이 롤러 대회에서 제가 버블이었어요. 그래도 버블에 걸리지만 않으면 모두를 밀어붙일 수 있어요."

나는 고맙다고 말했다. 지금 그의 조언을 따를 생각은 없었다. 그래도 그는 탁월한 토너먼트 플레이어다. 나는 우리가 나눈 대화의 요점을 즉시 에릭에게 문자로 보냈다. 아마 패트릭은 나와 가볍게 나눈 이 대화로 자신이 얼마나 오랫동안 화제에 올랐는지 모를 것이다. '패트릭 모드Patrik mode'는 버블이 가까워졌을 때 가차 없이 밀어붙이는 것을 가리키는 우리만의 줄임말이 되었다. 에릭은 다른 대회의 버블 시간에 '패트릭을 생각해'라고 문자를 보내기도 했다. 1년이 지난 후에도 '패트릭에 빙의해'라고 문자를 보냈다. 패트릭 모드, 베이비. 누구도 탈락하고 싶어 하지 않는다.

상금 순위권까지 22명이 남았고 나는 살아남았다. '계속 소식 알려줘'라고 에릭이 문자를 보냈다. '판마다 알려줘.' 어쩐 일인지 패트릭의 영향이 미친 듯했다. 순위권까지 20명이 남았을 때 나는 포켓 퀸 페어로 올인했다. 콜이 나오면서 누구도 탈락하고 싶어 하지 않는다는 이론은 그다지 통하지 않았다. 하지만 다행히 콜한 사람이 10페어를 들었다. 나는 칩을 두 배로 늘렸다. '야호!'라고 에릭의 문자가 왔다. 10명이 남았다. 여섯 명이 남았다. 'MK 파이팅!'이라고 에릭이 문자를 보냈다. 'AA가 나오면 올인해!' 그는 순위권을 앞두고 폴드하지 말고 플레이하라고 부추겼다. 나는 그 말을 따랐다. 두 명이 남았다. 한 명이 남았다. 이제 최후의 1인만 탈락하면 순위권이다. 그리고…. 진행자가 20분 휴식을 선언했다. 별로 반갑지 않았다. '한 명 남았는데 빌어먹을, 20분 휴식이라고 내보내요!'라고 에릭에게 문자를 보냈다. '짜증 나네. 그래도 AA가 나오면 올인해.' 에릭이 답신을 보냈다. '그럴 거예요.'

휴식을 끝내고 돌아왔다. 새벽 3시 30분이다. 내일 대회 재개 시간은 오전 11시다. 아직 버블은 터지지 않았다. 진행자는 4일째 시작 시간이 뒤로 미뤄지지 않을 것이라고 알렸다. 나는 기다렸다. 긴장감이 장난 아니다. 우리 테이블에 앉은 한 플레이어가 휴식 시간을 틈타 술에 취한 모양이었다. 그는 케니 로저스의 노래를 불러대

　　　　　　　잘못된 믿음이 부르는 비극

기 시작했다. "패를 홀드해야hold'em 할 때를 알아야 해…." 테이블에 앉은 사람들이 폭소를 터트렸다. 그는 루이 암스트롱으로 넘어갔다. 아직 버블은 터지지 않았다. 하지만 새벽 3시 30분에 더 나쁜 상황도 있을 수 있다.

마침내 그 일이 일어났다. 누군가가 탈락했다. 그제야 실감이 났다. 해냈다. 공식적으로 메인이벤트에서 상금을 땄다. 나는 '순위권에 들었어요!'라고 에릭에게 문자를 보냈다. '만세!!! 축하해!'라고 답신이 왔다. '대단해. 엄청난 성과야.' 맞는 말이다. 엄청난 성취감이 느껴진다. 기분이 좋다. 물론 결승 테이블까지 가지는 못했다(언젠가는 가겠지!). 하지만 거의 5일째까지 살아남았다. 그리고 에릭을 실망시키지 않았다는 만족감을 얻었다.

2주 후 바르셀로나에서 열리는 유러피언 포커 투어에 참가했다. 여기서 최고의 성적을 거두었다. 정확하게는 1,500명 중 34위에 올라 9,200유로를 땄다. 최소 상금보다 훨씬 많은 금액이다. 덕분에 대회를 마치고 남편과 휴가를 보낼 때 모든 여행비를 대고도 돈이 남았다.

유럽에서 돌아온 날, 월드 포커 투어 보가타Borgata에 참가하기 위해 버스를 타고 애틀랜틱시티로 갔다. 아직 시차를 극복하지 못했지만 플레이를 잘했고 그 결과 최종 세 테이블까지 갔다. 결승 테이블까지 간 건 아니지만 그래도 꽤 가까이 갔고 만족스러웠다. 최종 순위는 1,075명 중 20위였다. 진짜 높은 순위였고 상금도 약 2만 5,000달러나 되었다. 내가 뉴욕에서 작가로 처음 받은 연봉이

2만 3,000달러였다. 이 정도면 나쁘지 않다. 타이틀을 더 따지는 못했지만 단순히 운에 기대는 수준은 넘어선 것 같다. 몇 가지 기술들이 내 안에 자리 잡은 모양이다.

확실히 나는 흐름을 타고 있었다. 글로벌 포커 인덱스GPI에서 연말에 부문별로 후보를 발표했는데 올해 두각을 드러낸 플레이어 부문에 내가 최종 후보로 올랐다. 수상을 하지는 못했어도 후보에 오른 것만도 엄청나게 기분이 좋았다. 나는 톱 5 여성 토너먼트 플레이어에 올라 2018년을 마감했다.

물론 하락기도 있었다. 2019년 여름에는 돈을 잃었다. 그전 해에는 10만 달러 넘게 벌었지만 이때는 다른 방향으로 가고 있었다. 나는 기꺼이 자존심을 접고 나의 사고 과정을 거듭 되짚었다. 모든 올인 대결의 결과를 기록해서 내가 운에 기대고 있는지 확인했다. 그 결과 내가 분산의 잘못된 면에 있음을 깨달았다. 즉 동전 던지기 같은 상황에서도 돈을 잃는 경우가 많다는 뜻이다. 그러면 안심이다. 분산은 양쪽으로 다 이뤄지기 마련이며, 적어도 나는 올바른 면에 있는데도 돈을 잃는 게 아니었다.

또한 그저 아름다운 순간들도 있었다. 나는 이제 어디에 있든 멈추는 법을 배웠다. 테이블과 나머지 세계의 대비를 음미하기 위해, 여행을 두려워하지만 않고 그 느낌을 흡수하기 위해. 늦겨울의 유대교 회당이 생각난다. 프라하의 오랜 묘지에 줄지어 선 묘비들을 덮은 눈. 그것은 우리 집안의 과거를, 지금까지 핏줄을 잇기 위해 감행한 모험을 말해주었다. 바르셀로나의 작은 골목에서는 세월에 시달린 손으로 갓 잡은 맛조개를 움켜쥐고 웃으며 내 얼굴로 내밀

잘못된 믿음이 부르는 비극

던 등 굽은 할머니를 봤다. 어느 이른 아침 레드록Red Rock에서 남편과 같이 등산을 갔을 때는 부드러운 머리털에 동그란 눈을 한 사슴을 등산로에서 마주친 적도 있었다.

그리고 또 말해야 할 것이 있다. 2019년은 포커 측면에서는 코니코바 집안에 좋은 해가 아니었다. 그러나 왠지 개인적으로는 더없이 좋았다. 엄마는 프로그래머 일자리를 다시 얻지 못할지 모른다. 하지만 경력을 전환해 아이들에게 코딩을 가르치고 있다. 남편은 마지막으로 일하던 벤처회사가 문을 닫은 후 일이 잘 풀렸다. 그냥 잘 풀린 정도가 아니라 무려 세계 최고의 투자회사 중 하나에서 일하게 되었다. 하지만 얼마 후 남편은 행복하지 않다는 걸 깨닫고 2019년에 내가 오랫동안 그의 팔자라고 생각했던 일, 바로 자기 사업을 시작했다.

남편은 내가 새롭게 얻은 자신감, 포커 플레이어로의 변신, 그에 따른 나의 능력 변화가 마침내 결단을 내리게 했다고 말했다. 나는 그 말이 전부 사실이라고는 믿지 않는다. 오히려 그가 거듭 내게 용기를 주었다. 그래도 그렇게 생각해주니 고마웠다. 포커가 내게 해준 게 무엇이든 모두 좋은 방향으로 도움이 되었다.

'누Nu'는 조바심, 동작, 앞으로 나아갈 준비를 나타내는 러시아의 다목적 감탄사다. 이 감탄사를 쓴 사람은 당연히 나의 할머니다. 곧 90세 생일을 맞는 할머니는 손녀가 포커 장난을 예상보다 오래한다고 생각했다.

"누, 이제 그만하면 안 되니? 학생들 가르치는 일 다시 하면 되잖아?"

내가 아무리 많은 걸 이루고 먼 길을 걸어왔다고 해도 절대로 바꿀 수 없는 게 있는 모양이다. 어떤 사람들은 도무지 마음을 바꾸지 않는다. 나는 할머니에게 미소 지으며 말했다.

"아직은요. 조만간 그만둘 것 같진 않아요."

할머니는 슬픈 표정으로 고개를 저었다.

"하지만 그 컨퍼런스에서 강연을 잘했잖아."

다보스에서 열린 세계경제포럼World Economic Forum 얘기였다. 그해 겨울 나는 강사로 초청받아 포커와 의사결정에 대해 강연했다. 할머니에게 그냥 저널리스트로 다보스에 갔을 때는 누구도 나를 알지 못했다고 말하고 싶었다. 포커 덕분에 그 자리에 초청받았다. 그리고 내 강연은 모두 포커 투어를 하며 보낸 시간에 대한 것이었다. 그러나 나는 다시 미소 지으며 말했다.

"할머니가 좋아해서 기뻐요. 거기서 많이 배웠어요."

나는 계속 나아간다. 또 다른 토너먼트, 또 다른 게임, 또 다른 여행. 이런 과정이 일종의 정상 궤도가 되었다. 어디서 선을 그어야 할지 잘 모르겠다. 언제 내가 충분히 배웠다고 말할 수 있을까? 언제 나의 임무가 완료될까? 알고 보니 포커는 마지막 교훈을 남겨두고 있었다. 나는 언제 선을 그어야 할지 모르지만 인생은 나 대신 그것을 결정할 방법을 갖고 있었다.

# 라스베이거스, 2019년 6월

모든 알약에는 약만큼이나 많은 운의 가루가 들어 있다.
심지어 지성도 자연의 우연에 가깝다.
똑똑한 사람이 삶에서 보상을 받아야 한다고 말하는 건
그가 행운을 누릴 권리가 있다고 말하는 것과 같다.

―

E. B. 화이트

먼저 귀가 들리지 않았다. 뒤이어 눈이 보이지 않았다. 나는 화장실 세면대를 겨우 잡고 있다가 딱딱한 타일 바닥으로 쓰러졌다. 머릿속에는 한 가지 생각밖에 떠오르지 않았다. 정신을 잃으면 안 된다는 생각. 아무래도 뇌졸중이나 동맥류 아니면 그만큼 나쁜 문제인 것 같다. 도움을 받지 못하면 죽거나 영구적인 뇌손상을 입을지도 모른다.

어쨌든 기절하면 안 된다. 고함을 지르려 해보지만 소리가 나는지도 모르겠다. 심한 욕지기가 밀려왔지만 억지로 구토를 참았다. 어쩐 일인지 질식의 위험을 걱정할 의식은 있었다. 실은 몇 초밖에 되지 않지만 몇 분처럼 느껴지는 시간이 흐른 후 누군가가 화장실로 들어오는 게 느껴졌다. 마침내 소리를 냈고, 남편이 들은 모양이었다. 나는 그가 서 있을 것 같은 곳으로 손을 뻗으며 겨우 한마디를 내뱉었다.

"안 좋은 일이 생긴 것 같아."

그날 아침은 단순하게 시작되었다. 나는 다시 한번 월드 시리즈 오브 포커에 참가할 참이었다. 올해 새롭게 프로가 된 나는 라스베이거스에서 여름을 보내고 있었다. 남편은 나와 같이 왔고, 우리는 리오에서 10분 거리에서 살았다. 나는 매일 일정에 있는 토너먼트에 참가하러 갔다.

이제 나는 라스베이거스를 싫어하지 않는다. 라스베이거스의 기벽, 리듬, 심지어 그 아름다움을 즐기게 되었다. 물론 여전히 카지노는 싫었다. 그 어느 때보다 더. 마카오가 그 사실을 분명하게 각인시켰다. 그래도 카지노를 둘러싼 삶은 활기차고 충만했다. 스트립을 벗어나면 온 세상이 있었다. 멋진 음식, 멋진 사람들, 눈부신 자연의 세계가 있었다. 우리는 일과 휴식의 리듬에 적응했다. 남편은 내가 플레이하는 동안 자기 일을 하다가 나와 같이 저녁을 먹었다. 주말에는 도시의 소란을 벗어나 협곡에서 시간을 보냈다. 한번은 말리부 해변에도 갔다. 모든 것이 잘 풀렸다. 문제가 생기기 전까지는.

전날 밤늦도록 플레이를 했다. 아침에 일어날 때 몸이 좋지 않고 약간 쑤셨지만 하루를 쉬거나 잠을 더 잘 수 없었다. 대회 이틀째였고, 정오가 되는 순간 내 칩이 블라인드로 나가기 시작할 것이기 때문이었다. 종일 편두통과 씨름했다. 음식도 별로 먹지 못했다. 결국 이틀째가 딱 끝나는 자정 무렵 토너먼트에서 탈락하고 말았다. 나는 집으로 돌아와 침대에 쓰러졌다.

잠에서 깨어나니 남편은 오래전에 일어나 있었다. 나는 거실로 나가 일어났다고 이야기하고 샤워를 하러 갔다. 그때 뭔지는 모르지만 일이 터지기 시작했고, 이겨낼 수 있을지 모르는 상태로 거실 소파에 앉았다.

시간이 지나자 청력이 약간 되살아났다. 양쪽 귀로 피가 몰리는 소리가 작은 소음처럼 들렸고, 겨우 단어를 알아들을 정도가 되었다. 하지만 앞이 전혀 보이지 않았다. 가장 두려워하던 일 중 하나가 일어난 것이다. 남편에게 다시 앞이 보이는지 바로 알 수 있도록 거실에서 햇빛이 다 들어오는 곳으로 데려다달라고 말했다. 우리는 그 자리에 앉았다. 나는 기다렸다. 지금까지 인생에서 가장 두려운 순간이었다.

20분이지만 몇 시간처럼 느껴졌다. 점들이 보이기 시작했다. 그러다 점차 윤곽이 보이고 마침내 시각이 돌아왔다. 나는 땀에 흠뻑 젖어 있었다. 남편은 나중에 나의 동공이 두 개의 검은 접시처럼 각막 전체 크기만큼 풀려 있었다고 말해주었다. 나는 뉴욕에 있는 주치의에게 전화를 걸어 비상 MRI와 MRA 검사를 예약했다.

저술가이자 통계학자인 나심 탈레브Nassim Taleb는 내가 시도한 전체 프로젝트의 전제에 의문을 제기한다. 그는 게임을 실제 삶의 모델로 삼을 수 없다고 생각한다. 삶에서는 게임에서 파생된 규칙들이 예측할 수 없는 방식으로 무너질 수 있기 때문이다. 이를 루딕 오류ludic fallacy라고 부른다. 게임은 너무 단순화되어 있다. 삶은 온갖 일을 갑작스레 일으켜 신중한 계산을 쓸모없게 만든다. 그건 사실이다. 결국 이 사실이 나를 포커로 이끌었다. 삶은 불확실하다는 사실, 우리가 모든 것을 알 수는 없다는 사실, 아무리 할 수 있다고 생각해도 우리가 모든 것을 통제할 수는 없다는 사실 말이다.

하지만 포커가 내게 준 한 가지는 포커 테이블 밖에서 나를 덮치는 혼돈에 대응하는 데 필요한 바로 그 기술이었다. 플레이하는 동안 더 사소한 일회성 사건들을 거듭 경험하면서 그것들을 있는 그대로 받아들이고 극복하기 위한 수학적, 감정적 자제력이 생겨났다. 포커 테이블에도 분명 현실의 삶이 존재한다. 삶은 우리의 감정이나 대응 속에서 혹은 강압적인 방식으로 언제나 포커 테이블로 난입한다. 그해 여름, 지진이 나서 토너먼트가 잠시 중단되었다. 그 전 해에 내가 바르셀로나에 있을 때는 테러가 일어나 카지노가 봉쇄되었다.

삶은 일어나고, 우리는 그 모든 것을 겪으며 플레이한다. 우리는 플레이하면서 관점과 생존 기술, 피지배자가 아니라 지배자가 될 힘과 지식을 습득한다. 우리는 플레이하고, 바깥세상의 강력한 힘이 미치는 가운데 테이블에 앉아 게임을 할 수 있어서 정말 운이 좋다는 사실을 인정한다.

리처드 도킨스는 《무지개를 풀며》에서 "대다수 사람은 절대 죽지 않는다. 아예 태어나지도 않을 것이기 때문에"라고 썼다. "지금 나의 자리에 있을 수도 있었지만 세상의 빛을 보지 못한 사람의 수는 아라비아 사막의 모래알보다 많다. 미처 태어나지 못한 이 영혼들에는 분명 키츠보다 뛰어난 시인, 뉴턴보다 뛰어난 과학자가 포함되어 있을 것이다." 이 사실은 생각만 해도 벅차다. "이렇게 놀라운 확률 속에 당신과 내가 평범한 모습으로 여기에 있다."

그의 말처럼 우리는 여기에 있으며 삶을 경험할 기회를 얻었다. 그 모든 우여곡절, 그 모든 불공정함, 그 모든 소음을 경험할 기회를. 결코 존재하지 못한 수억, 수십조, 수백경, 상상할 수 있는 수보다 더 많은 사람 중에서 우리는 이 세상에 존재하고 테이블에서 플레이할 수 있게 되었다.

우리는 불가능한 탄생의 복권에 당첨되었다. 또한 우리는 어떤

불확실성의 게임에서 우리가 할 수 있는 것

일이 일어날지 모른다. 결코 알 수 없다. 탄생과 죽음에는 기술이 없다. 처음과 끝에서 운은 무엇도 도전하지 않는 권력을 누린다. 진실은 이것이다. 세상의 대부분은 소음이고, 우리는 그것을 이해하려고 대부분의 삶을 보낸다. 우리는 결국 소음의 해석자에 불과하다. 결코 현재의 순간 너머를 볼 수 없다. 우리는 다음 카드가 무엇인지 모른다. 그리고 심지어 그걸 보고도 좋은 카드인지 나쁜 카드인지 모른다.

이런 불교 이야기가 있다. 한 농부가 좋은 말을 잃어버렸다. 이웃이 찾아와 그를 위로했지만 농부는 그저 어깨를 으쓱했다. 그게 불행인지 아닌지 누가 아느냐는 것이었다. 다음 날 말이 돌아왔다. 그것도 12마리의 야생마를 데리고. 이웃이 다시 찾아와 좋은 일이 생긴 것을 축하했다. 이번에도 농부는 그저 어깨를 으쓱할 뿐이었다. 얼마 후 농부의 아들이 야생마 중 한 마리를 길들이다가 떨어져 다리가 부러졌다. 이웃이 위로를 전했다. 농부는 그저 어깨를 으쓱했다. 앞으로 무슨 일이 일어날지 누가 아느냐며. 나라에 전쟁이 일어나고, 군대가 건장한 청년들을 징집하려고 마을로 찾아왔다. 농부의 아들은 다리 때문에 징집을 면했다. 이웃은 정말 잘된 일이라고 말했지만 농부는 역시 어깨를 으쓱했다. 어쩌면 그럴지도 모르는 일이다.

앞으로 일어날 일은 통제할 수 없다. 따라서 어떤 일이 일어날지 추측하는 건 의미가 없다. 운은 운일 뿐이다. 좋지도, 나쁘지도, 감정적이지도 않다. 우리가 의미를 부여하지 않으면 소음에 지나지 않는다. 우리가 할 수 있는 최선은 우리가 통제할 수 있는 것, 즉 우리의 사고, 결정 과정, 반응을 통제하는 법을 배우는 것이다. 스토아 철학자 에픽테토스는 《에픽테토스 편람》에서 "우리의 통제권 안에 있는 일도 있고, 밖에 있는 일도 있다"고 말했다. "통제권 안에 있는 일은 의견, 추구, 욕망, 혐오 그리고 그 무엇이든 자신의 행위에 해당하는 것이다. 통제권 밖에 있는 일은 몸, 재산, 명성, 명령 그리고 무엇이든 자신의 행위에 해당하지 않는 것이다." 스스로 할 수 없다면 통제할 수 없다. 우리는 어떤 판을 어떻게 플레이할지, 그 결과에 어떻게 반응할지 통제할 수 있다. 그러나 그 결과 자체는 통제할 수 없다.

두 시간 동안 몇 밀리미터라도 움직이면 전체 과정을 새로 해야 한다는 사실을 아는 상태에서 수액을 팔에 꽂은 채 튜브 안에 누워 있으면 성찰할 시간이 엄청 많다. 기계 돌아가는 소리가 너무 크게 들린다. 촬영 기사가 친절하게 귀마개를 꽂아주었는데도 거의 참기 힘들 만큼 소리가 크다. 그래도 마음은 어디든 원하는 대로 떠돌 수 있다. 갑자기 방해받을 일이 없을 테니 말이다. 지금 내게는 스토아학파의 말이 절실하게 다가온다. 나는 가능한 것들을 통제했다. 하지만 내 몸은 한동안 나의 통제권을 벗어났다. 지금 내가 할 수 있는 일은 그에 대한 반응을 관리하는 것이다.

우리 가족은 같이 저녁을 먹을 때 따르는 전통이 있다. 생일, 기념일, 새해, 추수감사절 등 어떤 자리든 다 같이 모일 때마다 항상 하는 축배의 말이 있다. 우리는 무엇보다 그 말부터 먼저 한다. 그리고 잠시 침묵한 후 잔을 부딪친다. 식사하면서는 그날을 기념하는 다른 축배를 든다. 그 말은 "모두 건강하기를 Пусть все будут здоровы"이다. 그러면 언제나 바로 뒤이어 누군가가 "멋진 축배야 Прекрасный тост!"라고 말한다. 이것이야말로 정말 중요한 축배다. 모두 건강하기를.

"계속 의식이 있었다고요?"

의사가 당황해했다. 그 부분이 가장 이상했다. 기절했다면 크게 두려워할 일이 아니다. 이 경우 갑자기 혈압이 떨어져서 쓰러졌다고 설명할 수 있다. 발작을 일으킨 경우도 크게 두려워할 일이 아니다. 공황 발작 탓으로 볼 수 있기 때문이다. 하지만 내가 의식이 있었고, 모든 과정을 말할 수 있다는 사실은 그 일을 정말 우려하게 만든다.

나도 내가 침착한 태도를 유지했다는 것을 믿을 수 없다. 내게 일어나는 일을 받아들이고 어떻게 대응할지 계획을 세웠다. 이런 나는 2년 전의 나와 크게 다르다. 포커페이스를 한 나, 마침내 불확실성을 받아들이는 법을 배운 나.

알고 보니 포커 덕분에 미지의 영역에 더 편안해진 것은 아주 좋은 일이었다. 스캔 결과는 확정할 수 없었다. 평생 편두통에 시달린 탓에 약간의 신경 변화가 있지만 상황을 분명하게 조명할 다른 요소는 없었다. 결국 내가 빈속에 너무 오래 플레이한 데다가 혈관미주신경 문제, 즉 갑자기 맥박과 혈압이 떨어지는 문제가 겹쳐 일종의 끔찍한 일회성 편두통을 겪었다는 것으로 합의되었다. 뇌졸중은 아니지만 좋은 것도 아니었다.

어떤 의미에서 포커는 삶의 부실한 대체재다. 질 수 있지만 망하지는 않는다. 토너먼트에서 탈락할 수 있지만 (대개는) 응급실에 실려 가진 않는다. 그리고 누구도 포커가 삶을 대체해야 한다고 요구하지 않는다. 우리는 불확실성을 제거하고 싶어 하지 않는다. 그렇게 할 수 있다고 믿는 것부터가 오만하다. 우리는 그저 불확실성을 이해하고 싶을 뿐이다.

1979년 칼 세이건Carl Sagan은 공책에 미신의 불합리성과 잘못된 신념에 맞서는 근거로서 우주의 경이로움에 대한 글을 썼다. "우리는 원자가 별들 속에서 만들어지는 우주, 생명이 대기의 햇빛과 번개 그리고 어린 행성의 물로 촉발되는 우주, 생리적 진화의 재료가 때로 은하계 저편에서 이뤄진 항성 폭발로 만들어지는 우주에서 산다. 그에 비하면 미신과 유사과학의 자만은 얼마나 하찮은가. 과학을 추구하고 이해하는 것이 얼마나 중요한가. 이는 인간의 특징적인 활동이다. 물론 완벽하거나 완전하지 않지만 우리가 아는 세계를 이해하는 최선의 수단이다."

모른다는 사실을 인정하는 것, 꼼수에 의존하지 않고 행위성의 결여를 받아들이는 것, 합리성이라는 도구로 최대한 미지의 영역을 분석하려고 시도하는 것. 이런 것들이 우리가 취할 수 있는 대단히 강력한 단계들이다.

예전에 억지로 마카오에 가서 게임 속에 머물렀던 것, 이성의 한계를 직면하고 그 모든 것에도 불구하고 계속 플레이를 했던 것이 새삼 뿌듯하다. 덕분에 그 공허로부터 물러서는 것이 얼마나 중요한지 더욱 명확해졌기 때문이다. "있는 그대로의 우주를 두려워하는 사람들, 존재하지 않는 지식과 통제력 그리고 인간을 중심으로 돌아가는 우주를 꾸며내려는 사람들은 미신을 선호한다"라고 세이건은 결론짓는다. "하지만 우리의 바람이나 편견과 근본적으로 다른 부분이 있다 해도 우주의 짜임새와 구조를 탐구할 용기를 가진 사람들이 있다. 미래는 그들의 것이다. 미신은 한동안 위안이 될지 모른다. 그러나 세상을 직면하기보다 회피하기 때문에 결국 무너지기 마련이다. 미래는 배울 수 있고 변할 수 있는 사람, 우리가 잠깐 머물 수 있는 특혜를 누리는 이 아름다운 우주에 순응할 수 있는 사람의 것이다."

어떤 일도 순전히 기술로만 이뤄지지 않는다. 절대로. 단언은 피하고 싶지만 이 말은 받아들일 수밖에 없다. 삶은 삶이기 때문에 운은 언제나 우리가 하는 모든 일에 작용한다. 기술은 새로운 전망, 새로운 선택지를 열어서 기술이나 관찰력 혹은 열의가 부족한 사람들이 놓치는 기회를 보게 해준다. 하지만 나쁜 운이 닥치면 우리의 기술이 할 수 있는 일은 피해를 완화하는 것뿐이다.

최고의 블러핑은 무엇일까? 기술로 언제나 충분하다는 것이다. 이것이 가장 불운할 때 우리를 앞으로 나아가게 만드는 희망이다. 우리가 포기하지 않고 계속 노력하게 만드는 유용한 착각이다. 우리는 우리가 해낼 수 있을지 모르고, 영원히 알 수 없다. 그래도 할 수 있다고 자신을 설득해야 한다. 결국에는 우리의 기술만으로도 성공하기에 충분할 것이라고. 반드시 그래야 하기에.

대다수 사람은 포커를 부자가 되는 수단으로 생각한다. 실제로도 그렇다. 하지만 당신이 생각하는 방식으로는 아니다. 나는 백만장자가 되지 못했다. 그러나 내가 습득한 풍부한 기술들, 의사결정 능력의 깊이, 정서적 힘과 나 자신에 대한 지식, 이런 것들이 상금이 마른 후에도 오래도록 나를 도와줄 것이다.

에릭과 나는 리버사이드 파크를 걸었다. 여름이 끝났다. 월드 시리즈도 지나갔다. 그는 내 쪽으로 고개를 돌려 말했다.

"이 일이 다 끝난 후에도 계속 플레이했으면 좋겠어."

나는 웃으며 고개를 끄덕였다. 그가 말을 이었다.

"음, 나도 아주 오래 플레이할 수 있었으면 좋겠어. 은퇴하고 싶지 않아. 이 게임은 너무 흥미로워. 아주 멋진 게임이야."

그렇다. 정말 그렇다.

불확실성의 게임에서 우리가 할 수 있는 것

포
커
용
어

여기에 나오는 설명은 이 책에서 다루는 포커 게임인 노 리밋 텍사스 홀덤을 기준
으로 한 것이다. 다른 게임에서는 의미가 약간 다를 수 있다.

| 그라인더<br>Grinder | 대개 낮거나 중간 정도 스테이크에서 연중 수많은 캐시 게임이나 토너먼트를 플레이하는 혹은 그라인드(grind)하는 사람. |
|---|---|
| 드로<br>Draw | 아직 완성되지 않았지만 특정 카드가 나오면 완성되는 패. |
| 디젠<br>Degen | 대개 우위에 있지 않은데도 도박을 너무 많이 감행하는 사람. 동사로도 쓴다. |
| 딜<br>Deal | 카드를 각 플레이어에게 돌리는 것. 홀덤에서는 모두 앞면을 아래로 해서 나눠 준다. |
| 럭박스<br>Luckbox | 엄청나게 운 좋은 플레이어. |
| 레이즈<br>Raise | 앞서 나온 베팅의 액수를 늘리는 것. |
| 리바이 · 리엔트리<br>Rebuy·Re-entry | 프리즈아웃과 달리 여러 번 재참가할 수 있는 토너먼트 유형. |
| 리버<br>River | 마지막에 깔리는 카드. 동사로도 쓰인다. '내가 그를 리버했어(I rivered him)'는 리버까지 그가 나를 이기고 있었지만 리버 카드에서 내가 역전했다는 뜻이다. |
| 림프<br>Limp | 빅 블라인드만큼만 베팅하는 것. |
| 먹<br>Muck | 버려진 카드. '먹하다(to muck)'는 카드를 버리면서 폴드하는 것이다. |
| 배드 비트<br>Bad beat | 통계적으로 보면 압도적으로 유리한 상황인데도 패가 안 좋게 나와서 지는 것. AA와 KK가 맞붙었는데 보드에 킹이 나오는 바람에 지고 있던 KK가 세트를 맞춰서 오히려 AA가 지는 것이 전형적인 사례. |
| 뱅크롤<br>Bankroll | 게임에 쓸 수 있는 자금 총액. |
| 버스트<br>Bust | 칩을 모두 잃는 것. 관련 용어로 '버스트되다(to go bust)'는 대개 뱅크롤을 전부 잃고 빈털터리가 되었음을 말한다. |
| 버튼<br>Button | 블라인드의 바로 오른쪽 자리로서 딜러 버튼으로 표시된다. 플랍이 나온 후 제일 마지막에 플레이한다. |

| | |
|---|---|
| **보드**<br>Board | 테이블 중앙에 깔리는 카드들. '보드대로 플레이하다(play the board)'라는 말은 다섯 장의 커뮤니티 카드가 만드는 패가 플레이어의 홀 카드로 조합할 수 있는 패보다 높다는 뜻이다. |
| **불릿**<br>Bullet | 토너먼트 참가를 말한다. '두 발 쐈어'는 토너먼트에 두 번 참가했다는 뜻이다. |
| **블라인드**<br>Blinds | 각 판이 시작되기 전에 두 명의 플레이어가 블라인드 상태에서 의무적으로 해야 하는 베팅. 스몰 블라인드는 대개 빅 블라인드의 절반이다. 캐시 게임에서는 블라인드가 변하지 않는다. 반면 토너먼트에서는 단계마다 올라간다. |
| **샤크**<br>Shark | 능숙한 플레이어. |
| **석 아웃**<br>Suck out | 나쁜 패로 올인한 후 기적의 카드가 나와서 이기는 것. |
| **세트**<br>Set | 포켓 페어를 든 상태에서 같은 숫자의 카드가 보드에 깔리는 경우처럼 같은 숫자의 카드 세 장으로 구성된 패. |
| **쇼다운**<br>Showdown | 두 명 이상의 플레이어가 리버까지 가서 누가 이겼는지 패를 까는 것. |
| **쇼브**<br>Shove | 가진 칩을 전부 베팅하는 것. '올인'이나 '잼'이라고도 한다. |
| **스웨트**<br>Sweat | 다른 사람의 홀 카드를 보는 것. 다른 사람의 플레이에 지분을 사는 것. |
| **스퀴즈**<br>Squeeze | 한 플레이어가 베팅하고 최소한 한 명의 다른 플레이어가 콜했을 때 리레이즈하는 것. |
| **스트레이트**<br>Straight | 다섯 장의 카드가 순서대로 배열된 패. |
| **식스 맥스**<br>Six-max | 각 테이블에 여섯 명까지만 앉는 토너먼트 형식. |
| **쓰리 벳**<br>Three-bet | 앞서 나온 베팅에 리레이즈하는 것. 포 벳(four-bet)은 쓰리 벳에 다시 레이즈하는 것, 파이브 벳(five-bet)은 포 벳에 다시 레이즈하는 것이다. |
| **아웃**<br>Outs | 특정한 패를 만들어주는 카드. |

| | |
|---|---|
| **앤티**<br>**Ante** | 토너먼트에서 카드를 받기 위해 모든 플레이어가 의무적으로 내야 하는 소액의 베팅. 이전에는 모든 플레이어가 판마다 앤티를 냈다. 지금은 빅 블라인드 자리에 앉은 플레이어가 전체 테이블을 대신해 내는 '빅 블라인드 앤티'가 흔하다. |
| **언더 더 건**<br>**Under the Gun** | 플랍이 깔리기 전에 가장 먼저 플레이하는 사람. |
| **에쿼티**<br>**Equity** | 패가 지닌 미래 가치. |
| **엣지**<br>**Edge** | 우위. |
| **오즈**<br>**Odds** | 구체적인 패가 나올 확률. |
| **올인**<br>**All in** | 가진 칩을 전부 베팅하는 것. '쇼브'나 '잼'이라고도 한다. |
| **웨일**<br>**Whale** | 돈 많은 호구를 가리킨다. |
| **잼**<br>**Jam** | 가진 칩을 모두 베팅하는 것. '쇼브'나 '올인'이라고도 한다. |
| **캐시**<br>**Cash** | 동사로 쓰이며 토너먼트에서 상금을 받는 것을 말한다. 대개 참가 인원의 10~15퍼센트가 상금을 받는다. '상금 순위권에 들다(to make the money)'라고도 한다. |
| **콜**<br>**Call** | 앞서 나온 베팅 금액만큼 내는 것. |
| **쿨러**<br>**Cooler** | 강한 패끼리 맞붙어서 지는 것. 두 명의 플레이어가 모두 세트를 맞췄지만 한 명이 더 높은 세트를 가진 다른 한 명에게 지는 것이 전형적인 사례다. |
| **턴**<br>**Turn** | 보드에 깔리는 네 번째 카드. |
| **트립스**<br>**Trips** | 플레이어가 들고 있는 카드가 보드에 깔린 다른 두 장과 숫자가 같아서 만들어진 세트. |
| **틸트**<br>**Tilt** | 결정 과정에 감정이 개입하는 상태. |

| | |
|---|---|
| **폴드**<br>**Fold** | 카드를 버리는 것. |
| **풀 링**<br>**Full ring** | 모든 자리가 찬 테이블. |
| **풀하우스**<br>**Full house** | 같은 카드가 각각 세 장, 두 장씩 나온 패. 가령 에이스, 10 풀하우스는 에이스 세 장, 10 두 장으로 구성된다. |
| **프리즈아웃**<br>**Freezeout** | 한 번만 참가할 수 있는 토너먼트 유형. 탈락하면 그걸로 끝이다. 반대 유형으로는 한 번에서 무한대까지 정해진 횟수만큼 재참가할 수 있는 재참가 토너먼트(re-entry tournament)가 있다. |
| **플랍**<br>**Flop** | 처음 깔리는 세 장의 커뮤니티 카드. |
| **플러시**<br>**Flush** | 무늬가 같은 다섯 장의 카드로 구성된 패. |
| **피시**<br>**Fish** | 약한 플레이어. |
| **필**<br>**Feel** | 육감과 경험에 따라 플레이하는 것. 그렇게 플레이하는 사람을 필 플레이어(feel player)라고 한다. |
| **하이 카드**<br>**High Card** | 페어나 다른 메이드(made) 핸드가 아닌 핸드. 가령 에이스 하이는 페어나 스트레이트, 플러시, 풀하우스가 없다는 뜻이다. |
| **핸드**<br>**Hand** | 플레이어에게 주어진 카드. 게임 한 판을 가리키기도 한다. |
| **헤즈업**<br>**Heads up** | 일대일 대결. |
| **홀 카드**<br>**Hole Cards** | 플레이어만 볼 수 있게 주어지는 두 장의 카드. |
| **EV** | 액션에 따른 기댓값. 플러스(+EV)일 수도 있고 마이너스(-EV)일 수도 있다. |
| **GTO** | 게임이론 최적화. 이론적으로 상대에게 이용당하지 않고 하나의 구체적인 전략으로부터 벗어날 인센티브가 없는 플레이 스타일. |

감사의 글은 쓸 때마다 긴장되곤 한다. 책이 길어서 누군가의 말을 인용했다는 사실을 빼먹어도 용서받을 수 있을지 모른다. 그러나 감사의 글에서 누군가를 빼먹으면 그건 내 잘못이다. 이 책 덕분에 잠을 이루지 못한 날이 많았다. 지난 3년간 이 책은 내 삶의 전부였다. 그리고 수많은 사람의 도움으로 이 책이 나올 수 있었다. 아마도 분명 나는 중요한 사람을 빼먹고 그 잘못을 절대 모면하지 못하겠지.

가장 확실한 이름인 에릭 사이델부터 시작하자. 그가 없었다면 이 책은 존재하지 않았을 것이다. 포커와 블랙잭도 구분하지 못하는 이름 모를 저널리스트를 제자로 받아주고, 나의 끝없는 질문에 자신의 삶과 마음을 열어준 그에게는 어떤 감사의 말도 부족하다. 당신의 여정에 따라갈 수 있도록 허락해주고 지혜를 나눠 주어 고마워요. 당신의 관대함과 드높은 정신, 당신이 내게 심어준 포커에 대한 무한한 사랑에 감사해요. 진정한 친구이자 멘토가 되어주어 고마워요. 모든 것에 감사해요. 나는 아직도 그 두 장의 조커가 덱에서 튀어나오기를 기다리고 있어요.

사이델의 가족인 루아, 제이미, 엘리언에게도 깊은 감사를 전한다. 당신들은 모두 멋지고 내게 힘을 줘요. 너무나 오랫동안 당신들의 집을 내게 개방해주어서 정말 고마워요. 당신들은 모두 내가 명예 사이델 가족인 것처럼 느끼게 해줬고, 그건 내가 바랄 수 있는 최고의 영예예요.

사실 나는 포커계가 이렇게 우호적이고 따뜻한 곳인지 상상조차 하지 못했다. 내가 지금과 같은 플레이어가 되도록 도와준 사람들이 너무 많다. 그중에서도 특별한 사람들만 꼽자면 다음과 같다. 오랜 시간 통찰을 제공하고 응원해준 필 갤폰드, 현명한 말을 들려주고 수많은 웃음을 준 아이크 핵스턴, 선의 세계를 알려준 앤드루 리히텐버거, 나의 마음을 열어준 재러드 텐들러, 나 자신을 읽는 법을 가르쳐준 블레이크 이스트먼. 이 프로젝트에 크게 기여했을 뿐 아니라 너무나 기꺼이 시간을 내주어서 정말 감사해요.

나의 피오 마법사인 제이슨 쿤, 내게 끝없는 영감을 주는 크리시 빅넬, 마카오에서 살아남는 법을 가르쳐준 셀리나와 랜디(그들이 아니었다면 나는 아직도 멀티 테이블을 돌리는 기사가 모는 택시에 갇혀 있을 것이다), 리브, 이고르, 버네사, 파티마, 크리스, 젠 그리고 이 여정을 너무나 재미있게 만들어준 모든 팀 프로들에게 크게 감사드린다.

끝으로 포커와 관련해 엄청나게 고마운 사람이 있다. 바로 처음부터 나를 믿어주고 팀으로 받아준 에릭 홀라이저다. 팀 프로의 여정을 순탄하고 재미있고 환상적으로 만들어준 제리 게이츠, 멜 모저, 모야 윌슨에게 감사드린다. 나를 도와준 모든 포커 플레이어를 거명하려면 책을 한 권 더 써야 할 것 같다. 그래서 그저 내게 너무 잘해주고 포커 커뮤니티의 진정한 일원이라고 느끼게 해준 모두에게 감사드린다.

운에 대한 작은 아이디어의 가능성을 보고 최대한 좋은 결실을 맺도록 도와준 엘리제 체니와 애덤 이글린 그리고 체니 에이전시의 팀원인 이사벨 멘디아, 앨리슨 드브로, 알렉스 제이콥스, 대니 허츠, 클레어 길레스피에게 감사드린다. 특히 나를 담당한 편집자 스콧 모이어스에게 감사한다. 내게 필요한 공간을 주고 이 책을 만들어줘 고마워요. 당신이 담당하는 작가 중 한 명이 되어서 운이 좋다고 생각해요. 미아 카운슬, 새러 허트슨, 콜린 맥가비, 로렌 로존, 대니얼 플라프스키, 애너 도빈, 얼리샤 쿠퍼, 앨리 다마토, 크리스토퍼 킹을 비롯해 펭귄출판사의 다른 팀원들에게도 감사드린다. 그리고 영국 편집자인 니컬러스 피어슨과 포스 이스테이트의 팀원들에게도 감사드린다.

가족과 친구들이 없었다면 이 책을 쓰지 못했을 것이다. 그들은 나를 견뎌주었고 내가 가장 필요할 때 곁에 있어주었으며 처음부터 이 프로젝트의 가치를 믿어주었다. 수많은 점심과 저녁 자리에서 내 이야기를 들어주고 수많은 와인을 같이 마셔주고 LA 샤워실의 바퀴벌레들을 퇴치하고 살아남도록 도와줘서 고마워요. 여러분 모두를 가진 나는 정말 운이 좋아요.

마지막 감사 인사는 제프에게 하고 싶다. 내게 영감을 주고 지원해주고 나를 믿어주고 새벽 3시에 끝난 포커 판에 대해 절대 불평하지 않아서, 언제나 내가 최선의 모습이 되도록 밀어줘서 고마워.

언제나 멋진 사람이 되어줘서 고마워. 당신 덕분에 모든 게 가능했어. 사랑해.

이제 나는 악몽의 땅으로 돌아간다. 분명 아주 중요한 사람들을 빼먹었을 테니까. 그래도 여러분 모두를 소중히 생각할 것을 약속한다.

**불확실성 속에서 한 수 앞을 내다보는 힘**
# 블러프

제1판 1쇄 발행 | 2021년 9월 6일
제1판 3쇄 발행 | 2021년 10월 6일

지은이 | 마리아 코니코바
옮긴이 | 김태훈
펴낸이 | 유근석
펴낸곳 | 한국경제신문 한경BP
책임편집 | 김종오
교정교열 | 김순영
저작권 | 백상아
홍보 | 서은실 · 이여진 · 박도현
마케팅 | 배한일 · 김규형
디자인 | 지소영
본문디자인 | 디자인 현

주소 | 서울특별시 중구 청파로 463
기획출판팀 | 02-3604-590, 584
영업마케팅팀 | 02-3604-595, 583   FAX | 02-3604-599
H | http://bp.hankyung.com   E | bp@hankyung.com
F | www.facebook.com/hankyungbp
등록 | 제 2-315(1967. 5. 15)

ISBN 978-89-475-4746-8   03320